海外中国研究信息跟踪报告（2021）

崔友平 / 主编

中共党史出版社

图书在版编目（CIP）数据

海外中国研究信息跟踪报告 . 2021 / 崔友平主编 .
-- 北京：中共党史出版社，2023.4
ISBN 978-7-5098-6271-1

Ⅰ . ①海… Ⅱ . ①崔… Ⅲ . ①汉学—研究—国外
Ⅳ . ① K207.8

中国国家版本馆 CIP 数据核字（2023）第 017805 号

出版发行：中共党史出版社
责任编辑：赵雨
责任校对：申宁
责任印制：段文超
社　　址：北京市海淀区芙蓉里南街 6 号院 1 号楼
邮　　编：100080
网　　址：www.dscbs.com
经　　销：新华书店
印　　刷：北京盛通印刷股份有限公司
开　　本：720mm × 1000mm　1/16
字　　数：400 千字
印　　张：31.75
版　　次：2023 年 4 月第 1 版
印　　次：2023 年 4 月第 1 次印刷
ISBN 978-7-5098-6271-1
定　　价：78.00 元

海外中国研究信息跟踪报告（2021）

编　委　会

前言

随着中国综合国力和国际地位的不断提升，海外中国研究日益成为显学。跟踪海外学界关于当代中国问题的最新研究成果，是一项兼具现实意义和学理价值的重要工作。

做好这项工作，是正确认识和把握世界百年未有之大变局的需要。习近平总书记指出："当前，世界之变、时代之变、历史之变正以前所未有的方式展开。"了解世界如何看中国，这是中国融入世界、发展同世界各国关系的先决条件。倾听来自世界的声音，了解国际社会对变化中的中国和世界的认识，有助于我们正确认识和把握世界百年未有之大变局。

做好这项工作，是加快构建中国话语和中国叙事体系、展现良好中国形象的需要。习近平总书记强调，要"加快构建中国话语和中国叙事体系，讲好中国故事、传播好中国声音，展现可信、可爱、可敬的中国形象"。推进中国故事和中国声音的全球化表达、区域化表达、分众化表达，首先要了解对方关于中国问题的兴趣焦点、所持态度和观点、思维逻辑等，有针对性地进行阐释和回应，这样才能讲好中国故事、传播好中国声音。

做好这项工作，是弘扬全人类共同价值、促进人类文明交流互鉴的需要。习近平总书记指出："世界各国弘扬和平、发展、公平、正义、民主、自由的全人类共同价值，促进各国人民相知相亲，尊重世界文明多样性，以文明交流超越文明隔阂、文明互鉴超越文明冲突、文明共存超越文明优越，共同应对各种全球性挑战。”海外中国研究提供了一个多角度的理论棱镜，我们能从海外相关研究的反思和分析中，看到中国智慧、中国方案对世界其他国家特别是发展中国家解决自身问题的参考价值。

中央党史和文献研究院信息资料馆在收集整理开发利用党史资料和马克思主义文献资料方面具有独特的业务优势。为落实中央党史和文献研究院“政治建院、编研立院、人才强院、从严治院”办院理念，信息资料馆依托高端智库建设和《国外理论动态》杂志编刊工作，在长期积累的基础上，组织专家学者精心策划，尝试推出“海外中国研究信息跟踪年度报告”。

2021年是中国共产党成立100周年。这是进入新时代以来对党和人民事业具有重大现实意义和深远历史意义的三件大事之一。《海外中国研究信息跟踪报告（2021）》聚焦并梳理2021年海外学界对当代中国问题的最新研究动态，旨在为党中央决策和推进中国式现代化提供海外视角，同时也为国内学术界和社会大众开拓视野提供有益资料。

《海外中国研究信息跟踪报告（2021）》分为两个部分。第一个部分“热点篇”收录了16篇文章，反映了2021年海外学界对四个重点议题的关切，包括庆祝中国共产党建党百年、党的十九届六中全会、新时代中国特色社会主义及国家治理现代化。第二个部分“区域篇”收录了11篇区域性研究报告，包括阿拉伯国家、澳大利亚、德国、俄罗斯、法国、韩国、美国、南非、日本、西班牙语国家和英国（以音序排列）在2021年关于中国问题研究的整体情况、研究热点、代表性观点以及特点趋势。需要说明的是，个别报告因文献资料丰歉而有不同的侧重。例如，澳大利亚篇是对2016年至2021年澳大利亚关于当代中国问题研究的综述，南非篇着重介绍了在该国最具影响力的南非国际事务研究所自 2017 年至 2021 年的研究成果，美国篇重点呈现的是美国几家具有代表性的智库的相关研究成果。

整体而言，《海外中国研究信息跟踪报告（2021）》具有以下三要特点：

第一，资料新颖，信息量大。为反映不同国家或地区关于中国议题的最新研究动态，各报告执笔人广泛搜集并详尽梳理了大量丰富的一手资料，从主要研究机构、研究人员，到代表性学术期刊、学术著作、网站文章，涉及英语、法语、德语、西班牙语、俄语、日语、韩语、阿拉伯语等多个语种，呈现出翔实扎实的文献资料，凸显出研究的信息性和前沿性。

第二，结构合理，重点突出。"区域篇"的研究报告首先介绍 2021 年该国家或地区关于中国问题研究的整体情况，包括出版的相关学术期刊、图书、研究机构的成果以及研究活动等；接着聚焦年度热点议题，有重点地概括归纳出重点研究人员的代表性观点；最后结合各种影响因素，分析该国家或地区相关研究呈现出的新特点或新趋势。

第三，据理分析，明确立场。各报告执笔人坚持马克思主义立场观点方法，尽可能全面展现海外学者对相关选题的看法和观点，同时也对其中一些谬误或误解进行了批驳或解释。

本年度报告是中央党史和文献研究院 2021 年重点课题"海外中国研究信息跟踪报告（2021）"的结项成果。课题从立项、研究到成果出版，始终得到了中央党史和文献研究院院长曲青山的大力支持。在课题开展过程中，副院长柴方国和原副院长魏海生给予了悉心指导，研究院对外合作交流局等兄弟部门的领导和专家给予了无私帮助。当然，受主客观条件的限制，本项报告仍有疏漏和欠缺，恳请广大专家学者和读者批评指正。

目 录

热 点 篇

新时代中国特色社会主义

国家治理现代化

区域篇

热点篇

庆祝中国共产党建党百年

中国共产党的成功之道：百年来英语世界的解读

路克利 / 文

一百年来，中国共产党领导中国革命、建设和改革取得了巨大成功。英语世界对中国共产党的研究由来已久。1924 年，在美国哥伦比亚大学就读的陈公博在其硕士学位论文《共产主义运动在中国》（英文）中介绍了中国共产党的成立及早期活动。1930—1937 年，美国主流媒体《华盛顿邮报》和《纽约时报》发表了 200 多篇有关中国共产党的报道。20 世纪 30 年代后期，美国记者史沫特莱（Agnes Smedley）和斯诺（Edgar Snow）开始报道中国共产党领导的长征。40 年代，美国在延安派驻军事观察组，近距离探究中国共产党成功建立敌后抗日根据地的奥秘；哈佛大学等西方学术机构开始较为深入地研究中国共产党。1949 年新中国的成立，更是引发了美国社会关于“为什么会失去中国”的大讨论，“中国共产党为什么能赢”是其中的焦点话题。70 年代，美国前外交官谢伟思（John Service）等关于中国共产党的研究影响很大，他们被哈佛大学日裔历史学家入江昭（Akira Iriye）称为“中共研究领域的代表性专家”[①]。改革开放后，中国共产党的国际交流日渐频繁，海外中国共产党研究日益兴起，中国共产党在革命和建设中取得的成功经验更是引发了国际社会特别是英语世界的广泛关注。

一、英语世界解读中国共产党成功之道的视角

近百年来，英语世界分析了中国共产党的多种能力，以此探究中国共产党的成功之道。

（一）“强大的领导力”是中国共产党取得成功的基本保证

1979年，美国哈佛大学教授斯考切波（Theda Skocpol）在其专著《国家与社会革命》（*States and Social Revolutions*）中对法国大革命、俄国革命与中国革命作了比较研究，她发现，“当国家衰弱和阶级危机出现之时，革命领导成为革命成功的关键”[②]。通过比较，她认为，中国共产党在中国革命，特别是在革命意识唤醒和引导过程中发挥了重要的领导作用。

1945年7月，美国联邦政府战争部（War Department）内部发行的《中国共产党研究报告》认为：“中国共产党是中国领导力（leadership）最强、最有活力的组织。她士气高昂，政策清晰坚定，落实有力，富有奉献精神。中国共产党是中国效能最强大的组织。”[③]这

① Akira Iriye, “Review”, *The Journal of American History*, Vol. 61, 1975, p. 1146.

② Theda Skocpol, *States and Social Revolutions: A Comparative Analysis of France, Russia, and China,* Cambridge: Cambridge University Press, 1979, p. 17.

③ Lyman P. Van Slyke, *The Chinese Communist Movement: A Report of the United States War Department*, Stanford, CA: Stanford University Press, 1968, p. 1.

样的观点也流行于学界。1983年，美国哈佛大学教授费正清（John King Fairbank）认为，美国之所以“失去中国”，原因就在于不理解中国共产党与中国共产主义，从而导致美国对华政策接连失败。他严厉批评美国政客把中国共产党妖魔化的意识形态偏见和简单化思维。他认为：“(中共)滚雪球式的迅猛发展是一个巨大的组织奇迹。”[①]1971年，法国学者毕仰高（Lucien Bianco）在其专著《中国革命的起源：1915—1949》（*The Origins of Chinese Revolution*, *1915—1949*）中指出：“党组织发挥了关键作用。”[②]他认为，中国共产党准确把握了帝国主义与中华民族的矛盾、封建主义与人民大众的矛盾，成功地领导了中国革命。

中国共产党在军事方面同样发挥了重要的领导作用。美国联邦政府战争部发表的《中国共产党研究报告》认为，中国共产党领导的抗战军事力量关系到国际反法西斯战争的全局。该报告高度认可中国共产党的游击战战略。1956年，华盛顿大学学者梅谷（Franz Henry Michael）和戴德华（George E. Taylor）也认为，中国共产党取得抗战巨大胜利的主要原因是更完备的军事组织和清晰的战略。他们指出：“与国民党不同，中国共产党把军事组织与新的政治和社会制度成功地融合在了一起。”[③]还有观察家发现，中国共产党的军队组织强调政治工作，武装斗争的形式是人民战争，战略战术灵活机动。美国海军陆战队军官卡尔逊(Evans Carlson)对此有切身体会。抗战时期，他深入华北敌后抗日根据地考察，获得许多第一手资料。1938年春，他在延安通过同毛泽东的彻夜长谈，了解到中国共产

① John K. Fairbank, *The United States and China*, Cambridge, MA: Harvard University Press, 1983, p. 470.

② Lucien Bianco, *The Origins of Chinese Revolution, 1915—1949*, Stanford, CA: Stanford University Press, 1971, p. 6.

③ Franz Michael and George E. Taylor, *The Far East in the Modern World*, New York: Henry Holt & Co., 1956, p. 447.

党关于抗战和建立新中国的主张。1939年，他的专著《中国军队的组织和军事效率》（*The Chinese Army*：*Its Organization and Military Efficiency*）出版，介绍了中国共产党领导的游击队的对日作战情况。在太平洋战争中，卡尔逊也运用游击战战术率部袭击南太平洋的马金岛和瓜岛，消灭了大量日军，在美军中赢得了很高的声誉。

有研究者认为，中国共产党的强大凝聚力是社会主义建设取得成就的关键因素。1963年，英国学者麦克法夸尔（Roderick MacFarquhar）在英国查塔姆研究所主办的学术刊物《国际事务》（*International Affairs*）上发表《中国模式与欠发达的世界》一文，认为中国共产党领导的新中国取得了巨大成功，形成了"中国模式"，"党的强大凝聚力是其取得社会主义建设成功的主要因素"[①]。

此外，还有学者认为，中共领袖发挥了关键的领导作用。1968年，哈佛大学教授史华慈（Benjamin I. Schwartz）强调，中国共产党具有"理论自主性（ideological autonomy）和理论独立性（ideological independence）"[②]。他认为，在毛泽东的带领下，中国共产党独立开创了中国特色的革命道路。2011年，哈佛大学教授傅高义（Ezra F. Vogel）出版的著作《邓小平时代》（*Deng Xiaoping and the Transformation of China*）则突出了邓小平在中国共产党开创中国特色建设道路中的领导作用。

（二）赢得民众支持是中国共产党取得成功的重要保证

中国共产党的群众组织力主要表现为赢得民众支持的能力。

① Roderick MacFarquhar, "The Chinese Model and the Underdeveloped World", *International Affairs*, Vol. 39, No. 3, 1963, p. 385.

② Benjamin Schwartz, *Communism and China: Ideology in Flux*, Cambridge, MA: Harvard University Press, 1968, p. 39.

1983年，美国学者斯泰西（Judith Stacey）认为："中国共产党战胜国民党的法宝，从战略上讲，是新民主，从战术上讲，是群众路线。这些战略和战术在土地革命、合作运动和军事政策中得到了很好的运用。"[①] 美国学者塞尔登（Mark Selden）聚焦陕甘宁根据地的研究，他于1971年出版《革命中国的延安道路》（*The Yenan Way in Revolutionary China*）一书，强调中国共产党取得革命的成功源于民众的支持，这分为三个阶段：1936年之前，主要是通过土地革命争取民众，尤其是广大农民的支持；1936—1941年，主要是以实行抗日民族统一战线赢得民众的支持；1942年之后则是通过推行基层民主政策赢得民众支持。他认为，中国共产党通过领导农村的经济社会改革，激发了农民的平等意识和参与意识。由于推行土地改革，提高了农民的生活水平，中国共产党赢得了老百姓的支持。这就是塞尔登所称的"延安道路"[②]。

20世纪30年代和40年代，美国外交官柯乐博（Oliver Edmund Clubb）、谢伟思（John S. Service）、戴维斯（John Davies）、范宣德（John Carter Vincent），美国记者斯诺，美国学者拉铁摩尔（Owen Lattimore），英国学者林迈可（Michael Lindsay）等与中国共产党接触较早，他们认为中国共产党得到了民众的支持。1932年在汉口工作的柯乐博发给美国国务院的《中国共产主义运动——来自汉口的报告》认为："中国共产党能够解决极为严重的中国社会经济问题，它实施的土地改革改善了底层农民的经济生活状况，得到了民众的巨大支持。"[③] 谢伟思、戴维斯在延安多次与毛泽东等中共领导人交

---

① Judith Stacey, *Patriarchy and Socialist Revolution in China*, Berkeley, CA: University of California Press, 1983, p. 250.

② Mark Selden, *The Yenan Way in Revolutionary China*, Cambridge, MA: Harvard University Press, 1971.

③ Oliver Edmund Clubb, *Communism in China: As Reported from Hankow in 1932*, New York: Columbia University, 1968, p. 73.

流，从多方面了解中国共产党。他们从延安发给驻华美军司令部和美国国务院的报告表明，中国共产党赢得了民众的支持。在1944年10月9日的报告中，谢伟思认为：“在中国民众眼里，国民党是压迫者，共产党是他们的领导者和代表，中国共产党在内战中一定会赢。”① 他分析认为，由于中国共产党的群众基础强大，而国民党企图以武力消灭共产党，必然严重破坏民主，这反过来加强了共产党与民众之间的联系。他还提出，除非国民党像共产党那样进行深入的政治经济改革，表明自己具有领导人民的能力，否则，中国共产党数年内就会在中国居于主导地位。

斯诺等认为，中国共产党之所以能够赢得民众的支持，主要原因是共产党善于解决社会问题。1936年6—10月，斯诺曾到陕北保安采访毛泽东等中共领导人，探究中国共产党领导长征的过程及取得胜利的原因。1937年，斯诺的著作《西行漫记》（*Red Star Over China*）在伦敦首次出版，向西方社会展示了中国共产党朴实无华的革命进步形象，流露出一名左翼青年对中国共产党的同情。这部著作在西方社会产生了广泛的影响。美国记者贝尔登（Jack Belden）20世纪40年代末曾在中国向世界报道解放战争。他在1949年出版的专著《中国震撼世界》（*China Shakes the World*）中探讨了中国共产党胜利的原因，他认为中国共产党不但能够解决民众的生活问题，而且对人民充满感情，赢得了民众的拥护。

（三）扎实的思想政治工作是中国共产党取得成功的重要因素

费正清提出：“中国共产党通过在民众中树立起道义上的声

---

① Department of State, *United States Relations with China: With Special Reference to the Period 1944-1949*, Washington: U. S. Govt. Print. 1949, p. 572.

望（moral prestige）赢得了政权。”[①]1998年，耶鲁大学教授阿普特（David Apter）、哈佛大学教授赛奇（Anthony Saich）分析了延安时期的思想政治工作，认为中国共产党通过中国化的马克思主义话语体系构建了极具吸引力的新的“理想国”。他们的著作《毛泽东的理想国的革命话语》（*Revolutionary Discourse in Mao's Republic*）提出，通过理想国的建构，“延安变成了一块能够吸引和动员中国年轻人的磁铁”[②]。2002年，哈佛大学教授裴宜理（Elizabeth J. Perry）认为：“注重情感工作的群众动员是中国共产党赢得革命胜利的关键因素。”[③]2020年，美国弗吉尼亚大学教授沃马克（Brantly Womack）也认为：“群众动员不仅是中国革命取得成功的关键，也是中国的共产主义运动与欧洲共产主义运动的最大区别。”[④]

实事求是的思想路线是中国共产党成功的重要保证。1952年，英国学者林迈可提出：“从基本原则和党的组织形式上看，中国共产党当然是共产党，而从实际纲领和自身传统看，中国共产党和其他国家的共产党又有很大的不同。”[⑤]林迈可认为，在处理马克思列宁主义与本国实际的关系、本国共产党与共产国际和苏联的关系方面，英国共产党比较教条，而中国共产党则从中国革命的实际出发，走出了中国特色的革命道路。沃马克也认为：“中国共产党创造性地将马克思列宁主义应用于中国现实。这就要求通过不断尝试新方案的

① John K. Fairbank, “Excerpts from Wrings and Speeches”, *John Fairbank Archive*, HUG(FP)-12.30, Harvard University Archive, p. 21.

② David Apter and Anthony Saich, *Revolutionary Discourse in Mao's Republic*, Cambridge, MA: Harvard University Press, 1998, p. 69.

③ Elizabeth J. Perry, “Moving the Masses: Emotion Work in the Chinese Revolution”, *Mobilization: An International Journal*, Vol. 7, No. 2, 2002, p. 111.

④ 布兰特利·沃马克：《中国共产党历史上国内维度与国际维度的辩证法》，贾亚娟译，载《国外理论动态》2020年第6期。

⑤ Senate, *IPR Hearings*, Washington: U. S. Government Printing Office, 1952, p. 5372.

方式进行农村革命，这便是 20 世纪最为重大的政治创新之一。”[①]

（四）中国共产党的韧性与适应能力是赢得改革开放成功的关键因素

中国共产党具有强大的韧性和适应能力。2003 年，哥伦比亚大学教授黎安友（Andrew Nathan）在研究中国共产党执政能力时认为，中国共产党的政党韧性具有其独特的来源。他提出：“中国共产党的强大韧性主要来自党的建设的制度化、成功的反宗派斗争和高度的包容性。”[②]2006 年，他与麦克法夸尔在美国国会图书馆围绕“中国共产党的执政能力和可持续性”这一主题进行学术辩论。黎安友强调，中国共产党已经具有强大的韧性，将长期执政。美国乔治·华盛顿大学教授狄忠蒲（Bruce Dickson）在其论文《中国式的合作与法团主义：党的适应性逻辑》中认为：“中国共产党具有强大的自适应能力。”[③]

中国共产党还具有创新精神。西方一些学者认为，中国共产党开创的社会主义市场经济模式是一项伟大的创新，并因此实现了经济发展的奇迹。2004 年，世界知名马克思主义理论家萨米尔·阿明（Samir Amin）认为，一些东欧国家曾尝试发展市场经济，但未能成功，而中国共产党则取得了成功[④]。剑桥大学教授彼得·诺兰（Peter Nolan）认为，中国共产党成功开辟了“第三条道路”，取得了改革

① 布兰特利·沃马克：《中国共产党历史上国内维度与国际维度的辩证法》，贾亚娟译，载《国外理论动态》2020 年第 6 期。

② Andrew Nathan, “Authoritarian Resilience”, *Journal of Democracy*, Vol.14, 2003, p.14.

③ Bruce Dickson, “Cooptation and Corporatism in China: The Logic of Party Adaptation”, *Political Science Quarterly*, Vol. 115, No. 4, 2000, pp. 517–540.

④ Samir Amin, “On China: ‘Market Socialism’, A Stage in the Long Socialist Transition or Shortcut to Capitalism?”, *Social Scientist*, Vol. 32, No. 11/12, 2004, p. 3.

开放的巨大成就[①]。诺兰所谓的“第三条道路”是中国独自探索出来的把中华优秀传统文化与市场经济结合起来的发展模式。

（五）中国共产党的强大治理能力是新时代历史性成就的根本保证

2018 年 3 月，美国密歇根大学教授高敏（Mary Gallagher）在《纽约时报》撰文认为，“中共之治”[②]是中国政治稳定和经济繁荣的保证。她强调了党在国家治理中的重要领导作用。英国学者马丁·雅克（Martin Jacques）也认为，中国共产党是中国治理的核心。2018 年 11 月，在复旦大学举办的“第三届国际中国共产党研究论坛”上所作的主题发言中，雅克认为：“中国共产党发展了一种新的治国能力，提高了全球治理水平。”2009 年，雅克的专著《当中国统治世界：西方世界的衰落和新的全球秩序的诞生》（*When China Rules the World: The End of the Western World and the Birth of a New Global Order*），探讨了中国共产党领导下的中国崛起对世界的巨大影响。雅克认为：“苏联共产党后期处于麻痹和僵化状态，而中国共产党则充满创新能力和灵活性。”[③]雅克强调中国共产党领导的国家治理在制度化、专业化、现代化方面的巨大进步和创新。他还认为，中国共产党赋予了“现代化”“治理”等概念以区别于西方传统的内涵和意义。

中国共产党的领导人在中国治理中发挥了卓越的领导核心作用。

---

① 彼得·诺兰：《处在十字路口的中国》，吕增奎译，载《国外理论动态》2005 年第 9 期。

② Mary Gallagher, “Does a Stronger Xi Mean a Weaker Chinese Communist Party?”, *The New York Times*, 2018.

③ Martin Jacques, *When China Rules the World: The End of the Western World and the Birth of a New Global Order*, New York: Penguin Books, 2009, p. 221.

2021年3月，联合国秘书长古特雷斯（António Guterres）致函中国国家主席习近平，祝贺中国取得脱贫攻坚战的全面胜利，并高度评价中国领导人在领导脱贫攻坚战中的卓越领导核心作用①。研究表明，中国共产党的治国能力得到了人民的认可。2020年7月，哈佛大学肯尼迪政府学院的三名学者康宁安（Edward Cunningham）、赛奇和图里尔（Jesse Turiel）发表调研报告，展示了2003年至2016年间其课题组在中国进行8次调查、同3万余名中国城乡民众进行访谈的结论。报告显示："中国民众2016年对中央政府的满意度高达93.1%。"② 从该报告可以看出，近年来，中国民众对政府的满意度全面提升。其中，内陆及贫困地区的民众的满意度提升较大。

二、英语世界解读中国共产党成功之道的研究方式

近百年来，英语世界尝试从多种视角解读中国共产党，其中，政党能力分析是其观察中国共产党的重要视角。这一分析视角是通过多种研究范式实现的。

比较研究是海外中国共产党研究的重要范式。早在20世纪40年代，曾访问延安的美国记者白修德（Theodore Harold White）在其专著《中国惊雷》（*Thunder out of China*）中对比分析了中国共产党与国民党的特点和政党能力，认为"国民党推行专制统治，共产

① 《联合国秘书长古特雷斯致函习近平祝贺中国脱贫攻坚取得重大历史性成就》，载《人民日报》2021年3月10日。

② Edward Cunningham, Anthony Saich and Jessie Turiel, *Understanding CCP Resilience: Surveying Chinese Public Opinion Through Time*, Ash Center for Democratic Governance and Innovation Working Paper, 2020.

党为自由而战”[①]，他预测中国共产党必将战胜腐败无能的国民党。冷战时期，西方学界采用比较政治学的方法，把中国和苏联、南斯拉夫等同属社会主义阵营的国家进行比较研究。1991 年，麦克法夸尔在《纽约时报书评》发表《解体的剖析》一文，指出中国共产党能够屹立不倒的原因是这个党同苏联和东欧的共产党有着很大的不同，他认为：“中国革命是内生的，中国共产党一贯坚持自立自强。”[②]美国杜兰大学学者季米特洛夫（Martin K. Dimitrov）主编的《为什么共产主义仍然坚挺：理解亚洲和欧洲的共产主义的韧性》（*Why Communism Did Not Collapse: Understanding Authoritarian Regime Resilience in Asia and Europe*）一书，比较分析了 15 个社会主义国家的共产党的政党韧性，关注的核心问题是为什么一些国家的共产党丧失了政权，而中国共产党依然充满活力。季米特洛夫认为，苏东剧变后，中国共产党表现出了强大韧性，巍然屹立。2016 年，他提出：“共产党克服危机一般是通过四种途径：经济改革，引入市场经济体制；发展与时俱进的意识形态，引入爱国主义；扩大政治参与；提升政治问责力度。中国共产党在这些方面都有突出表现。”[③]

结构分析与比较分析的结合突出了中国共产党的领导作用。斯考切波的结构分析和比较分析框架突出了政党在国家社会结构中的主体性。通过把法国大革命、俄国革命和中国革命放在国际大环境中考察，她认为，经过大革命，法国诞生了现代国家大厦（Modern State Edifice）；俄国（苏联）产生了“政党—国家”（Party-State）

① Theodore Harold White, *Thunder out of China*, New York：William Sloane Associates, 1946, pp. 236–237.

② Roderick MacFarquhar, “The Anatomy of Collapse”, *The New York Times Review of Books*, 1991.

③ 参见季米特洛夫在第一届国际中共学研讨会上的发言《为什么共产党依然坚强？》（2016 年 11 月 22 日）。这次会议由加州大学伯克利分校中国研究中心和山东大学世界社会主义问题研究所联合在济南举办。

体制，这一体制经历了战时共产主义、新经济政策、苏联模式等不同时期，但始终不能较好地解决农民、工人等底层群众的生活问题；而中国革命则诞生了“群众动员的政党—国家”（Mass-Mobilizing Party-State）体制。中国共产党创造性地发展了人民民主专政，建立了得到各阶级支持并积极参与的人民政权。中国共产党是国家治理的强大领导核心，具有广泛的社会号召力。斯考切波认为，这是一种平衡党的领导、国家发展、群众动员和社会平等的治理体制。

苏联学、克里姆林宫学对海外中国共产党研究的影响仍然较大。20 世纪 40 年代，哈佛大学、哥伦比亚大学等机构成立了苏联研究中心。随着中国共产党的世界影响的扩大，这些机构的学者开始重视中国共产党研究，有的直接转向中国共产党研究领域。许多从事中国共产党研究的国外学者经历过苏联学、克里姆林宫学的学术训练，并把这些领域的概念和范式应用到中国共产党研究中来。西方社会长期以来对苏联和苏共的敌视也被移情到了中国共产党身上。一些研究中国共产党的学者受到西方苏联学、克里姆林宫学的影响，在解读中国共产党为什么能夺取政权的过程中，强调中国共产党的成功得到了苏共和苏联的帮助。苏东剧变后，一些西方学者认为，中国共产党也会和苏共一样遭遇危机。然而实践证明，中国共产党经受住了严峻考验，非但没有走向终结，反而充满活力，再一次震撼了世界。

海外中国共产党研究依然存在着“西方中心论”问题。中国共产党研究是海外中国研究的重要组成部分。西方的中国研究长期以西方为中心，在一定程度上忽视了中国的主体性和特殊性。鉴于此，美国学者柯文（Paul A. Cohen）倡导“中国中心观”，强调以中国为基础来研究问题。他批评了费正清等的“刺激—反应”范式，认为“（中国研究中的）三个分析范式（‘刺激—反应’、‘传统—现代’、‘帝国主义理论’）在很大程度上是西方中心论的体现，都忽视了中国发展的自主性”[①]。柯文强调从中国实际出发来研究中国问题的“中国中心观”。在海外中国共产党研究领域，同样也存在“西方中心论”的问题，这种思维模式忽视了中国共产党的主体性和特殊性，把西方的政党经验和政治理论套用在中国共产党研究领域，以西方价值观为标准评判中国共产党，从而难以进行客观的解读。

英语世界对中国共产党的解读难以克服“自由民主”等所谓的西方普世价值。费正清在向美国社会解读中国共产党时，特别强调美国人很难接受共产主义，共产主义不适用于美国，但共产主义适用于中国，中国共产党赢得了中国民众的支持。费正清力图使在价值观上难以接受这一事实的美国右翼势力和政客理解这一点。他对中国共产党表现出一定的同情态度，因此受到麦卡锡主义的迫害，也曾遭到美国联邦调查局的长期秘密调查。1951 年，费正清在国会为自己辩解，向负责调查“太平洋关系学会通共案”的国会麦卡兰委员会提交了自己 5 年来有关中国共产党的论述摘编。这份材料长达 22 页，主张要跳出美国价值观来理解中国共产党，强调这样做是为了美国的国家利益。最近，西方一些政客利用新冠肺炎疫情攻击中国共产党，体现了他们在价值观和意识形态方面的严重偏见。

西方学界已经认识到，西方社会科学理论难以解读中国和中国共产党的发展。西方传统的二分法理论范式，如“专制—民主”和“计划—市场”不适合用来分析当代中国，尤其不适合用来分析中国共产党。渗透着冷战思维的僵化的“制度主义”范畴也难以解释中国共产党的适应性和灵活性。英语世界对中国共产党的观察受到僵化的分析模式的影响。美国学者李普赛特（Seymour Martin Lipset）提出了在西方学界盛行的“民主转型理论”，他认为，“民主是经济

① Paul A Cohen, *Discovering History in China: American Historical Writing on the Recent Chinese Past*, New York: Columbia University Press, 1984, p. 151.

增长的直接结果”，“国家越富裕，越有可能实现”[①]。受马克斯·韦伯（Max Weber）的影响，西方学者认为，市场经济只能与西方基督教文明共存，传统文化影响下的中国难以发展市场经济。不转变僵化的思维方式，他们难以理解中国特色社会主义。事实上，中国共产党领导中国人民创造了经济奇迹，同时，中国的民主政治建设也有了巨大进步。但中国的民主政治是适合中国国情的中国特色的民主政治，与西方的“民主转型论”是不同的。英国学者诺兰提出："中国的存在将对全球可持续发展产生巨大的贡献，中国将是世界的灯塔，将是一种可以替代美国主导的全球自由市场原教旨主义的模式。”[②]裴宜理、韩博天（Sebastian Heilmann）认为，西方社会科学理论在解读中国和中国共产党时遇到了“黑天鹅”（black swan）现象，难以对中国共产党的发展和成就进行合理的解读[③]。实际上，中国共产党本身是高度复杂的，西方传统的理论范式难以阐明中国和中国共产党的发展现象。一些学者认为，中国共产党存在某种卓异性，必须发展新的理论来对其进行解读。

三、英语世界关于中国共产党研究的发展趋势

当今世界正在经历百年未有之大变局，中国的世界影响力日益增强。英语世界对中国共产党的解读有了一些新的变化，解读范式

---

① Seymour Martin Lipset, “Some Social Requisites of Democracy: Economic Development and Political Legitimacy” , *The American Political Science Review*, Vol. 53, No. 1, 1959, pp. 69–105.

② Peter Nolan, *China at the Crossroads*, Cambridge：Polity Press, 2004, p. 177.

③ Elizabeth J. Perry and Sebastian Heilmann, *Mao's Invisible Hand: The Political Foundations of Adaptive Governance in China*, Cambridge, MA: Harvard University Press, 2011, p. 29.

的发展也有了一些新的迹象。

一是出现了越来越多要求理解中国共产党的声音。在研究中共党史、党建的基础上，一些学者深入探讨了中国共产党的执政规律。在这一研究领域，“对中国共产党执政规律的研究成为海外学界共产党研究的核心主题”[①]。澳大利亚前总理陆克文（Kevin Rudd）、新加坡前驻联合国代表马凯硕（Kishore Mahbubani）、英国知名学者马丁·雅克、英国专栏作家罗斯义（John Ross）等在国际社会经常发声支持中国共产党。加拿大学者贝淡宁（Daniel A. Bell）的专著《超越自由民主：东亚背景下的政治思考》（*Beyond Liberal Democracy, Political Thinking for an East Asian Context*）和《中国模式：贤能政治与民主的局限性》（*The China Model: Political Meritocracy and the Limits of Democracy*）等，主张从贤能政治的视角解读中国共产党的治理，批评那种将西方选举政治奉为圭臬并由此来评判中国共产党执政方式的做法，主张从中国政治价值出发理解中国共产党和中国政治。此外，一些学者更加关注中国共产党的韧性。如布鲁金斯学会研究员李成认为：“中国共产党具有强大的韧性，能够应对合法性考验。”[②]

二是国际学界关于习近平新时代中国特色社会主义思想和新时代中国共产党的研究日益兴起。近几年来，关于习近平新时代中国特色社会主义思想的研究成为国际学界的热点。2017 年，英国《卫报》刊文认为：“由于在经济上取得巨大成功，习近平新时代中国特色社会主义思想产生了全球性影响，标志着一种与西方自由民主和

① 王全春、张过：《海外学者对中国共产党执政规律的研究》，载曲青山主编：《共产党执政规律研究》，人民出版社 2020 年版，第 10 页。

② Cheng Li, *Chinese Politics in the Xi Jinping Era: Reassessing Collective Leadership*, Washington, D. C.: Brookings Institution Press, 2016, p. 3.

资本主义不同的社会经济模式的确立。”①

三是“以中国共产党为中心”的研究范式正在海外学界兴起。2002 年，瑞典政治学者柏思德（Kjeld Erik Brodsgaard）在哥本哈根商学院发起组织了以“把政党带回来，中国是如何治理的”为主题的国际研讨会，发出了要把“中国共产党带回到中国政治研究中”的呼吁，主张国际社会的中国共产党研究应更多从中国共产党本身出发。2014 年 10 月，陆克文在华盛顿的战略与国际问题研究中心（CSIS）布热津斯基研究所成立仪式上发表题为《习近平领导下的中国：美中关系的可选择性未来》（“China under Xi Jinping: Alternative Futures for U. S. – China Relations”）的主题演讲，提出“坚持共产党的领导是中国的核心利益”②。他认为，以中国共产党为中心的中国模式非常成功，将会持续发展。陆克文在演讲中谈到了党的领导、中国模式、国家安全、和平发展等 10 项中国的核心利益，“坚持党的领导”被放在首位。《习近平谈治国理政》在国际社会产生了重大影响。“全球化”概念的首倡者之一、英国知名社会学家马丁·阿尔布劳（Martin Albrow）在其专著《中国在人类命运共同体中的角色》（*China's Role in a Shared Human Future*）的序言中谈到：“当我首次阅读《习近平谈治国理政》这本书时，对面对全球化时中国的积极主动和西方的消极顺从印象深刻。”③ 他高度评价中国领导人习近平在国际社会倡导的人类命运共同体思想。他认为，西方的全球化导致了民粹主义等问题，而人类命运共同体思想是“一种真正的全球视

① “Xi Jinping Becomes Most Powerful Leader since Mao with China's Change to Constitution”, https://www.theguardian.com/world/2017/oct/24/xi-jinping-mao-thought-on-socialism-china-constitution.

② Kevin Michael Rudd, “An Address at the Launch of Zbigniew K. Brzezinski Institute Convened by the Center for Strategic and International Studies”, https://www.csis.org/analysis/kevin-rudd-keynote-address-launch-event-brzezinski-institute-geostrategy.

③ 阿尔布劳：《寻求跨文化的沟通——〈中国在人类命运共同体中的角色〉自序》，郑颖译，载《信息资料参考》2019 年第 4 期。

野，正在积极地寻求塑造以促进人类的发展为目标的另一种全球化，并且聚焦威胁人类未来的全球性问题”[①]。国际社会一些有识之士已经认识到，随着中国国际影响力的日益提升以及在全球治理中发挥更大作用，中国共产党正在发挥越来越重要的全球性引领作用。

四是英语世界的中国共产党研究话语体系短期内难以改变。海外中国研究学者曾指出，理解中国共产党需要中国话语。早在1949年，费正清就提出：“理解中国共产党只能用中国术语。”[②]作为这一领域的代表性学者，费正清已经认识到解读中国共产党过程中的话语问题。由于政治立场、价值观等因素的影响，用西方政治学、历史学、社会学话语描述中国共产党的现象短期难以改变。美国学者狄忠蒲、黎安友描述中国共产党的术语“适应性”“韧性”等实际上是指中国共产党与时俱进，始终走在时代前列，保持先进性等；费正清论述中国共产党时所说的“治国之道”实际上指的是党的治理能力与水平较高；美国学者魏昂德（Andrew G. Walder）论述的“政党庇护主义”（Party Clientelism）[③]其实质是指密切的党群关系。中国本土的研究需要对海外中国共产党研究的话语偏差予以更加积极的回应，对故意诋毁中国共产党的错误观点予以反驳，以便从正面提升中国共产党的国际形象。

总之，近百年来，对中国共产党为什么能够成功的解读是海外中国共产党研究的重要话题。英语世界的解读表明，中国共产党具有强大的政党能力。他山之石，可以攻玉。多视角的解读对于全面深入认识中国共产党具有一定的参考价值。谢伟思早在1944年10

① 阿尔布劳：《寻求跨文化的沟通——〈中国在人类命运共同体中的角色〉自序》，郑颖译，载《信息资料参考》2019年第4期。

② John K. Fairbank, “Next Step in Asia”, *John Fairbank Archive*, HUG(FP)-12. 30, Harvard University Archive, p. 13.

③ Andrew G.Walder, *Communist Neo-Traditionalism: Work and Authority in Chinese Industry*, Berkeley, CA: University of California Press, 1986, p. xiv.

月就预测中国共产党在内战中一定能赢，建议美国政府积极与中国共产党合作，放弃对国民党的幻想，以务实态度对待国民党。费正清在20世纪40年代就呼吁国际社会要重视中国共产党的中国特色，呼吁西方要理解中国共产党。毋庸讳言，海外仍将存在对中国共产党的种种误读，解读中国共产党的范式和话语体系需要反思与重构。中国本土的中国共产党研究应当加强与国际社会的交流，影响和引领国际社会的中国共产党研究，进一步增强中国共产党的国际话语权。

（路克利：中国人民大学马克思主义学院）

英语世界评价习近平“七一”讲话的若干观点

谢光远 / 文

2021 年是中国共产党成立 100 周年。7 月 1 日，庆祝中国共产党成立 100 周年大会在北京隆重举行，习近平发表重要讲话。这一重要讲话是新时代中国共产党人不忘初心、牢记使命，以史为鉴、开创未来的政治宣言和行动指南，引起了国际社会的高度关注。本文聚焦美国、英国、澳大利亚等英语国家媒体和学者对此次讲话的评论或解读，从中梳理出了如下几种具有代表性的观点。

一、习近平“七一”讲话向世界展现了中国共产党及其领导下的中国的强大和稳固

有评论认为，习近平“七一”讲话对中国共产党领导中国人民走过的发展历程和取得的辉煌成就的回顾，向全世界展现了中国共产党及其领导下的中国的强大和稳固，进而展现了中国共产党的理论和道路的正确性，有力回击了西方的“历史终结论”“中国崩溃论”。美国战略与国际问题研究中心（CSIS）中国研究项目主任裘

德·布兰切特（Jude Blanchette）表示：“讲话及庆典本身的盛况就是为了告诉世界：中国共产党很强大、很团结，中国共产党将继续领导中国。”[①]

美国《纽约时报》7月2日刊登的评论文章《中国共产党100岁了，他还会更长久》提出，与其他共产主义政党建立的国家相比，中国的表现格外出色。那些试图在苏联历史中寻找中国共产党参照物的人，错误估计了中国共产党的活力。中国共产党扎根于中国漫长的历史，孜孜不倦地从中汲取经验和教训，并找到了正确道路，这帮助它度过了重重危机，使其变得更强大[②]。该报同日发表评论文章《习近平“七一”讲话传达了什么样的信号？》，认为在习近平的带领下，中国进入了拥有全球实力、由更有活力的执政党领导的新时代。“七一”讲话向世界展示了中国是一个现代化的强国，特别是当全球大部分地区仍在与新冠肺炎病毒大流行作斗争时，在中国人们基本上已经能正常地生活了[③]。美国彭博社7月3日也发文表示，习近平“七一”讲话展现了中国共产党领导下中国的成功，以及民众对党和政府的支持。一些国家推动的“解构中国共产党叙事”的行动没有达到目标，许多西方观察家关于“中国的体制终将制约科技和经济发展”的预期也落空了[④]。英国《金融时报》刊文表示，尽管遭受过无数挫折，中国共产党仍然坚强地领导着中国人民，将

---

① 纽约时报中文网，《习近平“七一”讲话传达了什么样的信号》，https://cn.nytimes.com/china/20210702/xi-china-communist-party-anniversary/?utm_source=top10-in-article&utm_medium=articlepage&utm_campaign=web。

② 纽约时报中文网，《中国共产党100岁了，他还会更长久》，https://cn.nytimes.com/opinion/20210702/china-communist-party-100-years-anniversary/。

③ 纽约时报中文网，《习近平“七一”讲话传达了什么样的信号》，https://cn.nytimes.com/china/20210702/xi-china-communist-party-anniversary/?utm_source=top10-in-article&utm_medium=articlepage&utm_campaign=web。

④ “Xi’s Words of Warning Echo China’s Youth”, *Bloomberg*, 2021/07/03, https://www.bloomberg.com/news/newsletters/2021-07-03/xi-s-words-of-warning-echo-china-s-youth-new-economy-saturday.

中国变成了一个全球强国，从而极大地鼓舞了中国人民。对广大中国民众而言，中国共产党领导中国选择的道路是正确的，它即将使中国进入新的发展阶段：成为世界上最大的经济体以及科技和军事强国[①]。《纽约时报》7月5日发表题为《中国已经崛起，与他竞争也许是件好事》的文章，指出中国共产党不仅比其他绝大多数共产主义政党存在得更久，其领导下的中国经济也远比上一个社会主义强国——苏联更有活力、更为繁荣。如今，中国成年人的识字率达到97%，人均GDP从1960年的不到90美元增长到今天的1万美元以上。中国有望在2028年超过美国成为世界第一大经济体，而且这一趋势正随着中国成功应对新冠肺炎疫情而加快。目前，中国已经成为世界上最大的贷款国，其对外贷款金额超过了世界银行和国际货币基金组织的总和。这一切事实都表明，中国共产党及其领导下的中国是强大和稳固的，很难有人再像30年前那样抱着“历史终结论”这样的观点[②]。哈佛大学教授托尼·赛奇（Tony Saich）表示，当前中国的发展状况表明中国共产党的领导人更加自信了，他们“既对自己所认为的好的发展模式有信心，也认为西方的理念终将幻灭”[③]。

二、习近平“七一”讲话体现了强烈的民族自豪感

有评论认为，习近平在讲话中用较大篇幅回顾了近代以来中国

---

① “The Communist Party at 100: is Xi Jinping’s China on the Right Track?”, *Financial Times*, https://www.ft.com/content/faf2226b-be95-4c52-a10b-653f3137b90d.

② 纽约时报中文网，《中国已经崛起，与他竞争也许是件好事》，https://cn.nytimes.com/opinion/20210705/china-us-competition/。

③ BBC中文网，《中共建党百年：合法性危机下的一次次“赶考”》，https://www.bbc.com/zhongwen/simp/chinese-news-57625488。

的屈辱历史和中国共产党领导中国人民斗争的历史，目的是希望以此激发和团结民众，号召中国人民继续拥护中国共产党的领导地位，努力实现中华民族的伟大复兴，恢复中国失去的辉煌。

美国《外交》杂志7月2日刊发《在100岁时中国共产党重新开始了对合法性的追求》一文，认为“七一”讲话传递的信息是明确的：中国共产党正在带领中国恢复其在世界上的应有地位，重新走向“世界舞台的中央”。只要拥护中国共产党的领导及其选择的发展道路，这一目标到2049年必然实现，而所有中国人都会在这一过程中受益并感到荣耀。而在中国共产党成立之前，近代中国陷入混乱，被西方剥削。在“东升西降”、中国走向复兴的进程中，“敌对的外国势力”依然试图全力遏制中国。为了实现中华民族的伟大复兴，中国民众必须团结在中国共产党的周围，拥护党的领导。习近平“七一”讲话体现了中国共产党正在努力提升民众的民族自豪感，将民众不断增长的爱国主义精神升华为对中国共产党更大的忠诚[①]。英国广播公司（BBC）在报道中援引相关学者的观点，认为“七一”讲话有效团结了中国民众，构建了一种党和人民、国家和民族之间的凝聚力。该报道认为，在中国共产党建构的“民族复兴”话语体系中，中国在历史上遭受的屈辱占据着重要地位。对屈辱历史的回顾和对民族复兴光明前景的展望是激发民众摆脱历史屈辱感、实现民族复兴的“兴奋剂”[②]。澳大利亚广播公司（ABC）的报道也认为，“七一”讲话对屈辱历史的回顾与对辉煌前景的展望同样激励着广大中国民众，目标是让人民“坚强地团结在以习近平

① Pratik Jakhar, “At 100, Chinese Communist Party in Renewed Drive for Legitimacy”, *The Diplomat*, https://thediplomat.com/2021/07/at-100-chinese-communist-party-in-renewed-drive-for-legitimacy/.

② BBC中文网，《中共建党百年：习近平演讲中“头破血流”一词为何引发中外热议》，https://www.bbc.com/zhongwen/simp/world-57703178。

同志为核心的党中央周围”[①]。布鲁金斯学会中国战略计划前主任杜如松（Rash Doshi）在外交政策网站发文，认为中国共产党提出的“到2049年实现民族复兴”的设想，体现了一种民族主义色彩强烈的共识。“七一”讲话中提到，中国共产党历届领导人都抱有“实现民族复兴”的初心，中国共产党的领导层必须接过这一“历史接力棒”，到本世纪中叶，也就是中国共产党执政100周年时实现这一伟大目标[②]。

还有分析认为，“七一”讲话中体现的爱国主义精神也会影响中国对国际体系和对外交流的认知。英国智库查塔姆研究所（Chatham House）发文认为，随着中国深化与世界的联系，中国共产党提出的“实现民族复兴”的雄心具有世界意义。“七一”讲话又一次激发了民众对中国近代史的屈辱感，这种情感一方面加深了民众对中国共产党的认同，另一方面“可能导致民众将历史上的屈辱与如今的强大联系起来”进行对照[③]。杜如松分析认为，“民族复兴”不仅涉及缩小与西方的差距，也涉及塑造一种中国在其中发挥重要作用的全球体系[④]。

---

① 澳大利亚ABC中文网，《中共百年党庆：解读习近平“七一”讲话中的台湾问题和外来势力》，https://www.abc.net.au/chinese/2021-07-03/ccp-100-years-anniversary-xi-jinping-speech-taiwan-foreign-force/100260456。

② Rash Doshi and James Palmer, “The Chinese Communism Party Has Always been Nationalist”, *Foreign Policy*, 2021/07/01, https://foreignpolicy.com/2021/07/01/chinese-communist-party-nationalist-centennial/.

③ Chatham House, “China’s Communist Century: An Ongoing Balancing Act”, https://www.chathamhouse.org/publications/the-world-today/2021-06/chinas-communist-century-ongoing-balancing-act.

④ Rash Doshi and James Palmer, “The Chinese Communism Party Has Always been Nationalist”, *Foreign Policy*, 2021/07/01, https://foreignpolicy.com/2021/07/01/chinese-communist-party-nationalist-centennial/.

三、习近平“七一”讲话体现了中国共产党维护自身道路和国家利益的决心

有评论认为，习近平在讲话中表达了中国坚持自身发展道路以及维护自身主权、安全、国家利益的坚定意志。特别是，习近平关于“我们积极学习借鉴人类文明的一切有益成果，欢迎一切有益的建议和善意的批评，但我们绝不接受‘教师爷’般颐指气使的说教”，以及“中国人民也绝不允许任何外来势力欺负、压迫、奴役我们，谁妄想这样干，必将在 14 亿多中国人民用血肉筑成的钢铁长城面前碰得头破血流”的庄严宣示，在英语舆论界引发热议。

在英语世界，有许多媒体和学者认识到，以美国为首的西方国家企图通过“极限施压”使中国共产党和中国“崩溃”的做法是无法奏效的，美国和其他西方国家必须接受与中国在国际体系中共存并“长期竞争”的现实。伦敦国王学院中国研究所主任、知名中国问题专家凯利·布朗（Kerry Brown）认为，“七一”讲话的对外宣示是“中国对外界的对华言论作出的回应”，是在中国与西方关系紧张的背景下展现的一种防卫状态①。美国前驻华大使马克斯·鲍卡斯（Max Baucus）表示，中国将继续沿着自身选择的道路发展。美国无法影响中国，无法使它建立一个更符合西方价值观的体制，而是必须接受中国的体制并和他打交道②。英国广播公司的报道援引相关学者的观点认为，现在中国经济力量强大，与世界各国有着深入的经贸联系，必将慢慢对包括西方国家在内的全世界产生深刻影响，而

① 德国之声中文网，《专访：西方与中国不应是“师生关系”》。

② BBC, “Theatrics or Threat: How to Handle China’s Communist Party at 100”, 2021/07/02, https://www.bbc.com/news/world-asia-china-57666650.

西方也会发生很多改变[①]。英国伦敦大学亚非研究院院长曾锐生接受媒体采访时认为，"七一"讲话向世界特别是西方国家释放了简单而明确的信号："必须接受并适应中国目前的道路选择，否则只会自找麻烦。"[②] 美国哥伦比亚大学教授黎安友（Andrew Nathon）分析指出，即便中国的经济总量超过美国成为世界第一，也并不意味着中国会破坏现有的国际格局。国际格局从来不是固定不变的，中国只是希望对未来国际格局的变化产生更大的影响。美国和其他西方国家也需要适应这种变化，而非仅凭"中国在破坏国际秩序"这一口号来指责中国[③]。美国乔治·华盛顿大学政治学教授、中国问题专家狄忠浦（Bruce Dickson）认为，从某种意义上说，美国与中国的共存和竞争可能是一件好事。美国与中国的竞争会让双方进一步认识到加大科研投入、保障供应链弹性、促进民众整体福利、给予不发达国家以公平待遇的重要性[④]。

然而，也有部分英语媒体基于本国利益以及对中国共产党和中国一贯抱有的偏见，大肆渲染"中共对外强硬""中国对抗西方"的观点，借机再次炒作"中国威胁论"。英国《经济学人》杂志北京分社社长大卫·雷尼（David Rennie）表示，"七一"讲话中涉及中国对外关系的部分使用了一些"听起来态度强硬的词语"，传递了"强硬而非和解的态度"[⑤]。澳大利亚广播公司评论认为，"七一"讲话与

① BBC 中文网，《中共建党百年：世界如何应对 100 岁的中国共产党》，https://www.bbc.com/zhongwen/simp/world-57678921。

② 联合早报网，《建党百年庆典习近平称颂中国全面建成小康社会》，https://www.zaobao.com/news/china/story20210702-1163569。

③ BBC 中文网，《中共建党百年庆典举行》，https://www.bbc.com/zhongwen/simp/chinese-news-57676182。

④ 纽约时报中文网，《中国已经崛起，与他竞争也许是件好事》，https://cn.nytimes.com/opinion/20210705/china-us-competition/。

⑤ BBC 中文网，《中共建党百年：习近平演讲中"头破血流"一词为何引发中外热议》，https://www.bbc.com/zhongwen/simp/world-57703178。

此前中国共产党提出的“努力塑造可信、可爱、可敬的中国形象”的外宣目标区别明显，无论其真实意图是什么，很有可能会加深西方国家对中国的担忧①。显然，这些说法曲解甚至恶意误读了“七一”讲话传递出的中国共产党坚持自身发展道路、维护国家安全及利益的决心。

（谢光远：中央党史和文献研究院对外合作交流局）

① 澳大利亚 ABC 中文网，《中共百年党庆：解读习近平“七一”讲话中的台湾问题和外来势力》，https://www.abc.net.au/chinese/2021-07-03/ccp-100-years-anniversary-xi-jinping-speech-taiwan-foreign-force/100260456。

日本社会各界评价习近平“七一”讲话的若干观点

李晓倩 / 文

近期，日本政要、主流媒体、专家学者和智库纷纷围绕习近平“七一”讲话进行了报道和解读。我们从这些报道和解读中可以梳理出以下几个具有代表性的观点。

一、习近平“七一”讲话彰显了坚持中国共产党领导的决心和信心

习近平在讲话中用三个“深刻改变”阐明了中国共产党诞生的伟大意义，用四个“伟大成就”总结了中国共产党为实现中华民族伟大复兴创造的丰功伟绩，用两个“一定能够实现”宣示了全面建成社会主义现代化强国和实现中华民族伟大复兴的雄心壮志。日本社会各界对中国共产党与中华民族伟大复兴之间的关系进行了重点解读。

一种解读着眼于中国共产党领导中国人民实现中华民族伟大复兴的成就和前景。日本前驻华大使宫本雄二认为，“中华民族伟大复

兴”一词在习近平“七一”讲话中出现21次之多，这是为了描绘中华民族伟大复兴的美好未来，以此激励党员和民众，从而提高中国共产党的凝聚力[①]。日本参议院议员松川琉依指出，习近平在讲话中反复强调“中华民族伟大复兴”这个关键词，通过使用“只有社会主义才能救中国”“以史为鉴、开创未来，必须坚持中国共产党坚强领导”“中国共产党领导是中国特色社会主义最本质的特征”等多种表述，强调中国特色社会主义的优越性和中国共产党领导的优势所在[②]。日本电视新闻网指出，在生育率降低、人口老龄化和收入差距扩大等诸多社会问题面前，习近平强调了中国共产党在脱贫攻坚、实现民族复兴等方面取得的伟大成就，旨在增强中国共产党的凝聚力[③]。《东京新闻》指出，习近平穿着灰色的中山装发表了一个多小时的讲话，自信地展示了中国共产党带领中国人民实现经济增长、消除贫困的伟大成就，并强调必须坚持和发展中国特色社会主义[④]。

另一种解读着眼于习近平讲话中展现出的对中国共产党领导体制的信心。东京外国语大学教授篠田英朗认为，习近平的讲话充满了自信。他在讲话中向外国势力提出警告：“任何想把中国共产党同中国人民分割开来、对立起来的企图，都是绝不会得逞的！9500多万中国共产党人不答应！14亿多中国人民也不答应！”篠田英朗认为，中国共产党所取得的伟大成就无疑是真实的成就，整肃党的纪律则是

① 宫本雄二:《習近平発言「教師のような説教は受け入れない」を生んだ党内事情》，载《日経ビジネス》電子版，2021年7月7日。

② 松川琉依:《中国共産党創立100年演説に見る中国の自己認識像と世界の対中認識のギャップ》，2021年7月23日，https://agora-web.jp/archives/2052346.html。

③《中国・習主席演説　貧困脱却など実績強調》，2021年7月1日，https://www.news24.jp/articles/2021/07/01/10898748.html。

④《中国共産党100年記念式典　習近平氏、一党支配の優位を強調「特色ある社会主義あってこそ発展できる」》，载《東京新聞》電子版，2021年7月1日。

进一步提高凝聚力的表现①。《读卖新闻》指出，习近平在讲话中强调了中国共产党领导中国发展成为世界第二经济大国的历史功绩，表明了坚持中国共产党领导的信心和决心。习近平指出，自1921年诞生以来，中国共产党领导中国人民战胜帝国主义，为实现中华民族伟大复兴奠定了政治制度基础。他在讲话中强调："中国共产党领导是中国特色社会主义最本质的特征，是中国特色社会主义制度的最大优势。"这就表明，中国今后也不会接受欧美的制度体系②。

二、习近平“七一”讲话突出了以人民为中心的发展思想和历史逻辑

习近平在讲话中强调："以史为鉴、开创未来，必须团结带领中国人民不断为美好生活而奋斗"，并向全体中国共产党员发出"继续为实现人民对美好生活的向往不懈努力，努力为党和人民争取更大光荣"的号召。不少日本智库、学者和媒体都关注到，人民立场和唯物史观始终贯穿于习近平的讲话之中。

一种观点认为，习近平“七一”讲话体现了中国共产党以人民为中心的发展思想。日本贸易振兴机构发文指出，习近平讲话强调要践行以人民为中心的发展思想，努力解决发展不平衡不充分的问题以及人民群众面临的困难③。宫本雄二认为，习近平在讲话中再次

① 篠田英朗:《中国共産党100周年とバイデン・ドクトリン》, 2021年7月7日, https://gendai.ismedia.jp/articles/-/84879。

② 田川理恵:《習氏「台湾独立のたくらみ打ち砕く」、中台統一に強い意欲…米欧の圧力に対抗の構え》, 载《読売新聞》電子版, 2021年7月1日。

③ 小宫昇平:《習国家主席、共産党創立100周年演説で小康社会の全面的完成をあらためて宣言》, 载日本貿易振興機構《ビジネス短信》, 2021年7月8日, https://www.jetro.go.jp/biznews/2021/07/272c39bdd863549c.html。

强调“江山就是人民、人民就是江山”，这是他从去年12月左右开始使用的说法，表现出重视人民的态度。宫本雄二进一步指出，中国共产党最初是在人民中诞生和发展壮大的，也是依靠人民取得政权的，历届政府都表示要爱护人民，习近平“七一”讲话可以说在这一方面是更进了一步[①]。

还有一种观点从习近平“七一”讲话中关于历史的阐述出发，解读习近平的历史逻辑。日本媒体JBpress发文指出，习近平在讲话中谈道:“1840年鸦片战争以后，中国逐步成为半殖民地半封建社会，国家蒙辱、人民蒙难、文明蒙尘，中华民族遭受了前所未有的劫难。从那时起，实现中华民族伟大复兴，就成为中国人民和中华民族最伟大的梦想。”这个论述表明，对1840年以来的中国历史的回溯构成了习近平历史观的基础[②]。篠田英朗也认为，习近平“七一”讲话回顾了中国近代以来的历史，其基本逻辑是非常清晰的，即中国是一个有着5000年历史的伟大国家，但从19世纪开始受到外国势力的侵略和欺辱，在这种背景下，中国共产党走上历史舞台，领导人民致力于实现中华民族的伟大复兴[③]。

三、习近平“七一”讲话表明了中国捍卫国家独立自主的坚定态度

习近平在讲话中强调，中国奉行独立自主的和平外交政策，把

---

① 宫本雄二:《習近平発言「教師のような説教は受け入れない」を生んだ党内事情》，载《日経ビジネス》電子版，2021年7月7日。

②《中国共産党創立100年、なぜ習近平は人民服姿で登壇したか》，2021年7月2日，https://jbpress.ismedia.jp/articles/-/65915。

③ 篠田英朗:《中国共産党100周年とバイデン・ドクトリン》，2021年7月7日，https://gendai.ismedia.jp/articles/-/84879。

中国发展进步的命运牢牢掌握在自己手中。日本有不少报道和文章对讲话表明的中国捍卫国家独立自主的坚定态度进行了解读。

野村综合研究所经济学家木内登英认为，习近平“七一”讲话回顾了中国共产党领导下中国取得的巨大发展成就，同时向试图制裁中国、形成对华包围圈的美国和其他发达国家传递出中国坚决拒绝外国势力干涉本国内政的信号①。

习近平在讲话中指出：“中国人民也绝不允许任何外来势力欺负、压迫、奴役我们，谁妄想这样干，必将在14亿多中国人民用血肉筑成的钢铁长城面前碰得头破血流！”日本主流媒体和专家对这句话进行了深入的解读。《朝日新闻》发文认为，在这句话中，习近平以罕见的强烈措辞表明了中国面对外部压力时的姿态，这是针对以美国为代表的西方社会围绕人权和领土问题对中国的横加指责②。《读卖新闻》发文指出，习近平“七一”讲话不仅再次强调到新中国成立100周年时实现全面建成社会主义现代化强国的目标，而且始终贯穿着呼吁国内团结、不向欧美压力让步的语气③。时事通信社发文认为，习近平“七一”讲话既考虑到中国被列强殖民侵略的过去，也考虑到对华压力加大的当前国际环境④。日本爱知县立大学副教授铃木隆也认为，习近平关于绝不接受外来压迫、也绝不接受“教师爷”般颐指气使的说教的表态是基于中国共产党对当前国内外形势的判断，即中国一方面因成功防控新冠肺炎疫情而获得国内民众的

① 木内登英：《中国共産党創立100年と改革開放路線修正の帰結》，2021年7月1日，https://www.nri.com/jp/knowledge/blog/lst/2021/fis/kiuchi/0701_3。

② 高田正幸：《「歴史と人民は中国共産党を選んだ」習氏、一党支配の正当性強調》，载《朝日新聞》電子版，2021年7月1日。

③《習氏「米に対抗」強調…中国共産党、香港・ウイグル批判に反発》，载《読売新聞》電子版，2021年7月2日。

④《中国、対米長期戦を覚悟 外圧を国民団結に転化 中国共産党100年》，時事通信社，2021年7月2日。

高度评价，另一方面面临着欧美国家对中国的无端指责[①]。

宫本雄二认为，习近平讲话的一个突出特点是强烈反对美国和其他发达国家干涉中国内政的态度。习近平说："欢迎一切有益的建议和善意的批评，但我们绝不接受'教师爷'般颐指气使的说教！"这表现出坚决反对美国等西方国家把价值观强加给中国的态度。尽管美国采取了寻求竞争与合作的对华政策，但也明确表示，当前将把重点放在竞争上。而竞争可能产生对立，导致冲突。中美之间的纷争将如何发展？这与中美两国领导人能否在 10 月底于意大利举行的 G20 峰会上实现会谈，以及如果实现会谈，又将取得怎样的成果直接相关[②]。

篠田英朗从习近平讲话中坚定的对外态度出发，分析了中美之间的竞争态势与双方固有世界观的关系。篠田英朗认为，中国和美国这两个拥有不同思想和历史的超级大国不会轻易共享相同的世界观，继续保持竞争关系是自然趋势。中国提出"一带一路"倡议，旨在通过具体的贸易渠道发挥影响力。这与冷战时期苏联采取的南下政策等扩张主义完全不同。中国没有输出共产主义的野心，而是热衷于以中华思想为基础，沿着欧亚大陆的外围边缘，带状地扩大本国的影响力。中国没有兴趣掀起冷战，只是一心一意以中华文明的复兴为目标。同为亚洲国家，日本等国家在成为世界上屈指可数的经济大国时，也试图作为经济合作与发展组织发展援助委员会（OECD–DAC）的"优等生"，成为援助大国。但与之不同，中国不想加入经济合作与发展组织发展援助委员会，不会放弃发展中国家的身份，而是希望在不被欧美资本主义国家同化的前提下成为世界

① 《習氏「外部の圧迫許さぬ」中国共産党 100 年「台湾統一は任務」》，载《日本経済新聞》，2021 年 7 月 2 日。

② 宫本雄二：《習近平発言「教師のような説教は受け入れない」を生んだ党内事情》，载《日経ビジネス》電子版，2021 年 7 月 7 日。

经济大国。由于无法同化中国，于是美国拉拢其他西方国家，想防止中国“侵蚀”其价值观。从本质上来说，“拜登主义”构想的是西方各国在与中华文明和马克思主义的竞争中生存下去[①]。

四、习近平“七一”讲话强调了中华文明与马克思主义的有机结合

习近平在讲话中强调：“以史为鉴、开创未来，必须继续推进马克思主义中国化。”他继而提出了具体要求：“必须坚持马克思列宁主义、毛泽东思想、邓小平理论、‘三个代表’重要思想、科学发展观，全面贯彻新时代中国特色社会主义思想，坚持把马克思主义基本原理同中国具体实际相结合、同中华优秀传统文化相结合，用马克思主义观察时代、把握时代、引领时代，继续发展当代中国马克思主义、21世纪马克思主义！”有日本学者指出，提出中华文明与马克思主义的有机结合是习近平“七一”讲话的一个突出特点。

宫本雄二认为，习近平“七一”讲话将新时代中国特色社会主义思想定义为马克思主义基本原理同中国具体实际相结合、同中华优秀传统文化相结合的产物。讲话提出将马克思主义基本原理“同中华优秀传统文化相结合”，旨在用中华优秀传统文化推进马克思主义中国化。中国共产党一直以来都强调法治国家，这与传统的法家思想存在一定的关联。习近平“七一”讲话表明，中国今后将更加重视中华优秀传统文化。其目的是通过吸纳这些优秀传统文化，进

① 篠田英朗：《中国共産党 100 周年とバイデン・ドクトリン》，https://gendai.ismedia.jp/articles/-/84879。

一步扩充“中国特色”的内涵[①]。

篠田英朗认为，我们不应该误解中国，中国并没有抛弃共产主义，也没有信奉资本主义并试图模仿欧美国家。习近平说：“中国共产党坚持马克思主义基本原理”，“马克思主义是我们立党立国的根本指导思想，是我们党的灵魂和旗帜”。习近平强调，新的征程上，必须坚持把马克思主义基本原理同中国具体实际相结合、同中华优秀传统文化相结合。篠田英朗认为，通过将中华文明与马克思主义结合起来，中国共产党创造了伟大成就。中国共产党将来不可能放弃中华文明和马克思主义，不可能接受被欧美主导的国际社会所同化[②]。

（李晓倩：中央党史和文献研究院第三研究部）

---

① 宫本雄二:《習近平発言「教師のような説教は受け入れない」を生んだ党内事情》，载《日経ビジネス》電子版，2021 年 7 月 7 日。

② 篠田英朗:《中国共産党 100 周年とバイデン・ドクトリン》，https://gendai.ismedia.jp/articles/-/84879。

俄罗斯各界对百年中国共产党成功之道的解读

戢炳惠／文

2021年是中国共产党成立100周年。俄罗斯的一些政治家、专家学者和媒体人士纷纷发表专题文章或接受采访，从多个方面对中国共产党进行了深入的解读。

一、中国共产党领导是中国取得巨大成就的最重要的原因

俄罗斯各界人士认识到，中国能够取得今天的成就，主要依靠中国共产党的领导。

俄罗斯联邦共产党中央委员会主席 Г. А. 久加诺夫认为，中国共产党自成立以来，一直坚持“人民至上”原则，充分发挥人民群众的创造力，领导中国人民谋求民族复兴，“使国家发生了翻天覆地的变化，从满目疮痍到如今成为全球第二大经济体”。他还指出：“在中国共产党的领导下，中国人民有能力应对时代的一切挑战，沿着建设新时代中国特色社会主义的正确道路前进。一个伟大国家的未

来掌握在可靠的领导者的手中。”[①]

俄罗斯联邦共产党中央委员会副主席 Д.Г.诺维科夫指出，中国“在较短的历史时期内成功地成为世界经济火车头”，“成为全球政治的引领者之一”，“没有共产党的坚强领导，如此大规模的变革是不可能的”[②]。

统一俄罗斯党总委员会委员 А. А. 谢苗诺夫认为：“中国共产党的力量来源于人民的支持和信任。”[③] 他指出，在中国共产党的领导下，中国在社会、政治、经济等领域取得了巨大成就，足以让中国人民感到自豪。同时，这些成就也让全世界认识到，没有中国共产党，就没有今天的中国[④]。

俄罗斯远东联邦大学教授 В. Ф. 佩切里察认为，中国共产党的领导是中国取得举世瞩目成就的最重要的原因。短短 100 年间，这个政党从最初的共产主义小组成长为拥有 9600 多万党员的执政党，成为世界第一大马克思主义执政党，带领中国从满目疮痍走向辉煌灿烂的未来。佩切里察强调：“中国共产党一直都是中国人民取得胜利的主要组织者。”[⑤]

俄罗斯地缘政治问题科学院院士、中国问题专家 В. Б. 帕夫连科指出：“中国共产党是社会的领导核心，推动社会前进并协调社会生活各个领域的活动。”[⑥] 俄罗斯东方媒体新闻网主编、俄中友好协会滨海边疆区分会执行秘书 А. В. 卡拉钦斯基指出：“中国共产党是推

---

① Важнейший ключ к успехам КПК - умение учиться у истории и народных масс, Прадва , 04 марта 2021 г.

② «Коммунистическая партия преобразила Китай», Прадва, 22 марта 2021 г.

③ Коммунистическая партия Китая - партия не слов, а дела, Труд, 08 июля 2021 г.

④ https://www.idcpc.org.cn/wdzs/sjzd/202103/t20210318145408.html.

⑤ Главный организатор побед китайского народа: 100 лет со дня образования КПК,https://primamedia.ru/news/1103590/?utm_source=yxnews&utm_medium=desktop.

⑥ Китай: «два столетия» «мечты о великом возрождении китайской нации», https://iarex.ru/articles/81671.html.

动中国迈向新高度的最大优势。”①

二、中国共产党在先进理论的指导下选择了中国特色社会主义道路

俄罗斯多位政要和专家认识到，中国作为世界上最主要的社会主义国家，在实践中继承和发展了马克思列宁主义理论，并在这一先进理论的指导下，成功走出了中国特色社会主义道路，为其他国家提供了可以替代资本主义制度的另一种选择。

久加诺夫指出，中国共产党掌握了先进的理论，现任领导层能够“坚定不移地遵循马克思主义理论，恪守革命理想信念”。中国共产党提出了具有本国特色的独特的社会主义发展模式，自 20 世纪 70 年代末实行改革开放以来，中国取得了伟大的成就。他写道：“随着共产党所起的作用得到增强，中国正在迈向社会进步的新高度。毫不夸张地说，今天，社会主义在全世界范围内的成就很大程度上取决于中国共产党的努力。”②

诺维科夫认为，中国共产党人“用马克思列宁主义的先进理论来武装自己”，并从中“找到了最重要问题的答案：如何摆脱落后状态和对帝国主义国家的依赖；如何前进，同时使进步的成果不被少数剥削者窃取而是被大多数劳动人民所享有。”③中国共产党从马克思主义中汲取力量，结合本国的特殊国情，走出了一条具有中国特色的社会主义发展之路，在实践中证明和发展了马克思列宁

---

① Как возрождается великий Китай: к 100-летию КПК, https://news.myseldon.com/ru/news/index/247075983.

② Важнейший ключ к успехам КПК-умение учиться у истории и народных масс, Прадва, 04 марта 2021 г.

③ «Коммунистическая партия преобразила Китай», Прадва, 22 марта 2021 г.

主义。

卡拉钦斯基认为，社会主义思想正在造福中国人民。中国共产党在中国建设的社会主义社会，是“一个可以成功替代西方民主模式和资本主义制度的选择”①。中国取得的各项成就表明，中国共产党作为执政党制定的路线、方针、政策是得到人民拥护的，是正确的。

帕夫连科指出，中国人民为民族解放进行了无数次舍生忘死的斗争，但囿于旧的思想，都未能成功，而中国共产党的诞生“从根本上改变了整个国家的历史进程”②。时代和人民选择了用马克思列宁主义武装起来的中国共产党。现在，中国已全面建成小康社会，用事实证明了中国当前的社会主义制度是强有力而可靠的。

佩切里察对中国共产党为国际共产主义运动所作的贡献给予了高度评价。他强调，在国际共产主义运动陷于低谷时，中国如火如荼的社会主义建设给国际共产主义运动注入了活力。他说：“在现今条件下，中国共产党的意识形态成为共产主义运动的重要支柱。毫无疑问，今天中国共产党及其杰出领袖为整个共产主义世界和左派运动带来了希望。”③中国特色社会主义理论是对马克思主义的继承和发展，证明了马克思主义强大的生命力。他强调：“无论共产主义运动的反对者怎么说，马克思主义的理论和实践依然充满活力。”④

俄中友好协会副主席、亚太经济合作组织俄罗斯研究中心主任

---

① Как возрождается великий Китай: к 100-летию КПК, https://news.myseldon.com/ru/news/index/247075983.

② Китай: «два столетия» «мечты о великом возрождении китайской нации», https://iarex.ru/articles/81671.html.

③ Главный организатор побед китайского народа: 100 лет со дня образования КПК, https://primamedia.ru/news/1103590/?utm_source=yxnews&utm_medium=desktop.

④ Главный организатор побед китайского народа: 100 лет со дня образования КПК, https://primamedia.ru/news/1103590/?utm_source=yxnews&utm_medium=desktop.

С. Ф. 萨纳科耶夫称赞了中国特色社会主义制度的优越性，认为中国当前所走的道路是正确的。他充满信心地写道："在中国共产党的领导下，中国这艘巨轮一定能够成功应对国内外的风险和挑战，排除万难，坚定地向前航行。"①

俄中友好、和平与发展委员会专家理事会俄方主席、俄罗斯人民友谊大学教授 Ю. В. 塔夫罗夫斯基表示："中国共产党的 100 年向全人类证明了社会主义发展道路的可行性和吸引力，新时代中国特色社会主义将是中华文明给世界其他地区的伟大礼物之一。"② 他认为，中国共产党为国际共产主义运动的支持者带来了希望，让他们认识到，结合本国国情发展社会主义是有可能成功的。

三、中国共产党带领中国人民建立了社会主义制度下的高效治理体系

俄罗斯各界人士认为，中国不仅有先进的社会主义制度，还在这个制度下建立起了高效的治理体系，这一点鲜明地体现在中国防治新冠肺炎疫情和脱贫攻坚的战役中。

诺维科夫指出："中国共产党建立了有效的国家治理体系。该治理体系以提高整个社会利益而非某个社会群体的私利为宗旨。成熟的领导使国家能够进行大规模的社会主义建设。"③ 新冠肺炎疫情的防治工作再一次证明了中国共产党领导下的国家治理体系的先进性。在全球大多数国家、甚至欧美发达国家都面临严重危机的情况下，中国共产党以基层党组织为战斗堡垒，发动党员、调动群众，带领

① Правильный путь развития, Известия, 09 марта 2021 г.

② http://www.cankaoxiaoxi.com/china/20210513/2443195.shtml.

③ «Коммунистическая партия преобразила Китай», Правда, 22 марта 2021 г.

中国人民打赢了防治新冠肺炎疫情的战役，还为世界其他国家提供了实际的支援，体现出强烈的大国担当意识。

卡拉钦斯基指出，贫困是全球性的问题，消除贫困是全人类面临的共同挑战，在中国共产党领导的治理体系下，中国提前10年实现了联合国提出的消除贫困目标。他强调，“这是中国历史上第一次彻底消除极端贫困”，“中国人民创造了一个真正的奇迹——实现人类历史上最大规模的减贫”①。帕夫连科也指出：“中国进行的脱贫攻坚战在力度和规模上都是独一无二的，直观地体现了中国经济的社会主义性质。中国以国家投资的方式连续不断地、系统地加强贫困地区的建设。社会主义国家在快速有效地解决贫困问题上起着主导作用，资本主义国家明显做不到这一点。”②

佩切里察认为，中国共产党拥有的460多万个基层党组织是它能建立起高效治理体系的重要一环。他以抗击新冠肺炎疫情为例，认为上至中共中央下至基层党组织的党的各级机关发挥了极其重要的作用，共产党员战斗在抗疫一线，“以自己的道德和政治示范作用，鼓舞了全体中国人民”。佩切里察还指出，“中国共产党的领导层特别重视党——全国人大——政府的有机联系”，“中国形成了由多个环节构成的综合体系”，这些制度和组织优势有助于中国共产党提高决策质量③。

俄罗斯科学院世界经济与国际关系研究所副所长A. B.洛曼诺夫指出，中国共产党最大的优点在于能够与时俱进，根据国情的新

① Как возрождается великий Китай: к 100-летию КПК, https://news.myseldon.com/ru/news/index/247075983.

② Китай: «два столетия» «мечты о великом возрождении китайской нации», https://iarex.ru/articles/81671.html.

③ Главный организатор побед китайского народа: 100 лет со дня образования КПК, https://primamedia.ru/news/1103590/?utm_source=yxnews&utm_medium=desktop.

变化调整政策，提高创新能力[①]。在洛曼诺夫看来，创新是中国共产党能够建立起高效治理体系的重要原因，中国共产党正是在不断创新中成功走出了自己的道路，取得了举世瞩目的成就。

（戢炳惠：中央党史和文献研究院第五研究部）

① http://opinion.haiwainet.cn/n/2021/0508/c353596-32087453.html.

党的十九届六中全会

英语世界关于中共十九届六中全会的背景、内容和意义的主要认知

刘晶　赵超 / 文

2021 年 11 月 8 日至 11 日，中国共产党第十九届中央委员会第六次全体会议在北京举行，全会审议通过《中共中央关于党的百年奋斗重大成就和历史经验的决议》（以下简称《决议》）。国际社会对此次全会的举行给予高度关注，海外不少主流媒体、智库和学者发表报道和文章，对全会进行了多角度的解读和评价。其中，英文世界围绕全会召开的时代背景、主要内容和重要意义进行了广泛的报道。本文将从这三个方面梳理英语世界对全会的主要认知。

一、关于中共十九届六中全会召开的时代背景

《决议》指出："中国共产党立志于中华民族千秋伟业，百年恰是风华正茂。过去一百年，党向人民、向历史交出了一份优异的答卷。现在，党团结带领中国人民又踏上了实现第二个百年奋斗目标

新的赶考之路。”[①] 在这种背景下，中共十九届六中全会对百年党史进行的全面回顾和总结必然受到国际社会的高度关注。各界人士就会议召开的时代背景进行了解读，认为这是理解《决议》的重要前提和必要条件，但关注的角度和侧重点有所不同。

有学者结合中国共产党百年发展历程，分析指出中共十九届六中全会的召开正值中国共产党发展历史的关键时刻。例如，印度学者蒂帕尼塔·达斯（Dipaneeta Das）发表文章称，中国共产党在走过百年发展历程之际召开中央全会，回顾其百年奋斗的重要成就和历史经验，讨论 2022 年继续实施的战略要点，旨在为召开中共二十大做好准备[②]。

另有媒体从全会召开的现实背景出发，分析中国在发展道路上取得的显著成效。例如，美国《纽约时报》报道称，中国成功遏制新冠肺炎病毒的传播，在美中贸易争端中始终坚持自身立场，在危机四伏的情况下中国的贸易主导权仍然得到了加强[③]。美国彭博新闻社报道称，中共十九届六中全会是在中国的国际影响力迅速增强的背景下召开的，中国有望在 10 年内成为世界最大经济体[④]。英国《周刊》在论及此次全会召开的背景时指出，中国正在成为一个强大的国家，国际地位得到进一步巩固，现在已进入强国新时期[⑤]。

① 《中共中央关于党的百年奋斗重大成就和历史经验的决议》，载《中国共产党第十九届中央委员会第六次全体会议文件汇编》，人民出版社 2021 年版，第 101—102 页。

② Dipaneeta Das, "China: CCP's Sixth Plenary Session begins Today", *Republic World*, 8 November, 2021.

③ Matthew Cullen, "Your Friday Briefing", *The New York Times*, 11 November, 2021.

④ "Why All Eyes are on China's Communist Party Meeting", *Bloomberg News*, 10 November, 2021.

⑤ "Chinese Communist Party Begins 6th Plenary", *The Week*, 8 November, 2021.

二、关于中共十九届六中全会的主要内容

英语世界对全会通过的《决议》给予了高度关注，围绕《决议》的主要内容，探讨中国共产党百年奋斗的历史经验、中国共产党的历史观以及三个历史决议的异同等问题。

（一）中国共产党的历史经验

《决议》将中国共产党百年奋斗的历史经验概括为“十个坚持”，即坚持党的领导、坚持人民至上、坚持理论创新、坚持独立自主、坚持中国道路、坚持胸怀天下、坚持开拓创新、坚持敢于斗争、坚持统一战线和坚持自我革命。诸多人士从政党特点的角度进行了分析，认为这是中国共产党保持长期执政的秘诀和关键。

美国布鲁金斯学会约翰·桑顿中国中心研究员狄安娜（Diana Fu）对“坚持党的领导”这一历史经验给予了关注。她指出：“强调中国共产党的历史是描述它在中国发展中所发挥的作用的一个重要部分。《决议》将中国共产党的发展与中国的发展联系在一起是务实的，如果没有中国共产党在过去100年的领导，中国就不可能强大到足以对抗西方强国。”[①]

美国华盛顿特区政策分析师纳撒尼尔·谢尔（Nathaniel Sher）和山姆·布雷斯尼克（Sam Bresnick）分析了中国共产党“坚持人民至上”的历史经验。他们指出，中国共产党始终坚持并不断增强民族复兴的责任感，“人民”是中国共产党的起点和方向，人民的支持

① Jesse Turland, “China’s Sixth Plenum Report Proclaims Bright Future under Xi”, *The Diplomat*, 16 November, 2021.

是中国共产党长期执政的保证和根本因素①。

英国路透社对中国共产党"坚持自我革命"的历史经验给予了关注。该社发表报道称，在《决议》中，中国共产党批判了自改革开放以来出现的拜金主义、享乐主义和极端个人主义等错误思潮，强调更严格的治理、更强有力的思想工作和更多的文化自信有利于解决这些问题，呼吁加强党的领导和道德约束②。

此外，还有媒体从其他方面对中国共产党的历史经验进行了解读。例如，美国《外交》杂志发表文章指出，中国共产党一直注重团结统一：在毛泽东时代，从团结到统一，中国人民建立了新的国家政权；邓小平时代纠正了改革之前的错误，提倡"向前看"，团结全体中国人民仍然是党的主要目标；新时代的中国共产党强调思想更加统一、政治更加统一、行动更加统一，用过去的辉煌、现在的成功和未来的伟大来加强全党的团结。文章还指出，中共十九届六中全会再次强调了历任党的领导人对党和国家作出的贡献。中国共产党成立100年来团结奋进的历史是坚固可靠的，所以必须相信和坚持党的领导③。

（二）中国共产党的历史观

习近平指出："我们党历来高度注重总结历史经验。早在延安时期，毛泽东同志就指出：'如果不把党的历史搞清楚，不把党在历史

① Nathaniel Sher and Sam Bresnick, "The Chinese Communist Party Still Thinks It Owns the Future", *Foreign Policy*, 21 November, 2021.

② Gabriel Crossley, "China Condemns 'Money Worship', Corruption of Reform Era in Key Document", *Reuters*, 16 November, 2021.

③ Jesse Turland, "China's Sixth Plenum Report Proclaims Bright Future under Xi", *The Diplomat,* 16 November, 2021.

上所走的路搞清楚，便不能把事情办得更好。'"[①]《决议》集中体现了中国共产党对待历史的态度和方法，引发了英文世界的热烈讨论。

一种解读强调中国共产党对自身历史的继承与延续。例如，英国皇家联合军种研究所专家查尔斯·帕顿（Charles Parton）认为，中共十九届六中全会审议通过的《决议》体现了中国共产党光荣历史的连续性，展现了中国共产党及其领导人更加积极向前看的姿态，因为他们深知，总结历史就是从中汲取智慧，打开前进的大门。他们永远不会忘记所走过的历史道路，坚持从历史中获取能量[②]。印度《周日卫报》也分析了中国共产党百年历史的承接性。它指出，在过去的100年里，中国共产党一直注意保持党内思想的一致性和统一性，无论是在寻求民族独立的危难之际，还是在探索建设新中国遭遇曲折之际，中国共产党始终坚持将马克思列宁主义的科学理论应用于中国具体的国情中。第二个历史决议在对党的历史经验和教训进行深刻总结的同时，仍然肯定了毛泽东和毛泽东思想的历史地位[③]。

另一种解读主要着眼于中国共产党如何应对百年历程中遭遇的困难与曲折。英国牛津大学政治与国际关系学院专家帕特里夏·桑顿（Patricia M.Thornton）分析指出，中国共产党认为，在从革命转入建设的过程中，有时会出现灾难性的失败，也面临着障碍。中国共产党能够坚持下来并取得成功，关键在于其机制的适应性、实践的弹性以及创新的能力。中国共产党在过去100年中的发展历程可谓令人瞩目，其庞大的规模、独特的历史轨迹以及应对不断挑战的

---

① 习近平:《关于〈中共中央关于党的百年奋斗重大成就和历史经验的决议〉的说明》，载《中国共产党第十九届中央委员会第六次全体会议文件汇编》，人民出版社2021年版，第107—108页。

② Charles Parton, "The Chinese Communist Party's Sixth Plenum" , *Council on Geostrategy*, 3 November, 2021.

③ B. R. Deepak, "The Rise and Rise of Xi Jinping" , *Sunday Guardian*, 16 November, 2021.

执政能力，标志着该党已成为历史上最成功的政党之一[①]。

还有一种解读主要探讨中国共产党如何处理历史与未来之间的关系。例如，美国《纽约客》报道称，《决议》表明，中国共产党对百年历史的回顾，目的是面向未来，这同习近平在庆祝中国共产党成立 100 周年大会上强调“以史为鉴、开创未来”是一致的[②]。

（三）三个历史决议的比较分析

《决议》指出：“一九四五年党的六届七中全会通过的《关于若干历史问题的决议》、一九八一年党的十一届六中全会通过的《关于建国以来党的若干历史问题的决议》，实事求是总结党的重大历史事件和重要经验教训，在重大历史关头统一了全党思想和行动，对推进党和人民事业发挥了重要引领作用，其基本论述和结论至今仍然适用。”[③] 三个历史决议之间的关系是英语世界尤为关注的热点，各界人士在评述《决议》的主要内容时，均不同程度地提及前两个历史决议并与之进行对比分析，探讨三个历史决议之间的异同。

一种解读强调三个历史决议是在不同的历史条件下推出的，体现了中国共产党在不同的历史时期面临的主要任务。香港《南华早报》认为，中共十九届六中全会主要是对中国共产党的历史经验进行总结，而前两个历史决议的主要目的则是围绕特定时期出现的某些问题进行反思[④]。喀麦隆《喀麦隆论坛报》认为，前两个历史决议都是

---

① Patricia M. Thornton, “The CCP in Comparative and Historical Perspective”, *The China Quarterly*, 10 November, 2021.

② Evan Osnos, “Does Xi Jinping's Seizure of History Threaten His Future?”, *The New Yorker*, 10 November, 2021.

③《中共中央关于党的百年奋斗重大成就和历史经验的决议》，载《中国共产党第十九届中央委员会第六次全体会议文件汇编》，第 21 页。

④ Cat Wang, “Xi Jinping's ‘Historical Resolution’: What is It and Why is It Important?”, *South China Morning Post*, 7 November, 2021.

在形势紧迫的情况下推出的，而第三个历史决议的落脚点在于对中国共产党的发展作出规划。1945 年的第一个历史决议产生于抵御日本侵略者的战争即将取得胜利的背景下，1981 年的第二个历史决议产生于开始寻求改革开放的历史条件下，而第三个历史决议产生于对中国共产党而言非常了不起的 2021 年。这一年，中国共产党作为世界上最大的马克思主义执政党迎来了建党百年的纪念日，并且带领全体中国人民实现了全面建成小康社会的目标①。美国《时代周刊》认为，如果说前两个历史决议都产生于中国共产党历史的转折点上，那么第三个历史决议则是在历史繁荣时期的关键时刻作出的②。

另一种解读注重阐释三个历史决议在内容上的差异。新加坡《海峡时报》报道称，第一个历史决议分析了中国共产党从成立到中共六届四中全会期间，党内高级干部对路线和政策的认识分歧；第二个历史决议阐明了毛泽东的思想和党的集体思想之间的关系，统一了全党的前进方向；第三个历史决议总结了中国共产党为什么能够成功，以及在未来如何继续蓬勃发展③。英国《天空新闻》报道称，中国共产党历史上的是非问题已经在前两个历史决议中得到了解决，第三个历史决议旨在总结中国共产党成立 100 年来取得的成就，重点阐释新时代原创性的治国理政新理念、新思想、新战略④。英国广播公司（BBC）报道称，中国共产党的前两个历史决议侧重对以往历史问题的评价，分别为建立新中国以及开启经济改革创造了条件，

---

① Kimeng Hilton, “Communist Party Lauds Achievements at 100”, *Cameroon-Tribune*, 16 November, 2021.

② “Xi Jinping’s Historical Resolutions”, *Newsweek*, 29 October, 2021.

③ James Char, “Chinese President Xi’s Supremacy Cemented after CPC Adopts Landmark Resolution”, *The Straits Times*, 12 November, 2021.

④ Tom Cheshire, “China’s Communist Party Cements Xi Jinping’s Authority with ‘Historical Resolution’”, *News Sky*, 2 November, 2021.

而第三个历史决议则侧重对历史经验的总结和继承[①]。

三、关于中共十九届六中全会的重要意义

习近平在《关于〈中共中央关于党的百年奋斗重大成就和历史经验的决议〉的说明》中指出："党中央认为，在党成立一百周年的重要历史时刻，在党和人民胜利实现第一个百年奋斗目标、全面建成小康社会，正在向着全面建成社会主义现代化强国的第二个百年奋斗目标迈进的重大历史关头，全面总结党的百年奋斗重大成就和历史经验，对推动全党进一步统一思想、统一意志、统一行动，团结带领全国各族人民夺取新时代中国特色社会主义新的伟大胜利，具有重大现实意义和深远历史意义。"[②] 英语世界也认为，本次全会对中国和世界都会产生重要的影响。

许多人士聚焦全会提出"两个确立"，"对新时代党和国家事业发展、对推进中华民族伟大复兴历史进程具有决定性意义"的新论断，认为全会进一步确立了习近平在党内的核心地位。美联社报道称，中国共产党第一个历史决议是在毛泽东的领导下作出的，第二个历史决议是在邓小平的领导下作出的，第三个历史决议是在习近平的领导下作出的，这无疑表明了习近平在领导国家复兴中所发挥的重大作用[③]。美国战略与国际研究中心（CSIS）召开了关于中共十九届六中全会的线上专题研讨会。不少与会专家表示，中共十九

---

① Waiyee Yip, "China's Xi Jinping Cements His Status with Historic Resolution". *BBC News*, 12 November, 2021.

② 习近平:《关于〈中共中央关于党的百年奋斗重大成就和历史经验的决议〉的说明》，载《中国共产党第十九届中央委员会第六次全体会议文件汇编》，人民出版社 2021 年版，第 109 页。

③ "How Power and Ideology Define Xi's Rise in China", *AP NEWS*, November 12, 2021.

届六中全会通过的《决议》提出“两个确立”的决定性意义，是对中国内外政策的方向将作出调整的重要信号[①]。

另有部分媒体指出，全会突出了习近平新时代中国特色社会主义思想的重要性，为中国的未来发展指明了方向。美国《华盛顿邮报》报道称，在过去的一年里，中国共产党在习近平新时代中国特色社会主义思想的指导下，推出了一系列政策措施，寻求重塑中国社会，特别是积极推进“共同富裕”，整治环境恶化、房地产市场泡沫等问题。非洲乍得新闻网站（Alwihda Info）报道称，《决议》坚持辩证唯物主义和历史唯物主义，以理性的历史观回顾中国共产党百年来的重大成就和历史经验，是一份以马克思主义为指导的重要文件。中国共产党在新时代发出了坚持和发展中国特色社会主义的政治宣言[②]。

还有一些媒体和学者侧重分析全会如何影响中国在国际舞台上发挥的作用。美国《华尔街日报》发表澳大利亚前总理陆克文（Kevin Michael Rudd）的文章称，《决议》为发展中国家提供了一种新模式，这种模式是以马克思主义为基础的，不是所谓的无效民主世界模式。在全会的新闻发布会上，发言者批评了西方国家的民主模式，将其同中国民众对中国模式的支持进行了对比[③]。美国外交关系协会高级研究员伊恩·约翰逊（Ian Johnson）分析指出，中共十九届六中全会展现出中国在政治上更加自信。两个百年奋斗目标的实现意味着中国将成为在经济上真正平等的国家，同时也是一个拥有更多商业机会的国家，这必然会对包括美国在内的世界其他国家产生巨大影响[④]。

---

① “Unpacking China’s Sixth Plenum”, https://www.csis.org/events/unpacking-chinas-sixth-plenum.

② “The CPC and Chinese People will Achieve Greater Glories and Victories on New Journey in New Era”, *Alwihda Info*, 14 November, 2021.

③ Kevin Rudd, “‘Xi Jinping Thought’ Makes China a Tougher Adversary”, *The Wall Street Journal*, 14 November, 2021.

④ Ian Johnson, “What Xi Jinping’s Elevated Status Signals for Chinese Foreign Policy”, *Council on Foreign Relations*, 12 November, 2021.

四、结语

通过梳理英语媒体及学者的观点可以看出，英语世界对中共十九届六中全会给予了高度关注，能够相对客观地呈现全会及其通过的《决议》的整体情况，从历史和现实的角度对全会召开的时代背景进行解读，聚焦全会特别是《决议》的主要内容，从中分析中国共产党百年奋斗的历史经验、中国共产党的历史观以及中国共产党的三个历史决议的异同，并探讨全会对中国和世界的重要意义。这些观点在很大程度上是对习近平“七一”重要讲话和中国共产党百年历史认知的进一步深化和延伸。由于话语体系和思维方式的差异，英文世界在对中国共产党的百年历史进行回顾和总结时，更多是从西方的政党研究角度出发，分析中国共产党作为马克思主义政党和执政党所具备的特点，寻找中国共产党领导中国取得巨大成就的原因，并在此基础上探讨中国对世界的影响。

当然，也有部分西方媒体和学者存在一定的意识形态偏见，面对中国和中国共产党的发展壮大，更多的是因感受到竞争压力而担心，以至于无法对中国特色社会主义形成科学认识，无法理性看待中国共产党。对此，我们应当及时掌握国际社会对全会的认知情况，推动并引导国际社会更加客观、公正地认识中国共产党的历史以及中国未来的发展。

（刘晶：中国地质大学（北京）马克思主义学院；赵超：中央党史和文献研究院信息资料馆）

英语世界关于中国共产党百年奋斗重大成就和历史经验的主要认知

王峰　骆仕效 / 文

2021 年 11 月 8 日至 11 日在北京举行的党的十九届六中全会审议通过《中共中央关于党的百年奋斗重大成就和历史经验的决议》（以下简称《决议》），引起国际社会的高度关注。本文梳理了英语世界对全会的相关报道，重点反映相关媒体和专家学者关于中国共产党百年奋斗重大成就和历史经验、中国共产党应对未来挑战的信心和决心等方面的认知。

一、对中国共产党百年奋斗重大成就的认知

《决议》指出："党和人民百年奋斗，书写了中华民族几千年历史上最恢宏的史诗。"关于中国共产党百年奋斗取得的重大成就，英语世界的代表性报道可以归纳为以下两个方面。

一是在中国共产党的领导下，中国创造了有别于西方的现代化道路。剑桥大学政治与国际研究系前高级研究员马丁·雅克（Martin Jacques）指出，西方认为实现发展必须采用西方治理模式的观点现在被证明是一种错误，中国特色社会主义不是西方资本主义的另一种说法，而是凭借其成就引起世界广泛关注的现代化新道路。他认为，中国共产党是世界上有史以来最成功的政党，是“中国共产党把中国从半殖民地化、分裂化、贫困化的深渊中拯救出来，使之变为世界上最重要的国家之一”①。美国消费者新闻与商业频道（CNBC）在关于中共十九届六中全会的报道中援引皮尤研究中心的一项研究指出：“72% 的美国民众表示，美国民主的治理模式曾经是其他人效仿的好榜样，但最近并非如此。最新的研究发现，人们高度认同中国政府抗击新冠肺炎疫情的方式。”② 印度前国家安全顾问纳拉亚南（M. K. Narayanan）认为，中国共产党承受住外部压力，提出实现民主的中国方案，“比大多数国家的执政党都有更广泛的执政基础”③。

二是中国共产党之所以能够成功，原因在于它矢志不渝加强自身建设。美利坚大学助理教授约瑟夫·托里吉安（Joseph Torigian）在接受德国多闻新闻（DW News）采访时表示，中共十九届六中全会通过的《决议》全面总结中国共产党的百年历史，从中可以看出，中国共产党的初心使命和理想信念在其百年发展历程中发挥了重要作用。哈佛大学肯尼迪政府学院教授托尼·赛奇（Tony Saich）认为，中共十八大以来，中国共产党在打击腐败、缩小收入差距、应

---

① Martin Jacques, “West Portrays a Negative Image that Reflects Its Wishful Thinking in Face of China’s Rise”, *Global Times*, 15 November, 2021.

② Evelyn Cheng, “China Slams U.S.Democracy as a ‘Game of the Rich’ at an Event Promoting Xi’s Growing Power”, *CNBC News*, 12 November, 2021.

③ M.K.Narayanan, “Reading the Forecast from China’s Sixth Plenum”, *The Hindu*, 18 November, 2021.

对环境恶化三个方面取得了突出的成就，其中，贯彻落实“中央八项规定”使曾经引起人民群众愤慨的公款吃喝、公款消费等奢靡之风得到了有效遏制，贯彻执行全面从严治党使党内的腐败问题得到了有效解决①。

二、对中国共产党“以史为鉴、开创未来”重要要求的认知

重视对历史经验的总结与运用，是中国共产党不断取得胜利的重要原因。习近平指出：“我们党一步步走过来，很重要的一条就是不断总结经验、提高本领，不断提高应对风险、迎接挑战、化险为夷的能力水平。”② 中国共产党坚持“以史为鉴，开创未来”，以《决议》形式总结党的百年奋斗重大成就和历史经验，为中国的未来发展指明了方向。

一是《决议》旨在总结历史，开创未来。非洲 CAJ 新闻（CajNews Africa）指出，中共十九届六中全会与党史学习教育、中国共产党百年纪念活动的开展背景相同，都是聚焦“中国共产党历史”③。美国库恩基金会主席、中国问题专家罗伯特·劳伦斯·库恩（Robert Lawrence Kuhn）认为：“十九届六中全会是实现第二个百年奋斗目标的新的历史起点，在此背景下，全会要求全体党员必须深刻认识中国共产党的历史进程和初心使命，深刻认识以史为鉴、开

---

① Tony Saich, “Xi Jinping has Made Sure History is Now Officially on His Side”, *The Guardian*, 16 November, 2021.

②《习近平在党史学习教育动员大会上强调 学党史悟思想办实事开新局 以优异成绩迎接建党一百周年》，载《人民日报》2021 年 2 月 21 日，第 1 版。

③ “CPC’ s 3rd Resolution on History and Its Future-looking Plenum”, *CajNews Africa*, 17 November, 2021.

创未来的重要要求。"[①] 中欧亚洲研究所（CEIAS）研究员克拉拉·杜布拉夫奇科娃（Klára Dubrav ě cíková）认为，《决议》重点围绕中国共产党的历史，对经验成就进行归纳总结，体现了中国共产党对历史经验的重视[②]。赛奇认为，《决议》不是通过批判过去的问题、否定前人的成就来定义前进的道路，而是强调继往开来，探讨在过去的基础上发生了何种新的变化。英国皇家联合军种研究所专家查尔斯·帕顿（Charles Parton）认为，中共十九届六中全会的精神更具积极性和前瞻性，"习近平强调要反对'历史虚无主义'，强调中国共产党的过去是实现今日成功的重要基础"[③]。

二是《决议》为中国未来发展制定了宏伟蓝图。美国波士顿大学教授傅士卓（Joseph Fewsmith）在接受英国《经济学人》（*The Economist*）采访时认为，制定这样一个《决议》，绝不仅仅是为了回顾历史，而是为未来的发展提供政策指导。印度《印度教徒报》刊文认为，《决议》出台的目标与毛泽东和邓小平制定决议的目标具有一致性，都预示着国家未来将会发生重大变化[④]。美国《纽约时报》前驻华记者储百亮（Chris Buckley）认为，"本次全会发布的新的《决议》具有深远意义，它强调了中国共产党的未来发展方向，将对中国和世界未来数十年产生潜在影响。"[⑤] 澳大利亚乐卓博大学副校长托尼·沃克（Tony Walker）在接受澳大利亚网络媒体"对话"（*The*

---

① Robert Lawrence Kuhn, "Sixth Plenum: With Xi at the Helm, A New Era When China Becomes Strong" , *South China Morning Post*, 10 November, 2021.

② David Hutt, "Outcome of Chinese Communist Party' s 6th Plenum" , *Ceias Considers*, 19 November, 2021.

③ Charles Parton, "The Chinese Communist Party' s Sixth Plenum" , *Council on Geostrategy*, 3 November, 2021.

④ Ananth Krishnan, "CPC Plenum: Paving the Way for the Next Helmsman" , *The Hindu*, 13 November, 2021.

⑤ "China' s Xi Jinping Remarks the Communist Party' s History in His Image" , *New York Times*, 11 November, 2021.

Conversation）访谈时认为，中共十九届六中全会绘制了未来中国的发展蓝图。

三、对中国共产党应对未来挑战的信心和决心的认知

习近平在庆祝中国共产党成立100周年大会上的讲话指出："实现伟大梦想就要顽强拼搏、不懈奋斗。今天，我们比历史上任何时期都更接近、更有信心和能力实现中华民族伟大复兴的目标，同时必须准备付出更为艰巨、更为艰苦的努力。"① 对于中国未来发展面临的风险挑战，以及中国共产党应对这些风险挑战的信心和决心，英语世界在关注中共十九届六中全会时也有所涉及。

一是中国未来发展将会面临诸多风险挑战。傅士卓认为，中国面临的主要挑战是，经济发展导致不同社会群体的利益需求上升，从而演变为社会多元化。政府如果不能满足日益增长的民众需求，与人民群众的关系就会变得疏远。德国墨卡托中国研究中心分析师瓦莱丽·谭（Valarie Tan）在该中心的一份研究报告中认为，未来一段时间中国共产党仍面临很多挑战，包括经济增长放缓、能源危机、企业债务和新冠肺炎疫情防控工作，需要中国共产党作出积极应对。

二是《决议》有助于激发全党全国人民敢于应对风险挑战的信心和决心。亚洲国际新闻社（ANI）认为，《决议》是出于应对日益严峻的国际环境、巩固党内团结的需要。《中欧国际与安全研究》（*Central European Journal of International Security Studies*）杂志主编阿莱斯·卡尔马津（Ale Karmazin）认为，中国经受住了疫情和中美贸易摩擦带来的挑战与影响，中共十九届六中全会通过的《决

① 习近平：《在庆祝中国共产党成立100周年大会上的讲话》，人民出版社2021年版，第17页。

议》无疑为中国共产党推进中华民族伟大复兴提供了明确的发展方向[①]。美国战略与国际研究中心（CSIS）专家裘德·布兰切特（Jude Blanchette）在研究报告中认为，中国共产党将会在日益复杂的国际形势中探索应对之策，在解决经济增速放缓、人口老龄化、军队现代化等问题上下功夫，逐步实现建设社会主义现代化国家的目标。独立投资研究机构 TS Lombard 专家罗里·格林（Rory Green）认为，中共十九届六中全会之后，中国的经济政策将发生重要转变，房地产政策和财政政策的调整标志着中国积极应对风险挑战，向实现共同富裕不断迈进[②]。杜布拉夫奇科娃认为，《决议》表明未来中共将立足百年未有之大变局，以国内大循环为主体，推进共同富裕，促进全球治理体系变革[③]。

四、结语

总体看来，国际社会看待中共十九届六中全会的态度较为理性。不少国外媒体、专家学者能够正确认识中国共产党百年奋斗取得的重大成就，对十九届六中全会提出的新观点、新论断作出了较为客观的评价。与此同时，也有一些西方媒体和学者依旧戴着有色眼镜看待中共十九届六中全会及其通过的《决议》，他们对《决议》中关于中共百年历史的总结是否得当、对中国式现代化道路的提出是否合理、对中华民族伟大复兴能否实现仍然存在质疑，体现了西方社

① David Hutt, “Outcome of Chinese Communist Party’s 6th Plenum”, *Ceias Considers*, 19 November, 2021.

② Rory Green, “China Goes for Growth in Shift to the ‘New Economy’”, *Citywire*, 9 December, 2021.

③ David Hutt, “Outcome of Chinese Communist Party’s 6th Plenum”, *Ceias Considers*, 19 November, 2021.

会素有的“西方中心论”的傲慢和对中国崛起的敌视。对此，我们应充分了解情况，积极妥善地应对可能存在的疑虑和误解，采取有针对性的举措，让国际社会更客观、更准确地认识中国共产党和中国未来发展。

（王峰、骆仕效：北京师范大学马克思主义学院）

日本社会各界评价中共十九届六中全会的若干观点

刘柳 范大祺/文

近期，日本政要、主流媒体、专家学者和智库围绕中共十九届六中全会进行了解读。我们从这些报道和解读中可以梳理出以下几个具有代表性的观点。

一、“两个确立”对中国实现历史性成就与历史性变革具有决定性意义

全会审议通过的《中共中央关于党的百年奋斗重大成就和历史经验的决议》（以下简称《决议》）指出：“党确立习近平同志党中央的核心、全党的核心地位，确立习近平新时代中国特色社会主义思想的指导地位，反映了全党全军全国各族人民共同心愿，对新时代党和国家事业发展、对推进中华民族伟大复兴历史进程具有决定性意义。”日本社会各界对“两个确立”的决定性意义进行了深入解读。

日本防卫大学教授佐佐木智弘认为，《决议》中值得注意的是

中国共产党确立了“习近平同志党中央的核心、全党的核心地位”和确立了“习近平新时代中国特色社会主义思想的指导地位”[①]。《每日新闻》认为，《决议》宣告习近平领导下的中国共产党站在了新的历史起点上。《东京新闻》引述中国香港媒体观点，认为全会通过的《决议》表明习近平是中国共产党光辉历史的继承者，正在引领中国步入实现现代化的新征程。《朝日新闻》社论表示，《决议》提升了现任领导人的领袖形象，展现出开启新征程的实干风貌[②]。

日本前驻华大使宫本雄二指出，《决议》的主要意义是肯定了中国共产党自成立以来走过的百年历程，阐释了习近平新时代中国特色社会主义思想的伟大意义；习近平新时代中国特色社会主义思想回答了处在时代变局下的中国应该以何为目标以及应该怎样做的问题；中国共产党此前的两个历史决议都开启了一段新征程，可以预见此次历史决议也将如此。日本新闻网认为，《决议》强调中国在习近平的领导下，如何进一步提升国际地位、打击腐败和消除国内贫困。日本九州大学副教授益尾知佐子注意到，习近平新时代中国特色社会主义思想被称为“当代中国马克思主义、二十一世纪马克思主义，是中华文化和中国精神的时代精华，为推进民族复兴伟业提供了科学行动指南”。益尾知佐子认为，作为马克思主义执政党，中国共产党将以践行上述崇高使命为责任[③]。

---

① 「『歴史決議 』別格の報道 中国 米中会談扱いと大差」、『読売新聞』（2021 年 11 月 18 日）を参照。

② 「中国 6 中全会 歴史を語る権力の礼賛」、『朝日新聞』（2021 年 11 月 12 日）を参照。

③ 「中国動態——歴史決議 党内部に異論の可能性」、『週刊東洋経済』（2021 年 11 月 27 日）を参照。

二、全会在重要历史关头为中国发展指引航向

全会审议通过的《决议》全面总结了中国共产党百年奋斗取得的重大成就和积累的宝贵经验，是在重要历史关头为中国发展指引航向的重要文献。日本社会各界对此次全会与中国未来发展方向之间的关系进行了重点解读。

日本媒体的解读着眼于中国共产党如何领导中国人民设定并实现国家经济社会发展目标，突出走中国特色社会主义现代化道路。《东京新闻》认为，中国共产党明确坚持走中国特色社会主义道路，努力实现全面提升综合实力的奋斗目标[①]。日本东洋大学社会学教授药师寺克行指出，举世瞩目的中国共产党的第三个历史决议日前公布，《决议》是一份内容十分丰富的历史文献。要分析中国共产党带领下的中国的未来发展目标，可以从这份决议的关键词中得到线索，那便是“中国特色社会主义”。日本资深媒体人、日本广播协会前主播木村知义指出，《决议》总结了中国共产党百年历程中的经验和成果，将进一步增加中国开始新长征的推动力，凝聚信心和决心，推动中国共产党解决在发展中遇到的问题和挑战[②]。

共同富裕是社会主义的本质要求，是中国共产党人始终如一的根本价值取向。日本媒体与学者对全会关于“共同富裕”宏伟目标的论述给予了重点关注。《日本经济新闻》指出，全会后发布的公报提出了致力于全面建设社会主义现代化国家的方针。此次

---

①「改革開放 から共同富裕 中国歴史決議全文を発表」、『東京新聞』(2021年11月17日)を参照。

②「中国から響く新時代への号砲」、『人民中国』(2021年12月)を参照。

全会旨在“瞄准”中国的第二个百年奋斗目标；在经济增长方面，全会再次提出“推动高质量发展”，表明中国将不拘泥于增长率指标，而是要重点探索实现平衡增长模式；全会还提到要“全面深化改革开放”“推进科技自立自强”。对中国来说，缩小贫富差距也是需要解决的重要课题，全会据此提出要“促进共同富裕”。日本野村证券分析师坪川一浩认为，预计此次全会后，中国将通过扩大中产阶层和税制改革等措施进行收入再分配调节，中国个人消费占国内生产总值的比重在主要国家中明显偏低。收入差距、有待完善的社会保障、房价高涨导致的家庭债务负担等是抑制消费的主要原因。通过税制改革调节贫富差距、扩大中产阶层，这与以内需为主导的经济发展的长期目标是一致的[①]。《东洋经济周刊》指出，作为约占世界总人口 1/5 的中国的领导者，中国共产党致力于实现“共同富裕”，建立更加公平的社会，这将对全球投资者产生巨大影响。

三、总结中国共产党百年奋斗的历史经验将提升中国共产党的凝聚力和战斗力

多家日本媒体、智库网站转载《决议》全文，指出这是时隔 40 年中国共产党再次作出的历史决议，揭示了中国共产党“过去为什么能够成功、未来怎样才能继续成功”。

一方面，日本媒体和研究者从回顾中国共产党的历史出发，阐释历史决议总结的历史经验的重要意义。《朝日新闻》指出，中国共产党党内普遍认为以决议形式评价历史是极具重要意义的。一位外

① 坪川一浩:「共同富裕 を目指す中国、景気下押し懸念に注意」, https://fintos.jp/page/30936。

交人士表示："历史决议不仅仅是对过去的总结，也影响着党现在和未来的思路与方向。新决议将成为中共百年历史上的一个重要里程碑。"日本庆应大学中国政治研究学者加茂具树指出，中国领导人2月份曾谈到学习历史经验的重要性。此次全会强调中国共产党通过革命斗争获得经验的重要性。基于中国取得的经济飞速增长和社会稳定的成绩，全会指出中国共产党的领导对中国发展而言是必要的[①]。日本学习院大学法学部教授江藤名保子称，中共十九届六中全会通过的历史决议展现了中国共产党建党以来率领中国人民追求幸福、建设社会主义国家的成功故事。

另一方面，日本媒体和研究者还认为，此次《决议》的内容体现了中国共产党以人民为中心的发展思想，历史决议的重要意义在于进一步提升中国共产党的凝聚力、战斗力，继续赢得民众对中国共产党所走道路的信任。《朝日新闻》援引分析人士的观点指出，中国虽已实现飞速发展，但不稳定因素和风险也在增多。赢得民众对中国共产党所期望建设的社会模式的信任是此次全会通过的历史决议的最大意义所在[②]。日本富士电视台北京分局局长山崎文博认为，对中国共产党来说，最重要的是人民，中国人民的支持是其执政的最大底气。加茂具树指出，此次全会将进一步提升中国共产党的凝聚力、强化党组织的战斗力。有关历史经验的决议可以说是上述思想的具体化[③]。日本知名智库"大和总研"经济调查部首席研究员斋藤尚登指出，《决议》中列举了13项中共十八大以来取得的重大成就，其中关于"全面从严治党"的内容占了很大篇幅。2012年以来，全面加强中国共产党的纪律赢得了民众的信任，也为提升

---

① 加茂具树:「決議：党内政治の管理」,『毎日新聞』(2021年11月6日)を参照。

②「習氏を礼賛する報道相次ぐ中国メディア、歴史決議採択に勢い」、『朝日新聞』(2021年11月9日)を参照。

③ 加茂具樹:「決議：党内政治の管理」、『毎日新聞』(2021年11月6日)を参照。

中国共产党的执政形象作出了贡献。日本华文教育协会会长颜安表示，人类的发展、历史的洪流、世界的格局总是不断向前奔涌和变化的，中共十九届六中全会让海外华侨华人看到了新的希望，也更有底气、骨气和志气坚定中华文化自信和民族自信，愿与祖(籍)国共同进步①。

四、全会对中日关系及世界的意义

日本媒体与学者从世界格局与中日关系的发展大局出发，结合2021年对两国关系具有的特殊意义来观察本次全会对日本、中日关系以及世界的影响。

11月8日，日本官房副长官矶崎仁彦在记者会上就中共十九届六中全会的召开表示，日本方面关注中国的内政动向，构筑有建设性的稳定的日中关系对两国、地区和国际社会而言十分重要②。木村知义指出，六中全会和随后进行的中美元首视频会晤为中国在新时代迈出新步伐创造了内外条件。在即将到来的2022年，中国共产党将要召开第二十次全国代表大会，这对中国和世界而言都是重要的一年。同时，日中双方将迎来邦交正常化50周年，我们必须在这一年纪念前人为实现两国邦交正常化的努力和辛苦付出，坚持日中四个政治文件确认的原则，再次确认坚守两国关系发展的初心③。日本“继承和发展村山谈话会”理事长藤田高景表示，衷心祝贺中共十九届六中全会胜利召开，习近平倡导的构建人类命运共同体的理念非

①《华侨华人关注中共十九届六中全会称坚定文化自信和民族自信》，https://www.chinanews.com.cn/gn/2021/11-13/9608437.shtml。

②「日本官房副长官表示关注中国六中全会动向」，共同社通信（2021年11月8日）を参照。

③「中国から響く新時代への号砲」，『人民中国』（2021年12月）を参照。

常好，指明了人类文明的发展方向，中国共产党在促进世界共同繁荣方面将发挥更为重要的引领作用[①]。

（刘柳、范大祺：中国外文局当代中国与世界研究院）

①《多国人士：中国共产党的领导是中国取得巨大发展成就的关键》，http://news.cctv.com/2021/11/13/ARTI9e6XiRe4LijkiJeMz6eo211113.shtml。

新时代中国特色社会主义

印度共产党（马克思主义）对中国特色社会主义的认知及成因分析

张清政　孙子怡 / 文

中国特色社会主义取得的重大成就引起了国外共产党的极大关注。在这些共产党中，印度共产党（马克思主义）〔以下简称印共（马）〕对中国特色社会主义的认知值得关注。其原因在于：印共（马）是当今资本主义国家里规模最大的共产党，目前党员人数超过106万；它虽是1964年从印度共产党（以下简称印共）中独立出去的，并在自身的发展过程中曾出现较大的曲折，却最终发展成为印度共产主义运动中相对而言最成功的政党；作为印度左翼民主阵线的核心力量，它曾在印度西孟加拉邦长期执政，这在资本主义国家里是极其罕见的；印度与中国有着特殊的地缘政治关系，印共（马）积极主张印中友好合作，也愿意为印中友好沟通交流贡献力量，对印中和平、发展与合作抱有美好愿景。

研究印共（马）对中国特色社会主义的认知，在一定程度上有助于我们观察印度主要左翼力量对中国特色社会主义的整体认知，丰富有关国外共产党对中国特色社会主义认知的研究，为中国共产党的党际交流工作提供信息参考。本文系统梳理了印共（马）对中国特色社会主义的认知，并探析了其认知形成的原因，以期推动这一研究的继续发展。

一、印共（马）对中国特色社会主义的认知

（一）中国特色社会主义的性质是社会主义

1992 年印共（马）十四大通过的大会决议认为，正处在改革开放中的中国是一个社会主义国家[①]。1999 年，时任印共（马）中央政治局委员、现任印共（马）总书记西塔拉姆·亚秋里（Sitaram Yechury）在印共（马）官方刊物上发表的社论文章《中国的社会主义之路》中指出，中国共产党提出的社会主义初级阶段理论符合马克思恩格斯的主张，践行的社会主义市场经济理论强调在国家宏观调控下发挥市场的积极作用，合理协调市场与计划的关系；在中国的市场经济中，生产资料公有制仍占主体地位，国有经济控制着国家经济命脉，有利于防止两极分化和不平等。正是在这些理论的指导下，中国走上了独具特色的社会主义发展道路，取得了巨大的成功[②]。

印共（马）党内也曾就中国特色社会主义的性质问题产生过担忧和争论，其中最激烈的争论发生在 2012 年印共（马）二十大上。在此次大会上，有代表认为，中国共产党接纳私营企业主入党，放

---

① Communist Party of India (Marxist), *Documents of the 14th Congress of the Communist Party of India (Marxist) (Madras, January 3-9, 1992)*, Published by Hari Singh Kang on behalf of the Communist Party of India (Marxist), New Delhi, 1992.

② Sitaram Yechury, "Road to Socialism in China", *The Marxist*, Vol. 15, No. 4, 1999.

弃了反帝国主义的立场，会使党的意识形态面临巨大压力[①]。还有代表认为，中国出现了新资本家、贫富差距和工人低工资等现象，这可能会引发“反革命”[②]。不过，印共（马）的主流认为，尽管中国社会在某些方面尚有不足，但正努力解决这些问题，仍在坚持社会主义的前进方向。此次大会最后通过的决议指出，改革开放下的中国走的是社会主义道路，印共（马）将继续对中国巩固社会主义的行动给予声援和支持[③]。此后印共（马）历届代表大会的决议也都坚持这种观点。

（二）中国共产党是中国特色社会主义事业的开拓者、领导者

中国共产党在推进中国特色社会主义的实践中不断加强自身建设。首先，中国共产党重视思想理论学习和党员干部培训。玛丽亚姆·达瓦勒（Mariam Dhawale）在印共（马）党刊《人民民主》上撰文指出，中国共产党拥有先进的党员干部学习与培训机制。除了有中央党校和各级党校这样的培训机构，中国共产党还有其他培训各级干部的学院。通过专门培训机关的培养，党员和干部提高了职业素质与能力，党增强了活力，加强了团结，统一了思想，夯实了

① Kozhikode, “CPI–M Broods over ‘Imponderable’ Changes in China”, *The Economic Times*, https://economictimes.indiatimes.com/news/politics-and-nation/cpi-m-broods-over-imponderable-changes-in-china/articleshow/12568149.cms?from=mdr.

② Jayanth Jacob, “CPM Edging away from China Model?”, *Hindustan Times*, https://www.hindustantimes.com/india/cpm-edging-away-from-china-model/story-01fuzuGczBZ5ldRIfWFgyL.html.

③ Communist Party of India (Marxist), “Resolution on Ideological Issues, 20th Congress”, https://www.cpim.org/sites/default/files/documents/2012-April-20Congress-Ideological_Res.pdf, p.19.

意识形态堡垒，增强了治理能力①。其次，中国共产党重视创新执政方式，提高执政水平。印共（马）前中央委员贾纳尔丹·帕蒂（Janardan Pati）指出，中国共产党把追求科学与追求民主结合起来，坚持民主集中制，重视把党的意志转化为国家意志，把党的建议通过立法转化为国家的发展计划②。最后，中国共产党积极推进“党的建设新的伟大工程”。印共（马）中央委员阿伦·库玛尔（R. Arun Kumar）指出，中共十九大的一个重要主题就是加强党的建设，要求把党建成马克思主义学习型政党，勇于自我革命，严格遵守党纪，做到不忘初心，密切党群关系③。

中国共产党是中国特色社会主义事业的开拓者。库玛尔指出，1911 年中国爆发的民主革命——辛亥革命——只是完成了部分革命任务，中国仍然是半殖民地半封建国家。1921 年中国共产党成立，在它的领导下，中国人民最终完成民主革命任务，建立了新中国，确立了社会主义制度④。1978 年 12 月，中国共产党决定启动改革开放，随后确立了建设中国特色社会主义的道路。正是中国共产党找到了适合中国国情的道路，开辟了中国特色社会主义事业，中国才能完成“两个一百年”奋斗目标中的第一个目标，实现了中国人民近 2500 年来对“小康”社会的美好追求⑤。E. M. S. 南布迪里巴德（E. M. S. Namboodiripad）表示，正是因为中国共产党正确处理了新

---

① Mariam Dhawale, “Innovative Steps at Party Building to Achieve the Chinese Dream –II”, *Peoples Democracy*, Vol. 40, No. 47, 2016.

② Janardan Pati, “CPI(M) Delegation Visits China”, https://peoplesdemocracy.in/2014/1005_pd/cpim–delegation–visits–china.

③ R. Arun Kumar, “Communist Party of China 19th Congress–Strengthening the Party”, *Peoples Democracy*, Vol. 41, No. 49, 2017.

④ R.Arun Kumar, “CPC on the Long March”, https://peoplesdemocracy.in/2021/0606_pd/cpc–long–march.

⑤ Apoorvanand, “As Chinese Communist Party Turns 100, Dissecting the Congratulatory Messages of its Indian Admirers”, https://scroll.in/article/1001020/as–chinese–communist–party–turns–100–dissecting–the–congratulatory–messages–of–its–indian–admirers.

中国成立以来的历史问题，才使中国平稳地过渡到建设中国特色社会主义的道路上来[①]。

中国共产党是中国特色社会主义事业的领导者[②]。亚秋里表示，中国特色社会主义道路是中国共产党为实现中国现代化而设计的创新发展道路。中国特色社会主义事业之所以能取得如此成功，是因为始终强调必须坚持党的领导[③]。正是有中国共产党的领导，政府制定一系列强国战略，为中国发展指明正确方向，中国特色社会主义才得以不断发展并进入新时代[④]。印共（马）在祝贺中国共产党成立100周年时指出，在数十年的中国特色社会主义事业建设中，中国共产党领导中国成功战胜了所有妄图破坏社会主义中国的敌人。在当下帝国主义势力试图重新控制后疫情时代的世界这一背景下，它们继续妄图遏制中国的发展，但有了中国共产党的领导，中国必将打败敌人，保卫中国特色社会主义事业，实现第二个百年奋斗目标[⑤]。

（三）肯定中国特色社会主义道路、理论和制度优势

中国特色社会主义道路既是马克思主义基本原理同中国实际相结合的产物，也是人民选择的结果。亚秋里认为："每一个共产党都

---

① E. M. S. Namboodiripad, *The Frontline Years: Selected Articles*, Leftword, 2010, p. 61.

② Pritesh Kamath, "Despite India-China Hostility, CPIM Lauds Chinese Leader & CPC, BJP Calls Out 'hypocrisy'", https://www.republicworld.com/india-news/politics/despite-india-china-hostility-cpim-lauds-chinese-leader-and-cpc-bjp-calls-out-hypocrisy.html.

③《中国的社会主义建设已进入更高层次——访印度共产党（马）中央政治局委员亚秋里》，环球网 2012 年 10 月 26 日。

④《印度共产党（马克思主义）总书记：中国特色社会主义进入新时代是一个激动人心的励志故事》，人民网 2017 年 12 月 2 日。

⑤ Gravitas, "India's Left Leaders Celebrate Chinese Communism", https://www.youtube.com/watch?v=8AZ4yZs6nX4.

应该用马克思列宁主义来解决自己的问题，发展自己的运动。”[①] 他指出，中国共产党独立自主地把马克思主义基本原理同中国国情相结合所开辟的中国特色社会主义发展道路非常了不起[②]。印共（马）前西孟加拉邦首席部长布伦德夫·巴塔查尔吉（Buddhadeb Bhattacharjee）认为，孤立和封闭是导致苏联解体的罪魁祸首，今天的人们生活在一个必须根据市场条件来选择工作的时代，中国的改革开放思想主张利用对外开放来发展经济，这是符合时代要求的，也符合建设社会主义这一首要任务的要求，即“确保人民的经济福祉”[③]。

中国特色社会主义理论继承并发展了马克思列宁主义理论。印共（马）认为，马克思列宁主义是一门创造性的科学，中国特色社会主义就是当下继承和发展马克思列宁主义的生动实例[④]。关于社会主义发展阶段，亚秋里认为，中国共产党创造性地提出社会主义初级阶段理论，“符合马克思恩格斯的观点，也符合后来的马克思主义者所认可的论断：社会主义是资本主义与共产主义之间的过渡阶段。在这个过渡阶段，生产力水平在不同时期存在差异”[⑤]。关于计划和市场的关系，印共（马）认为，在社会主义框架之内，计划和市场不应被看作是相互对立的，计划和市场都可以作为实现经济目标的手段[⑥]。印共（马）十四大指出：“那种认为在社会主义条件下市场将

---

① 迪利普·希罗：《今日印度内幕》，裴匡利、戴可景译，天津人民出版社 1980 年版，第 179—180 页。

②《中国共产党带领中国再上新台阶——访印共（马）总书记西塔拉姆·亚秋里》，载《人民日报》2016 年 7 月 30 日。

③ Bidyut Chakrabarty, *Communism in India: Events, Processes and Ideologies*, Oxford University Press, 2014, p. 83.

④ “BJP, Congress avoid Greeting Communist Party of China on Foundation Day”, *The Hindu*, https://www.thehindu.com/news/national/bjp-cong-avoid-greeting-communist-party-of-china-on-foundation-day/article35085623.ece.

⑤ Sitaram Yechury, “Socialism in the Era of Globalisation”, https://www.cpim.org/content/socialism-era-globalisation-0.

⑥ Jyoti Basu and Sailen Dasgupta (eds.), *Documents of the Communist Movement in India [Vol. XXIII(1989-1991)]*, National Book Agency Private Limited, Calcutta, 1998, pp. 314–315.

不复存在的观点是完全错误的……只要存在商品生产，市场就会存在。”[①] 亚秋里指出，中国共产党正确处理了市场与计划的关系，提出的社会主义市场经济理论是对马克思主义经济理论的重大发展[②]。关于中国特色社会主义理论的最新发展，习近平新时代中国特色社会主义思想继承和发展了马克思列宁主义、毛泽东思想、邓小平理论、“三个代表”重要思想和科学发展观，是马克思主义中国化的最新理论成果[③]。

中国特色社会主义制度具有重要的政治优势。帕蒂指出，中国共产党领导的多党合作和政治协商制度是政党制度的创新，实现了党内民主与人民民主、选票民主、协商民主相结合[④]。库玛尔指出，中国推行的基层群众自治制度有利于保障人民民主权利，印共（马）已开始对其加以借鉴学习。中国的少数民族区域自治制度得到了少数民族地区人民群众的拥护，该制度是中国共产党运用马克思列宁主义理论深刻认识民族问题的成果，有利于解决民族问题，巩固民族团结[⑤]。南布迪里巴德认为，中国坚持以公有制为主体，公有制在经济中起主导作用[⑥]。亚秋里也指出，中国追求的是社会主义制度下的市场经济，既要防止市场经济造成两极分化，又要确保劳动人民能走向共同富裕[⑦]。

---

① Communist Party of India (Marxist), *Documents of the 14th Congress of the Communist Party of India (Marxist)*, pp. 115–116.

② Sitaram Yechury, “Chinese Revolution: Evaluating the 60 Years”, https://www.cpim.org/content/chinese–revolution–evaluating–60–years.

③ R.Arun Kumar, “Communist Party of China 19th Congress–Transforming the Country”, *Peoples Democracy*, Vol. 41, No. 48, 2017.

④ Janardan Pati, “CPI(M) Delegation Visits China”, https://peoplesdemocracy.in/2014/1005_pd/cpim–delegation–visits–china.

⑤ R. Arun Kumar, “Socialist Construction While Struggling with Deviations”, https://peoplesdemocracy.in/2021/0620_pd/socialist–construction–while–struggling–deviations.

⑥ E. M. S. Namboodiripad, *The Frontline Years: Selected Articles*, p. 220.

⑦ Sitaram Yechury, “Road to Socialism in China”, *The Marxist,* Vol. 15, No. 4, 1999.

（四）中国特色社会主义取得伟大成就并对世界产生了重大影响

印共（马）认为，中国特色社会主义的许多成功经验对各国共产主义政党具有借鉴意义。其一，中国社会主义建设取得的成就彰显了社会主义的生命力，预示着21世纪社会主义发展的美好前景，鼓舞了世界其他社会主义力量①。其二，中国日益增长的经济实力正在对国际关系格局产生深远影响②。亚秋里于2015年10月出席在北京举行的亚洲政党国际会议时指出，中国提出的“一带一路”倡议和亚洲基础设施投资银行促进了世界文明的融合，有利于各国发挥内在的发展潜力，受到了世界绝大部分国家的关注和欢迎，将推动世界政治格局从单极向多极发展③。其三，中国的发展模式为人类文明发展进步提供了新的参考方案。2014年9月印共（马）访华代表团指出，中国是在一个落后国家里建设社会主义的，在几十年时间里就取得巨大成就，走的是合作共赢与和平发展道路，而资本主义国家在其文明崛起的数百年间走的是赤裸裸地剥削和侵略他国之路④。其四，“中国之治”给人类文明发展提供了新的智慧。印共（马）在欧洲议会左翼组织/北欧绿左组织（GUE/NGL）举办的“21世纪的中国——现在和未来”研讨会上指出，奉行新自由主义的资本主义国家遭遇数次经济危机，始终难以摆脱资本主义制度的系统性矛盾，致使资本主义的生产活力下降。而社会主义中国能够在危

① 苗光新：《印共（马）“人民民主革命”理论与实践研究》，中国社会科学出版社2010年版，第63页。

② IANS, “CPI–M Lauds Chinese Communists for Economic Growth”, http://twocircles.net/2007oct18/cpi_m_lauds_chinese_communists_economic_growth.html.

③ Communist Party of India (Marxist), “Sitaram Yechury on One Belt–One Road”, https://www.cpim.org/states/sitaram–yechury–one–belt–one–road.

④ Janardan Pati, “CPI(M) Delegation Visits China”, https://peoplesdemocracy.in/2014/1005_pd/cpim–delegation–visits–china.

机发生后立即实施宏观调控政策，较好地解决了历次资本主义经济危机带来的冲击和自身内部发展问题[①]。其五，面对来势汹汹的新冠肺炎疫情，资本主义国家的应对和防控结果都令人失望，而中国在应对和防控疫情方面的优异表现凸显了社会主义制度的优越性，扩大了中国特色社会主义的影响力[②]。

（五）中国特色社会主义发展需要解决一些前进中的问题

印共（马）认为，中国特色社会主义需要进一步完善，这将直接决定中国未来的发展走向及其全球影响力。从文献梳理情况来看，主要有如下几个方面：一是中国需要解决发展不平衡不充分的问题。印共（马）二十大决议指出，在中国经济高速发展的过程中也不可避免地出现了不平等、失业、腐败等令人不安的问题。这些与社会主义格格不入的现象可能会削弱甚至摧毁社会主义，需要引起注意。二是中国需要处理好市场经济中存在的金融资本主义问题。亚秋里表示，虽然市场经济原则有助于促进社会主义的经济改革和发展，但由于国际金融资本在中国的存在，金融资本帝国主义一定会寻求弱化甚至瓦解中国的社会主义制度，以赚取更大利润[③]。三是中国社会的前进方向面临挑战。印共（马）担忧，如果上述问题没有处理好，可能会动摇公有制在中国经济制度中的主导地位，进而形成反对社会主义的力量。尽管存在以上担忧，但印共（马）相信中国最终能够解决这些问题。如亚秋里所言："对外开放存在风险，可能会

---

① Communist Party of India (Marxist), "China in the Twenty-First Century-Present and Future", https://peoplesdemocracy.in/content/china-twenty-first-century-%E2%80%93-present-and-future.

② Communist Party of India (Marxist), "May Day Manifesto 2020", https://peoplesdemocracy.in/2020/0503_pd/may-day-manifesto-2020.

③ Sitaram Yechury, "Road to Socialism In China", *The Marxist*, Vol. 15, No. 4, 1999.

带来一些资产阶级的腐朽东西。但是，这并不是背离真正的马克思主义。中国共产党在建设中国特色社会主义的实践中积累了丰富经验，相信它有能力在适当的时刻采取干预和纠偏措施。”①

二、影响印共（马）对中国特色社会主义认知的因素

印共（马）对中国特色社会主义的认知主要是在国际环境因素、主客观因素以及主客体的交互影响的共同作用下形成的。

（一）国际环境因素：世界社会主义运动的整体态势

苏联解体使世界社会主义运动转入低潮，对中国特色社会主义的认知不能脱离这一世界政治形势的大背景。印共（马）在其二十大通过的决议《论意识形态问题》中指出：通往社会主义的进程不是线性的，而是螺旋上升的曲折过程。世界社会主义运动的发展及其在与资本主义较量中的成败，主要取决于建立起比资本主义优越的社会主义制度以及社会主义建设取得的成就②。苏东剧变后，一大批国家的共产党丢了党旗，改了党名，失了党魂，放弃了党的事业。与这些政党不同，中国共产党坚定不移地继续走中国特色社会主义道路，不但经受住了苏东剧变带来的冲击，而且还在新世纪展示出蒸蒸日上的发展趋势。中国特色社会主义的成功壮大了世界社会主义运动的力量，扭转了世界社会主义运动的被动发展局面，成为21

① Sitaram Yechury, “Socialism in the Era of Globalization”, https://www.cpim.org/content/socialism-era-globalisation-0.

② Communist Party of India (Marxist), “Resolution on Ideological Issues, 20th Congress”, https://www.cpim.org/sites/default/files/documents/2012-April-20Congress-Ideological_Res.pdf, p. 13.

世纪世界社会主义运动发展的风向标，引起了印共（马）的高度关注。

（二）客观因素：中国特色社会主义取得的成就和中国共产党的领导

中国共产党在领导中国人民建设中国特色社会主义事业的过程中，既坚持社会主义方向，又及时根据世界政治经济发展的客观形势作出正确的战略安排，从而一路披荆斩棘，胜利前进。中国特色社会主义引领了21世纪科学社会主义的新发展，成为世界社会主义运动的旗帜，对世界社会主义运动中的其他力量具有巨大的影响力，这是影响印共（马）对中国特色社会主义的认知的关键因素之一。库玛尔指出，中国从一个落后国家发展为社会主义国家，除了中国人民的艰苦奋斗，还要归功于中国共产党开辟的中国特色的社会主义之路[①]。21世纪前20年的历史表明，全球资本主义仍没有能力摆脱自身的危机，2008年全球金融危机爆发以来的情况尤其如此。在全球经济已经放缓并走向衰退时，又遭遇新冠肺炎疫情的暴发，使得摇摇欲坠的全球经济再次遭受重创。面对这一状况，金融帝国主义的新自由主义全球化无法提供任何有效的解决方案，而中国却一枝独秀[②]。面对当下世界百年未有之大变局和新冠肺炎疫情的挑战，资本主义世界陷入持续的混乱和颓势，暴露出“灾难资本主义”的病态。而中国共产党领导的中国无论是在新冠肺炎疫情防控方面，还是在其他领域，都表现极为亮眼，彰显了中国特色社会主义的勃

① R. Arun Kumar, “Communist Party of China 19th Congress – Transforming the Country”, Peoples Democracy, Vol. 41, No. 48, 2017.

② 引自印共（马）祝贺中国共产党建党100周年的问候致辞。参见https://peoplesdemocracy.in/2021/0606_pd/online-symposium-contemporary-marxism-development-and-innovation-theory-and-practice.

勃生机和制度优势，这深刻地影响了印共（马）对中国特色社会主义的认知。

（三）印共（马）自身的主观因素

1. 政党特质影响其认知的形成

印共（马）是坚持具体问题具体分析、用发展的观点看问题的马克思主义政党。该党把马克思主义基本原理同印度的具体实际相结合，独立自主地探索适合本国国情的社会主义道路，在1964年印共（马）七大上正式创立了具有印度特色的“人民民主革命”理论。该理论主张“既不复制苏联模式，也不复制中国模式”①，而是采取“和平过渡”与“利用议会通往社会主义道路”相结合的新共产主义运动战略②。在此后的几十年里，印共（马）不断丰富和发展“人民民主革命”理论。该理论的发展过程是其借鉴学习他国经验以及总结自身在实践中的经验教训的过程，是其了解与反思社会主义历史和现状的过程，也是其认识他国社会主义运动的重要思想基础。

印共（马）是马克思主义学习型政党。除了重视学习马克思列宁主义的经典著作和文献之外，该党还长期关注和研究中国共产党的最新发展动态，经常在其官方网站转载中国历届领导人和著名专家学者的最新理论成果，并组织研讨会，在党报中及时对这些理论成果展开评论，以期能借鉴中国共产党的成功经验。巴塔查尔吉表示：“世界在变化，我们也在改变。看看中国……我们也要从海外的

① E. M. S. Namboodiripad, *The Frontline Years: Selected Articles*, p. 58.

② T. J. Nossiter, *Communism in Kerala: A Study of Political Adaptation*, Oxford University Press, 1982.

经验中学习。”[①] 作为总书记的亚秋里熟读毛泽东、邓小平、江泽民、胡锦涛和习近平的理论著作，这为印共（马）更好地理解中国共产党制定的大政方针提供了认识基础。

印共（马）是重视实践与实事求是的政党。该党对中国特色社会主义的认知并不只是停留在文本和理论分析上，还特别注重对中国进行实地考察，从而更深入地了解中国特色社会主义。近十年来，印共（马）干部考察团频频来华进行实地考察。通过实地考察和研究，印共（马）能够更加直观、立体、全方位地观察中国特色社会主义事业。正如一位来华参加考察的印共（马）干部代表团成员所言："我们的中国之行是一次难忘的经历。我们见到了令人印象深刻的发展成就，让我们加深了对中国的了解。"[②]

2. 自身的成功经验是其认知中国特色社会主义的重要参考

第一，苏东剧变对印共（马）造成了巨大冲击，党内一度出现某些思想混乱，但该党最终抵抗住了冲击，根本原因在于其毫不动摇地坚持马克思列宁主义和社会主义信念。中国不但经受住了苏东剧变带来的负面冲击，并且社会主义事业取得了重大发展和突破，这必然引起了印共（马）对中国特色社会主义道路的关注，并给予积极评价。

第二，推进社会主义事业必须实现马克思主义的本土化，坚持独立自主地探索适合本国国情的社会主义道路。列宁主义的产生及其发展是马克思主义俄国化的体现，印共（马）的"人民民主革命"理论与实践是马克思主义印度化发展道路的重要开端。作为马克思

---

① Suryanarayana, "We Are Trying to Change the Mindset of Workers, Says Buddhadeb Bhattacharjee", *The Hindu*, https://www.thehindu.com/2005/08/28/stories/2005082804290800.htm.

② Mariam Dhawale, "Innovative Steps at Party Building to Achieve the Chinese Dream", *Peoples Democracy*, Vol. 40, No. 46, 2016.

主义中国化重要成果的中国特色社会主义，必然能够让印共（马）形成共情性认知。

第三，印共（马）为了在其执政的地方邦实现农民当家作主，实行土地改革，并用村务委员会的制度性权力取代旧式地主家族的权力[①]，推行“人民计划”[②]，最终形成了“具有更广泛社会基础的制度化政治”[③]。亚秋里表示，中国在土地改革和推动基层民主等方面的做法非常成功，印共（马）已在执政多年的几个地方邦开始尝试借鉴相关经验。

第四，印共（马）重视党的建设以及同人民群众的密切联系。印度的种姓冲突十分突出，但在印共（马）执政的邦，尤其是西孟加拉邦，宗教和种姓冲突极少，这源于印共（马）的相关工作[④]。中国共产党在领导人民推进中国特色社会主义事业的过程中，始终强调“以人民为中心”，勇于推进党的自我革命，体现了无产阶级政党的本色和担当，赢得了印共（马）的赞赏和肯定。

3. 印共（马）自身在理论和实践方面出现的问题触发了自我反思

第一，印共（马）对世界社会主义形势的判断曾经带有“左”的色彩。甚至到了 1990 年，印共（马）仍错误地认为资本主义将马上彻底崩溃，“社会主义在全世界会立即取得胜利”[⑤]。苏东剧变后，

---

① Jyotiprasad Chatterjee and Suprio Basu, *Left Front and After: Understanding the Dynamics of Poriborton in West Bengal*, Sage Publications, 2020, p. 4.

② Bidyut Chakrabarty, *Communism in India: Events*, Processes and Ideologies, p. 24.

③ Majumdar, “Democracy in Praxis: Two Non–Left Gram Panchayats in West Bengal”, *Economic and Political Weekly*, Vol. 44, No. 9, 2009, p. 89.

④ P. Sampath, *The Fire against Untouchability: Struggles and Experiences of the CPI(M) & TNUEF in Tamil Nadu*, Indian Universities Press, 2012, p. 14.

⑤ Jyoti Basuand and Sailen Dasgupta (eds.), *Documents of the Communist Movement in India [Vol. XXIII (1989-1991)]*, pp. 293–294.

印共（马）对过去一些错误认识进行了反思和修正，逐渐形成了新的认识。第二，印共（马）的政治影响力起伏波动很大。即使在其具有高度影响力的地方邦，它也有可能在选举方面遭遇“滑铁卢”，这说明该党未能完全融入议会民主框架下的选举政治，也缺乏管理代议制机构的理论和策略①。该党曾在西孟加拉邦、特里普拉邦和喀拉拉邦长期执政，但在2011年的选举中失去了连续执政34年之久的西孟加拉邦，在2018年的选举中又丢了连续执政25年的特里普拉邦。在2021年西孟加拉邦的邦议会选举中，印共（马）赢得的席位数为0，以至于印度媒体分析，这是不是代表“印共（马）在西孟加拉邦的道路走到了尽头”②。第三，印共（马）的政治影响力分布严重失衡，该党只在印度少数几个地方邦具有影响力③。第四，印共（马）部分党员的综合素质有待提高，党组织对其成员缺乏足够的凝聚力。一些党员纪律涣散，党组织活动的出席率很低，甚至经常不足50%④；一些党员脱离群众，导致党的群众工作出现失误；党制定的政策经常得不到认真贯彻，缺乏严格的问责制⑤。第五，20世纪90年代以来，党内新的宗派主义和分裂主义愈演愈烈⑥。第六，存在党的宣传阵地失守与宣传机构遭到削弱的趋势。

社会主义革命与建设事业极其艰巨，没有可以照抄照搬的指南

① Siegfried O. Wolf et al. (eds.), *Politics in South Asia: Culture, Rationality and Conceptual Flow*, Germany: Springer International Publishing, 2014, pp. 7–8.

② Himadri Ghosh, “Is This the End of the Road for the CPI(M) in Bengal?” , *The Wire*, https://m.thewire.in/article/politics/west–bengal–cpim–elections/amp.

③ Jyoti Basu and Sailen Dasgupta (eds.), *Documents of the Communist Movement in India[Vol. XI (1965-1967)]*, National Book Agency Private Limited, Calcutta, 1997, p. 674.

④ Communist Party of India (Marxist), *Documents of the 17th Congress of the Communist Party of India (Marxist) (Hyderrabad, March 19-24, 2002)*, A. K. GopalanBhawan, New Delhi, 2002, p. 103.

⑤ Ibid., p. 109.

⑥ *Political-Organisational Report [adopted by the 16th Congress of the Communist Party of India (Marxist) (Calcutta, October 5-11,1998)]*, New Delhi, 1998, p. 118.

和模板，但它可以借鉴吸收历史上的经验或教训，推动自身的发展。印共（马）面对上述失误、问题和困境，积极进行自我反思，并注重从中国共产党及其开辟的中国特色社会主义道路中汲取有益成分。中国共产党正是因为纠正了“左”的错误，解放思想，强调“实践是检验真理的唯一标准”，才走上了中国特色社会主义的康庄大道。印共（马）在西孟加拉邦议会选举的惨败，很大原因是因为其失去了广大农民群众的支持，群众希望印共（马）采取更加紧密联系群众的路线和方针。但印共（马）对西孟加拉邦的失利缺乏明确的反省与调整[①]，最终引发该党在该邦接连失利，一蹶不振。而中国共产党始终坚持走群众路线，勇于自我革命，推进自身建设永不停步，永葆先进性，从而成为驾驭中国特色社会主义事业这艘巨轮的总舵手，使这艘巨轮成功冲破一次又一次的巨浪险阻，始终朝着社会主义方向前进。与印共（马）面临党的思想舆论阵地遭到削弱的境地相比，中国共产党始终高度重视党内外思想政治教育，高度重视现代传媒科技的更新与应用，积极发挥其宣传作用，做好意识形态工作，牢牢把握话语权，统一思想，凝聚人心。诸多方面的对比引起了印共（马）的反思，甚至促使其向中国共产党学习，这一反思和学习的过程自然加深了它对中国特色社会主义的认知。

（四）认知主客体间的交互影响：党际交流

中共十一届三中全会后，中国共产党提出“党与党之间要建立新型的关系”，深化了对党际交流的认识，转变与创新了党际交流的理念。1981 年 10 月，时任印共（马）总书记哈·辛·苏吉特

① “CPI(M) in Trouble: Unwilling to Learn from its Reverses, the Communist Party of India (Marxist) is Struggling to Fight a Decline”, *Economic and Political Weekly*, Vol. 47, No. 30, 2012, p. 7.

（Harkishan Singh Surjeet）率代表团访问北京，同中共领导人互相交换看法，在许多问题上达成了共识。1983 年 4 月，印共（马）代表团再次访问中国，并恢复同中国共产党中断了 16 年的正常关系[①]。此后，两党之间的交流日益增多，关系日益密切。

良好的党际交流环境和机制影响着印共（马）对中国特色社会主义的认知。中国共产党代表团连续出席印共（马）的十四大、十五大、十六大、十七大和十八大等重要会议。近年来，印共（马）与中国共产党互访频繁，增进了互信与互动。印共（马）表示，愿发挥积极作用，促进印中两国关系向前发展，认为这符合印度的国家利益，也有利于世界的和平与发展。此外，双方积极举办和参与相关理论研讨会和政党高层对话会。中国共产党与世界政党高层对话会（全球政党大会）、世界马克思主义政党理论研讨会以及世界马克思主义大会，为党际交流与合作开辟了良好的渠道。亚秋里在接受人民网专访时表示，规模如此盛大的政党对话会为加深人们对中国特色社会主义事业的认识提供了重要契机[②]。

三、结语

印共（马）正确认知中国特色社会主义的性质和前进方向，肯定中国共产党在中国特色社会主义事业中的地位和作用，抓住了中国特色社会主义的本质特征是中国共产党领导，认为中国特色社会主义是对马克思列宁主义的创新和发展，认识到中国特色社会主义

① R. S. Singh and Champa Singh, *Indian Communism: Its Role towards Indian Polity*, Mittal Publications, New Delhi, 1991, p. 136.

②《印度共产党（马克思主义）总书记：中国特色社会主义进入新时代是一个激动人心的励志故事》，人民网 2017 年 12 月 2 日。

制度的关键性作用，并对中国特色社会主义的世界影响和意义给予积极解读。这些观点和立场说明，印共（马）对中国特色社会主义的认知是较为客观和深刻的。当然，中印两国作为亚洲两个实行根本不同政治制度的发展中国家，其经济结构、发展水平各不相同，社会结构、语言文化和历史背景存在显著差异，两国共产党在国际上的话语权和影响力也大相径庭。这些现实因素决定了两党在探索社会主义道路的过程中面临的挑战与困难迥异，坚持的政治发展理念存在差异，制定的路线、方针和政策也不同。这些因素自然会影响到印共（马）对中国特色社会主义的认知。总之，我们应该坚持以唯物史观对印共（马）的这些认知进行客观理性的分析。

〔张清政：中国人民大学国际关系学院；孙子怡（通讯作者）：上海第二工业大学马克思主义学院〕

国际社会对中国脱贫攻坚的关切和认知

那朝英　刘尧 / 文

习近平在发表2021年新年贺词时说："2020年，全面建成小康社会取得伟大历史性成就，决战脱贫攻坚取得决定性胜利。我们向深度贫困堡垒发起总攻，啃下了最难啃的'硬骨头'。"[①] 消除贫困是世界各国长期以来共同面临的重要议题，为此，各国积极努力，采取各种措施减少各种各样的贫困，国际货币基金组织、世界银行、世界贸易组织和联合国等国际组织也一直持续致力于研究和支持各国的减贫工作。尽管各方都在不断努力，但2015年联合国发布的《千年发展目标报告》显示，全球极端贫困人口仍有8.36亿[②]，联合国《2018年可持续发展目标报告》也显示，全球饥饿人口"从2015年的7.77亿增至2016年的8.15亿"[③]，全球减贫任务仍然十分艰巨。中国是世界上最大的发展中国家，人口基数大、底子薄且发展不平衡。在这样一个国家，消除贫困需要面对更大的挑战。新中国成立后，尤其是改革开放以来，中国政府积极探索消除贫困的有效方式

① 《国家主席习近平发表二〇二一年新年贺词》,《人民日报》2021年1月1日。

② 联合国:《千年发展目标报告》，2015，https://www.un.org/zh/millenniumgoals/pdf/MDG%202015-C-Summary_Chinese.pdf。

③ 联合国:《2018年可持续发展目标报告》，https://www.un.org/sustainabledevelopment/zh/progress-report/。

和可行道路，在全国范围内开展了大规模的扶贫开发工作，带领中国人民走出一条具有中国特色的脱贫道路，取得举世瞩目的脱贫成就，使七亿多农村贫困人口成功脱贫，为世界减贫事业作出了巨大贡献。

中国脱贫攻坚目标的顺利实现，为在新的历史起点上推动中国经济社会高质量发展奠定了物质基础，其宝贵经验为全球实现联合国《2030 年可持续发展议程》确定的减贫目标贡献了中国智慧。因此，中国脱贫攻坚实践的政策、成就及其意义引发国外政要、媒体和学者的广泛关注。以世界银行为代表，诸多专家学者对中国的扶贫项目及战略进行一系列专题研究，详细介绍中国消除贫困的措施和实践，为国际社会了解中国扶贫状况奠定了基础。

一、关于中国脱贫攻坚所采取主要措施的认知

在脱贫攻坚的道路上，中国制定了适应本国国情的扶贫方案，采取了颇有成效的创新性措施。这些措施得到国际社会的广泛关注，丰富了各国专家学者对贫困及其治理路径的认知。

（一）关于精准扶贫的认知

2013 年 11 月，习近平在湖南湘西考察时提出了“精准扶贫”思想，其后精准扶贫战略逐步落地。

国际社会对中国的精准扶贫举措及其意义十分关注，从治理的视角阐释和解读精准扶贫实践及其理论逻辑。联合国秘书长古特雷斯在致“2017 减贫与发展高层论坛”的贺信中高度评价中国精准扶贫的成就，称赞精准扶贫方略是帮助贫困人口实现《2030 年可持续

发展议程》宏伟目标的唯一途径。他称，中国已实现数亿人脱贫，中国的经验可以为其他发展中国家提供有益借鉴[①]。联合国开发计划署非洲首席经济学家阿约德勒·奥杜索拉（Ayodele Odusola）认为，中国的精准扶贫战略是全面而创新的扶贫方法，不仅解决了贫困人口的吃饭与住房问题，还致力于提高贫困人口的教育水平和医疗水平，这与联合国可持续发展目标的愿景一致。中国的扶贫不仅使人们摆脱了贫困，还为他们的发展提供了更大的机会[②]。牛津大学人类与发展研究中心主任萨比娜·阿尔基尔（Sabina Alkire）认为，中国的精准扶贫方针在精准识别、精准帮扶、精准管理和精准退出等方面都对其他发展中国家具有重要的借鉴意义[③]。印度尼赫鲁大学中国与东南亚研究中心教授狄伯杰（B. R. Deepak）认为，中国的“精准扶贫”方案特别值得关注，它有助于改变中国农村的社会面貌。根据这一方案，中国不仅设定了明确的减贫目标，而且在构建大数据和电子政务方面的巨大进步，也为精准扶贫奠定技术和组织基础[④]。巴基斯坦的阿比德·苏莱里（Abid Q. Suleri）、马兹·贾韦德（Maaz Javed）和沙克尔·艾哈迈德（Shakeel Ahmad Ramay）认为，政府对扶贫模式的精准定位与措施，值得巴基斯坦政府学习和借鉴[⑤]。

---

① 《脱贫攻坚砥砺奋进的五年》,《人民日报》2017 年 10 月 17 日。

② International Poverty Reduction Center in China, *China Internet News Center, A Foreign Lens: How Global Partners View China's Poverty Alleviation Efforts*, Foreign Languages Press, 2019, p. 130.

③ Ibid., p.127.

④ B. R. Deepak："A Look at China' s War on Poverty", *Sunday Guardian Live*, Dec. 19, 2020. https://www.sundayguardianlive.com/opinion/look-chinas-war-poverty.

⑤ Abid Q. Suleri, Maaz Javed and Shakeel Ahmad Ramay, "Poverty Alleviation Model of China: Lessons for Pakistan", Sustainable Development Policy Institute, Nov., 2018.

（二）关于多层次产业扶贫的认知

党的十八大以来，相关部门编制产业扶贫规划，出台政策举措，总结推广典型范例，不断推动贫困地区发展特色产业，以产业发展带动就业和增收。除组织大型企业与贫困地区开展对接，不断完善新型农业经营主体联贫带贫机制外，大力实施的种养殖扶贫、旅游扶贫、光伏扶贫和电商扶贫项目都取得较好的实效，成为带动当地脱贫的主要动力。

国际社会尤其关注中国通过发展农业、旅游等产业展开的扶贫工作，对相关的配套政策、财政支持、基础设施建设以及扶贫效果等都进行了研究。联合国粮农组织前总干事若泽·格拉齐亚诺·达席尔瓦（José Graziano Da Silva）表示，中国一直在推动农业领域的改革和相关领域的产业发展，并采用因地制宜的发展方法，大幅提高了贫困人口的生活水平[①]。《华尔街日报》记者詹姆斯·阿雷迪（James T. Areddy）通过个体的人生发展路径，从微观角度考察了中国的产业扶贫实践，重点研究了以民宿为代表的旅游扶贫实践，认为其非常具有创新性[②]。美国贝勒大学学者凯蒂·格罗瓦特（Katie Grovatt）研究中国的旅游扶贫，认为其既有政府的带动，也有社会组织的参与，以旅游带动当地发展，值得他国借鉴[③]。

---

①《多位联合国官员：中国的扶贫成就令世界瞩目》，http://cn.chinagate.cn/news/2017-10/18/content_50040335.htm。

② James T. Areddy, "China Urges New Era of Mass Migration—Back to the Countryside", *The Wall Street Journal*, Nov. 17, 2020, https://www.wsj.com/articles/china-migration-rural-return-xi-economy-11605632518#comments_sector.

③ Katie Grovatt, "2020 Poverty Reduction Goal in China Makes Big Strides", *Borgen Magazine*, Nov. 18th, 2016, https://www.borgenmagazine.com/2020-poverty-reduction-goal-china/.

（三）关于“互联网+”信息技术应用的认知

2015年11月，《中共中央、国务院关于打赢脱贫攻坚战的决定》明确提出，要加大“互联网+”扶贫力度，这是数字时代对扶贫方式的又一次创新，为贫困地区脱贫注入了新的推动力。“互联网+”扶贫除了最直观意义上的农村电商外，还包括用互联网技术对农村其他产业进行扶持，改善网络基础设施，对相关人员进行信息技术培训以提高农村人口使用互联网的能力等多个方面[①]。在精准扶贫过程中，中国政府尤其重视大数据、数字经济发展，强调将先进的数字管理应用到减贫的全流程，使得精准扶贫在较短时期内成为可能[②]。

中国的电子商务发展在全球处于领先地位，它在扶贫中发挥的独特作用也得到了不少国外学者和政要的认可。亚洲开发银行自然资源和农业高级专家新戈木村认为，在新冠肺炎疫情期间，中国的电子商务在维持食品供应链方面发挥了重要作用，除了提供交易平台，电子商务平台还投资物流和营销基础设施，并为农民提供新技术使用方面的培训，越来越多的科技公司参与农村发展，提供了一种以自主经营为主的新发展模式[③]。美国库恩基金会主席罗伯特·劳伦斯·库恩（Robert Lawrance Kuhn）认为，在新冠病毒流行期间，中国利用互联网+、大数据信息技术等手段，通过充分发挥现代信息技术的优势来促进消费，帮助其扶贫事业的顺利完成[④]。日本国际

① “China to Promote Poverty Alleviation through Consumption”, *Trade Journals*, Jan. 15th, 2019.

② 新华社国家高端智库：《中国减贫学——政治经济学视野下的中国减贫理论与实践》，2021年，第37页。

③ Shingo Kimura, “How Did the People’s Republic of China Reduce Poverty in the Countryside?”, *Asian Development Blog*, 25-05-2020.

④ “Where is China’s Poverty Financing from, and How It Works?”, *CGNT,* Aug. 14th, 2020，https://news.cgtn.com/news/2020-08-14/Where-is-China-s-poverty-financing-from-and-how-it-works--SXaxalpxhm/index.html.

协力机构（JICA）中国事务所次长宫琦卓认为："中国利用互联网+、大数据等信息技术来消除贫困，是具有中国特色的减贫成果。"①

二、关于中国脱贫攻坚所取得成效的认知

在现行标准下，中国七亿多贫困人口成功脱贫，占同期全球减贫人口总数的70%以上，提前十年实现联合国2030年可持续发展议程的减贫目标。中国脱贫攻坚取得的成效吸引了国外政要、媒体和学者的关注，他们从以下几个方面对此进行总结。

（一）贫困人口大幅减少，贫困发生率不断降低

对于中国脱贫攻坚的巨大成就，国外社会给予高度评价。联合国在《千年发展目标报告》中高度肯定中国在全球减贫中发挥的重要作用，明确指出由于中国的进步，东亚的极端贫困率从1990年的61%下降到2015年的4%②。联合国秘书长古特雷斯在2017年第53届慕尼黑安全会议上高度评价中国的扶贫成就，认为过去十年中国是为全球减贫作出最大贡献的国家③。联合国粮农组织水产养殖处处长马赛厄斯·哈尔沃特（Matthias Halwart）表示，中国的努力实实在在减少了贫困人口数量，联合国粮农组织高度关注中国的减贫举措及其积极影响④。被称为"金砖之父"的英国查塔姆研究所主

① 宫崎卓：《互联网+精准扶贫具有中国特色》，《第一财经》2017年10月17日。

② 联合国：《千年发展目标报告》，https://www.un.org/zh/millenniumgoals/pdf/MDG%202015-C-Summary_Chinese.pdf.

③《古特雷斯：中国是为全球减贫作出最大贡献的国家》，中国网·中国扶贫在线2021年2月20日。

④ 韩硕：《中国积极同各方分享扶贫方案和经验》，《人民日报》2020年11月16日。

席、著名经济学家吉姆·奥尼尔（Jim O' Neill）认为，中国使七亿多人摆脱了贫困，其数量占世界总人口的约10%，这是过去40年来全球脱贫领域取得的最大成功[①]。2017年4月29日刊登于《经济学人》杂志上的题为《最艰难的最后一英里：中国消除贫困的新方法》的文章指出，中国不仅消除了城市贫困问题，还把农村贫困人口从1980年的7.75亿减少到2016年的4300万，成就斐然[②]。

（二）脱贫地区经济社会有了较大发展，基础设施建设不断完善

在40多年的扶贫开发与建设过程中，通过实施产业扶贫和就业扶贫，充分利用本地资源大力发展特色产业，并积极发展旅游、光伏、电商等前沿产业，经济实力和经济活力不断增强，社会各项事业有了较大进步，贫困人口收入水平和消费水平有了大幅提升，基本生活有了保障，生产生活条件明显改善，一直困扰贫困人口的行路难、吃水难、用电难、通信难、上学难、就医难等问题得到普遍性解决。

世界银行充分肯定40年来中国减贫工作在这方面取得的成就，指出："在过去40年中，中国在整体经济增长的同时，改善了全体人民的教育、健康和营养水平，中国在减少绝对贫困方面取得了令人瞩目的成绩。"[③] 亚洲开发银行首席代表本·滨瀚（Benedict Bingham）认为，亚洲曾经是世界上最贫困的大洲之一，但现在经济快速发展，

---

①《"金砖之父"：中国脱贫成就是全球脱贫领域40年来最大成功》，新华网2021年2月10日。

② Peter Huber, "The Last, Toughest Mile: China' s New Approach to Beating Poverty", *The Economist*, Apr. 29, 2017.

③ World Bank, "China–Strategies for Reducing Poverty in the 1990s", 1992, http://documents.worldbank.org/curated/en/555271468216578558/China–Strategies–for–reducing–poverty–inthe–1990s.

人民生活水平不断提高，贫困人口迅速减少，而中国是这一成绩的最大贡献国[①]。澳大利亚墨尔本大学亚洲研究所学者莎拉·罗杰斯（Sarah Rogers）等指出，中国政府采取的重新安置政策减轻了人们的经济负担，为进一步提升生活水平奠定了基础[②]。

（三）以绿色减贫理念为指导，多维减贫效果显著

绿色减贫是绿色发展理念在扶贫领域的集中体现。通过近几年发展绿色扶贫产业的实践，绿色减贫理念已经深入人心，一些新的绿色减贫方式和生活方式正逐步形成，进一步丰富了中国特色可持续扶贫道路。中国政府完善了重点生态功能区转移支付方式，增加转移支付，以促进生态文明建设和扶贫工程的实施[③]。较早时期，国际社会采用单一的收入或消费指标来测量贫困，而诺贝尔经济学奖得主阿玛蒂亚·森（Amartya Sen）提出了“多维贫困”理念，认为贫困不是单一维度的收入不足，更重要的是没有能力获得教育、卫生、饮水等基本服务[④]。扶贫所应关注的核心是人，而不是表面的物质匮乏，多维贫困和人的幸福感高度相关[⑤]，中国在步入脱贫攻坚阶段后，从多角度寻找致贫原因，提出要综合考虑贫困人口的收入、

---

① 《“中国式减贫”：世界减贫史上最大贡献》，新华网 2021 年 2 月 20 日。

② Sarah Rogers, Jie Li, Kevin Lo, et al: “China’s Rapidly Evolving Practice of Poverty Resettlement: Moving Millions to Eliminate Poverty”, *Development Policy Review*, Vol 38, 2020, pp. 541–554.

③ “The Central Government Increased the Transfer of Key Ecological Functional Areas to Promote the Construction of Ecological Civilization and the Implementation of Poverty Alleviation Projects”, *Trade Journals*, Jul. 26, 2018.

④ 阿马蒂亚·森：《贫困与饥荒——论权利与剥夺》，王宇、王文玉译，商务印书馆 2001 年版。

⑤ Kayo Nozaki and Takashi Oshio, “Multidimensional Poverty and Perceived Happiness: Evidence from China, Japan and Korea”, *Asian Economic Journal*, 2016, Vol. 30, No. 3, pp. 275–293.

健康、教育、卫生、文化等多个维度[①]，并不断丰富其内容。

中国在绿色减贫和多维减贫方面的实践引起了国际社会的广泛热议。森赞扬中国通过人文发展增进人民在教育、医疗卫生、识字率、婴儿死亡率、产妇死亡率方面的福祉。他指出，印度 15 岁至 24 岁女性的识字率不超过 80%，而中国的这一比例达到了 99%；只有 66% 的印度儿童接种了白喉、百日咳和破伤风三联疫苗，而中国的比例高达 97%[②]。联合国粮农组织农村减贫计划管理团队战略计划副主任玛雅·塔卡西（Maya Takagi）表示，中国在扶贫过程中综合考虑了社会保障服务、医疗健康、教育、基础设施等各类公共服务对扶贫工作的支撑意义[③]。曾任世界银行高级经济学家的艾伦·皮亚扎（Alan Piazza）及其合作者认为，中国利用自身优势采用多种减贫方法，包括发展工业、为当地居民创造就业机会、转移偏远地区人民的生活居所、增加贫困地区教育和培训的机会、增加社会保障和医疗补贴，并为没有经济来源的贫困人口提供医疗等[④]。印度尼赫鲁大学区域发展研究中心的名誉教授苏哈多·托拉特（Sukhadeo Thorat）认为，农业生产率的提高、农村非农业部门和农村工资的增长是中国和印度扶贫成就的主要方面，而这些方面的发展依赖于对产品的研发、基础设施的建设（如道路、电力、灌溉、通信和教育）和对扶贫项目的公共投资[⑤]。

---

① Charles Onunaiju, "China and the End of Poverty: Implications for Africa", *Vanguard,* Dec. 29, 2020.

② 中国国际扶贫中心、中国互联网新闻中心：《外国人眼中的中国扶贫》，外文出版社 2019 年版，第 105 页。

③ International Poverty Reduction Center in China, China Internet News Center, "A Foreign Lens How Global Partners View China' s Poverty Alleviation Efforts", Foreign Languages Press, 2019, p. 160.

④ Alan Piazza, Echo H.Liang, "Reducing Absolute Poverty in China: Current Status and Issues", *Journal of International Affairs*, Vol. 52, No. 1, 1998, pp. 253–273.

⑤ Sukhadeo Thorat and Shenggen Fan, "Public Investment and Poverty Reduction: Lessons from China and India", *Economic and Political Weekly,* Vol. 42, No. 8, 2007, pp. 704–710.

三、关于中国脱贫攻坚成效显著原因的认知

（一）中国共产党的领导和中国特色社会主义制度的优势

习近平强调，脱贫攻坚越到最后越要加强和改善党的领导[①]。中国脱贫攻坚取得的巨大成就离不开中国共产党的坚强领导。整体上看，国际社会也持有相同的看法。西班牙中国问题专家胡里奥·里奥斯（Xulio Rios）在2020年12月22日发表于西班牙中国政策观察网站的《中国2021年社会政策基调》一文中表示，中国将以完成消除极端贫困这一历史使命的成绩开启2021年的工作，毫无疑问，这是一项重要的成就，中国共产党为之奋斗了数十年。美国《基督教科学箴言报》网站发表自由撰稿人安·斯科特·泰森（Ann Scott Tyson）的文章称，中国共产党在迎来建党100周年之际，看起来仍相当富有活力，中共政权在国内深得人心。其中一个重要的原因是党“让乡亲们过上了好日子”，在全国范围内消除了极端贫困，这一里程碑式的事件有力地说明了，中共是如何在中国人民中间赢得信任的[②]。欧盟驻华代表团的法图玛塔·迪亚洛（Fatoumata Diallo）认为，中国的贫困率显著下降，这与中国共产党和政府在扶贫事业中一直以来的不懈努力息息相关[③]。狄伯杰认为，中国的扶贫成就是在中国领导人和中国人民的共同努力下取得的，尤其离不开中国特色

① 习近平：《在决战决胜脱贫攻坚座谈会上的讲话》，人民出版社2020年版。

② Ann Scott Tyson：“Vilified abroad, Popular at Home: China’s Communist Party at 100”, *The Christian Science Monitor*, February 18, 2021.

③ Fatoumata Diallo, “China’s Anti-Poverty Efforts: Problems and Progress”, *Focus Asia*, Mar., 2019, p. 4.

社会主义发展道路和制度的保障，中国共产党在其中发挥了举足轻重的作用[①]。坦桑尼亚驻华大使姆贝尔瓦·凯鲁基（Mbelwa Kairuki）强调，中国在减贫事业上取得的巨大成就要归功于中国共产党的成功领导。中国国家主席习近平及各级官员秉持人民至上的理念，经常深入贫困地区走访，了解当地的实际情况，掌握第一手信息，制定了正确的扶贫政策[②]。

（二）经济体制改革和扶贫开发为脱贫攻坚奠定基础

在改革开放初期，中国实行家庭联产承包责任制，提高农产品价格，设立专项扶持资金，并开始发展乡镇企业，实现了农村经济体制创新，贫困人口急剧下降[③]。参照当时贫困标准线，中国农村贫困人口从 1978 年的 2.5 亿下降到 1985 年的 1.25 亿。

1978 年党的十一届三中全会召开后，国外开始关注中国的扶贫工作，尤其是对中国通过体制改革推动脱贫的做法及其效果展开了研究。世界银行于 1992 年 6 月发表题为《中国 20 世纪 90 年代减贫战略》的报告，指出："改革开放后中国农村实行了家庭联产承包责任制，使所有农村人口拥有土地使用权，所以中国没有失地农民。"[④]中国在农村废除公社制度，鼓励农民自主选择种植的农业作物并创

---

① B.R.Deepak,"A Look at China' s War on Poverty", *Sunday Guardian Live*, December 19, 2020.

② 孙芳等:《多位非洲官员点赞：中国扶贫成就彰显中共领导力》，中国网·中国发展门户网 2021 年 2 月 23 日。

③ 邓阳:《扶贫理论与政策的演化发展对精准脱贫的借鉴》，载《理论月刊》2019 年第 3 期。

④ World Bank,"China-Strategies for Reducing Poverty in the 1990s", 1992, http://documents.worldbank.org/curated/en/555271468216578558/China-Strategies-for-reducing-poverty-inthe-1990s.

业，使农村摆脱了苦难[①]。美国哥伦比亚大学地球研究所所长、曾任联合国秘书长科菲·安南特别顾问的杰佛里·萨克斯（Jeffrey D. Sachs）在《贫困的终结：我们时代的经济机会》一书中指出，中国农村的包产到户政策是取得扶贫胜利的有效手段[②]。美国乔治敦大学经济学教授、前世界银行发展经济学研究部主任马丁·拉瓦雷（Martin Ravallion）及其合作者，考察改革开放后中国以家庭联产承包责任制为核心的土地制度变革在反贫困中所发挥的作用及其经验，强调以市场为导向的改革在减少绝对贫困中的潜在作用[③]。联合国粮农组织农村减贫战略计划主任本杰明·戴维斯（Benjamin Davis）指出，家庭联产承包责任制为中国减贫开辟了一条重要的道路，由此迎来最大一轮“减贫潮”[④]。

1986 年 6 月，国务院成立贫困地区经济开发领导小组，制定了扶贫开发方针，确定了以县为对象的瞄准机制。1994 年，国务院印发《国家八七扶贫攻坚计划》，提出要用七年时间解决全国农村 8000 万贫困人口的温饱问题。随着专门扶贫开发机构的成立和“开发式扶贫”方针的确定，中国开始了制度性、大规模、有计划、开发式扶贫的新阶段，通过扶贫到户和加大扶贫资金投入，贫困人口稳定下降，全国农村贫困人口温饱问题基本得到解决。2001 年 3 月，世界银行发表题为《中国克服农村贫困》的报告，介绍中国《国家八七扶贫攻坚计划》的实施情况，高度评价中国政府开发扶贫的努力，指出中国政府对减贫作出坚定承诺，其减贫计划的规模和资金

① “China’s Anti-Poverty Drive is not Disinterested Charity”, *The Economist,* Sept. 19th, 2020.

② Jeffrey D. Sachs, *The End Poverty: Economic Possibilities for Our Time*, New York: The Penguin Press, 2006.

③ Martin Ravallion and Dominique van de Walle: “Land and Poverty in Reforming East Asia”, *Finance & Development*, Vol. 45, No. 3, 2008, pp. 38–41.

④《多位联合国官员：中国的扶贫成就令世界瞩目》，中国网·中国发展门户网 2021 年 3 月 3 日。

投入以及在过去 20 年的改革中持续显著减少绝对贫困方面的成绩，用任何标准衡量都堪称典范[①]。

（三）经济快速增长是实现脱贫的重要保障

长期致力于贫困问题研究的经济学家普遍认为，促进经济稳定增长是减少贫困最必要和最直接的措施。因为随着经济的快速增长，国家能够加大对农村公共物品投资的力度，为农民创造更多的就业岗位[②]。改革开放以来，中国国民经济持续快速增长，经济规模不断扩大，财政收入大幅提高，综合国力与日俱增，与此同时，区域协调发展呈现新格局，产业结构持续优化升级，农业生产条件持续改善，三大产业发展趋于均衡，经济发展的全面性、协调性和可持续性不断增强。这为中国以经济增长带动居民收入、改善民生、扩大就业、提供社会保障、大规模减少贫困奠定了坚实基础。

不少西方媒体和学者分析认为，中国的脱贫成就得益于保持经济持续、快速的增长。俄罗斯资深市场分析师阿尔乔姆·杰耶夫（Артем Деев）表示，40 年来中国在脱贫方面取得了巨大成就，这不是投入大量资金就能解决的问题，而是得益于中国经济的快速增长[③]。俄罗斯自由媒体网 2021 年 2 月 26 日刊载观察员米哈伊尔·莫罗佐夫（Михаил Морозов）撰写的《中国战胜贫困不是靠施舍，而是靠经济增长》一文称，提高人民福祉的主要火车头还是国家的飞速发展。中国 GDP 的年度增速曾超过 10%，从农业大国转变为主要

① World Bank, “China Overcoming Rural Poverty” , 2001, https://elibrary.worldbank.org/doi/abs/10.1596/0–8213–4925–2.

② Sukhadeo Thorat and Shenggen Fan, “Public Investment and Poverty Reduction: Lessons from China and India” , *Economic and Political Weekly*, Vol. 42, No. 8, 2007, pp. 704–710.

③ Ольга Самофалова, “Подходит ли России китайский путь борьбы с бедностью”, Взгляд, 26 февраля 2021.

工业大国，制造了全球一半的工业产品。按照联合国标准，中国不再是贫困国家，甚至连西方也对中国的成功毫不怀疑[①]。新戈木村认为，中国自20世纪70年代末实行改革以来，经济飞速增长，使中国8.5亿人摆脱了绝对贫困[②]。拉瓦雷认为，家庭联产承包责任制释放了人力资本，是中国实现减贫的重要助推力量，中国是通过市场化取向的经济改革，使得经济快速增长，进而使扶贫工作取得重大进展[③]。

（四）驱动全社会力量形成扶贫合力

减贫工作是综合性的系统工程，仅靠政府一方的力量是不够的，扩充参与主体的多样性，充分动员企业、社会组织、社区、国际组织以及贫困人群等社会力量共同参与，形成多方联动的多中心协同体系[④]，是发达国家减贫实践的重要经验，并被实践证明是可行的，有助于提高减贫的覆盖率与有效性。因此，中国构建的中央国家机关企事业单位定点扶贫、东西部扶贫协作和对口支援、军队和武警部队支援扶贫、社会力量参与扶贫和国际帮扶等全社会参与的有中国特色的大扶贫体系，除政府和相关行业外，还广泛涉及所有社会团体的行动，为扶贫开发汇聚了巨大的力量[⑤]。世界银行肯定中国这

① Михаил Морозов, “Китай победил бедность не с помощью подачек, а ростом экономики”, свободная пресса, 26 февраля 2021, https://svpressa.ru/economy/article/290977/.

② Shingo Kimura, “How Did the People’s Republic of China Reduce Poverty in the Countryside?”, *Asian Development Blog*.

③ Martin Ravallion, “A Comparative Perspective on Poverty Reduction in Brazil, China and India”, *The World Bank Research Observer*, Vol. 26, No. 1, 2011, pp. 71–104.

④ 冯朝睿:《连片特困地区多中心协同反贫困治理的初步构想》，载《云南社会科学》2014年第4期。

⑤ “Where is China’s Poverty Financing from, and How It Works?”, *CGNT,* Aug. 14th, 2020, https://news.cgtn.com/news/2020-08-14/Where-is-China-s-poverty-financing-from-and-how-it-works--SXaxalpxhm/index.html.

种多主体积极参与扶贫的模式，认为中国的减贫工作制度化水平极高，建立了扶贫减贫的专门机构，完善了问责机制，集中式管理为地方的创新性减贫提供了广阔的空间，从而形成了私营部门、公共部门和金融机构三位一体的减贫模式[①]。

四、中国脱贫攻坚取得胜利的世界意义

脱贫攻坚的胜利使中国成为世界上减贫人口最多的国家，这一伟大成就为全球减贫事业贡献了中国智慧和中国方案，得到国际社会的关注和称赞。

一种观点认为，中国已经形成了一整套经过实践检验的贫困治理方案，为全球贫困治理贡献了中国智慧。联合国粮农组织减贫项目官员安娜·保拉·德拉·欧·坎波斯（Ana Paula Dela O Campos）说，中国在减贫领域积累了丰富经验，很多国家都可以从中国的经验中受益。玛雅·塔卡西认为，中国所取得的减贫成就对其他国家是极大的鼓舞[②]。美国布鲁金斯学会总结了中国的扶贫经验，认为中国的扶贫采取了高度本地化的模式：中国领导人勾勒出宏伟愿景，地方因地制宜地寻找适合本地的发展方式。因而，中国在如何利用本地资源取得成功，如何将发展中国家的问题转变为潜在的解决方案等方面，为世界其他国家提供了模板[③]。俄罗斯总统新闻秘书德里

① World Bank, “China 2030: Building a Modern, Harmonious and Creative Society” , 2013, p. 57.

② International Poverty Reduction Center in China, *China Internet News Center, A Foreign Lens: How Global Partners View China's Poverty Alleviation Efforts,* Foreign Languages Press, 2019, p.158.

③ Yuen Yuen Ang, “Ending Poverty:What should We Learn and not Learn from China?” , November 7, 2016, https://www.brookings.edu/blog/future-development/2016/11/07/ending-poverty-what-should-we-learn-and-not-learn-from-china/.

特里·佩斯科夫（Дмитрий Песков）在评价中国脱贫成就时表示："我们对中国伙伴的成就表示欢迎。俄罗斯有必要认真研究中国在农村地区的脱贫工作经验，因为俄罗斯最大数量的贫困和低收入人口也生活在远离城市的农村地区。"①

还有一种观点认为，中国主动将自己在减贫领域积累的经验通过各种渠道分享给其他国家，以此推动全球减贫事业的发展。在世界银行和亚洲开发银行的支持下设立的南南减贫合作知识分享网，搭建了分享国际减贫信息和中国扶贫开发经验的平台，世界银行中国局局长郝福满（Bert Hofman）表示，该平台大大促进了全球减贫行动的国际合作和知识交流②。迪亚洛表示，中国政府鼓励其他国家到中国学习经验和知识，邀请非洲国家代表团访问中国一些最不发达地区，了解精准扶贫的方法，通过与非洲国家建立合作项目，组织讲习班、培训班、论坛和会议来促进减贫③。德国减贫专家艾迪特（Ing. Dieter Alrecht）认为，包括中国在内的"东盟+3"村官交流项目把各国致力于农村减贫的官员、学者聚集到一起，分享心得，交流经验，这非常有利于各国共同的发展和进步。

五、结语

总体而言，国外对中国脱贫攻坚的措施、成效、经验、意义等

---

① Ольга Самофалова, "Подходит ли России китайский путь борьбы с бедностью", Взгляд, 26 февраля 2021.

② International Poverty Reduction Center in China and China Internet News Center, *A Foreign Lens How Global Partners View China's Poverty Alleviation Efforts*, Foreign Languages Press, 2019, p.109.

③ Fatoumata Diallo, "China' s Anti-Poverty Efforts, Problems and Progress" , *Focus Asia*, March, 2019, pp. 4.

方面的论述，既有宏观战略研究，也有微观案例调研[①]，研究内容日益精细化，涉及社会学、经济学、公共管理学和政治学等多个学科，向世界描述和推介了中国扶贫的现实情况和卓越成就，扶贫成为海外学者观察中国成就以及西方社会了解当代中国的重要视角。中国扶贫事业成效显著、覆盖范围广、受惠民众多、组织动员强，创造了人类扶贫史上的典范，是中国发展奇迹最具代表性的标签。但中国的扶贫工作尚未结束，消除绝对贫困后具有新特征、新情况的相对贫困问题便会凸显，中国的扶贫工作依然任务艰巨、充满挑战，如何构建长效、稳定、可持续、高质量的新时代脱贫机制仍然是需要解决的重大问题，对于这些现实挑战以及中国扶贫中出现的一些问题，西方学者也有所观察。

大部分国外学者从全球减贫的视野出发来看待中国扶贫措施的实施效果。他们认为，中国扶贫取得了举世瞩目的成就并具有示范性价值，中国扶贫旨在实现可持续、高质量的发展，惠及每一个需要帮扶的人。此外，中国的扶贫成就也吸引许多发展中国家的官员和专家来中国取经。不过，他们在肯定相关成就的同时，也指出中国的扶贫实践中存在的一些突出问题以及将会遇到的挑战。例如：具有中国特色的扶贫经验在向外推广时是否普遍有效？如何保证政策的延续性以巩固短时间内取得的扶贫成效？如何减少贫困的诱发风险，防止刚脱贫者因大型支出等原因又返贫？如何降低现有扶贫措施中的外力推动，进一步激发与培养贫困群体的内生动力？如何培育贫困地区的创新能力及地方制度构建？如何衔接精准扶贫战略与乡村振兴战略、区域发展战略和可持续发展战略，提出各项战略协同的脱贫路径？等等。这些问题体现了国际社会对中国扶贫未来走势的关注。当然，国外媒体和学者对中国的扶贫政策及其实践的

① “Four Measures of Anhui Luhe Economic Development Zone to Help Precision Poverty Alleviation”, *Trade Journals*, Sept. 5th, 2018.

认知仍有待深入，他们对中国贫困成因之复杂性的了解还远远不够，在看待中国政府采取的各项扶贫措施时也往往带有预设立场，这就需要中国学者融入国际话语语境，选取典型案例，综合利用多学科视角，准确全面地研究中国扶贫取得成功的理论逻辑和实践逻辑，在此基础上做好媒体传播，对外讲好中国扶贫故事，提高中国扶贫成就的影响力，为推动全球减贫事业作出更大贡献。

（那朝英：北京市社会科学院国际问题研究所；刘尧：北京城市学院）

日本智库关于中国构建新发展格局的跟踪研究

李晓倩 / 文

构建以国内大循环为主体、国内国际双循环相互促进的新发展格局，是中国新发展阶段的重要战略和经济现代化的路径选择，一经提出便引起国际社会的高度关注。以中国为最大贸易伙伴国的邻国日本，其各大智库从多个角度对中国构建新发展格局的战略部署进行了跟踪研究。

从中国提出构建新发展格局至当前，日本智库始终给予了密切的关注。它们敏锐地注意到新发展格局的重要战略意义，对习近平在全国政协十三届三次会议经济界委员联组会、企业家座谈会、经济社会领域专家座谈会等场合关于该问题的阐述以及中共中央政治局、中央全面深化改革委员会、中央财经委员会涉及该问题的会议都进行了跟踪和解读。在中共十九届五中全会前后，日本智库出现了对该问题的研究热潮。随后，它们重点关注了中央经济工作会议和“两会”涉及新发展格局的内容，推出不少关于新发展格局的研究成果。

一、对构建新发展格局提出背景的分析

习近平在对“十四五”规划建议作说明时指出：“构建新发展格局，是与时俱进提升我国经济发展水平的战略抉择，也是塑造我国国际经济合作和竞争新优势的战略抉择。”[①]这两个“战略抉择”表明，新发展格局是在顺应国内和国外形势发展变化的背景下提出的。日本智库普遍能认识到中国提出新发展格局的历史逻辑与现实必然性，但在具体分析其背景时所选取的角度有所不同。

（一）国内背景

一些智库侧重认为，新发展格局的提出是中国国内发展模式演变的结果。日兴资产管理公司的调研报告指出，随着经济全球化的推进，中国作为以加工贸易为中心的“世界工厂”，经济得到较快发展。但近年来，国内人工成本上升、老龄化导致劳动力不足、城市和农村差距扩大等情况日益严峻。中国原有发展模式已经不适应新的形势变化[②]。伊藤忠综研首席经济学家武田淳、首席主任研究员须贺昭一认为，随着收入水平的提高和人民币升值，中国的劳动成本优势下降，过剩债务不断累积，原有的增长模式已经不具有可持续性。因此，政府在新冠肺炎疫情暴发之前就试图推进改革，即在增

① 习近平：《关于〈中共中央关于制定国民经济和社会发展第十四个五年规划和二〇三五年远景目标的建议〉的说明》，载《人民日报》2020年11月4日。

② 日興アセットマネジメント：《「双循環」を掲げて更なる成長をめざす中国》，2020年11月6日，https://www.nikkoam.com/products/etf/files/etf/page/jojomarket/126/20201106.pdf。

长速度放缓的“新常态”下，由个人消费承担起经济增长的一翼[①]。经济产业研究所顾问研究员关志雄指出，改革开放以来，中国凭借丰富劳动力和低工资的优势，以加工贸易为杠杆发展起来，这种发展模式的特点是在技术、零部件和市场方面都高度依赖国外。但近年来，劳动力从过剩转为不足，加上受到海外保护主义抬头和美国实施对华制裁的影响，以加工贸易为中心的国际循环发展战略的局限性显现出来。在这种情况下，中国必须充分利用国内市场规模巨大的优势推动经济发展[②]。

另有观点指出，中国有实现国内大循环的优势条件，这是提出构建新发展格局的重要前提。中国问题全球研究所研究员孙启明指出，中国拥有庞大的人口、巨大的市场、完善的产业体系和强大的农产品生产供给能力，具有实施和实现国内经济循环的条件与能力[③]。关志雄指出，中国庞大的国内市场有利于大规模生产和专业化生产，提高劳动熟练程度和生产效率，还有利于大企业发展和推进创新[④]。东京财团政策研究所主任研究员柯隆提出，中国具备几个有利条件来促进依赖内需的经济增长：一是国内储蓄率高；二是14亿人口形成了中国庞大的国内市场规模；三是2019年中国人均GDP超过1万美元，与发达国家相比，对汽车、数字家电等耐用消费品的需求比较旺盛；四是由于中国社会的老龄化刚开始不久，年轻人

① 武田淳、須賀昭一:《中国経済：成長エンジンに内需を加えた「双循環」で持続的成長を目指す》，载伊藤忠综研《中国経済情報》2020年10月号。

② 関志雄:《中国の新たな発展戦略となる「双循環」——「国内循環」と「国際循環」の相互促進を目指して》，2020年10月14日，https://www.rieti.go.jp/users/china-tr/jp/ssqs/201013ssqs.html。

③ 孫啓明:《中国が提唱した国内と国外の「双循環」に関するいくつかの見解》，2020年10月23日，https://grici.or.jp/1711。

④ 関志雄:《中国の新たな発展戦略となる「双循環」——「国内循環」と「国際循環」の相互促進を目指して》，2020年10月14日，https://www.rieti.go.jp/users/china-tr/jp/ssqs/201013ssqs.html。

的需求比预想的要旺盛，这是引领经济增长的重要引擎[①]。

不少日本智库提到，中国经济已从疫情中顺利实现复苏，中国经济的发展前景比较乐观，这也是提出新发展格局的大背景。日本国际问题研究所在其《战略年度报告 2020》中指出，中国将引领后疫情时代世界经济的发展，世界各国对中国经济的依赖程度会进一步提高[②]。日本经济研究中心中国研究室发布了题为《后疫情时代的中国：中国商业的关注点》的报告。报告指出，中国政府以强大的防控举措很快抑制住疫情的扩散，在世界上率先实现了经济重建，出现了名副其实的V形复苏。而复苏迟缓的世界经济则比以往任何时候都更加依赖中国，中国的影响力将进一步增强[③]。第一生命经济研究所首席经济学家西滨徹表示，中国成功控制了新冠肺炎疫情，经济活动恢复正常化，而且通过财政及金融政策支撑经济发展，金融市场也呈现活跃的势头。当世界经济因新型冠状病毒大流行而陷入困境时，中国呈现“独占鳌头”的态势，并很有可能成为后疫情时代世界经济的领跑者[④]。日本前驻华大使宫本雄二认为，中国成功应对新冠肺炎疫情危机，迅速恢复了经济，加上欧美各国丑态毕露，这些促使民众对中共执政的信任度进一步提升。美国的指责和批评反而促进了中国的党内团结，进一步激发了爱国主义，增强了民众对党和政府的支持[⑤]。

---

① 柯隆：《中国「双循環経済」の内実》，2020 年 10 月 8 日，https://spc.jst.go.jp/experiences/karyu/karyu_2007.html。

② 日本国際問題研究所：《戦略年次報告 2020》，https://www.jiia.or.jp/pdf/StrategicAnnualReport2020–jp.pdf。

③ 日本経済研究センター：《ポスト・コロナの中国～チャイナビジネスの注目点》，2021 年 3 月 24 日，https://www.jcer.or.jp/research–report/20210324–3.html。

④ 西濵徹：《中国は「ポスト・コロナ」の世界のフロントランナーとなるか》，2021 年 1 月 4 日，https://www.dlri.co.jp/report/macro/2020/nishi210104chiha.html。

⑤ 宮本雄二：《中国の五中全会を読む、「建軍百年奮闘目標」が初登場》，载《日経ビジネス電子版》2020 年 11 月 4 日。

（二）国际背景

一些智库关注中国发展所面临的海外环境的变化。三菱东京日联银行（MUFG）调查与咨询一部中国调查室的研究报告指出，2008年金融危机以后，逆全球化和贸易保护主义抬头，近几年来这一倾向越来越强。2018年以来的中美经贸摩擦是逆全球化风潮的象征性事件。2020年以后，新冠肺炎疫情导致国际供应链断裂，短期内暴露了高度全球化中潜藏的风险，进一步加剧了逆全球化。中国发展的海外环境发生变化，出口业务不再像之前那样顺利；进口方面，特别是在高技术产品的进口，其他国家采取了警惕态度，中国通过进口提高技术水平的道路被堵住了①。武田淳、须贺昭一认为，从欧洲新冠肺炎感染再次扩大和美国经济复苏速度减缓来看，中国不能过分期待出口扩大，经济的增长应当寄希望于全面恢复以个人消费为中心的内需②。

还有一些智库更加强调中美经贸摩擦带来的影响。日本经济研究中心首席研究员汤浅健司指出，"双循环"是为了应对来自美国的压力，减少对世界经济的依存度，构筑起以更加自立的国内经济为主要引擎的发展模式③。景顺资产管理公司（日本）指出，国内大循环是一项旨在控制中美关系恶化造成损害的经济战略。中国意图通过宣布以内需为中心的经济发展目标，缓解美国等国在贸易政策方

---

① MUFGバンク（中国）リサーチ&アドバイザリー部中国調査室:《中国は第14次5カ年計画（2021 - 2025年）の策定を迎える～「双循環」が施策方針になるか》，载《MUFGバンク（中国）経済週報》第474期，2020年10月27日。

② 武田淳、須賀昭一:《中国経済：成長エンジンに内需を加えた「双循環」で持続的成長を目指す》，载伊藤忠综研《中国経済情報》2020年10月号。

③ 湯浅健司:《双循環で持続成長～中国が新発展モデル——求められる日本企業の対応策》，载日本经济研究中心《中国・アジアウォッチ》2020年8月11日。

面针对国内市场开放和知识产权政策施加的压力[①]。日本综研国际战略研究所副理事长高桥邦夫认为，中国提出“双循环”与中美经贸摩擦有很大关系。中美经贸摩擦的源头在于，美国对华贸易赤字占其所有贸易赤字的约七成，这一问题引起了特朗普政府的警惕。美国认为，造成上述问题的原因在于中国政府向国有企业提供补贴，从而降低产品价格，于是开始对中国制造的商品实施关税制裁。其后，这一紧张关系从贸易赤字扩展到高科技领域，即限制向以华为为代表的中国高科技企业出口美国制造的零部件以及禁止在美国使用华为产品。2020 年以后，美国的举措更是变本加厉，特朗普为取得总统选举的胜利，希望通过展现对华强硬姿态争取选民的支持，这为中美对立增加了战术色彩。考虑到这种情况，中国提出构建新发展格局的初衷在于，汲取华为因美国限制提供零部件而遭遇困境的教训，今后要加强技术的自主研发，构建一种无论遇到何种情况都不影响经济运转的体制[②]。

二、对畅通国内大循环的解读

2020 年 11 月，习近平在亚太经合组织工商领导人对话会上作主旨演讲时提出：中国构建新发展格局，一是扭住扩大内需战略基点，畅通国民经济循环；二是大力推动科技创新，打造经济发展新动能；三是持续深化改革，充分激发市场活力[③]。围绕扩大内需、科

① 木下智夫:《中国が推進する「国内大循環」政策の深層》，2020 年 12 月 12 日，https://wealthroad.jp/archives/1966。

② 高橋邦夫:《「双循環」とは？》，载日本综研国际战略研究所《中国情勢月報》2020 年第 5 期，2020 年 11 月 5 日。

③ 习近平:《构建新发展格局 实现互利共赢——在亚太经合组织工商领导人对话会上的主旨演讲》（2020 年 11 月 19 日），载《人民日报》2020 年 11 月 20 日。

技创新和深化改革三个关键词，日本智库对畅通国内大循环展开了解读。

（一）扩大内需

部分日本智库认为，新发展格局的鲜明特点是偏重内需，着力点在于构筑起畅通的、不易受国外环境冲击的国内大循环。大和综研经济调查部主任研究员斋藤尚登指出，“双循环”的意图在于发挥中国巨大的市场和国内需求的潜在力量这一优势，这种说法很有可能成为习近平经济思想的支柱之一[①]。三井住友 DS 资产管理公司亚洲调查中心指出，构建新发展格局的目标是实现经济从外需依存型转为内需主导型：一方面，强化以消费为中心的内需，构建不易受外部环境恶化影响的经济体制；另一方面，在贸易和资本交易方面继续推进对外开放路线[②]。伊藤忠综研指出，“双循环”框架下，经济增长的动力是收入水平上升带来的消费升级，目标是尽可能在国内开发出能够满足消费者更高需求的核心技术和零部件产品，扩大以此为目的的投资，实现消费和国内投资的协同增长[③]。

还有不少日本智库分析了中国为扩大内需可能会采取的改革方向。一种观点侧重从生产与流通的角度进行探讨。关志雄指出，中国要将上游零部件和中间产品的供应地以及下游产品的销售目的地

① 齋藤尚登:《中国：5 中全会、目標は 2035 年に中等先進国》，2020 年 10 月 30 日，https://www.dir.co.jp/report/research/economics/china/20201030_021867.html；齋藤尚登:《中国：21 年の経済政策運営の重点を読み解く——国内大循環と双循環、出口戦略》，2020 年 12 月 22 日，https://www.dir.co.jp/report/research/economics/china/20201222_021979.html。

② 三井住友 DS アセットマネジメントアジアリサーチセンター :《第 14 次 5 カ年計画にみる中国の未来》，2020 年 11 月 17 日，https://www.smd-am.co.jp/market/arc/2020/asiatalk201117.pdf。

③ 武田淳:《中国経済：着実な回復続くが先行き懸念もあり、「双循環」の具体策待ち》，伊藤忠综研《中国経済情報》2020 年 11 月号。

从海外转移到国内，减少重要零部件对进口的依存度，提高自给率，以此强化供应链，并减少以往的加工贸易，实现国际循环与国内循环之间的调整。中国供应链中的薄弱环节是半导体，因此，扩充国内半导体生产体制是中国产业政策的最优先课题①。

另一种观点侧重从社会建设的角度进行探讨。日中产业研究院院长松野丰认为，扩大内需的当务之急是解决社会发展不均衡问题，包括城市和农村的户籍差别以及与此相关的城市公共服务不公平问题，还有急剧增加的大学毕业生就业问题、经济活动中产生的收入再分配问题、省市间的地域差距问题等②。孙启明认为，畅通国内大循环的最大目标是把“工字型”社会改造成“橄榄型”社会。目前中国的社会阶层大体是“工字型”：上面的横杠有4亿人，是中国的富裕阶层和中产阶级；中间的竖条1亿人左右，收入在中产阶级和底层阶级之间；最下面的横杠包括9亿人口，主要生活在农村、城镇和小城市，收入和消费能力都不高。解决这9亿人口的收入和消费能力问题将为中国经济的国内循环带来巨大的增长空间。具体而言，应考虑降低低收入者个人所得税，增加低收入阶层的收入特别是增加农民的财产性收入，支援中小企业发展，降低住房成本以增加居民消费能力，振兴微观经济企业等③。须贺昭一提出，实现国内循环的有力政策是降低高储蓄率和强烈的储蓄意向，增加用于消费的资金。为此，除提供优质产品和服务外，还需要改善就业和收入，

① 関志雄:《中国の新たな発展戦略となる「双循環」——「国内循環」と「国際循環」の相互促進を指して》, 2020年10月14日，https://www.rieti.go.jp/users/china-tr/jp/ssqs/201013ssqs.html。

② 松野豊:《中国の双循環政策と世界経済への影響》,2020年10月23日，https://www.recordchina.co.jp/b837109-s501-c20-d1501.html。

③ 孫啓明:《中国が提唱した国内と国外の「双循環」に関するいくつかの見解》, 2020年10月23日，https://grici.or.jp/1711。

扩充中长期能让消费者感到安心的社会保障制度[①]。

（二）科技创新

相关智库的解读指出，科技自立自主是构建新发展格局的核心内涵。日本国际问题研究所中国研究会在研究报告中指出，中共十九届五中全会和中央经济工作会议都将科技创新摆在十分重要的位置，体现出中国试图抓住第四次工业革命的机会，通过举国体制提高科技水平[②]。瑞穗银行中国咨询一部指出，“把科技自立自强作为国家发展的战略支撑”是中共十九届五中全会提出的一个新的关键词。这是因为，随着中美经贸摩擦的加剧，华为等企业无法使用美国生产的半导体，这就要求中国必须提高本国的技术能力[③]。瑞穗综合研究所调查本部亚洲调查部中国室认为，中国在“十三五”期间实施了“双创”“互联网 +”“中国制造 2025”等措施，万人发明专利拥有量达到了目标；但另一方面，研发支出占 GDP 的比重和科技进步对经济增长的贡献率并不理想。“十四五”期间中国将继续提高科技创新水平，加强自主开发[④]。孙启明指出，中国将抓住第四次工业革命的机遇，建设新的基础设施，加强科学技术特别是核心产业、高科技产业、基础科学的研发和产品化[⑤]。

---

① 須賀昭一:《「五中全会」の政策方针と 2035 年の中国経済》,《中国経済情報》2020 年 11 月号。

② 青山瑠妙:《国内政治と連動する中国の外交》, 2021 年 3 月 12 日，https://www.jiia.or.jp/column/post-57.html。

③ みずほ銀行（中国）有限公司中国アドバイザリー部:《みずほ中国ビジネス・エクスプレス（経済編第 106 号）》, 2020 年 11 月 30 日，https://www.mizuhobank.co.jp/corporate/world/info/cndb/economics/express_economy/pdf/R422-0106-XF-0105.pdf。

④ みずほ総合研究所調査本部アジア調査部中国室:《中国五カ年計画と長期目標の概要：2035 年までの持続的成長に向けイノベーション強化》, 2020 年 11 月 13 日，https://www.mizuho-ir.co.jp/publication/mhri/research/pdf/insight/as201113.pdf。

⑤ 孫啓明:《中国が提唱した国内と国外の「双循環」に関するいくつかの見解》, 2020 年 10 月 23 日，https://grici.or.jp/1711。

（三）深化改革

有观点指出，新发展格局能否顺利实现，取决于中国国内改革的力度和成效。须贺昭一提出，中国能否克服当前面临的困境，避免陷入“中等收入陷阱”，实现扩大内需，取决于政府谋划的中长期愿景能在多大程度上给国民带来期待和安心[①]。三菱东京日联银行调查与咨询一部中国调查室认为，“双循环”以国内大循环为主体，目的是通过国内改革切实提高生产力，强化应对国际环境变化的能力[②]。言论 NPO 在 2020 年 10 月 14 日主办的以“中美对立下中国提出的经济对策‘双循环’是什么”为主题的座谈会上提出，中国今后需要关注的重点改革方向包括：通过推行改革增强国有企业竞争力、针对债务余额膨胀的银行进行改革、调整产业结构、改革户籍制度以及应对生育率降低问题。日本国际问题研究所客座研究员津上俊哉认为，当前中国经济发展可以从两方面来看。一方面，中国经济在以下方面面临着与日本相同的问题：一是经济增长依靠财政投入；二是生育率降低和老龄化。再过 10 年，中国劳动人口急剧减少，这将成为其经济增长的绊脚石。另一方面，中国经济也有前景明朗的一面，特别是数字化、人工智能、大数据、电动汽车等以民营企业为中心的新经济正在蓬勃发展。在培育这些新经济的同时，如果政府和国有企业能果断重组正在衰退的传统经济，中国经济就能实现持续增长[③]。

---

① 須賀昭一:《「五中全会」の政策方針と 2035 年の中国経済》,《中国経済情報》2020 年 11 月号。

② MUFG バンク（中国）リサーチ＆アドバイザリー部中国調査室:《中国は第 14 次 5 カ年計画（2021 - 2025 年）の策定を迎える～「双循環」が施策方針になるか》，载《MUFG バンク（中国）経済週報》第 474 期，2020 年 10 月 27 日。

③ 津上俊哉:《最近の中国経済情勢：アフター・コロナの中国経済と米中関係の行方》，2020 年 11 月 6 日，https://www.jiia.or.jp/column/post-19.html。

三、对新发展格局下国际循环的认识

习近平指出："在新发展格局下，中国开放的大门将进一步敞开，同世界各国共享发展机遇。对外开放是中国的基本国策，任何时候都不会动摇。"[①] 多数日本智库能认识到，新发展格局下中国将继续扩大开放，加强国际循环，但也有个别智库担心"双循环"可能会转向内循环。

一种观点侧重强调中国继续扩大开放的重要性和必要性。日本综研主任研究员关辰一指出，中国应通过完善补贴制度，强化与资源国、新兴国家的关系，降低半导体、粮食、能源等战略性物资的对美依存度，同时尝试在贸易结算中利用数字人民币，致力于人民币国际化。中国还应促进出口，这是因为，尽管中国潜在市场规模很大，但如果忽视先进国家优秀的技术和人才、有眼光的消费者以及新兴国家巨大的潜在市场，中国经济增长的天花板可能会大幅下降[②]。柯隆指出，中国要切实履行 2001 年加入世界贸易组织时的约定，遵守国际社会的规则，开放市场。如果能赢得国际社会的信任，中国经济就能进一步增长；如果完全转向内循环，就很难实现技术强化、产业结构升级以及经济持续增长[③]。松野丰认为，为促进国际循环，中国有必要进一步提高市场开放程度，完善技术和制度基础

① 习近平：《构建新发展格局 实现互利共赢——在亚太经合组织工商领导人对话会上的主旨演讲》（2020 年 11 月 19 日），载《人民日报》2020 年 11 月 20 日。

② 関辰一：《中国の新発展モデル「双循環」とは何か》，载日本综研《アジア・マンスリー》2020 年 11 月号。

③ 柯隆：《中国「双循環経済」の内実》，2020 年 10 月 8 日，https://spc.jst.go.jp/experiences/karyu/karyu_2007.html。

设施①。汤浅健司指出，中国经济在2020年第二季度恢复正增长，但不少经济学家认为，应避免继续实行过度的经济刺激政策。然而，如果对经济刺激持消极态度，尚待解决的就业问题就会变得更难解决。如何在抑制经济刺激过热的同时加快形成“双循环”模式呢？正如习近平所说，只有打开对外开放的大门②。

还有观点提出，中国构建的新发展格局不是封闭的国内循环，对外经济交流将继续下去。关辰一认为，中国本可以采用“国内大循环”来命名新发展格局，但最后采用的是“双循环”这一表述，这就表明中国正在注意避免陷入封闭的国内循环③。财务省财务综合政策研究所特别研究官田中修指出，“双循环”不是封闭的国内循环，中国经济已深度融入全球经济，不可能回归闭关锁国状态④。关志雄指出，以国内循环为主体，不是闭关锁国，而是通过发挥内需潜力，更好地连接国内市场和国际市场，最大限度地利用国内国际两个市场、两种资源，实现强劲且可持续的发展⑤。三菱东京日联银行调查与咨询一部中国调查室指出，“双循环”框架下，中国将继续采取措施改善政府与市场的关系，推动国有企业混合所有制改革，放开金融资本市场，积极走向国际市场。而随着这些改革的实施，适应国际标准的制度环境不断完善，国际合作也将更加顺畅。在“十四五”期间，发挥近年来新设自由贸易试验区的功能，有望实现

---

① 松野豊:《中国の双循環政策と世界経済への影響》，2020年10月23日，https://www.recordchina.co.jp/b837109-s501-c20-d1501.html。

② 湯浅健司:《双循環で持続成長～中国が新発展モデル——求められる日本企業の対応策》，载日本经济研究中心《中国・アジアウォッチ》2020年8月11日。

③ 関辰一:《中国の新発展モデル「双循環」とは何か》，载日本综研《アジア・マンスリー》2020年11月号。

④《中国の成長維持と地球的課題への貢献に期待》，国际在线日语版，2021年2月10日。

⑤ 関志雄:《中国の新たな発展戦略となる「双循環」——「国内循環」と「国際循環」の相互促進を指して》，2020年10月14日，https://www.rieti.go.jp/users/china-tr/jp/ssqs/201013ssqs.html。

“一带一路”、中非合作、区域全面经济伙伴关系 (RCEP)、中欧自由投资协定等区域性合作框架的作用；同时，随着人民币在国际贸易中用途的扩大，有望加速实现人民币国际化①。

但是，也有个别观点指出，中国的新发展格局建立在缩小对外交流的基础之上，很有可能转向单纯的国内循环。日本战略研究论坛政策建议委员澀谷司提出，国内循环与自力更生有异曲同工之感②。亚太倡议研究会（Asia Pacific Initiative）首席研究员大矢伸认为，由于中国与西方社会价值观不同，在技术领域实施一定程度的脱钩是必要的。但是，如果西方表现出过度与中国脱钩的意向，中国将可能以缩小与外部交流的形式实现“双循环”，因此，“双循环”有向完全替代进口和自给自足转变的风险③。

四、对日本如何应对新发展格局的思考

习近平在阐述新发展格局时表示：“凡是愿意同我们合作的国家、地区和企业，包括美国的州、地方和企业，我们都要积极开展合作。”④ 日本智库敏锐地捕捉到这一信号，对中国经济前景表示乐观，并积极倡议日本企业抓住中国构建新发展格局带来的商机，开展合作共赢。

---

① MUFG バンク（中国）リサーチ&アドバイザリー部中国調査室:《中国は第 14 次 5 カ年計画（2021–2025 年）の策定を迎える～「双循環」が施策方針になるか》，载《MUFG バンク（中国）経済週報》第 474 期，2020 年 10 月 27 日。

② 澁谷司:《中国「内循環」という「自力更生」経済の復活》，2020 年 9 月 18 日，https://agora-web.jp/archives/2048265.html。

③ 大矢伸:《中国経済の近未来を決定づける 双循環 の行方——海外との交流は継続か、それとも縮小するのか》，《API 地経学ブリーフィング》第 21 号，2020 年 09 月 28 日。

④ 习近平:《在经济社会领域专家座谈会上的讲话》（2020 年 8 月 24 日），载《人民日报》2020 年 8 月 25 日。

一些智库专家指出，中国构建新发展格局，对日本经济乃至世界经济大有裨益。孙启明指出，“双循环”既有利于中国经济，也有利于参与中国双循环的其他国家的经济。无论美国怎样封堵，只要资本追求利益最大化的本质不改变，中国市场就不可能与世界完全分离[①]。帝京大学经济学部教授露口洋介认为，中国向内需主导型经济转变，有利于日本对华出口规模的增加，将对日本经济产生积极影响。中国国内市场规模的进一步扩大，也有利于提高日本汽车企业的利润。同时，作为中国资本流入的窗口，日本金融市场的功能将得到提升[②]。日本贸易振兴机构北京代表处处长高岛龙祐指出，以制造业为代表的日企越来越倾向于在中国生产产品并在中国市场销售，中国提出的“双循环”新发展格局旨在扩大内需，推动经济向消费主导型转换，这对于这些以满足中国内需为主的日企来说是一个机遇[③]。

另一些智库专家对中国经济发展前景表示乐观，并建议日本企业积极参与新发展格局的构建。佳能全球战略研究所研究主任濑口清之表示，主张“与中国脱钩”的都是不懂经济的人，说要“离开中国”的都是没有竞争力的企业[④]。他指出，日本政府于2020年4月7日公布了对海外生产基地回归国内给予补贴的政策，但根据统计，进军中国的日本企业总数为33000家，响应政府政策回归日本的只有1760家，仅占全体的5%左右。这是因为，“中国市场是世界上最有魅力的市场”这一判断已经成为世界一流企业的共识。新冠肺

① 孫啓明:《中国が提唱した国内と国外の「双循環」に関するいくつかの見解》，2020年10月23日，https://grici.or.jp/1711。

② 露口洋介:《双循環と日本経済》，2020年11月30日，https://spc.jst.go.jp/experiences/tsuyuguchi/tsuyuguchi_2011.html。

③《适应中国“双循环”新发展格局 日企求新求变》，中国网日语版2021年2月6日。

④《日本经济学家：主张“脱中国”的都是没有竞争力的企业》，环球时报—环球网2020年6月10日。

炎疫情在世界范围内持续蔓延，中国是主要经济大国中唯一保持供应链稳定的国家，因此，为了确保继续生产，日本企业要努力维持在中国的生产线和市场份额[①]。

还有一些智库专家就日本企业应如何在新发展格局中抓住商机提出了具体建议。三菱 UFJ 调查与咨询公司调查部主任研究员细尾忠生指出，中国的下一个五年规划和 2035 年远景目标更加重视培育和加强国内市场的政策，日本企业要采取着眼于新商机的战略性应对措施。除汽车行业的混合动力车和燃料电池车等日本企业具有技术优势的领域外，日本企业有望在护理服务领域进一步提高参与度[②]。露口洋介认为，在中国活动的日本银行和公司可以将在日本市场发行人民币债券筹集的资金汇到中国使用，信用状况良好的中国企业也可以在日本市场筹措资金。为使人民币证券在日本市场顺利发行和流通，实现日中之间的股票连接，日本市场应建立人民币证券和人民币付款交割系统（DVP）[③]。

五、结语

综上所述，日本智库对新发展格局的研究有其独到之处。从参与研究的智库性质来看，最积极关注中国新发展格局的是民间智库，特别是企业系智库，它们的研究成果最多。考虑到这是一项重大经济

---

① 瀬口清之:《中国経済は新型コロナの感染拡大制御の成功を背景に回復持続～日本政府の国内回帰促進策により対中投資方針を見直す日本企業はほぼ皆無～》，2020 年 11 月 24 日，https://cigs.canon/article/20201126_5494.html。

② 細尾忠生:《景気回復と経済政策の変化》,《MUFG BK 中国月報》第 177 号，2020 年 11 月。

③ 露口洋介:《双循環と日本経済》，2020 年 11 月 30 日，https://spc.jst.go.jp/experiences/tsuyuguchi/tsuyuguchi_2011.html。

战略，企业界多着眼于如何在新发展格局中寻找商机。此外，政府系或半官方智库，如经济产业研究所、日本贸易振兴机构亚洲经济研究所也有一定的研究，高校智库对这个问题的关注度则相对较低。

从观点上看，日本智库总体上持客观态度，能够认识到中国提出构建新发展格局的历史逻辑和现实必然性，比较客观地分析中国实现“双循环”面临的有利条件和制约因素。尽管也存在一定的担忧和质疑，但整体上对新发展格局的前景表示乐观，并表达出积极参与新发展格局构建的意愿。这一点与日本国内面临的发展困境有关。在人口萎缩、土地和劳动力成本上升、市场低迷、经济增长率长期走低的情况下，日本谋求在对外合作中寻找经济增长点。中国是日本最大的贸易伙伴，因此，即使在中美经贸摩擦日益加剧的情况下，日本也不愿加入对华“脱钩”的行列。不管是政府系智库还是企业系智库，都看到了中国巨大的市场潜力，极力主张日本企业抓住新发展格局带来的巨大商机。对此，我们可以欢迎日本企业参与新发展格局的构建，在适当领域为其提供投资机会，更好地利用日本的资金和技术，打破美国对我国的贸易制裁。

日本智库的观点在一定程度上代表了一些想深度参与中国构建新发展格局的国家的态度。它们既想从新发展格局中寻求发展机遇，又不可避免地从自身利益最大化的角度看待中国发展过程中遇到的种种问题。一方面，我们不能妄自菲薄，无限放大发展过程中出现的问题。另一方面，针对确实存在的制约新发展格局构建的因素，我们需要着力采取措施。比如，有日本智库提出对中国知识产权保护表示担忧。对此，我们应进一步提高知识产权审查质量和效率，坚决依法惩处侵犯知识产权行为，为原始创新提供强有力的保护，努力打造国际一流的营商环境。

（李晓倩：中央党史和文献研究院第三研究部）

日本各界及知名智库对“一带一路”倡议的关切和认知

干保柱　李钰婧 / 文

2013 年，中国国家主席习近平提出“一带一路”倡议，倡导推进沿线各国经济协调发展，推动大范围、高水平、深层次的区域合作，共同构建开放、包容、均衡、普惠的区域经济合作平台，以造福中国及沿线各国人民。作为世界第三大经济体，日本不仅与中国处于合作与竞争并存的关系之中，而且在“一带一路”沿线国家深耕多年，与这些国家亦保持着密切的经济贸易往来。因此，“一带一路”倡议提出后，自然引起了日本政府、媒体、智库的高度关注。

一、日本各界逐渐理性看待“一带一路”倡议

总体来看，在“一带一路”倡议提出的初期阶段，日本政府及各方认识大体相同，对“一带一路”倡议多持警惕、质疑的态度。然而，随着中国“一带一路”倡议下的具体合作项目持续推进，以及现实效果逐步显现，在日本经济产业界的推动下，日本政府对“一带一路”倡议的态度开始转变，由谨慎观望转向积极的有限参

与。在具体行动方面，中日两国达成了在第三方市场开展合作的共识，并以首届中日第三方市场合作论坛签署52项合作备忘录的形式开启了第三方市场的合作。不过，日本政府对第三方市场合作始终有所保留，反复强调日方对两国第三方市场合作是“有前提的参与”，并不断声明参与第三方市场合作与参与“一带一路”倡议并不相同[①]。

以主流报纸为代表的日本媒体对中国“一带一路”倡议的报道和分析经历了从政治到经济的视角转变过程，它们早期多从中国对外战略的角度将“一带一路”倡议视为中国构建经济霸权的战略、中国版的马歇尔计划，中期主要从经济方面较为理性地报道“一带一路”倡议，近期则开始从中日两国经济合作空间的角度解读“一带一路”倡议。媒体报道的高频词由经济霸权、中国版马歇尔计划，到经济、构想，再到合作、商机，比较典型地反映了日本主流媒体对“一带一路”倡议的态度转变过程[②]。

在日本，以智库、学者为主体的知识界对中国“一带一路”倡议的认知则呈现了从前期的警惕到后期的积极评价与消极评价共存的变化。在早期阶段，智库、学者以其较高的政治敏锐性，从中国国家战略及地缘政治的视角出发看待“一带一路”倡议，当时的负面评价较多，认为“一带一路”倡议是中国试图主导全球经济体系的战略，旨在突破美国主导的世界秩序，试图扩大中国在沿线国家的政治经济影响力，转移中国国内矛盾，等等。随着中国“一带一路”倡议的具体成效初显，日本智库、学者对“一带一路”倡议的认知开始分化，保守派智库、学者依然从国际关系和战略博弈的视

① 宫笠俐:《中日第三方市场合作：机遇、挑战与应对方略》，载《现代日本经济》2019年第5期。

② 刘曼:《日本主流报刊对“一带一路”的认知变化研究》，载《外语电化教学》2019年第5期。

角审视“一带一路”倡议，而更多的智库、学者则趋向从经济合作视角研究“一带一路”倡议的目标、路径及其实施情况，较为理性地看待“一带一路”倡议，进而为日本政府、经济产业界提供中肯的意见、建议。

近期，日本智库、学者对“一带一路”的关注持续升温，智库报告、专业论文、学术著作呈现增长的态势。以政府系智库和知名大学教授为代表，他们研究“一带一路”倡议时的关注领域、所持观点及政策建议均展现出新的特点。在关注领域上，日本智库和学者集中关注经济领域的合作及地区经济关系的发展，包括合作平台的具体内容、沿线国家的经济贸易关系、产业政策、法律制度等，细化到地区开发政策、基础设施建设、农业农村发展、内陆地区合作、海洋物流服务等方面。在所持观点上，日本智库和学者将“一带一路”倡议视为一个平台，认为该平台具有包容性、基础性、创造性、变化性等特征，为沿线国家的经济建设提供了一个“场所”；它以亚欧合作为中心，是“亚欧大陆诞生的多极世界的外在显现”，必将通过加强国家与市民社会之间的联通，将包容性与可持续发展最大化，并终将代替欧美主导的全球治理①。在政策建议上，日本智库和学者提出了面向日中产业地区合作的可持续的、包容的欧亚共生战略。在具体操作上，日本智库和学者认为日中两国可以在“一带一路”供应链、第三国合作、金融管理、物流服务、城市治理、农业发展、医疗卫生、基础设施建设、能源开发利用、生态环境保护等领域展开具有可操作性的务实合作，破除障碍，推动更加广泛的、更高水平的、更具质量的合作。

① 日本科学技术振兴机构（JST）:《“一带一路”的现状分析和战略展望》，2019 年 6 月。

二、日本智库“一带一路日本研究中心”及其研究报告

在中日经贸关系更加紧密、外交关系重回正轨的背景下，日本各界对中国政府的“一带一路”倡议的评价逐渐趋于正面。由于智库的研究报告对政府态度、民间舆论、企业决策具有重要的影响力，因此日本智库对“一带一路”倡议的认知转变值得关注。

“一带一路日本研究中心”是日本首个以推进“一带一路”合作为专门研究方向的智库，以2017年11月中日邦交正常化45周年为契机，由日本数十名学者发起，由国际亚洲共同体学会于2017年牵头组建，成员包括日本的政界、学界和产业界知名人士，日本前首相福田康夫任最高顾问，前驻联合国大使谷口诚等任顾问。成立时，研究中心发起人之一进藤荣一表示：“‘一带一路’倡议提出四年多来，得到了国际社会的广泛响应，成果丰硕，而此前日本社会对此了解并不深入，希望以此为契机，加强日本学界对‘一带一路’倡议的研究，促进日本政府和民众对‘一带一路’倡议的认识和理解。”[①] 研究中心自成立以来，围绕“一带一路”相关课题开展专业研究，致力于推动相关机构、智库、学者、媒体等各界的交流与合作，增进了日本各界对“一带一路”倡议的认识。2018年12月，该中心推出了研究报告《从“一带一路”出发：亚欧新世纪之路》[②]。现将该研究报告的主要观点及内容综述如下：

---

①《“一带一路”日本研究中心在东京成立》，载《人民日报》2017年12月1日第2[illegible]版。

②“一带一路”日本研究中心编：《从“一带一路”出发：亚欧新世纪之路》，日本评论社2018年版。

（一）"一带一路"倡议必将开辟亚欧新世纪之路

研究报告内容共分"一带一路"开辟亚欧世纪之路、"一带一路"与亚洲区域合作、"一带一路"与可持续发展、"一带一路"与治理合作四个部分，对"一带一路"倡议给予了高度评价。报告撰稿人来自日本贸易振兴机构、日本国际贸易投资研究所、环日本海经济研究所、东京大学、早稻田大学、筑波大学、立命馆大学等政府机构及知名大学，代表性作者有前首相鸠山由纪夫、前驻联合国大使谷口诚、东京大学教授（前驻上海总领事）小原雅博、早稻田大学前校长西原春夫等。众多政界和学界名流的参与使这份研究报告具有鲜明的代表性。

研究报告认为，早期阶段，日本国内对"一带一路"倡议的评价较低，主要有中国想要消化国内钢铁产能过剩的"国内经济政策论"、中国试图发挥国际影响力的"扩张主义论"以及"不切实际的空想论"三种论调。然而，随着"一带一路"由倡议阶段进入实施阶段，诸多建设项目以多国合作的形式在海洋和陆地有序推进，日本各界开始正视"一带一路"倡议具有的积极意义，并从正面去理解。报告深刻地指出，"一带一路"倡议基于21世纪的信息革命来推动全球治理变革，通过互联互通来实现共同发展和消除差距。因此，该倡议与欧美主导的军事同盟不同，它以推动包括发展中国家在内的全球社会经济发展为目标，必将通过"连亚连欧"开辟"亚欧新世纪之路"，成为新世纪的公共产品、区域合作的平台、可持续发展的样本、全球治理的典范。

研究报告对世界发展潮流作出了新的判断。报告指出，在工业革命的推动下，19世纪的第一次全球化浪潮成就了英国；在产业革命的推动下，20世纪的第二次全球化浪潮成就了美国；在信息革命的推动下，21世纪的第三次全球化浪潮将成就亚洲，属于以中国为中心的亚欧新世纪，而“一带一路”倡议就是其象征。“一带一路”倡议不仅象征着全球权力的转移、国际社会结构的变化，同时也意味着欧美主导的现代欧洲的终结。

（二）“一带一路”倡议与马歇尔计划的区别

研究报告从世界发展潮流对“一带一路”倡议作出高度评价后，具体分析了“一带一路”倡议与马歇尔计划的根本区别，并在此基础上阐释了中国“一带一路”倡议在全球治理领域为世界提供的中国方案。

“一带一路”倡议提出后不久，欧美及日本就将“一带一路”倡议定位为中国版的马歇尔计划。马歇尔计划是第二次世界大战结束3年后由美国主导的推动欧洲复兴的国际战略，是美国主导全球格局的开端。与此类似，“一带一路”倡议是在全球金融危机结束3年后由中国主导的推动亚欧重振的国际战略。

然而，研究报告亦指出，“一带一路”倡议与马歇尔计划存在明显的差异。从规模上讲，马歇尔计划涉及西欧16个国家，投入资金102亿美元（1948—1951年）；“一带一路”倡议则涵盖沿线70多个国家、世界GDP的1/3、总人口40亿人、总投资2851亿美元（2016年底）。从外交形态上讲，马歇尔计划是针对苏联的封锁政策，是美国的军事同盟，与北大西洋公约组织表里一体；“一带一路”倡议则以非同盟的中立主义为基轴，旨在与沿线国家和地区构建经济—社会发展双赢的伙伴关系。从对象上讲，马歇尔计划以西欧发达国家为对象；“一带一路”倡议则以从东南亚至东非的发展中国家和地区为主要对象，以缩小地区内外差距、减少贫困、消除恐怖活动、缓解纷争为终极目标，将包容性作为构建合作关系的主轴。从发展战略上讲，马歇尔计划以西欧发达国家生产力的恢复和贸易市场的扩大为重点；“一带一路”倡议则通过完善铁路、港口等基础设施来强化国家、地区间的连接。从指导理念上讲，马歇尔计划以生产力的最大化为复兴的指导理念；“一带一路”倡议则以可持续发展和亚欧诸国间的共生为指导理念。

基于上述差异，研究报告认为，“一带一路”倡议意味着21世纪的全球治理应由导致国家间差距扩大的零和关系向构建缩小差距的正和关系转变，这也是习近平主席试图重振东西方文化交流的丝绸之路、进而主张人类命运共同体的原因所在。

（三）“一带一路”倡议将为全球治理提供新模式

在全球治理模式面临巨大挑战的背景下，“一带一路”倡议以新的治理为目标，倡导共商、共建、共享的全球治理方案，将为全球治理提供新的模式。

研究报告分析了第三次全球化浪潮的冲击给美国带来的双重衰落趋势。一是在军事影响方面。与历史上前两次全球化形成的国际秩序不同，现在是军事力量与财富创造并不直接关联的世纪。美国拥有庞大的武器库以及800多个军事基地，实施了自罗马帝国以来最为猛烈的过剩扩张，因而引起了世界人民的反对，削弱了其所主导的国际秩序的稳定性，损害了作为其帝国意识形态的民主理念。这将导致近代以来西欧从领土的最大化中寻找财富源泉、发动扩张战争的零和博弈的终结，进而要求转变由欧美主导的、以经济制裁和军事同盟为手段的全球治理模式。而正是这种转变推动了“一带一路”倡议这一新的全球治理模式——通过强化连接消除贫困、缩小差距——的出台。二是在生产力方面。与前两次全球化形成的国际秩序不同，21世纪的信息革命创造了人、资本、物、技术、信息超越国境瞬间移动的世界，它一方面缩小了中心地区与边缘地区的差距，另一方面寻求在与近邻的相互依存中创造财富。这意味着由美国挑起的美中经济贸易摩擦是难以取胜的。20世纪80年代中期，美国凭借信息革命强化了金融资本主义和新自由主义，形成了“超格差社会”。贫富差距的扩大加速了社会经济活力的衰退，使美帝国走向衰落。因为，如果没有市民社会的持续发展，生产力即使最大化，也难以增加国家和个体的财富。

研究报告认为，在21世纪，倘若没有国家、企业、个体的三重共生，任何国家都无法实现财富的丰裕。这就要求国家必须与市民社会共生，与近邻诸国共生，与地球环境共生。这些都预示着近代以来、尤其是20世纪以来物质竞争模式的式微。为此，世界呼唤新的全球治理模式。在此现实需求的推动下，“一带一路”倡议这一以欧亚合作为基础、强化国家与地区的协作、推动包容性和可持续发展的新的全球治理构想应运而生。

研究报告指出，“一带一路”倡议与哈萨克斯坦的“光明之路”、蒙古的“发展之路”、伊朗的“铁道丝路”、欧盟的“欧洲丝路”、波兰的“琥珀之路”、俄罗斯的“欧亚经济联盟”有着诸多契合之处。在此意义上，“一带一路”倡议并非中国的一国之策，其实践也必将通过多国间的合作项目在沿线国家扎实地推进。它是美国相对衰落之后亚欧大陆多极世界的显现，也是全球化第三次浪潮推动下全球权力转移的外在表现，且与21世纪对全球治理的迫切需求相呼应。

（四）日本政府的战略选择

基于对“一带一路”倡议的客观分析，研究报告建议日本政府超越地缘战略的固有思维，积极参与中国的“一带一路”建设，主动抓住并融入第三次全球化浪潮。

在美国相对衰落、“一带一路”建设持续推进的背景下，欧美国家将21世纪的地缘政治学表述为“一带一路”及中国扩张主义的地缘经济学，从而引发了对“一带一路”倡议的质疑，其引用的典型例子是斯里兰卡的汉班托塔港、巴基斯坦的瓜达尔港建设项目。据称，在前一个项目中，中国向斯里兰卡提供了超过其偿还能力的资金，获得了99年的权益。后一个项目则涉及印度与巴基斯坦的国境纷争地区，容易激发地区冲突。事实上，中国对斯里兰卡的融资余额只占斯里兰卡外债的10%，比该国对日本的负债还低。而巴基斯坦在中美建交的过程中曾四度扮演重要角色，与中国一直保持着友好关系。两个港口的运营均基于BOT原则（即“建设—经营—转让”原则）实施，并向当地政府返还利益，可以实现双赢。

对于欧美基于传统地缘政治对“一带一路”倡议的认知，研究报告持反对态度，认为“一带一路”倡议秉承经济性、开放性、透明性、可持续性原则，将有益于沿线诸国。研究报告还建议日本超越既定思维，积极参与“一带一路”倡议，落实中日在第三方市场的合作项目，提升并拓展中日在“一带一路”倡议框架下的经济合作，引领亚欧合作，推动亚欧的持续发展与繁荣。

研究报告进一步指出，中国在第三国实施包括港口在内的基础设施建设，是一个逐步探索的过程，给所在国和沿线国带来了诸多益处。首先，其释放了巨大的空间红利，使得各国有可能通过基础设施的投资、开发和建设形成良性循环，从而打破自然屏障，形成地区市场，使被山川河流等阻隔的空间不利因素向空间红利转变，有利于广域亚洲的富庶与繁荣。其次，其形成了维护政治外交稳定的抑制力。超越国境的广域基础设施建设既需要巨额资本和尖端技术，也需要跨越国境的共同管理体制。在推进海洋、大陆的能源资源共同开发以及铁路运输网络和信息通讯网络建设之际，超越国家的合作关系不可或缺。相关国家的相互参与和共同开发将会受到对外合作的制约，从而抑制领土、海洋的单方面扩张。构建多国间的合作关系，推进参加国的双赢关系，形成地区内的协动安全体制。最后，其存在刺激日本经济再生的潜力。在日本狭长的岛内通过建设堤坝、高速公路网、新干线等实现繁荣的时代已经一去不复返了，一国之内的基础设施建设存在极限，且过度开发也会导致自然环境的破坏。而理想的战略是，日中两国在广阔的亚欧大陆共同投资基础设施建设，共同参与开发、管理和运营，这是由 20 世纪的一国繁荣主义转向 21 世纪的连亚连欧之路。

三、结语

综上所述，“一带一路日本研究中心”的研究报告站在全球化演进的历史高度，批判了欧美及日本部分智库和学者对“一带一路”倡议的错误认识，高度评价了“一带一路”倡议，指出“一带一路”倡议是连通亚欧的新世纪之路、是全球治理的中国方案，认为日本应该积极、主动地拥抱“一带一路”倡议。研究报告对“一带一路”倡议的积极评价，在日本智库、学者、传媒中反映强烈，在引导、引领日本各界对“一带一路”倡议的认知乃至对中国的认知上发挥了重要作用。研究报告的观点和主张既是对历史潮流的客观把握，也是对发展实践的科学总结，更是对未来的愿景谋划。

基于此，我们对“一带一路日本研究中心”的这份研究报告应该给予积极评价，重视研究报告的价值，分析研究报告的具体内容，梳理研究报告提出的政策建议、合作领域、具体项目，并在此基础上给予积极回应、加强互动，通过举办论坛、学术会议、实地考察等形式加强与日本智库、学者、高校的交流和对话，扩大、凝聚中日双方关于“一带一路”倡议的共识，化解日本有关方面的疑虑，批判其错误认识。此外，我们还应以日本智库对“一带一路”倡议的积极评价为契机，积极推动日本知识界、企业界、政界对中国“一带一路”倡议的正确认知，间接影响日本政府的对华经济政策，引导日本民间的对华舆论，推动日本企业的对华经济合作。

同处亚洲的中国和日本作为世界第二和第三大经济体，具有引领地区和世界发展的共同责任，在开放型世界经济、多边主义等国际秩序原则方面也拥有广泛的利益和共同的立场。因此，在经济领域，中日双方需要将第三方市场合作落到实处，在“一带一路”沿线国家开展高质量的合作，逐步扩大中日经济合作的范围，稳步提升中日经济合作的水平。在政治领域，中日之间需要管控分歧，提升政治信任，以良好的政治互信夯实中日之间的经济合作。中国在与日本等相关国家的合作中，完全有可能获得这些国家理解、支持中国“一带一路”倡议，在日本等相关国家的支持、合作下，将“一带一路”倡议开拓为连通亚欧的世纪之路，打造成共享发展机遇的国际合作平台，树立为全球治理的典范，从而造福中日两国、“一带一路”沿线国家乃至全世界。

“一带一路”倡议是中国基于悠久文明提出的宏伟历史蓝图，在理念上从古代连通中西方的贸易往来、文化交流的“丝路精神”升华为以人类为对象的“构建人类命运共同体”，是对人类福祉的深度考量、对人类命运的深切关怀，更是增进人类共同利益的中国方案。“一带一路”倡议倡导共商、共建、共享，是对西方基于丛林法则的地缘政治战略的否定，也是对西方的文明冲突论的超越，是新时代的文明观。在此文明观的指引下，“一带一路”倡议将架起亚欧之间的合作之桥，贯通亚欧之间的发展之路，从而使“一带一路”成为连通亚欧的新世纪之路。“一带一路”倡议由中国提出，但机会和成果属于全世界。就中日两国来说，两国在“一带一路”倡议的基础上大有可为，达成优势互补，拓宽发展空间，从而实现共赢的合作。

同时，中日两国也应在第三方市场合作的基础上坚持多边主义，共同抵制反全球化的逆流，推动全球化的进一步发展，推动世界经济、政治秩序的合理化，站在文明交流互鉴的高度，推动、引领亚欧新世纪的文明进步，进一步贡献亚洲智慧。

（干保柱：天津外国语大学国际关系学院；李钰婧：天津外国语大学高级翻译学院）

从中国改革到世界改革——兼论“一带一路”倡议对中国与世界的影响

［捷克］胡北思 / 文　高静宇 / 编译

中国从 1978 年实行的革命性变革逐步走向了全球互动性改革。2018 年以来的中美经贸摩擦为此提供了明确的注脚：美国将中国的全球互动性改革视为与之密切相关的重大改变。“一带一路”倡议是当前这些互动中最重要的部分。我们可以在过去 40 多年的改革开放中找到形成这一战略的重要因素。具体而言，本文的第一部分阐述“一带一路”倡议的主要创新特征。第二部分侧重于阐明 1978 年是 20 世纪最具决定性的一年，因为这一年产生了 20 世纪最具影响力的改革模式，开启了当代中国发展的新模式。第三部分探讨改革开放的方法论原则。第四部分阐释革命性变革的概念，这个概念可以用于描述改革开放及其之后发生的变化。第五部分分析改革的各个阶段。最后，结论部分阐明通过“一带一路”倡议，改革开放作为全球改革得以延续。总而言之，本文阐明了从中国改革到世界改革的路径。

一、“一带一路”倡议

自 2013 年以来，在世界发生深刻变化的背景下，中国提出的“一带一路”倡议推动全球进入互动性改革的新阶段。当前正在发生的全球化是在 20 世纪 80 年代由美国和英国发起的，它在为全球各领域提供互联互通的同时，也在全球范围内引发了问题、战争和危机。这一切与长期运行的全球一体化趋势并不相符，但放在一体化和去一体化浪潮的循环往复中是可以理解的。

2013 年，中国提出了一种新的全球互动模式：“一带一路”倡议，即升级版全球化。虽然“一带一路”倡议是在 2008 年全球金融和经济危机之后若干年提出的，被视为应对危机的一种创新性行动，但它的意义不止于此。围绕古丝绸之路及周边地区发展而提出的“一带一路”倡议还具有更重要的贡献，因为从历史上看，它源于源远流长且独一无二的中华文明，源于 70 年前成立的中华人民共和国，也源于近几十年来中国的改革开放。在“一带一路”倡议的框架下，合作伙伴可以在相互认可的基础上努力开展合作，为世界的发展和多极化作出重要贡献。“一带一路”倡议自 2013 年由习近平主席提出以后，先是在欧亚大陆和东非地区发展成为典范，后又扩展到世界其他地区。由于该倡议还涵盖了拉丁美洲地区，因此是一项名副其实的全球性方案。

“一带一路”倡议非常符合世界各国试图寻求新替代方案的全球趋势。虽然我们近来目睹了单边主义的步履蹒跚，包括美国试图通过发动贸易摩擦来阻止自身衰退，但同时我们也能看到中国和其他国家正在引入多极化的视角，以防止世界陷入逆全球化的泥沼。这绝不限于由巴西、俄罗斯、印度、中国和南非组成的金砖国家，还包括墨西哥、印度尼西亚、土耳其等国家，以及各类宏观区域组织，如欧盟、欧亚联盟、上海合作组织等。事实上，“一带一路”倡议的正式名称代表的即是一种多元化路径：新丝绸之路经济带和21世纪海上丝绸之路，包括各种各样的经济走廊和为数众多的项目，涉及基础设施网络和特定领域的生产能力。另外，数字丝绸之路也已经发展起来；极地丝绸之路则有可能将在未来的某个时间点在北极地区建立起来，尽管其路程较短，但会面临很大的环境方面的挑战。

“一带一路”倡议引入了互联互通机制，在许多国家进行投资，促进了经济、科研创新、文化、人际交流等领域的发展。世界银行的数据表明，按购买力平价GDP计算，中国已经成为世界第一大经济体，而且还极大地提高了人民的生活水平①。1976年，中国有82%以上的人口生活在农村，其中大部分人处于贫困状态。改革开放40年来，中国有8亿人摆脱了贫困②。这是人类历史上前所未有的成就。而且，中国东部沿海近4亿人的生活水平与欧盟国家的平均水平相当。发展中国家在考虑加入“一带一路”倡议时，看到这些数据往往会对中国模式产生深刻的印象。此外，近几十年来，许多发达国家对中国的态度已经有所改观，将中国视为重要的合作伙伴。

“一带一路”倡议逐渐成为全球范围内众所周知的计划。为了理解该倡议的实质及其未来的发展潜力，我们需要结合具体和抽象的资源对其进行分析。对于为什么要在某一特定时间点提出“一带一路”倡议，研究者看到该倡议的提出时间同2007年和2008年以来波及全球的经济和金融危机产生不良后果的时间相一致。在那时，美国等西方国家的危机也拖累其他国家的经济一起出现了下滑。危

① World Bank, “GDP, PPP (current international $)”, 2019, https://data.worldbank.org/indicator/NY.GDP.MKTP.PP.CD.

② United Nations, “Helping 800 Million People Escape Poverty Was Greatest Such Effort in History, Says Secretary-General, on Seventieth Anniversary of China’s Founding”, https://www.un.org/press/en/2019/sgsm19779.doc.htm.

机爆发以来，西方国家对中国商品的需求出现下降趋势。由于中国经济主要以出口为导向，中国政府必须在危机时期帮助企业扭转出口需求下降的趋势。中国政府一方面推动并资助本国的公共基础设施建设等项目，以应对全球经济危机的不良后果；另一方面在目睹了西方市场的种种不确定因素之后，开始积极投身国际领域。习近平主席于2013年提出“一带一路”倡议，以适用于21世纪的新形势重塑历史上的“丝绸之路”，这可谓一项创举。“丝绸之路”具有正面的、怀旧的特点，令人很容易联想到近2000年来根据需求运输异国货物的骆驼商队穿梭于中亚和欧洲的场景，这在当下的大众媒体环境中激发了人们的想象力，并体现了合作共赢的理念。

一些研究成果已经对“一带一路”倡议的整体情况进行了很好的阐述[①]，此处无须多作介绍。值得一提的是，随着“一带一路”倡议的实施，中国已经同其他国家和各种国际组织签署了100多个“一带一路”倡议的合作协议。在“一带一路”倡议框架下，截至2018年6月，相关国家之间的商品贸易额已超过5万亿美元。在“一带一路”倡议实施的最初5年内，中国的直接投资超过700亿美元。在工程项目方面，与“一带一路”倡议相关的合同金额超过5000亿美元。“一带一路”倡议创造了20.1亿美元的税收收入和24.4万个就业岗位[②]。“一带一路”倡议构建的经济发展走廊连接了欧亚大陆，其中包括备受瞩目的连接匈牙利布达佩斯和塞尔维亚贝尔格莱德的铁路项目，以及前景可期的雅典比雷埃夫斯港项目，还有中巴经济走廊的相关项目等。

当然，任何模式都不是完全理想的，都存在着需要克服的问题

---

① Y. Wang, *The Belt and Road Initiative: What Will China Offer the World in Its Rise*, Beijing: New World Press, 2016; Wang, Y., *China Connects the World: What behind the Belt and Road Initiative*, Beijing: China International Press and New World Press, 2017.

② Y. Lu, “China’ s Merchandise Trade with Belt and Road Countries Tops $5 Trillion in 5 Years”, *People's Daily*, http://en.people.cn/n3/2018/0831/c90000-9496013.html.

和限制条件。然而，许多支持“一带一路”倡议的人认为中国模式值得借鉴，他们强调该倡议有利于世界健康发展。在当前世界面临诸多问题的大背景下，他们认为“一带一路”倡议是多边主义的积极成分，值得支持和推进。现在，让我们来看看在“一带一路”倡议提出之前的几十年内，也就是始自 1978 年的中国改革开放为该倡议的提出所创造的前提条件。

二、1978 年：20 世纪最重要的一年

即使没有全球经济危机的推动，类似于“一带一路”的倡议可能早晚也会被提出，因为中国的改革开放已经走上了延续“丝绸之路”历史的道路。因此，从理论上讲，中国采取的这一对外政策是中国自身发展的必然结果。这种变革和向全球开放与此前的历史发展步伐协调一致，是“一带一路”倡议提出的必要条件，但不是促成该倡议的唯一因素。当习近平主席将其关键部分汇集成一个新的概念时，“一带一路”倡议便应运而生了。他在正式宣布该倡议时，还提到了它在中国中长期历史中积淀而成的要素。这表明“一带一路”倡议根植于中国历史的土壤。为从整体上实现“一带一路”沿线的联通，社会中任何真正的创新都必须遵循历史上形成的需求、利益、价值和可能性，而这些都必须在新的概念框架内得到阐述。

如果分析一下“一带一路”倡议赖以形成的前提条件的历史轨迹，我们可以看到，“一带一路”倡议是建立在国际的、跨国的和超国家的项目基础之上的，这与中国开始实行改革开放的 40 余年发展历程密切相关。当时，邓小平努力推行有中国特色的发展道路。他知道照搬其他国家的制度是不现实的，因为每个国家、每种文明都是不同的。此外，他看到西方制度同殖民主义历史密不可分。特别

是在19世纪和20世纪上半叶，西方国家通过军事力量大力扩张殖民地。随后，西方国家在把世界拖入第二次世界大战的泥潭之前，已经在第一次世界大战的自相残杀中走了下坡路。西方国家虽不情愿但不得不放弃了殖民地，但在后殖民时期，它们还在试图支配以前的殖民地领土，有时还部署军队采取行动。

邓小平不愿意将这种模式引入中国。但是，他确实想学习世界各国的发展经验，在其中受到启发。他对亚洲的发展方式很感兴趣，尤其关注日本和亚洲四小龙的现代化①。虽然亚洲四小龙的土地面积很小，但它们与西方国家的合作使自身迅速实现了工业化和后工业化发展。同时，这些国家和地区的成功也是基于一定的历史文化和文明制度。这些制度长期形成于东亚地区，有利于推进现代化战略。

一方面，邓小平年轻时曾赴法国留学，试图学习西欧的发展经验，他在那里看到了现代化的长期发展路径②。另一方面，苏联解体则为他提供了一种教训，因为他看到了1991年苏联解体导致人民生活水平的急剧下降③。实际上，早在苏联解体之前，邓小平就已经意识到，中国需要在借鉴国外经验教训的基础上走一条自己的道路。

邓小平赞成“四个现代化”的提法，并从1978年开始实行顺应中国历史新时期要求的政策：经济改革和对外开放。他通过全面改革生产和贸易领域推动改革开放。中国为世界提供了廉价劳动力和制造工厂，从而在中国与西方国家之间形成了务实的经济关系，但

① E. F. Vogel, *The Four Little Dragons: The Spread of Industrialization in East Asia*, Cambridge: Harvard University Press, 1992.

② B. Yang, *Deng: A Political Biography*, Armonk and London: M. E. Sharpe, 1998.

③ P. Nolan, *China and the West: Crossroads of Civilization*, London and New York: Routledge, 2019, p. 9.

是美国和西欧国家主导了中国与西方国家之间关系的实现方式[①]。

在这里，内部模式与外部模式之间的关系十分重要。当许多发展中国家为了能够在全球范围内同西方模式合作而被迫接受这一模式时，中国却能够做到融入全球经济，同时发展出更适合自己的模式。中国自 1978 年实行的改革开放政策为在“一带一路”倡议框架下开展对外合作奠定了基础。1978 年不仅对中国非常重要，对世界而言也是非常重要的一年。虽然该倡议的合作伙伴都保持了自己的制度，但也有一定的制度交叉和新的共同领域。这些互动也改变了美国和欧洲的经济。这种特殊的相互依赖和不同经济理念的整合产生了跨国经济和全球经济的新模式——大融合。西欧和世界其他地区已经成为全球化的中国的一部分，反之亦然。中美经济之间具有根深蒂固的相互依存性，这一点在最近中美经贸摩擦中美国加征关税所带来的问题上得到了充分体现。

邓小平是一位处理复杂问题的高手。他是逐步提出中国的改革和政策的，最初是在某些特殊地区，特别是深圳。他与西方政治家达成了在经济上将中国与西方连接起来的共识，所有参与谈判的西方政党，无论是社会党、共和党还是自由派人士都非常满意。在 1972 年尼克松访华成果的基础上，邓小平于 1979 年亲自对美国进行了一次开创性的访问，会见了美国总统吉米·卡特和国会议员。随后，他又与西方其他国家的政治家和政客们展开了谈判[②]。

这种不同经济体制的复杂交错的合作，在政治和国际关系领域有了翻版。1982 年，邓小平同英国政府就香港问题进行谈判。此外，他同美国讨论台湾问题，同葡萄牙就澳门问题进行谈判。邓小平提

① B. Góralczyk, *Wielki renesans. Chińska transformacja i jej konsekwencje*, Warszawa: Wydawnictwo Dialog, 2018.

② H. Schmidt and F. Sieren, *Nachbar China*, Berlin: Econ Verlag, 2006; B. Yang, *Deng: A Political Biography*, Armonk and London: M. E. Sharpe, 1998.

出了“一国两制”构想。他坚信，这不仅是一个理论上具有可持续性的概念，而且几十年来的实践证明了这一概念是行之有效的。由此，邓小平获得了认同和成功。

剑桥大学的马丁·雅克（M. Jacques）认为，1978 年是 20 世纪最有意义的一年之一[①]。而我认为，1978 年是 20 世纪最重要的一年。为什么？因为中国提出了一个概念，把西方元素和中国元素连接在一起，在实践中将这两者铸造成了一种独特的新理论。20 世纪只有两个年份推出了全新的基本概念：1917 年和 1978 年。正是在这两个年份，替代旧秩序的新理论出现了。当始于 1917 年的苏联模式于 1989 年和 1991 年分别在东欧和苏联崩溃的时候，中国的改革开放却生根发芽，把中国变成了世界第二大经济体（按名义 GDP 计算）。中国的 GDP 在 1978 年仅有 1500 亿美元[②]，到 2019 年达到 14.2 万亿（名义 GDP）美元，或按购买力平价计算，约为 27 万亿美元[③]。有学者研究认为，如果按购买力平价方法计算，中国的经济总量在 2014 年左右已超过美国而成为世界第一大经济体[④]。如果这个算法可信的话，这是自 1872 年以来的 140 多年时间内，美国首次失去第一大经济体的地位。现在，中国的经济产出占世界的 19%。时隔两个世纪后，中国终于以主要大国和重要文明的身份重返世界舞台。

关键是，通过“一带一路”倡议，中国的发展模式可以促使中国和其他国家十几亿人民的生活水平得到空前提高。这并非只是掩

① M. Jacques, “Cambridge Scholar Lauds Reform and Opening-up while Underscoring West’s Ignorance of Nation”, *Global Times*, October 28, 2018, http://www.globaltimes.cn/content/1124826.shtml.

② M. Purdy, “China’s Economy, in Six Charts”, Harvard Business Review, November 29, 2013, https://hbr.org/2013/11/chinas-economy-in-six-charts.

③ World Economic Outlook, “GDP (Nominal) vs GDP (PPP)”, International Monetary Fund, October, 2019.

④ M. Bird, “China Just Overtook The US as The World’s Largest Economy”, *Business Insider*, October 8, 2014; World Economic Outlook, “Report for Selected Countries and Subjects”, International Monetary Fund, October, 2014.

盖人民困境特别是穷人困境的抽象统计数据。正如我所提到的，在过去的 40 年时间里，中国政府已经帮助 8 亿人摆脱了贫困，到 2020 年实现 3000 万人口脱贫，同时解决其他社会问题[①]。这意味着中国人民的社会权利有了很大的改善。如果我们考虑到中国有 14.2 亿人口（截至 2020 年 5 月），占世界人口的 18.47%[②]，这样的社会发展将是人类文明史上的巨大成就。与此同时，中国政府也深知很多人的生活状况仍然窘困，因而计划在未来几年内改善这种情况。

由于改革开放，中国已经成为全球主要的经济体，极大地提高了中国人民的生活水平，而“一带一路”倡议也促进了国外人民生活条件的改善。因此，在整个 20 世纪或者在更长的时间范围内，1978 年是最重要的一年。

三、改革开放的方法论原则

在当前的大数据时代，中国过去 40 年的发展积累了大量的经验数据。但是，我们如何才能理解这些数据的意义？这些数据表达了哪些方法论原则？我们必须了解，邓小平以及后来的中国领导人在推动中国改革开放的实践过程中都遵循了这些原则。邓小平制定了保证政治体制稳定的基本原则，并号召实现现代化。他的方法论原则以来自历史传统的隐喻概念的形式出现。其中一个著名的原则是“实事求是”，还有一个原则是“摸着石头过河”。在“一带一路”倡

① W. Wang, *Social Change in Contemporary China and the Theory of Social Contradictions, Reading*, UK: Paths International and China Social Sciences Press, 2015; W. Wang, *Social Interests and Conflict: A Socialist Analysis of Contemporary China,* Reading, UK: Paths International and China Social Sciences Press, 2015.

② Worldometers, “China Population”, 2020, https://www.worldometers.info/world-population/china-population/.

议逐渐成型的今天，中国领导人和其他利益相关者也会参考这些原则，主要是关于政治经济学的原则。

“实事求是”最早出自《汉书》。此后，这句话被历代思想家和政治家所引用。在新中国，毛泽东和邓小平曾先后使用过这一表述，特别是邓小平在1978年发表的《解放思想，实事求是，团结一致向前看》的著名讲话中引用了该说法。《汉书》记述了统一的中国在发展初期（公元前206年至公元前23年）的复杂历史，其中关于真理与实践相关的表述意在为揭示事物的本质而克服片面的认知。到了近代，理论联系实践的思想已经极其重要。根据这一思想，哲学和理论必须与批判性实践紧密联系，与苦难人民的实际需要紧密联系，与满足人民需要的成功的、切实可行的方法紧密联系。

邓小平重拾了这一思想传统。对“实事求是”的粗浅而直接的解读，通常不会过多强调要考察理论，而是更关注当前的实践，因为这样做立即就能看出当下需要采取什么样的行动。然而，这是对该思想传统的简单化理解，邓小平并不赞同这种立场。邓小平支持实用主义，但并不意味着毫无原则可言，他更关心的是理论同实践之间切实可行的深度联系，强调原则性和灵活性二者缺一不可。当他提出在深圳设立经济特区的时候，并非理论上的恣意妄言。相反，邓小平是在充分借鉴了以往理论和实践经验的基础上，提出试行一个独特的理论概念，以便在实践中验证该理论是否确实合适。如果这个理论概念不能解决问题，则必须在对以往的实践经验进行创造性评估的基础上，试行另一个理论概念。如果这个概念确实通过了实践的检验，就会被推广应用于其他省份。因此，实践是检验真理的唯一标准，历史的方法论就是这样要求的。邓小平用这句话阐明了自己的立场：“只有解放思想，坚持实事求是，一切从实际出发，理论联系实际，我们的社会主义现代化建设才能顺利进行，我们党的马列主义、毛泽东思想的理论也才能顺利发展。”[①]“一带一路”倡议也是顺着这一思路推进的。如果概念在实践中得到检验，也就是说，如果实践证明了概念的价值，那么这些概念就可以运用于其他地区和国家。

第二个方法论原则“摸着石头过河”揭示了在实践中务实推进和检验概念的过程。这一原则形象地阐明了一步一步前行的实验过程，既适用于1978年以来的改革开放，也适用于当前逐步构建“一带一路”倡议的过程。“摸着石头过河”这句名言既阐明了人们追求的方向，同时也包含着努力适应环境的意思。换句话说，“摸着石头过河”并不是盲目地找寻出路，而是具有足够智慧经验的人在采取实验行动。

在中国，“摸着石头过河”的思想最早是在1980年提出来的，用以阐明经济改革的过程。自1984年起，邓小平在政治上和经济上对这一思想进行了发展和延伸。在变革（过河）过程中，不仅要找到并使用常规的“石头”，而且还要找到关键的“石头”，即成功变革所必需的社会和文明前提的基石，以及奠定改革过程主要阶段的里程碑之石。

四、革命性变革

无论是“实事求是”还是“摸着石头过河”，这些原则的务实之处在于在理论上和实践上均由片面追求速度转变为循序渐进（充分体现在第二条原则中）。乍一看，这种转变容易被解读为由革命转变为改良。有些人对此感到不解，因为他们认为只有传统的革命才能

---

①《邓小平文选》第2卷，人民出版社1994年版，第143页。

很好地推动历史向前发展。

然而，实际情况更加复杂，因为社会变革涉及两个方面。一方面，中国还处于社会主义初级阶段，需要在以前没有发展起来的多个领域补足经济发展的短板，只有这样，才有可能走出一条更具社会主义特点的道路。因此，对各种经济要素的改造是过渡时期的重要内容。从这个角度看，邓小平遵循了马克思的思想原则。中国首先需要用特殊的方式补足此前缺失的要素。邓小平理论包含了这一原则：“把马克思主义的普遍真理同我国的具体实际结合起来，走自己的道路，建设有中国特色的社会主义，这就是我们总结长期历史经验得出的基本结论。”①中国模式不是一种不顾发展的反历史的理论尝试，而是从历史和当前可能的发展机遇中发展起来的、面向未来的历史理论②。

另一方面，革命从前主要与快速的、暴力的、根本的改变联系在一起，而变革则与缓慢的、非暴力的、部分的转变联系在一起③，但只需对历史稍加研究，就会发现情况更为复杂。许多形式上符合革命定义的事件实际上并没有导致任何范式的转变，而且在经历动荡的革命之后，社会又基本回到革命之前的样子。

与此相反，有些事件从表面上看具有变革的特征，而从长期来看却带来了革命性的根本变化。正如我在《社会变革与革命》④一书中所阐释的，有必要对变革性革命和革命性变革进行区分。革命性变革是指沿着改良主义路线相对缓慢推进的、合乎宪法的、通常没

① 《邓小平文选》第3卷，人民出版社1983年版，第3页。

② X. Wei, *Rethinking China's Economic Transformation*, New York: Global Scholarly Publications, 2010.

③ G. A. Cohen and M. Scannella, “Interview”, *The Philosopher's Magazine*, No. 1, 1997, pp. 38–42.

④ J. P. Arnason and M. Hrubec (eds.), *Social Transformations and Revolutions*, Edinburgh: Edinburgh University Press, 2016.

有诉诸暴力的事件，但从长远来看，它可能引发根本性的改变，这就是通过革命的方式颠覆整个制度。中国从1978年至今发生的变化就是最好的例证。正因如此，邓小平在1985年3月会见日本自民党副总裁二阶堂进时表示，改革是中国的第二次革命。因此，1978年实施的改革既是改革，又是革命，也就是一次革命性变革。

将这一思想应用到中国的实际情况中，注重渐进的变革并不意味着放弃更大的革命目标[①]。这意味着必须完成两个层面的任务：一是补足此前发展阶段的短板，二是推进渐进式改革以获取高度相关的深层效果。

就中国的具体情况而言，我们可以说，民众对收入的期待值同实际水平出现倒挂。1978年之前，新中国建立的工资制度长期不变，民众以集体劳动付出的各种努力都没有得到充分的回报。鉴于此，有必要通过引入更强的激励机制，强化按劳取酬、按绩取酬、按贡献取酬的原则，从而提高生产率[②]。不少学者提出的“按贡献 / 功绩取酬”的观点，反映了社会主义初级阶段的一个原则。

中国的改革主要涉及以下内容：所有权和资源配置。首先，市场对国家计划（以及下级行政部门的计划）进行补充。其次，私有制对公有制特别是国家所有制进行补充。

至于私有制和公有制的结合，马克思说：“在资本的简单概念中必然自在地包含着资本的文明化趋势等等，这种趋势并非像迄今为止的经济学著作中所说的那样，只表现为外部的结果。同样必须指出，在资本的简单概念中已经潜在地包含着以后才暴露出来的那些矛盾。”[③]

---

① D. S. G. Goodman, *Deng Xiaoping and the Chinese Revolution: A Political Biography*, London and New York: Routledge, 2002.

② X. Wei, *Rethinking China's Economic Transformation*, New York: Global Scholarly Publications, 2010.

③《马克思恩格斯全集》第30卷，人民出版社1995年版，第395页。

接受资本暂时的文明化趋向是非常重要的，这并不意味着接受资本主义。包括私有制在内的资本的释放，有进步的趋势，但在其内部也存在局限性，这种局限性是慢慢通过矛盾表现出来的。随后，这些问题将在未来的发展阶段得到克服。

关于引入市场，邓小平的理由是社会主义与市场并不冲突，“计划多一点还是市场多一点，不是社会主义与资本主义的本质区别。计划经济不等于社会主义，资本主义也有计划；市场经济不等于资本主义，社会主义也有市场。计划和市场都是经济手段。”[①] 邓小平还指出：“社会主义和市场经济之间不存在根本矛盾。”[②] 在中国，历史经验表明，计划中加入市场是没有问题的。在2000多年的中国历史中，市场一直存在，而且由唯绩是举的官僚机构进行管理和培育。

1992年，中国共产党第十四次全国代表大会提出了“社会主义市场经济”。这一表述方式将市场与社会主义联系了起来，充分认可了通过改革逐步成功构建新模式的事实。该表述从广义上可以被理解为“中国特色社会主义”的概念既包括市场和战略计划的结合，也包括公有制和私有制两种所有制的结合，如今它进一步发展为习近平新时代中国特色社会主义思想。

五、改革的几个阶段及中国经济的特点

显然，中国的改革开放不是一天完成的，需要经过几个阶段。在这几个阶段中，各个改革要素的价值逐一得到了证明[③]。邓小平认

---

①《邓小平文选》第3卷，人民出版社1983版，第373页。

② 同上书，第148页。

③ E. F. Vogel, *The Four Little Dragons: The Spread of Industrialization in East Asia*, Cambridge: Harvard University Press, 1992.

为，改革的核心要素是改善经济，其他的一切都将随之实现。

我们可以比较详细地划分出中国近40年来发展的四个基本阶段。第一个阶段可以追溯到1978年改革之初。第二个阶段是从1992年开始的，市场的重要作用正式制度化，真正启动了市场与计划相结合的工作。第三个阶段是从2001年开始的，中国加入世界贸易组织，全面融入全球经济，成为世界生产和贸易中不可或缺的国家。第四个阶段是自2013年提出“一带一路”倡议至今，中国能够应对各种障碍和趋势。总的来说，中国不仅融入了世界经济，还在一定程度上改变了世界的生产和贸易格局。

中国经济体制改革的成功有几个主要的原因。诚然，世界的发展比19世纪所能预料的情况更为复杂，不能依靠标准的融合理论进行阐释。即便如此，中国经济的快速增长仍然促进了融合。在这里，我们需要回答的问题是，什么原因使这种增长成为可能。过去40年，中国改革开放背后的核心逻辑是，国际贸易可以在两个体制不同的国家之间进行。一边是西方国家，另一边是中国，双方具有不同的政治和经济模式。

社会主义中国的经济具有两个突出的特点。第一，由于能够按照银行规则对企业进行大量投资，中国得到了大量的资本回报。这与许多西方主导的国家不同，这些国家积累的利润往往被低效地消耗掉了，但中国把利润投入到社会的发展之中。如今，中国政府认为，人与人之间的不平等已经在一定程度上成为问题，这与改革之初面临的问题不同。当然，即使唯绩是举的做法使很多人的生活水平有了大幅提高，但也有其局限性。中国为东部沿海发达地区以外的地区设计了一些项目用以缓解这种不平等情况，并注重培育未来能够促进更加平等的发展方式，这对于避免出现中等收入陷阱至关重要。

第二，中国经济的成功变革得益于大国效应，因为经济规模是一个决定性因素。中国不是简单地借鉴亚洲四小龙的成功经验，而是采用了一种更具影响力的“飞龙模式”。这种模式通过学习历史，将一个生产低廉产品的小贸易伙伴变成主力军，这遵循了黑格尔的辩证发展思想。通过对外开放实现干中学的复杂过程比改革的各个方面更重要，尤其比中国对西方国家的比较优势以及依赖外国资本和技术更重要。中国人对教育和工作的唯绩是举在此处发挥了作用。

中国经济成功变革带来的优势令改革开放成为中国的第二次革命。正如我在上文指出的那样，这不是一场即刻发生的革命，而是在持续几十年的革命性变革过程中发生的巨变，“一带一路”倡议是这一发展的结果之一。

六、结论：“一带一路”倡议中的延续性

“一带一路”倡议的提出既顺应了改革和全球开放的趋势，也是对“中国梦”概念的拓展和延伸，同中华民族的伟大复兴紧密相连。根据目标，中国将在 2021 年中国共产党成立 100 周年时全面建成小康社会，到 2049 年中华人民共和国成立 100 周年时全面建成社会主义现代化强国，2035 年是两者之间的一个里程碑。中国变革的新时代有时被称为第三次革命，“一带一路”倡议是其中的重要环节。因此，我认为，如果把 1911 年作为现代中国的元年，1949 年作为第一次革命，1978 年作为第二次革命，那么提出“一带一路”倡议和“中国梦”概念的 2013 年就可以作为第三次革命的开端。我们可以看到，革命和革命性变革对国内外均产生了影响，这些影响之间又相互关联。在国内，未来几年内中国将面临新的挑战，亟须解决各种问题。目前，中国经济的重心是拉动国内消费，并且抓住机遇，以便在过去的基础上进一步提高人民的生活水平。如此一来，中国

必须在国内消费与出口之间进行平衡。与此同时，中国也正在对出口进行调整，确保出口不完全依赖西方国家，而是通过“一带一路”倡议在全球范围内实现更均衡的分配，这对于加强自给自足的能力和提高国家安全至关重要。

“一带一路”倡议既强调跨国的生产、贸易等方面的合作，也强调国内发展，既要与世界各宏观区域开展全球互动，也要注重中国各省之间的互联互通，以改善西部欠发达省份的状况。为了实现和谐社会的理想，中国实施了脱贫攻坚的社会发展方案，助力西部贫困地区发展。正是出于这样的同理心，中国在实施“一带一路”倡议项目时能够始终保持中立态度，不歧视任何国家。中国不会像世界银行或国际货币基金组织那样，要求其他国家采取某些附加的调整措施，而这些措施往往会导致相关国家削减卫生或教育等领域的经费。此外，中国会对在历史上或现在同社会主义存在密切联系或具有社会主义倾向的国家提供更多的贷款，这非常符合世界社会主义的实践。

“一带一路”倡议作为一种新的互动模式，从局部到全球，包含了丰富的历史前提：一方面是应对 2008 年全球金融危机负面影响的结果；另一方面是中国 40 多年来坚持实行改革开放的结果。中国向世界开放，同时为全球经济带来了新的大融合。然而，当前中美经贸摩擦的加剧和新冠肺炎疫情的暴发让全球发展变得更加复杂。中国正在努力重新调整与美国的关系，同时在“一带一路”倡议框架下探索发展与欧盟、金砖国家和发展中国家的关系。此外，与美国形成鲜明对比的是，在全球气候发生变化的形势下，中国提出了生态文明的概念，积极改善人与环境、自然的关系，应对当前问题。

“一带一路”倡议发起的升级版全球化正在逐渐弥补西方版全球化的不足，前者更加强调发展。“一带一路”倡议的综合性项目对全球发展和世界改革都作出了重要贡献，其积极影响在未来可能会更多地表现出来。由此，“一带一路”倡议也是“构建人类命运共同体”理念的重要组成部分。

〔胡北思（Marek Hrubec）：捷克社会科学院哲学所全球研究中心；高静宇：中国社会科学院马克思主义研究院〕

国家治理现代化

海外视域下的中国治理研究

付正 / 文

20 世纪 90 年代以来，治理（Governance）一词在西方社会科学领域得到广泛应用，现如今，治理问题已经成为世界各国普遍关注的重大理论与现实问题。作为世界上人口最多的发展中国家，中国治理面临的复杂性和艰巨性世所罕见。改革开放 40 多年来，中国国家治理转型取得了显著成效，“中国之治”的成功引发了国际社会的广泛关注。中国为什么能够在短时间内创造一个又一个发展奇迹？中国共产党是如何有效治理如此庞大且处于急速转型过程中的国家的？又有哪些独特的治理经验？带着这些疑问，海外学者进行了多视角的研究并试图探寻中国治理的“密码”。系统梳理海外学者的相关研究成果，分析国际社会对中国治理的认知与评价，有助于深化对中国特色社会主义国家治理体系和治理能力现代化建设的认识，更好地向世界阐释“中国之治”。

一、海外学者研究中国治理的动因及视角的转变

在海外当代中国政治研究中，长期困扰学者的一个难题就是，如何解释改革开放以来中国在面临内外部环境发生深刻变化以及经济、社会转型带来诸多挑战和治理难题的情况下，在没有改变基本政治制度的同时保持了经济的持续快速发展及社会的稳定。对这一问题的探究在很大程度上推动了海外当代中国治理研究。

在审视中国社会经济发展进程时，海外学者关注最多的往往是中国的政治体制的变化。囿于西方中心主义的影响和意识形态的偏见，西方往往将“多党制、三权分立和普选制”视为判断一个政体民主与否的唯一标准，进而将没有选择西式民主道路的苏联、中国等国家简单粗暴地贴上“专制”“威权主义”的标签。在他们看来，“威权主义”国家的典型特征是：“执政合法性的获得过度依赖强制力、决策过程的高度集权以及将个人权力凌驾于制度之上，由此造成了政权内在的脆弱性和不稳定性。”[①]20 世纪 80 年代末到 90 年代初的苏联解体、东欧剧变以及社会主义阵营遭到的重创仿佛使这一观点得到了进一步的印证。自此，各种版本的“中国崩溃论”“民主转型论”不绝于耳。

然而，没有选择西式民主的中国非但没有像苏联、东欧国家那样陷入治理困境，反而在面对改革开放后的各种复杂局面中保持了经济的持续快速发展和社会的稳定，综合国力和国际地位均得到显著提升。正如澳大利亚智库罗伊国际研究所高级研究员、英国《金

---

① Naazneen H. Barma and S. K. Vogel, *The Political Economy Reader: Markets as Institutions*, New York and London: Routledge, 2007, pp.11–12; Andrew J. Nathan, “Authoritarian Resilience”, *Journal of Democracy*, Vol. 14, No. 1, 2003, p. 6.

融时报》记者马利德（Richard McGregor）所说："中国有朝一日将转型为西式民主国家，始终不过是我们一厢情愿的想法，这一想法源自我们关于政治制度如何演变的理论。然而，迄今为止所有的证据都表明这些理论是错误的。"[①]

中国特色社会主义展现的蓬勃生机同西方政治学研究的推演结果形成的强烈反差，促使海外学者不得不重新审视传统制度主义的研究路径和成果。由于传统的"威权主义政体"无法解释中国的发展实践，一些海外学者又创造出诸如"韧性的威权主义""协商式的威权主义"等名词来解释中国政治制度的特殊性。然而，这些宏观制度层面的研究依然难以解释为何选择了社会主义的苏东国家，即便采取了改革举措仍深陷经济严重衰退、百姓收入不断缩水的转型漩涡并最终难逃悲剧命运。不同于"缓慢行走的苏式'恐龙'，中国则像一只飞速奔跑的东亚'猛虎'"[②]，取得了一系列举世瞩目的成就。德国墨卡托中国研究中心的创始总裁、特里尔大学中国政治经济学教授韩博天（Sebastian Heilmann）指出，仅仅从体制角度来研究中国，很难解释中国同其他前社会主义国家截然不同的国家行动力和成就，因而需要采取一种超越现有体制分类的视角才能更好地感受中国发展的活力[③]。纽约大学政治学系教授亚当·普沃斯基（Adam Przeworski）也认为，如果只是从"一党制国家"的政治体制出发，就无法解释为什么这种制度在苏联遭遇失败，但在中国却蓬勃发展[④]。在德国杜伊斯堡－埃森大学资深教授托马斯·海贝勒（Thomas

① Richard McGregor, "Five Myths about the Chinese Communist Party", *Foreign Policy,* No. 184, 2011, pp. 38–40.

② Andrew G. Walder, "China's Transitional Economy: Interpreting Its Significance", *The China Quarterly*, No. 144, 1995, p. 963.

③ 韩博天：《红天鹅：中国独特的治理和制度创新》，石磊译，中信出版社 2018 年版，第 2 页。

④ 俞可平、托马斯·海贝勒、安晓波：《中共的治理与适应：比较的视野》，中央编译出版社 2015 年版，第 49—86 页。

Heberer）看来，政治学显然还没有发展出适当的工具和理论，可以对像中国这种政治体制国家的经济社会发展进行更细致的分类，因此需要分析其系统运行的内在动力、逻辑和功能①。正是由于中国发展的实践超越了西方制度决定论的解释范畴，海外学者开始反思基于宏观制度的研究路径，愈发认识到中国虽没有改变基本的政治制度，却采取了一系列改善国家治理的有效举措，因而应深入到治理一线去探寻中国成功的密码。

进入新世纪以来，海外学者逐渐摒弃从“政治体制”的宏观视角观察中国的研究路径，开始采用“治理”和“善治”作为全新的观察视角，越来越多地关注中国治理的中观过程，试图从中国政府治理方式的转变、治理过程中坚持的原则和采取的具体治理方法等方面了解中国的发展走向，探寻中国治理的密码。

二、海外学者对当代中国治理特色的研究

在对当代中国治理的研究中，不少海外学者基于对中西方治理体系和治理能力的比较研究后发现，尽管中国治理仍面临诸多问题和挑战，但已经在很多方面呈现鲜明的治理特色和独特优势，大致可以归纳为以下四种治理类型。

（一）“适应性”治理

在一些海外学者看来，中国共产党的治理模式显现出了巨大的灵活性和适应性，能够根据情况的变化及时作出调整，他们使用萨

① 托马斯·海贝勒:《托马斯·海贝勒中国研究文选》，郁建兴译，浙江大学出版社2017年版，第56页。

缪尔·亨廷顿（Samuel P. Huntington）的“适应性”概念来描述这一特征，将其概括为“适应性”治理。

哈佛大学教授裴宜理（Elizabeth J. Perry）等学者编写的《毛泽东的无形之手：中国适应性治理的政治基础》一书系统介绍了中国的“适应性”治理模式。其研究认为，自毛泽东时代以来中国在应对国内外挑战时总会诉诸本土经验，寻找最有效的解决方法，既回应了民众诉求，同时也成功维持了其基本的权力结构[①]。英国诺丁汉大学的赖弘毅（Lai Hongyi）指出，中国的体制在应对各种挑战和危机时显示出了强大的调适、适应和应对能力。一方面，它能够识别出最紧迫的挑战、抓住最主要的矛盾，另一方面，它在意识形态、制度建设和政策制定方面也呈现了强大的灵活性。此外，这一治理模式能够迅速有效地通过纠错机制修复其存在的严重问题[②]。

在“收缩与调适论”的代表性学者沈大伟（David Shambaugh）看来，保持适应性和灵活性是中国共产党在反思苏联解体的经验教训后得出的最重要也是唯一的结论，而“改革——调整——再改革——再调整”的永恒循环过程正是中国共产党永葆执政地位的秘诀所在[③]。韩博天指出，中国的政策制定及实施过程中蕴含的大量自下而上的参与和互动机制使中国庞大的政治体系有了诸多灵活性，是其保持制度韧性和适应性的根基。但这种灵活的政策风格并非社会主义国家的共同特色，正是这种灵活的制度安排使中国在经济改革转型的进程中遇到的挑战和问题远远少于苏联和东欧等国。

---

① Sebastian Heilmann and Elizabeth J. Perry, *Mao's Invisible Hand: The Political Foundations of Adaptive Governance in China*, Cambridge, MA and London: Harvard University Asia Center, 2011.

② Hongyi Lai, *China's Governance Model: Flexibility and Durability of Pragmatic Authoritarianism,* New York and London: Routledge, 2016, pp. 301–305.

③ 沈大伟:《中国共产党：收缩与调适》，吕增奎、王新颖译，中央编译出版社 2012 年版，第 5 页。

（二）“政策试验式”治理

20 世纪 90 年代以来，中国的政策试验逐渐成为海外中国治理研究的热点议题，在他们看来，这种由地方发起改革和试验、成功之后上升为国家政策进而推广到全国的“政策试验式”治理是中国革命、建设和改革取得非凡成就的关键因素。

纽约大学研究员、“黑天鹅之父”纳西姆·尼古拉斯·塔勒布（Nassim Nicholas Taleb）指出，制度创新能力的高低并非取决于制度的性质，而是取决于该制度能否最大程度地提供“反复试错”机会[①]。美国杜克大学教授阿里夫·德里克（Arif Dirlik）观察到，从 20 世纪 30 年代至今中国共产党始终不断地进行政策试验：毛泽东提出过“进两步，退一步”的口号，邓小平则提出“摸着石头过河”[②]。这种试验主义方法的优势显而易见，因为贯彻某个不良政策所造成的后果影响深远且难以纠正，国家社会经济的发展需要的是灵活性而不是一刀切。这种权力下放的“试验式”治理需要中央设定总体目标，但同时允许地方通过试点的方式检验中央的思路，使中央获得地方的成功经验[③]。新加坡国立大学东亚研究所教授郭国理 (Lance L. P. Gore) 指出，正是中国各地区的改革试验积累的多种发展模式和宝贵经验为习近平及其领导的全面深化改革领导小组进行顶层设计奠定了坚实基础[④]。

尽管大多数学者都充分肯定政策试验在中国治理中的独特优势，

---

① Nassim Nicholas Taleb, *The Black Swan: The Impact of the Highly Improbable*, London: Penguin, 2008, p. xxi.

② 王新颖编：《奇迹的建构：海外学者论中国模式》，中央编译出版社 2011 年版，第 94 页。

③ 安·弗洛里妮、赖海榕、陈业灵：《中国试验：从地方创新到全国改革》，冯瑾、张志超译，中央编译出版社 2013 年版，第 6 页。

④ Lance L. P. Gore, “The Communist Party–Dominated Governance Model of China: Legitimacy, Accountability, and Meritocracy”, *Polity*, Vol. 51, No. 1, 2018, pp. 161–194.

但也有学者提出了不同意见。有学者指出，之所以出现“试点”和“试验”，恰恰说明了决策者并未就政策达成统一意见，而是存在较大分歧，因而不能将基于分权的政策试验视为中国经济改革取得成功的制度优势[①]。持这种观点的学者显然没有真正理解“政策试验式”治理模式在中国广泛应用的根源所在，正是因为中国幅员辽阔、人口众多，城乡、区域之间存在较大差异的国情，决定了任何一个政策在不经试验的前提下很难适用于所有的地区。因此，通过对政策的“试点”和“试验”，并根据不同情况不断调整完善后再进行全国性的推广才是更为理性的选择。

（三）“规划式”治理

海外学者在对中西方治理体系和治理能力的比较研究中注意到，中国共产党和中国政府十分注重战略规划在国家治理中的关键性作用，按照一个又一个“五年计划”持续推进国家治理和进步，海外学者将这一治理特色概括为“规划式”治理。

在很多西方国家，由于多个政党轮流执政，无论是执政党还是领导者大都只关注自己任期内的各项制度和政策，而不是从国家长远发展的角度进行考量，因为一旦任期结束后，这些政策和机制通常难以得到继任者的认同和维护。相比之下，“中国共产党有长远的目光，真正地在实施自己的规划，这是只属于中国的特点……世界上很少有国家能真正做到。”[②]世界著名的未来学家约翰·奈斯比特（John Naisbitt）指出，中国领导人没有在争取连任上浪费时间，他

① Hongbin Cai and Daniel Treisman, “Did Government Decentralization Cause China’s Economic Miracle?”, *World Politics*, Vol. 58, No. 4, 2006, pp. 505–535.

② 皮特·鲍泰利:《多党制并不是民主的精髓》，载《西式民主怎么了Ⅱ——西方人士评西方民主》，学习出版社 2014 年版，第 73 页。

们的精力都用在了实现长期目标上。因为在中国治理国家的权力来源于政绩，而非选举的胜利。而且，与西方国家领导人在竞选承诺中抛出施政目标、作出规划展望不同，中国的战略性发展目标是通过“自上而下与自下而上的合作实现的切实可行的目标”[①]。也正因如此，中国的计划体系能够在促进经济平稳快速增长方面发挥着举足轻重的作用[②]。

在韩博天看来，这种制定中长期发展规划的治理模式不仅有利于维系各项政策、制度的稳定性和延续性，而且能够上升为“超越单个政策领域的国家行动，在战略协调、资源配置、宏观调控方面发挥着重要作用”。不仅如此，中国“规划式”治理的一个独特优势就是将长远规划同纠错机制结合起来确保规划的灵活性，具体说来，就是通过把“试点”融入宏观规划之中以避免规划一旦出台就难以改变的困境，这种做法比很多国家应对危机时所采用的临时性补救措施有效得多[③]。

（四）“协商式”治理

海外学者注意到，“面对社会转型时期不断增长的治理挑战，仅仅依靠传统的自上而下的管理模式难以应对诸多复杂的治理难题，中国政府开始积极探索推动建立协商机制和机构以实现善治”[④]，他们把这种通过协商和对话的形式解决分歧、达成共识的治理方式称为

---

① 约翰·奈斯比特、多丽丝·奈斯比特：《中国大趋势：新社会的八大支柱》，魏平译，吉林出版集团 / 中华工商联合会出版社有限责任公司 2011 年版，第 216、67 页。

② Sebastian Heilmann and Oliver Melton, “The Reinvention of Development Planning in China, 1993–2012”, *Modern China*, Vol. 39, No. 6, 2013, pp. 580–628.

③ 韩博天：《红天鹅：中国独特的治理和制度创新》，第 8、124、128—129 页。

④ Heejin Han, “Policy Deliberation As a Goal: The Case of Chinese ENGO Activism”, *Journal of Chinese Political Science*, Vol. 19, No. 2, 2014, pp. 173–190.

“协商式”治理。

迪肯大学何包钢教授考察了中国社区开展的“协商式”治理实践后指出，定期组织召开协商会议的方式成功化解了多起社区矛盾和问题，避免了公共决策中的重大失误，而且减少了基层的管理成本。他指出：“这种将行政秩序同政府、人民结合起来的协商机制能够有效改善干群关系、实现地方的良好治理。”[①] 在他看来，这种协商民主的制度化实践是对毛泽东时代群众路线的继承和发扬，使干部和群众能够通过协商对话的方式解决共同关心的问题[②]。除了关注协商民主理念在地方治理实践中的广泛应用，也有学者注意到“全国人大每一件法案的起草都通过座谈会、论证会、听证会等多种形式征求各方面的意见……中国人民政治协商会议更是由来自各行各业的代表们平等地反映民众利益诉求的公共协商平台”[③]。英国诺丁汉大学中国政策研究所的曾锐生（Steve Tsang）教授称赞这种治理模式为“中国特色的善治”[④]。

三、海外学者对当代中国治理的经验的分析

海外学者在分析归纳中国治理呈现鲜明特色的同时，也十分注重探索这些治理成效背后的深层原因。为什么不同社会主义国家的

① Baogang He, “Participatory and Deliberative Institutions in China”, in Ethan J. Leib and Baogang He(eds.), *The Search for Deliberative Democracy in China*, New York: Palgrave Macmillan US, 2006, pp. 177–178.

② Baogang He and Mark E.Warren, “Authoritarian Deliberation: The Deliberative Turn in Chinese Political Development”, *Perspectives on Politics,* Vol. 9, No. 2, 2011, pp. 269–289.

③ 李允熙、杨波：《协商民主中国化的理论与实践研究》，载《安徽大学学报》（哲学社会科学）2008 年第 4 期。

④ Steve Tsang, “Consultative Leninism: China’s New Political Framework”, *Journal of Contemporary China,* Vol. 18, No. 62, 2009, pp. 865–880.

治理成效会产生如此大的反差？中国有哪些独特的治理经验？这些经验能否进行复制和推广？为此，海外学者从历史、现实等多个维度对中国特色治理模式形成的原因进行了剖析。

（一）"政党主导论"

持这种观点的学者认为，充分认识中国共产党在国家治理中的领导核心作用是解开"中国之治"密码的关键。郭国理将这一独特经验称为"中国共产党主导的治理模式"，并将中国共产党在中国治理中的作用总结为"制定目标、整合资源、协调各方、社会动员以及监督问责"。郭国理指出，当今世界上很少有哪个执政党能像中国共产党一样通过制定并系统推进实施长期发展规划的方式引领国家发展，也没有哪个政党能像中国共产党一样具备如此强大的动员能力。不仅如此，中国共产党的基层党组织在治理结构中的嵌入使执政党能够通过"层层传导问责压力"的机制敦促各级领导干部更好地响应社会需求、回应民众关切[①]。

英国社会科学院院士马丁·阿尔布劳（Martin Albrow）指出，中国的社会治理已经形成了真正的解决方案，它取决于党和人民的关系。正是这个现实给予中国社会治理保障社会秩序的方向和能力[②]。泰国正大管理学院副院长、暹罗智库主席洪风也认为，中国共产党是中国"百年沧海桑田巨变中的核心力量"。在他看来，中国共产党只对一件事负责，那就是全体中国人民的共同福祉。而这样的血肉关系才是中共成功的不二法则[③]。

---

① Lance L. P. Gore, "The Communist Party–Dominated Governance Model of China: Legitimacy, Accountability, and Meritocracy", *Polity*, Vol. 51, No. 1, 2018, pp. 161–194.

② 马丁·阿尔布劳：《中国新型治理超越西式民主》，载《参考消息》2019 年 10 月 2 日。

③ 宋宇：《专访泰国正大管理学院副校长洪风："中共是百年巨变的核心力量"》，载《参考消息》网站，http://www.cankaoxiaoxi.com/china/20210520/2443895.shtml。

（二）“革命经验积累论”

持这种观点的学者认为，独具中国特色的“适应性”治理和“政策试验式”治理模式的形成源自中国共产党在革命年代积累下来的独特传统和经验。在韩博天看来，这套方法包含了一系列兼具主动出击和迂回调整的策略，以应对突如其来的变化和不确定性。他将其概括为“游击式”政策风格，这套灵活多变的政策工具以及由此衍生出来的诸如“由点到面”的政策制定方法、“因地制宜”的政策实施方法在改革开放的今天仍发挥着关键性作用①。裴宜理也认为：“中国革命传统中的一些方法和经验极大地推动了市场经济改革过程中的政策创新。”②还有学者分析认为，这种“游击式”政策风格同中国传统思想中强调“用辩证、灵活、有谋略的方式方法来化解普遍存在的矛盾和冲突”的观点一脉相承③。

正如澳大利亚人文社会科学院院士克莱姆·蒂斯德尔（Clem Tisdell）教授所言，“尽管中国共产党在发展进程中不断调整发展战略与政策以适应不断变化的环境，但坚持改善中国人民福祉的基本目标始终没有变”④。无论是毛泽东时期的“为人民服务”，还是习近平提出的“人民对美好生活的向往，就是我们的奋斗目标”，中国共产党始终坚持以人民为中心，始终把得民心、顺民意、厚民生、行民主作为最根本的价值理念和执政法则，赢得最广大人民群众的衷

---

① Sebastian Heilmann, “From Local Experiments to National Policy: The Origins of China’s Distinctive Policy Process”, *The China Journal*, No. 59, 2008, pp. 1–30.

② Elizabeth J. Perry, “Studying Chinese Politics: Farewell to Revolution?”, *The China Journal*, No. 57, 2007, p. 6.

③ Francois Jullien, *A Treatise on Efficacy: Between Western and Chinese Thinking,* Honolulu: University of Hawaii Press, 2004; Ralph D. Sawyer, *The Essence of War: Leadership and Strategy from the Chinese Military Classics*, Boulder, Co: Westview Press, 2004.

④ Clem Tisdell, “Economic Reform and Openness in China: China’s Development Policies in the Last 30 Years”, *Economic Analysis & Policy*, Vol. 39, No. 2, 2009, pp. 271–294.

心拥护和爱戴，这是中国共产长期执政最坚实的根基所在，也是中国共产党治国理政取得显著成效的根源所在。

（三）“传统文化承袭论”

持这种观点的学者认为，中国共产党对中华民族源远流长的传统文化、核心价值和民族精神的继承与发扬提高了其对不同环境的适应能力和治理效能。

海外学者继续延用在“革命经验积累论”中使用的“前溯”分析方法，即向前从中国2000多年悠久的传统文化中追溯国家和社会治理的传统与思想资源。美国著名汉学家白鲁恂（Lucian W. Pye）指出，早在中国共产党成立之前，古老的中国就形成了自己独特的治理形式和政治文化[①]。当西方学者关注于哪个体制才是最好的，并强调法治和权利的突出作用时，传统的中国哲学则在关注如何实现“治”，避免“乱”。儒家礼制试图通过一整套“礼”来引导社会和民众，使他们按照特定的方式思考和行动[②]。在美国纽约大学教授熊玠看来，“儒家思想秉承了中华文化及中国人精神的核心——兼容并蓄，即集百家之所长，而不是墨守成规地局限于自身的正统理论中”[③]。也正是由于这个原因，中国能将社会主义与市场经济有效结合，达到1+1>2的效果，这一理念得益于中国的阴阳哲学，即“阴中有阳，阳中有阴，相辅相成，社会主义市场经济的成功恰恰是中

① Lucian Pye, *The Mandarin and the Cadre: China's Political Culture*, Ann Arbor: University of Michigan Center for Chinese Studies, 1988.

② 托马斯·海贝勒:《托马斯·海贝勒中国研究文选》，浙江大学出版社2017年版，第56页。

③ 熊玠:《大国复兴：中国道路为什么如此成功》，李芳译，湖北教育出版社2016年版，第31页。

国哲学的智慧所在”[①]。

芬兰国际问题专家高玉麒（Jyrki Kallio）指出，从毛泽东到习近平，所有的中国共产党领导人都强调对传统文化要“取其精华，去其糟粕”。事实上，很多向传统学习的具体形式背后体现的都是儒家思想[②]。例如，中国国家治理中独具特色的协商民主就蕴含着儒家传统政治文化的光辉，儒家协商议事思想的政治实践及其制度化在中国各历史朝代都有所体现[③]。加拿大学者贝淡宁（Daniel A. Bell）注意到，儒家的德治传统也渗透到了中国政府治理的过程中，“中国共产党选贤任能机制正是将传统的儒家文化与现代国家治理相融合的一种符合中国政治文化的制度安排”[④]，贤能政治成为中国政府治理的重要组成部分。不仅如此，在伦敦政治经济学院高级客座研究员马丁·雅克（Martin Jacques）看来，中国很多治理方略的设计也带有明显的儒家文化特征，例如：注重发挥政府及官僚阶层的核心作用；重视家庭及以家庭为基础的、更为扩展的社会网络（如家族）的核心地位（这在一定程度上减轻了政府在提供社会福利方面的某些负担）；强调人际关系的重要性；更倾向于通过调解而非诉讼来解决争端的儒家理念。雅克指出，治理像中国这样庞大的国家迫切需要大量独到的创新，而在中国这样一个拥有世界上最古老、最为成熟的治国之道的国家，类似的创新是完全有可能出现的[⑤]。

---

① 杨士龙、兴越、张墨成:《中国成功证明“西方绝非唯一选项”——专访美国纽约大学政治学终身教授熊玠》，载《参考消息》2019 年 9 月 23 日。

② Jyrki Kallio, “Dreaming of the Great Rejuvenation of the Chinese Nation” , *Fudan Journal of the Humanities and Social Sciences*, Vol. 8, No. 4, 2015, pp. 521–532.

③ Baogang He, “Deliberative Culture and Politics: The Persistence of Authoritarian Deliberation in China” , *Political Theory,* Vol. 42, No. 1, 2014, pp. 58–81.

④ Daniel A. Bell, *The China Model: Political Meritocracy and the Limits of Democracy*, Princeton: Princeton University Press, 2015, pp. 179–198.

⑤ 马丁·雅克:《大国雄心：一个永不褪色的大国梦》，孙豫宁等译，中信出版社 2016 年版，第 200—201 页。

（四）“制度优势决定论”

持这种观点的学者认为，中国现行的制度体系为国家治理提供了可供灵活调整的空间。长期以来，西方学界的主流观点认为，西方自由民主制度有着其他制度不可比拟的优越性，相应地，基于这一制度建立的自由主义治理体系也理所当然能够有效破解各种治理难题。但近年来很多西方国家出现经济增长停滞、暴恐事件频发、民粹主义泛起、社会骚乱不断等各种乱象，“西方之乱”与“中国之治”的显著差异促使西方学界不得不“对20世纪所构想的民主体制的优越性进行反思，对那些非西方民主体制的竞争对手，比如中国，所表现出来的创新能力有清醒的认识”[①]。

就连“历史终结论”的倡导者弗朗西斯·福山（Francis Fukuyama）也承认，中国的制度化在很多方面保持了较高水平，比如集体领导体制、政令自上而下的有效贯彻等[②]。美国经济学家道格拉斯·诺斯（Douglass C. North）指出，中国的制度结构在推动中国经济转型过程中显现出了超强的适应性，发挥了重要作用[③]。同时，中国的制度优势也保证了决策的优质高效。哥本哈根商学院教授柏思德（Kjeld Erik BrØdsgaard）指出：“务实高效是中国当前制度的最大优势，在中共领导下，中国举全国之力集中优势资源，最终取得跨越、突破和高效的发展成果。”[④]《纽约时报》外交事务专栏作家托马斯·弗里德曼（Thomas Friedman）认为，拥有这种制度优势，“一个政党可以克服重重困难推进落实重要政策，推动社会向前发

① 韩博天：《红天鹅：中国独特的治理和制度创新》，中信出版集团2019年版，第36页。

② 弗朗西斯·福山：《中国与东亚民主：历史的多种模式》，赵根成译，载《国外理论动态》2012年第11期。

③ Douglass C. North, *Institutions, Institutional Change and Economic Performance*, Cambridge: Cambridge University Press, 1990, pp. 80–81.

④ 赵明昊：《务实高效的中国道路》，载《瞭望》2014年第9期。

展”①。

（五）“他国经验借鉴论”

不同于前几种观点主要从中国独特的历史文化传统和制度体系中探究中国特色治理模式形成的原因，持“他国经验借鉴论”观点的学者认为，中国治理模式主要源自对世界各国治理经验的学习和借鉴，以及在此基础上进行的综合创新。英国伦敦大学国王学院教授凯利·布朗（Kerry Brown）指出：“2008 年世界金融危机的爆发进一步加剧了中国共产党及其领导人对西方发展模式的质疑，他们将苏联的解体以及 20 世纪 90 年代俄罗斯的发展经历视为应该坚决避免重蹈的覆辙。”② 柏思德认为，中国共产党领导层汲取苏联教训后采取的重大治理举措就是在基层推进渐进式改革，同时加强党的执政能力和国家制度建设③。在沈大伟看来，“中国共产党没有让自己局限于研究前社会主义国家，而是真正放眼于全世界的各种政治体制，学习可能在中国有用的东西”④，包括学习“东亚模式”，发挥政党和政府在现代化起飞阶段的重要作用，积极引进外资、大力发展外向型经济；借鉴“北欧模式”，利用税收和福利政策缩小贫富差距、促进社会公平等，也正是本着这种开放的心态和国际化视野，才创造了一个又一个“中国奇迹”。

海外学者对中国特色治理模式的生成原因进行了多维度的考察，

① Thomas L. Friedman, “Our One-Party Democracy” , *New York Times,* September 8, 2009.

② Kerry Brown, “The Belt and Road: Security Dimensions” , *Asia European Journal*, Vol.16, No.3, 2018, pp.213-222.

③ Kjeld Erik BrØdsgaard and Yongnian Zheng（eds.）, *The Chinese Communist Party in Reform*, New York and London: Routledge, 2006, p.2.

④ 严锋:《执政 60 年，中国共产党表现相当不错——专访美国著名中国问题专家沈大伟》，载《参考消息》2009 年 9 月 17 日。

认为其既包含社会主义制度的独特基因，也有儒家思想以及革命时期的历史文化遗产，同时也汲取了苏联东欧国家、西方资本主义国家的许多经验教训和制度元素，并将其消化整合于中国的现代制度和治理体系之中。正如习近平所说："中华民族是一个兼容并蓄、海纳百川的民族，在漫长历史进程中，不断学习他人的好东西，把他人的好东西化成我们自己的东西，这才形成我们的民族特色。"[①] 正是这种强大的学习借鉴能力和包容、开放的属性才使中国能够在坚持社会主义原则的前提下，大胆学习和借鉴世界各国一切有益的成果，并结合自己的国情大胆改革、勇于创新，进而形成了独具特色的治理模式与经验。

四、海外中国治理研究的价值与局限

纵观海外的中国治理研究，我们能够看到，海外学者从多个维度对中国治理实践进行了较为客观的分析。他们采用的多种研究方法和多元化研究视角对我们了解海外中国治理研究的整体状况、丰富和深化学界对中国治理经验与模式的认识具有一定的启发意义。但这些研究中存在的主观臆断、以偏概全的错误认识需要我们及时加以辨别，并对其中的误解和误读作出澄清与回应。

（一）海外研究成果的可取之处

从研究内容来看，绝大多数海外学者能够较为理性客观地审视当代中国的治理实践，逐渐摒弃过去主要从"政治体制"的宏观视

① 习近平：《习近平谈治国理政》，外文出版社 2014 年版，第 105—106 页。

角审视中国政治发展历程以及简单地通过“民主”“专制/威权”的二元划分来区分优劣的做法，越来越多的学者关注中国治理的中观过程，更加客观地看待中国治理的成效、特色和经验。

从研究视角来看，海外学者虽然将当代中国的治理情况作为研究重点，但他们的研究并没有局限于治理现状，而是采用历史与逻辑相统一的研究方法从中国的历史、传统文化中挖掘传统治理理念同当前治理模式的关联及产生的影响，进而探寻中国治理模式独特的生成逻辑。这种大历史的研究视角有利于在历史与现实的关系中解读中国治理的独特之处。

从研究方法来看，很多海外学者将社会科学的一般研究方法引入中国治理机制和成效的研究中，通过实地走访调研、深度访谈、参与式观察等实证研究方法深入到中国治理的“田野”现场，对大量的一手和二手材料进行理论提炼和总结，从而得出许多富有启发性的观点和见解。

（二）海外研究中存在的问题

总的来看，海外学者对中国治理的成效、特色持肯定和认可的态度，但由于意识形态和价值观的差异性以及认知的局限性，部分学者的观点存在理解偏差、认识片面等情况。

一方面，海外学者在研究中往往存在预设立场和价值先行的情况。尽管不少海外中国研究人员有着较高学术素养，但受意识形态、思维方式、研究视野的影响，一些学者在研究中仍抱有强烈的“西方中心主义”倾向，习惯于用西方的价值观念和研究范式剪裁中国的治理实践，使用的一些理念范式有着明显的西方话语特征。另一方面，海外中国治理研究有着明显的实用主义研究取向。通过对海外研究成果的梳理能够看到，海外学者对中国治理本身的研究比较有限，更多关注的是治理的特色、效果以及治理模式形成背后的原因与逻辑。这就导致相关研究成果主要体现为总结中国治理的经验和分析其特点，而对不同阶段的治理历程、发展趋势以及治理机制背后的理论价值等的研究存在不足。

中国政府、学界和相关机构应理性、辩证地看待海外学者的不同观点，密切关注海外学者关于当代中国治理的研究成果和研究动向，积极吸收借鉴其中有益的部分，拓宽研究视野，弥补研究中的不足。首先，针对海外学者对中国的误解和误判，我们不仅要予以驳斥、讲清楚事实真相，同时要深入挖掘这些问题背后的理论预设，并对其进行理性、客观的剖析；对于那些带有意识形态色彩的错误言论，则要及时予以揭露和回应。其次，中国学者应系统梳理总结新中国建立 70 多年来特别是改革开放 40 多年来中国治理变革的历史进程、治理成效和宝贵经验，立足中国历史和现实总结“中国之治”的经验、规律和优势，在海外中国治理研究中发挥引领作用，为世界其他地区解决治理问题贡献更多的中国智慧和中国方案。

（付正：北京邮电大学马克思主义学院）

国际社会对中国环境治理的观察和认知

张壹铭/文

环境保护是人类面临的共同问题，也是构建人类命运共同体的过程中要着力解决的课题。自党的十八大以来，中国把“生态文明”纳入“五位一体”总体布局，用“绿水青山就是金山银山”的辩证理念来指导环境治理和绿色转型工作。为此中国推出了科学的政策，制定了合理的规划，并投入大量资源保障政策的执行。这些年来，中国在环境治理领域取得了丰硕的成果，这些成果不仅体现在环境的显著改善中，也体现在发展理念的转变中，更为世界贡献了中国经验和中国智慧。

中国的举措和成就引起国际社会的广泛关注和热烈讨论，国外的学者、智库、媒体和国际组织对中国的环境治理进行了多角度的分析和报道。综合而言，国际社会主要从以下三个视角考察中国的环境治理：一是对中国环境治理理念的评析；二是对中国环境治理政策及治理成效的评价；三是对中国在环境治理领域的全球领导地位和国际影响的评判。为帮助国内读者了解相关情况，本文将从这三个方面对国际社会的相关观察和认知进行梳理与辨析。

一、对中国环境治理理念的评析

2013年5月，习近平在第十八届中共中央政治局第六次集体学习时强调，建设生态文明，关系人民福祉，关乎民族未来。党的十八大把生态文明建设纳入中国特色社会主义事业五位一体总体布局，明确提出大力推进生态文明建设，努力建设美丽中国，实现中华民族永续发展[①]。从文献梳理情况看，国际社会广泛关注我国提出的建设生态文明的理念，并从多个角度进行了解读。

首先，国外观察者认为，生态文明理念的提出有着划时代的意义，它代表着一种观念的转变，也是对现有发展模式的革新。英国萨塞克斯大学教授毛里齐奥·马里内利（Maurizio Marinelli）认为，生态文明是一种带有中国特色的创新，“它在思想表达层面上有着很重要的意义，因为它超越了过去那种‘增长’与‘发展’、‘社会主义’与‘资本主义’之间的二元对立论，而是去探寻一种生态—社会共同繁荣的发展模式”[②]。波兰雅盖隆大学教授让·维克托·卡钦斯基（Jan Wiktor Tkaczyński）和卢卡斯·加采克（Łukasz Gacek）指出，生态文明和美丽中国理念的提出表明中国开始关注人与自然的共生关系，从而使中国各级政府更加追求经济发展质量，尤其是关注环境和生态的保护[③]。澳大利亚环境哲学学者阿

① 《坚持节约资源和保护环境基本国策，努力走向社会主义生态文明新时代》，载《人民日报》2013年5月25日。

② Maurizio Marinelli, “How to Build a ‘Beautiful China’ in the Anthropocene. The Political Discourse and the Intellectual Debate on Ecological Civilization”, *Journal of Chinese Political Science*, Vol. 23, No. 3, 2018, pp. 365–386.

③ Jan Wiktor Tkaczyński and Łukasz Gacek, “The Concept of the Ecological Civilization and Sustainable Development in China”, in Vandenhoeck and Ruprecht Verlage (eds.), *China's Environmental Policy in Terms of European Union Standards*, 2021, pp. 83–123.

兰·盖尔（Arran Gare）认为，中国提出的生态文明理念可以促使人们重新思考原有生活方式，实现文化、社会和经济上的转变，从而创造一种新的世界规则，使人们更倾向于改善而非破坏生态系统[①]。英国学者山姆·吉尔（Sam Geall）和阿德里安·伊莱（Adrian Ely）评价说，中国提出生态文明的理念，不仅会带来现代技术的创新，也是对社会生活方式和政府管理模式的一种革新，这种理念能否付诸实践并取得成功，关系到中国自身的未来及其在全球环境治理中的地位[②]。

总体上看，生态文明理念所代表的观念上的转变不仅影响着中国，而且有利于世界。有的观点认为，生态文明既是中国智慧的体现，也是对世界的贡献。德国智库文明对话研究所的博斯霍德·库恩（Berthold Kuhn）进一步拓展了对生态文明的解释。他认为，生态文明建设是一种有着深远内涵的宏大蓝图，“它代表着具有中国特色的可持续发展路径，并且符合中国的哲学和文化传统。它从环境、经济和社会三个方面完善与丰富了可持续发展的概念，并且反映出中国特有的政治文化、治理模式和可持续发展规划”。同时，中国领导人的高度重视也使这一理念的持续发展得到保障。他指出，中国提出的生态文明理念符合国际社会迫切需要国家间合作以应对气候变化的形势，“如果能够更好地接触和了解中国的环境政策，西方的环境保护主义者也可以从中获益”[③]。国际可持续发展研究院研究员亚瑟·汉森（Arthur Hanson）在为亚洲开发银行撰写的报告中指出，

① Arran Gare, “From ‘Sustainable Development’ to ‘Ecological Civilization’: Winning the War for Survival”, *Cosmos and History: The Journal of Natural and Social Philosophy*, Vol. 13, No. 3, 2017, pp. 130–153.

② Sam Geall and Adrian Ely, “Narratives and Pathways towards an Ecological Civilisation in Contemporary China”, *The China Quarterly*, Vol. 236, 2018, pp. 1175–1196.

③ Berthold Kuhn, “Ecological Civilisation in China”, The Dialogue of Civilizations Research Institute, Aug. 26, 2019, https://doc-research.org/2019/08/ecological-civilisation-china-berthold/.

生态文明的理念为环境保护和经济发展提供了一个条理清晰的思想框架，中国乃至世界人民、社会和自然都将从生态文明的建设中受益。他认为："生态文明的理念不仅是一种哲学，一种远见卓识，也是引领绿色未来的指南针。这一理念以前所未有的方式将生态与发展结合到一起。在世界范围内，环境与发展正遭受着挑战，但中国和许多国家一直在寻求变革，以应对环境恶化带来的负面影响。国际上的这些努力也越来越多地遵循可持续发展的原则，在这个意义上，生态文明理念是来自中国的贡献，并且有着世界范围的影响力。"[①] 恰如汉森所言，中国的生态文明理念已经在世界其他地区产生影响力，美国政治活动家大卫·科顿（David Korten）借鉴中国的生态文明理念，并在自己的网站上把它推广到全球，倡导各国放弃对GDP的盲目追求，转而构建一个绿色的地球共同体[②]。

为了更好地理解生态文明理念，国外有的观察人士回溯了中国的传统思想，试图探寻生态文明理念的历史渊源。比如，丹麦奥尔堡大学的学者菲恩·阿尔勒（Finn Arler）通过研究儒家、道家思想，将中国古代的"天人合一、道法自然"思想与中国当代追求可循环、可持续的平衡发展思想相比较。他认为："对自然的思考是中国传统哲学的必要部分，道家的核心思想是大自然有其和谐与平衡之道，自然之道构成宇宙的基础，而遵循自然之道是人类的行为准则。"同时，中国古代的天人关系讲究"人与自然之间充满敬意、互利互惠的互动关系，使人类处于一个更加谦卑的位置，不去阻碍或破坏生命的大循环"，这与当代的一些生态经济学观点有着相似之处。比如，后者也认为："人类的经济活动只是庞大的生态系统

① Arthur Hanson, "Ecological Civilization in the People's Republic of China: Values, Action, and Future Needs", ADB East Asia Working Paper Series, Asian Development Bank, No.21, December 2019.

② David Korten, "China and the Ecological Civilization", Living Economies Forum, Dec. 20, 2016, http://davidkorten.org/living-earth-econ-for-eco-civ/.

的一部分，过度的经济扩张会威胁到生态系统的平衡。”因此，阿尔勒认为，当前的生态文明理念既有其历史文化背景，又具有当代的现实意义①。美国德汇律师事务所上海代表处管理合伙人孔宏德（Peter Corne）在分析中国古代的儒家和道家思想后指出，其与建构西方文化的古希腊文明和犹太—基督教传统很不一样。前者认为人类在一个等级分明的世界中占据统治地位，后者则认为人类是被单独创造出来的，地位高于自然。与西方文化相反，中国传统文化主张人与自然的和谐统一，由此衍生出来的生态文明理念也是一种与西方文化不同的独特理念②。美国作家杰里米·伦特（Jeremy Lent）援引北宋理学家张载的《正蒙·乾称篇》中的“乾称父，坤称母；予兹藐焉，乃混然中处。故天地之塞，吾共体；天地之帅，吾其性。民吾同胞，物吾与也”，认为中国古代哲学家把天地视为一个大家庭，万民皆是同胞，万物皆为同类，人类应该善待彼此，亲近自然。他进而认为，这种文化底蕴使生态文明理念具有中国自己的特色③。

也有学者从马克思主义视角分析生态文明理念，如丹麦哥本哈根大学教授约根·德尔曼（Jorgen Delman）认为，生态文明是对马克思主义生态观的一种继承，也是区别于西方资本主义的一种经济和社会发展模式④。美国高盛学院的学者贾斯汀·海因策克尔（Justin Heinzekehr）指出，这种“有别于西方资本主义的自我认同”构成了

① Finn Arler, “Revitalizing Traditional Chinese Concepts in the Modern Ecological Civilization Debate”, *Open Journal of Philosophy*, Vol. 8, 2018, pp. 102–115.

② Peter Corne and Vivien Zhu, “Ecological Civilization and Dispute Resolution in the BRI”, *Chinese Journal of Environmental Law*, Vol. 4, No. 2, 2020, pp. 200–216.

③ Jeremy Lent, “What does China's ‘Ecological Civilization’ Mean for Humanity's Future?”, *EcoWatch*, Feb. 9, 2018, https://www.ecowatch.com/china-ecological-civilization-2532760301.html#toggle-gdpr.

④ Jorgen Delman, “Ecological Civilization Politics and Governance in Hangzhou: New Pathways to Green Urban Development?”, *The Asia-Pacific Journal: Japan Focus*, Vol. 16, No. 1, 2018, pp. 1–21.

中国特色社会主义的一部分，并传递一种积极的信号，引领中国政府和民众为应对气候变化作出贡献①。

总之，正如国际环境与发展研究所高级研究员莉拉·伯克利（Lila Buckley）所认为的，“生态文明”既是一种高层战略目标，也是一种具有中国特色的治理模式，更兼具中国的传统文化和哲学，是一种复杂而全面的理念。随着生态文明写入中国宪法，它“不仅成为绿色经济的实践方向，也成为中国现代化事业的核心观念”，同时，“生态文明强调全面发展和改善环境，这对中国的国家复兴战略意义深远”。对于国际观察人士来说，理解中国的环境政策对研究中国的绿色经济、现代化和国家安全至关重要②。

二、对中国环境治理政策及治理成效的评价

建设生态文明的理念在思想层面起到了高屋建瓴的作用，在这种理念的引领下，中国在环境治理方面推行了一系列具体政策，比如治理污染、推动绿色发展、减少碳排放等。这些政策对于改善人民生活质量、统筹经济社会可持续发展以及应对全球气候变化都起到了重要作用。中国在这些领域取得的成就和作出的承诺给国际社会留下了深刻的印象。

---

① Justin Heinzekehr, “Ecological Civilization: The Political Rhetoric of ‘Marxism with Chinese Characteristics’”, in Joana Castro Pereira and André Saramago (eds.), *Non-Human Nature in World Politics*, Springer, Cham, 2020, pp. 163–177.

② Lila Buckley, “Engaging with China’s Ecological Civilization: A Pathway to a Green Economy?”, Green Economy Coalition, February 2021, https://www.greeneconomycoalition.org/news-and-resources/engaging-with-chinas-ecological-civilisation.

（一）治理污染

2018年5月，习近平在全国生态环境保护大会上强调，要加大力度推进生态文明建设、解决生态环境问题，坚决打好污染防治攻坚战，推动我国生态文明建设迈上新台阶[①]。对于中国“向污染宣战”的行动，国际社会给予了高度关注。

作为这一行动的“重中之重”，空气污染治理尤其引人关注。《纽约时报》记者狄雨霏（Didi Kirsten Tatlow）报道称，中国发布空气质量信息的做法使得空气监测工作的透明度有了很大提高，“十三五”规划对减少PM2.5颗粒的量化规定也令减排目标变得明确，让民众能更多地参与监督[②]。这种变化不仅发生在城市，也出现在农村。挪威学者贺美德（Mette Halskov Hansen）认为，生态文明建设在乡村的推进，使得村民具备了更强的环保意识和科学知识来参与防治空气污染的行动[③]。在政府治理和民众参与下，中国治理空气污染的成效引起国际各界人士的关注。世界经济论坛刊登一篇中国用大数据治理空气污染的报道。该报道指出，通过建立空气质量监测站，中国各级政府可以更好地监管空气污染源，提高检测效率并降低行政成本，从而实现了有效防治[④]。美国芝加哥大学能源政策研究所的报告显示，从2013年到2017年，中国的空气质量提升了21%—42%，人均寿命也随之

---

①《坚决打好污染防治攻坚战，推动生态文明建设迈上新台阶》，载《人民日报》2018年5月20日。

② Didi Kirsten Tatlow, “China has Made Strides in Addressing Air Pollution, Environmentalist Says”, *The New York Times*, https://www.nytimes.com/2016/12/16/world/asia/china-air-pollution-ma-jun.html.

③ Mette Halskov Hansen and Zhaohui Liu, “Air Pollution and Grassroots Echoes of ‘Ecological Civilization’ in Rural China”, *The China Quarterly*, Vol. 234, 2018, pp. 320-339.

④ Hu Qin and Matt Whitney, “How China is Tackling Air Pollution with Big Data”, World Economic Forum, https://www.weforum.org/agenda/2021/02/china-tackling-air-pollution-big-data/.

增加了 2.4 年，中国在向污染宣战后，已经取得了阶段性的胜利[①]。这一观点也散见于西方媒体和非政府组织的相关报道。例如，日本《外交学者》杂志承认，中国在对空气污染宣战后，已经取得了一些进步[②]。美国《纽约时报》报道称，中国的空气治理已见成效，北京冬季出现蓝天的次数增多[③]。英国《卫报》撰文称，中国的空气污染指数从 2013 年到 2017 年下降了 33%[④]。世界经济论坛发文称，中国在治理污染方面的强有力的手段和决心使空气质量得到提升[⑤]。

相比之下，中国的水污染治理受到的关注没有空气污染治理那么多，但其成效也引起了国际社会的关注。例如，美国《水与废弃物文摘》2018 年报道称，中国地表水水质得到了提升，“黄河、淮河、长江、珠江等水域的水质有明显改善”[⑥]。澳大利亚墨尔本大学教授迈克尔·韦伯（Michael Webber）认为，2014 年中国新环境保护法的修订加强了环境保护的制度效能，同时，环保部发布环境监测数据和生态环境状况公报等行为也提高了民众参与水污染治理的热情[⑦]。德国慕尼黑工业大学的学者马丁·格拉姆博（Martin Grambow）

---

① Michael Greenstone and Patrick Schwarz, “Is China Winning its War on Pollution?” , *Air Quality Life Index*, Energy Policy Institute at the University of Chicago, March, 2018.

② Shannon Tiezzi, “Is China Winning Its War on Pollution?” , *The Diplomat*, https://thediplomat.com/2019/07/is-china-winning-its-war-on-pollution/.

③ Steven Lee Myers, “A Blue Sky in Beijing? It’s not a Fluke, Says Greenpeace” , *The New York Times*, https://www.nytimes.com/2018/01/11/world/asia/pollution-beijing-declines.html.

④ Gary Fuller, “Pollution Watch: Air Pollution in China Falling, Study Shows” , *The Guardian*, https://www.theguardian.com/environment/2020/sep/10/pollutionwatch-air-pollution-in-china-falling-study-shows.

⑤ Alex Gray, “China’ s Air may be Getting a bit Cleaner, Study Finds” , World Economic Forum, https://www.weforum.org/agenda/2017/11/china-s-air-may-be-getting-a-bit-cleaner-study-finds/.

⑥ Water & Wastes Digest, “China’s Surface Water Quality has Improved” , https://www.wwdmag.com/surface-water/chinas-surface-water-quality-has-improved.

⑦ Michael Webber, “Tackling China’s Water Pollution” , Global Water Forum, https://globalwaterforum.org/2017/10/09/tackling-chinas-water-pollution/.

等的研究发现，“美丽中国”这一口号的提出使中国国民和地方政府意识到环境对生活质量的影响；中央与地方政府间的统筹和协调提高了治理效率，《水污染防治行动计划》（“水十条”）的出台使治理标准变得清晰；创新型技术的发展和德中合作沟通对欧中双方的水质治理起到了推动作用①。

相对而言，国际社会对中国土地污染治理成效的报道并不多，其主要关注的是2018年通过的《中华人民共和国土壤污染防治法》。贝克·麦坚时律师事务所（Baker & McKenzie）旗下的新闻网站报道称，该法律的出台为中国系统性防治土地污染提供了全面而坚实的基础，也为投资者和企业提供了明晰的管理规定，有助于他们制定未来的规划②。凯易律师事务所（Kirkland & Ellis）的律师合伙人亚历山大·法莫尔（Alexandra Farmer）指出，该法律明确了在华公司的责任与义务，建议各企业提高自身监管力度，排查自身的相关污染源③。

（二）推动绿色发展

习近平在庆祝改革开放40周年大会上指出，我们要加强生态文

① Martin Grambow, Markus Disse, Ke Chen, Hannah Patalong and Hans-Dietrich Uhl, “Sustainable Water Resource Management in China-Reflections from a Comparative Governance Perspective”, in Stephan Koester, Reese Moritz and Jiane Zuo (eds.), *Urban Water Management for Future Cities*, Springer, Cham, 2019, pp. 283-301.

② Danian Zhang and Scott Silverman, “China’s New Law on the Prevention and Control of Soil Pollution Imposes New Obligations on Enterprises and Landowners”, *Global Compliance News*, https://www.globalcompliancenews.com/2018/10/16/china-new-law-prevention-control-soil-pollution-20181012/.

③ Alexandra N. Farmer, “China’s New Soil Pollution Prevention Law Creates Obligations and Liabilities for Companies with Industrial Sites in China”, Kirkland & Ellis, https://www.kirkland.com/publications/kirkland-alert/2019/01/china-new-soil-pollution-prevention-law.

明建设，牢固树立绿水青山就是金山银山的理念，形成绿色发展方式和生活方式[①]。中国的绿色发展在国际社会引发了积极反响。

经济合作与发展组织（OECD）的报告总体上对中国的绿色经济增长表示认可。该报告列举一些突出的例子，比如中国提高了能源——特别是煤炭的利用效率，将绿色税种等经济手段引入环境治理，将某些环境污染物（如氧化硫、氧化氮）的排放与经济增长脱钩等。值得一提的是，中国比经合组织的许多成员国都要更早地达成这些成就[②]。

德国智库墨卡托中国研究所（Mercator Institute for China Studies）的报告指出，在一些具体领域，中国从中央政府到地方政府都大力支持绿色科技的研发，甚至包括一些看起来与环保无关、但对可持续发展至关重要的科技，比如人工智能和云计算，它们可以在管理城市交通和控制尾气排放方面发挥作用。政府在技术领域的投入最终也得到了回报，这些成果现在成为中国实现绿色转型的支柱[③]。世界经济论坛“塑造能源与物资的未来”平台的项目负责人罗伯特·博卡（Roberto Bocca）等对中国的能源转型政策表示肯定。世界经济论坛采用“能源转型指数”（ETI）比较各个国家的能源转型情况，并考察其能源系统在促进经济增长、环境可持续发展、能源获取和安全方面的表现。研究发现，自 2014 年以来，只有少数国家的“能源转型指数”得分每年都在稳步提高，而中国就位列其中。此外，博卡等的文章还指出：“中国已经逐渐从

① 《庆祝改革开放 40 周年大会在京隆重举行》，载《人民日报》2018 年 12 月 19 日。

② Myriam Linster and Chan Yang, “China’s Progress towards Green Growth: An International Perspective”, OECD Green Growth Papers, No.2018/05, OECD Publishing, Paris, October, 2018.

③ Anna Holzmann and Nis Grünberg, “‘Greening’ China: An Analysis of Beijing’s Sustainable Development Strategies”, MERICS, https://merics.org/en/report/greening-china-analysis-beijings-sustainable-development-strategies.

劳动和能源密集型模式转向创新型经济，这也是其能源转型成功的关键。”① 耶鲁大学杰克逊全球事务学院高级研究员史蒂芬·罗奇（Stephen Roach）指出，通过改变经济增长模式、推动能源转型、开发新的运输系统以及建设生态城市等行动，中国的可持续发展战略可以成为世界其他国家的榜样。具体来说，中国在努力改革能源结构，以煤炭为主的火力发电从2006年到2018年下降了16%；同时，中国还是可再生能源最大的消费国，2018年可再生能源使用量比美国多38%，是德国的三倍，并且仍然以每年25%的幅度在增长；中国还有世界上最大的高速铁路网、发展最快的地铁系统和最大的电动汽车市场，这些成果都有助于实现能源转型和可持续发展战略。特别是，高速铁路的发展有助于减少长途旅行中的碳排放，与美国相对落后的、以燃油汽车为主的州际公路网络形成鲜明的对比。此外，中国在生态城市建设领域也有突破性发展，比如建造绿色空间的城市口袋、推行清洁能源汽车、推广公共交通等政策。罗奇认为：“作为一个城市化发展较晚的国家，中国有机会利用新的模式来规划城市建设和能源利用，这是其他先发的工业国家不具备的优势。”②

（三）减少碳排放

2020年9月，习近平在第七十五届联合国大会一般性辩论上发表重要讲话，表示中国将提高国家自主贡献力度，二氧化碳排放力

① Roberto Bocca and Harsh Vijay Singh, “Charger for Change”, *China Daily*, http://global.chinadaily.com.cn/a/202005/14/WS5ebc8e71a310a8b24115583f.html.

② Stephen S. Roach, “Sustainability with Chinese Characteristics”, *Project Syndicate*, https://www.project-syndicate.org/commentary/china-demonstrating-climate-leadership-by-stephen-s-roach-2019-09.

争于2030年前达到峰值，努力争取2060年前实现碳中和[①]。这一承诺比2015年中国在气候变化巴黎大会上作出的承诺更加明确，也增加了2060年的长期目标，体现出中国应对气候变化、改善地球生态的决心和信心，引起国际社会的热烈讨论。

绿色和平组织对此作出积极回应，执行理事珍妮佛·摩根（Jennifer Morgan）认为，中国的承诺释放了一个强有力的信号，使人们看到全球应对气候变化的运动仍有复苏的可能[②]。气候行动追踪组织（Climate Action Tracker）表示，这一承诺是国际气候政策发展中的一个里程碑，“是自2015年以来气候领域最重要的声明”。中国的承诺可以使未来气温的上升幅度降低0.2°C到0.3°C，并有助于实现《巴黎协定》中将气温升幅限制在工业化前水平以上1.5℃的目标[③]。对于中国的最新承诺，欧洲对外关系委员会的亚洲项目负责人扬卡·欧特尔（Janka Oertel）向《纽约时报》表示，这是一个“非常聪明和适时的举措”[④]。乔治城大学科学技术与国际事务副教授乔安娜·路易斯（Joanna Lewis）表示：“近年来，中国几乎实现甚至超额完成了所有的国内气候和能源目标，因此习近平主席在这样一个国际场合宣布的任何事情都不只是象征性的。中国的碳中和目标意义

① 《习近平在第七十五届联合国大会一般性辩论上发表重要讲话》，载《人民日报》2020年9月23日。

② Greenpeace East Asia, “China Announces Enhanced Climate Commitments: Greenpeace Response” , https://www.greenpeace.org/eastasia/press/6107/china-announces-enhanced-climate-commitments-greenpeace-response/.

③ Climate Action Tracker, “China Going Carbon Neutral before 2060 Would Lower Warming Projections by around 0.2 to 0.3 Degrees C” , https://climateactiontracker.org/press/china-carbon-neutral-before-2060-would-lower-warming-projections-by-around-2-to-3-tenths-of-a-degree/.

④ Steven Lee Myers, “China's Pledge to be Carbon Neutral by 2060: What It Means” , *The New York Times*, https://www.nytimes.com/2020/09/23/world/asia/china-climate-change.html.

非同小可。”[①] 此外，路易斯也对中国作出承诺的时机进行了解读。她认为，中国在 2020 年美国总统选举结果出来之前提出这个指标，是预料到拜登上台后可能会加大气候行动的力度[②]。与之相呼应，奥巴马时期的美国气候变化问题特使托德·斯特恩（Todd Stern）在中国作出承诺当天向英国广播公司（BBC）表示："中国承诺 2060 年实现碳中和是一个很重要的消息，（实现这一目标的时间）离 2050 年越近越好。”[③] 而 2050 年正是现任美国政府提出的实现净零排放的期限。

对于中国实现碳中和的前景，一些观察者持乐观的态度。剑桥首席计量经济学家赫克托·波利特（Hector Pollitt）采用剑桥计量经济学会的 E3ME 宏观经济模型分析这一承诺对中国和世界的影响。分析结果显示，按照此承诺，单是中国每年便可减少 5 亿吨二氧化碳的排放，并且可能将本世纪全球气温的升温幅度拉低 0.25℃。中国为实现减排所作的投资不仅将大幅削减本国的温室气体排放量，还将降低可再生能源，如太阳能和风能的成本，而可再生能源领域的投资、生产与出口有望在未来 10 年内拉动中国的 GDP 上涨 5%[④]。英国国际发展研究院的气候与可持续发展项目主任莎拉·科尔布兰德（Sarah Colenbrander）认为，在向低碳转型的过程中，中国已经在新能源汽车、太阳能板和风力发电机等绿色科技方面取得国际领先的优势，对清洁能源的投资有助于减轻中国对能源进口的依赖，

① China Dialogue, "China' s New Carbon Neutrality Pledge: What Next?", https://chinadialogue.net/en/climate/chinas-new-carbon-neutrality-pledge-what-next/.

② Ibid.

③ Matt McGrath, "Climate Change: China Aims for 'Carbon Neutrality by 2060'", *BBC*, https://www.bbc.com/news/science-environment-54256826.

④ Hector Pollitt, "Analysis: Going Carbon Neutral by 2060 'Will Make China Richer'", *Carbon Brief*, https://www.carbonbrief.org/analysis-going-carbon-neutral-by-2060-will-make-china-richer.

使中国在全球能源转型中处于领先地位[①]。

此外，也有一些观察者认为，中国实现碳中和任重道远。英国《自然》杂志在其网站上发表的一篇报道称，中国要在2060年前实现碳中和的目标，需要大幅度降低对煤炭等化石能源的依赖，并大规模推广低碳能源。但目前中国65%的电力来自火力发电，因而实现能源转型意味着需要投入大量的资金。同时，中国还有300多万工人从事煤炭开采及相关工作，如何解决这些人的再就业也是一个不小的难题[②]。美国能源界观察人士西尔维奥·马卡奇（Silvio Marcacci）在美国《福布斯》杂志撰文称，清洁能源的生产和蓄能成本都在降低，这有助于中国发展其自身优势，推进清洁能源开发。但现阶段中国仍对煤炭发电有着很大的依赖性，而新火力发电站的建设会在未来产生"沉淀成本"[③]。

对于中国实现碳中和的具体措施，国际社会把视线放到了2021年出台的"十四五"规划上。"十四五"规划在生态和能源方面提出的主要目标包括，单位国内生产总值能源消耗和二氧化碳排放分别降低13.5%与18%，主要污染物排放总量持续减少，森林覆盖率提高到24.1%，非化石能源占能源消费总量的比重提高到20%左右[④]。英国商业咨询机构IHS Markit分析称，中国的"十四五"规划对气

① Sarah Colenbrander, Yue Cao, Rebecca Nadin, Stephen Gelb and Laetitia Pettinotti, "Five Expert Views on China's Pledge to Become Carbon Neutral by 2060", Overseas Development Institute, https://odi.org/en/insights/five-expert-views-on-chinas-pledge-to-become-carbon-neutral-by-2060/.

② Smriti Mallapaty, "How China could be Carbon Neutral by Mid-century", *Nature Portfolio*, https://www.nature.com/articles/d41586-020-02927-9.

③ Silvio Marcacci, "China's Carbon Neutral Opportunity: Economic Growth Driven by Ambitious Climate Action", Forbes, https://www.forbes.com/sites/energyinnovation/2021/03/08/chinas-carbon-neutral-opportunity-economic-growth-driven-by-ambitious-climate-action/?sh=5bc838c734dd.

④《中华人民共和国国民经济和社会发展第十四个五年规划和2035年远景目标纲要》，http://www.xinhuanet.com/2021-03/13/c_1127205564.htm。

候问题给予了极大的重视，其设定的具体目标有助于中国稳步实现2030年碳达峰和2060年碳中和的承诺①。世界资源研究所首席执行官曼尼斯·巴普纳（Manish Bapna）称赞中国的“十四五”规划对气候和能源问题的重视，认为这是对中国现有减排目标的重要补充，比如提高非化石能源消费总量就是对2015年提出的国家自主贡献目标的一种提升。同时，不设置具体的经济增长目标也体现了中国对发展质量的追求，这有利于绿色及智能产业的发展②。

三、对中国在环境治理领域的全球领导地位和国际影响的评判

2021年4月，习近平在出席领导人气候峰会时指出，作为全球生态文明建设的参与者、贡献者、引领者，中国坚定践行多边主义，努力推动构建公平合理、合作共赢的全球环境治理体系③。由于美国政府之前退出气候变化《巴黎协定》、怠于履行国际义务、缺席多领域多边环境条约、妨碍多边环境进程等行为，国际社会逐渐对美国失去信任。与之形成鲜明对比的是，中国表现出的责任担当使其对国际社会应对气候变化的行动产生了深刻的影响。国际社会从多边主义、南南合作和“一带一路”倡议三个方面对中国在环境治理领

① Bernadette Lee, “Climate Emphasis in China s 14th Five-Year-Plan Unprecedented: Analyst”, IHS Markit, https://ihsmarkit.com/research-analysis/climate-emphasis-unprecedented-in-chinas-14th-fiveyearplan-ana.html.

② Jinghan Xu and Lauren Zelin, “Statement: China’s 14th Five-Year Plan Sets Foundation for Climate Action, But Important Details Are Still Needed”, World Resources Institue, https://www.wri.org/news/statement-chinas-14th-five-year-plan-sets-foundation-climate-action-important-details-are.

③《习近平出席领导人气候峰会并发表重要讲话》，http://www.xinhuanet.com/politics/leaders/2021-04/22/c_1127363307.htm。

域的国际影响力进行了报道和分析。

（一）中国倡导多边主义，推进多边合作的努力赢得了世界的尊重

2020年12月，习近平在气候雄心峰会上强调，在气候变化挑战面前，人类命运与共，单边主义没有出路。我们只有坚持多边主义，讲团结、促合作，才能互利共赢，福泽各国人民①。中国反对单边主义，推动多边合作的努力赢得世界的尊重，也增强了中国在该领域的全球领导力。

《纽约时报》撰文称，中国的参与对全球应对气候变化的努力来说至关重要。该文指出，与美国不同，中国政府认为，气候变化是一个严重的问题，改变能源结构、减少化石燃料的使用十分重要。"当美国政府认为应对气候变化的行动是浪费金钱、给美国的就业带来威胁时，中国则认为，应对气候变化方面的投资对确保中国公民有一个安全和繁荣的未来至关重要，并把这些行动看作开发和产出未来技术的机会。"②美联社发文称，当特朗普政府宣称退出《巴黎协定》时，中国已经做好为应对气候变化作出更大努力的准备。2017年，中国叫停了100多个新建的火力发电站，计划在绿色能源领域投入3600亿元资金，可再生能源发电的比例比美国同期高出7%，并且已经是全球风能和光伏发电装机容量最大的国家，中国在清洁

---

①《继往开来，开启全球应对气候变化新征程》，载《人民日报》2020年12月13日。

② Edward Wong, "China Poised to Take Lead on Climate after Trump's Move to Undo Policies", *The New York Times*, https://www.nytimes.com/2017/03/29/world/asia/trump-climate-change-paris-china.html?_ga=2.211688211.72767411.1625560637-1350378391.1593923568.

能源转型方面已经将美国甩在了身后①。

中国在国际环境治理领域展现出的领导力，并不只是因为美国的相对落后，更是自身实力的发展已取得世界领先的优势，再加上对多边合作的积极推动。国际可再生能源机构 2019 年的报告指出，中国在可再生能源的使用方面处于全球领先地位，2017 年其投资量超过全球总量的 45%。在太阳能、风能、电池和电力汽车等可再生能源领域，中国是世界最大的制造商、出口商和建造商，尤其“在汽车和能源设备等领域占据全球主导地位，有望取代美国和欧洲企业的市场地位”。同时，中国还是该领域最大的创新力量，世界 29% 的可再生能源专利创新来自中国。该报告指出：“中国正同时加强可再生能源领域的研究、开发和投资，此后，中国在全球能源贸易中将具有比较优势，并为中国的经济增长提供新动能。”不仅如此，“中国发展可再生能源提高了自身的地缘政治地位。提高能源自给自足的能力，可以减少对进口能源的依赖，降低能源安全风险，同时也会放缓中国一味追求经济增长的脚步。中国在可再生能源方面的技术优势使其成为清洁能源技术的重要出口国，让中国在全球能源贸易中处于有利位置”。中国在这个领域的革新不仅提高了自身的世界竞争力，也给世界带来了重大变革，使许多国家摆脱对化石能源的依赖，在一定程度上增强了中国在新能源领域的领导力②。

对于中国在这一领域展现出的竞争力与领导力，国际观察人士给予积极评价。世界经济论坛循环经济项目负责人金明（James Pennington）指出，中国与世界其他地区在可再生能源领域的投资呈现鲜明对比。2017 年，中国对可再生能源的投资较上年增长 58%，

① Michael Biesecker and Louise Watt, “Trump Boosts Coal as China Takes the Lead on Climate Change”, *Associated Press*, https://apnews.com/article/donald-trump-ap-top-news-united-states-climate-change-politics-cfe12e9bd3a74576b89c648388d3353a.

② Global Commission on the Geopolitics of Energy Transformation, “A New World: The Geopolitics of the Energy Transformation”, International Renewable Energy Agency, 2019.

美国则同比下降6%，欧洲同比下降36%。中国在可再生能源方面投资440亿美元，已成为外国直接投资的主要源头①。英国国际发展研究院专家史蒂芬·吉尔伯（Stephen Gelb）认为，中国支持多边主义、反对单边主义的立场非常重要，这是为全球提供的一种公共物品，保障了国际社会应对气候变化系统的稳定②。

（二）中国在南南合作应对气候变化中的努力受到国际社会的关注和欢迎

2015年11月，习近平在气候变化巴黎大会开幕式上表示，中国坚持正确义利观，积极参与气候变化国际合作。多年来，中国政府认真落实气候变化领域南南合作政策承诺，支持发展中国家特别是最不发达国家、内陆发展中国家、小岛屿发展中国家应对气候变化挑战。为加大支持力度，中国在今年9月宣布设立200亿元人民币的中国气候变化南南合作基金③。中国与发展中国家的合作对全球环境治理贡献巨大，受到了国际社会的关注和欢迎。

对于南南合作，发展中国家的代表非常支持。日内瓦智库南方中心的前执行理事许国平（Martin Khor）对中国推动气候变化南南合作非常赞赏。他表示，中国成立的气候变化南南合作基金和南南合作援助基金对发展中国家的合作是一个重大贡献，对国际关系也

① James Pennington, "The Geopolitical Impact of China's Approach to Fighting Climate Change", World Economic Forum, https://www.weforum.org/agenda/2018/12/the-geopolitical-impact-of-china-s-approach-to-fighting-climate-change/.

② Sarah Colenbrander, Yue Cao, Rebecca Nadin, Stephen Gelb and Laetitia Pettinotti, "Five Expert Views on China's Pledge to become Carbon Neutral by 2060", Overseas Development Institute, https://odi.org/en/insights/five-expert-views-on-chinas-pledge-to-become-carbon-neutral-by-2060/.

③《习近平出席气候变化巴黎大会开幕式并发表重要讲话》，载《人民日报》2015年12月1日。

有重要影响。南北合作是建立在殖民地关系上的援助，然而负有义务的发达国家并不能总是兑现援助的承诺。相反，南南合作建立在发展中国家团结互利的基础上。中国的基金可以帮助发展中国家借鉴中国的发展经验，应对气候变化。许国平进一步举例说，通过联合国绿色气候基金，中国向发展中国家援助了 31 亿美元，多于美国承诺（但没有兑现）的 30 亿美元。中国通过南南合作方式建立的气候变化南南合作基金和南南合作援助基金为发展中国家应对气候变化提供了非常关键的帮助，这种帮助不仅限于资金支持，更包括经验和模式的学习，例如南南合作与发展学院可以为各国的交流学生提供发展理论和经验方面的学习，让他们根据自己的国情加以实践①。

来自发达国家的研究人员也对南南合作应对气候变化的努力表示赞赏。德国智库中非咨询的创始人魏文杰（Moritz Weigel）和亚历山大·德米西（Alexander Demissie）指出，随着环境问题的日益严峻，中国与非洲在应对气候变化领域的合作越来越多，中国也愈加成为非洲的核心伙伴。在南南合作的框架下，中国展现出了巨大的潜力，可以帮助非洲国家实现可持续发展的目标②。伦敦大学亚非学院的弗劳克·乌班（Frauke Urban）认为，中国过去曾经依赖进口西方的低碳技术，但随着中国的崛起和科技力量的发展，已经在水力、风力和太阳能发电领域处于国际领先地位，不仅能够向欧洲出口相关技术，更重要的是能够在南南合作中向其他发展中国家出口低碳

① Martin Khor, "China's Boost to South-South Cooperation", South Centre, https://www.southcentre.int/question/chinas-boost-to-south-south-cooperation/.

② Moritz Weigel and Alexander Demissie, "Achieving the SDGs in Africa through South-South Cooperation on Climate Change with China", in Sachin Chaturvedi et al (eds.), *The Palgrave Handbook of Development Cooperation for Achieving the 2030 Agenda*, Palgrave Macmillan, Cham, 2021, pp. 605-623.

技术，使这些国家也具备一定程度的环境治理能力①。

（三）中国提出的“一带一路”倡议对全球环境治理产生广泛的国际影响

2018年5月，习近平在全国生态环境保护大会上指出，要坚持环境友好，引导应对气候变化国际合作。要推进“一带一路”建设，让生态文明的理念和实践造福沿线各国人民②。中国与“一带一路”沿线国家的合作促进了当地的可持续发展，也在世界范围推广了生态文明理念，“一带一路”作为桥梁，连接了中国与世界，也提高了中国在环境治理领域的国际影响力。

英国查塔姆研究所环境与能源项目高级研究员艾莉森·霍尔（Alison Hoare）认为，中国在“一带一路”沿线国家投资可持续基础设施建设的做法有望成为未来的经济增长点，它不仅有助于实现“一带一路”倡议的目标，也可以使中国在可持续基础设施建设方面发挥更大的作用。与沿线的合作伙伴一起，中国将为应对气候变化作出至关重要的贡献，使世界步入可持续发展的正轨③。

联合国开发计划署与中国国际经济交流中心合作发表的报告称，“一带一路”倡议的目标是可持续发展，它可以为沿线合作地区带来经济活力和繁荣。在当前世界经济普遍萧条的背景下，“一带一路”倡议的这一作用显得尤为重要。通过以市场为导向的投资和以增长为

① Frauke Urban, “China’s Rise: Challenging the North-South Technology Transfer Paradigm for Climate Change Mitigation and Low Carbon Energy”, *Energy Policy*, Vol. 113, 2018, pp. 320-330.

②《让绿水青山造福人民泽被子孙——习近平总书记关于生态文明建设重要论述综述》，载《人民日报》2021年6月3日。

③ Alison Hoare, “How China could become a Global Leader in Sustainable Infrastructure”, Chatham House, https://www.chathamhouse.org/2018/05/how-china-could-become-global-leader-sustainable-infrastructure.

前提的动议，“一带一路”倡议可以带来发展的红利，并且提高经济增长的质量。基于此，“一带一路”倡议有带来变革性治理模式的潜力。通过引进绿色技术、优化效能以及改革管理方式的策略，“一带一路”建设可以加速低碳经济中的技术合作，使现有和未来的投资更加绿色①。

德国吕讷堡大学研究人员约翰娜·科南（Johanna Coenen）等认为，中国出台一系列推进绿色“一带一路”建设的指导意见和合作规划，强调要在“一带一路”建设中支持低碳发展，保护生物多样性，应对气候变化问题。同时，中国政府也加强了对海外企业的管理，敦促其遵守所在国的法律法规，并以绿色金融手段引导这些企业加入绿色开发。中国用这样的方式使自己成为全球环境治理的核心支持者②。新加坡国立大学能源研究所首席研究员菲利普·安德鲁–斯皮德（Philip Andrews–Speed）认为，中国作为全球最大的可再生能源设备的供应方，可以帮助“一带一路”沿线国家解锁其巨大的可再生能源的潜力③。美国智库史汀生中心研究员布莱恩·埃勒（Brian Eyler）认为，中国太阳能产业的发展已经非常健全，可以和“一带一路”沿线国家共享知识和经验，帮助其调整政策方向，改进补贴结构，减少电力浪费，从而帮助这些国家践行《巴黎协定》并实现可持续发展目标④。

① UNDP & CCIEE, “The Belt and Road Initiative: A New Means to Transformative Global Governance towards Sustainable Development”, https://www.cn.undp.org/content/china/en/home/library/south–south–cooperation/a–new–means–to–transformative–global–governance–towards–sustaina.html.

② Johanna Coenen, Simon Bager, Patrick Meyfroidt, Jens Newig and Edward Challies, “Environmental Governance of China’s Belt and Road Initiative”, *Environmental Policy and Governance*, Vol. 31, No. 1, 2021, pp. 3–17.

③ Philip Andrews–Speed and Sufang Zhang, “China as a Low–carbon Energy Leader: Successes and Limitations”, *Journal of Asian Energy Studies,* Vol. 2, No. 1, 2018, pp. 1–9.

④ Brian Eyler, “Can Solar Diplomacy Green the Belt and Road?”, *China Dialogue*, https://chinadialogue.net/en/energy/11037–can–solar–diplomacy–green–the–belt–and–road/.

在可再生能源和电力领域，国际可再生能源机构 2019 年的报告也关注到了中国“一带一路”倡议作出的贡献。报告指出，中国的“一带一路”倡议是一项“全球性战略计划，已在近 80 个国家开展项目。项目实施至今已得到超过 1 万亿美元的专项融资支持，成为世界上最具雄心的基础设施发展计划之一。‘一带一路’倡议旨在建立涵盖港口、铁路、公路、管道和工业园区的网络，将中国与遥远的曼谷和鹿特丹等城市连接起来。中国国家电网公司力图建立‘全球能源互联网’（GEI），将每个大陆通过海底传输电缆连接起来，为全世界提供绿色电力”。全球能源互联网无疑是一个充满雄心壮志的计划，如果得以实现，将为全球可再生能源的电力输送作出巨大贡献①。

四、结语

总的来说，国际社会对中国环境治理的关注是比较全面的。他们不仅尝试理解中国的理念，也积极关注中国的行动；不仅聚焦中国国内治理情况，也放眼中国在国际上的作为和影响。这些分析和认知既有来自学界和智库的，也有来自新闻媒体的，甚至还有来自商业咨询机构和法律机构的，说明中国环境治理的影响面非常广泛。不管这些观点来自哪里，它们都有一个共识，就是中国的环境治理具有十分重大的现实意义，不仅关乎中国的社会和经济生活，也影响到世界的可持续发展、国家间关系和应对气候变化的全球行动。最重要的是，作为全球环境治理的关键一环，中国的表现会对未来全球的生态环境带来深远影响。

① Global Commission on the Geopolitics of Energy Transformation, “A New World: The Geopolitics of the Energy Transformation”, International Renewable Energy Agency, 2019.

整体来看，国际社会对中国环境治理的认知是积极的。有相当一部分观察人士对中国特别是党的十八大以来的环境治理政策和行动表示欢迎和认同，认为观念的转变引领中国的可持续发展道路，对污染的治理改善了中国的环境状况，同时也认可中国在国际可再生能源领域的领先地位，以及中国在气候治理领域的领导力。除了这些积极的评价外，也有个别观察人士对中国表达了某些担忧，比如中国的温室气体总排放量①。还有人士表示，希望看到中国进一步提高其减排目标②。这些声音反映了国际社会对中国环境治理的关注具有一定的偏颇。

实际上，环境政策是国家治理的一个重要组成部分，中国依据自己的实际情况制定统筹全局的政策，而不是仅凭单一领域的理论作出决策，在着力推进环境治理的同时，也要照顾到中国的实际发展情况，因地制宜地制定相对平衡的政策，而不能顾此失彼。国际观察者的主观意愿应与客观的发展事实相适应。这也适用于中国在海外的可持续发展建设，一些发展中国家因为成本、技术等问题，尚不能完全实现绿色转型。中国在这些地区进行投资和建设时，就必须考虑当地的实际情况，有步骤地推进可持续发展，不可能一蹴而就。此外，温室气体的排放问题不仅涉及总排放量，也涉及人均排放量和历史累积排放量，在这方面一些西方国家有更大的责任为应对气候变化作出贡献。气候问题虽然是全世界面临的难题，同时也是“共同但有区别的责任”。

---

① David Sandalow, “China’s Response to Climate Change: A Study in Contrasts and a Policy at a Crossroads”, Asia Society Policy Institute, https://asiasociety.org/policy-institute/chinas-response-climate-change-study-contrasts-and-policy-crossroads-0#summary--8069.

② Lauri Myllyvirta, “China’s Five-year Plan: Baby Steps towards Carbon Neutrality”, Centre for Research on Energy and Clean Air, https://energyandcleanair.org/china-14th-five-year-plan-carbon-neutrality/.

最后，我们应该理性看待我国在应对气候变化领域的地位。在科学谋划的基础上，听取客观理性的建议，自主、负责、有效地应对气候变化问题，同时继续保持国际间的合作。

（张壹铭：中国政法大学政治与公共管理学院）

海外学者论中国与国际秩序的关系

谢来辉 / 文

一、中国挑战了国际秩序吗？

最近几年来，围绕中国的发展战略和世界秩序愿景，西方国家一直流行着一种错误的认知。这种观点认为，中国正在挑战西方主导的国际秩序，明显存在某种具有敌意并且针对美国等西方国家的战略目标，并试图成为新的世界霸权。国际关系领域的一些学者认为，中国正在对自由国际秩序形成全面挑战[①]。

这种观点已经对美国和欧盟的政策实践产生了明显的影响。2017 年 12 月美国政府发布的《国家安全战略》宣称，中国是一个“修正主义大国”，试图按照自身偏好改造国际秩序，在新的“大国竞争”时代“寻求在印度洋—太平洋地区取代美国”，并“塑造一

① G. John Ikenberry, “The Next Liberal Order”, *Foreign Affairs,* Vol. 99, No. 4, 2020, pp. 133–142.

个有悖于（美国）价值观和利益的世界”①。2018 年 10 月，美国时任副总统彭斯在哈德逊研究所的讲话中再次提及相关观点，指责中国“试图将其势力扩展到全球各地”，认为中国开始“重塑其在区域和全球的影响力”，“挑战美国的地缘政治优势，并试图改变国际秩序，使之符合他们的利益”②。拜登政府上台后，延续了特朗普政府的这一立场③。除美国外，欧盟对中国与既有国际秩序的关系也存在类似的担忧，不过与美国相比显得较为温和。欧盟在 2019 年 3 月发布的文件《欧盟与中国战略前景》中提到：“中国对多边主义的支持有时是有选择性的，并且对基于规则的国际秩序有着不同的理解。”④ 在这份文件中，欧盟首次将中国视为系统性竞争对手（systemic rival）。

中国对国际秩序的影响正在日益凸显，从实践层面看，中国真的挑战了国际秩序吗？未来中国将会成为国际秩序的挑战者吗？对于这样一些重要的问题，海外学者对此进行了大量深入的研究，而且结论显然并不支持前述观点。充分了解相关观点，特别是深入分析相关错误观点背后的深层原因，对于更好理解未来中国与国际秩序的互动关系有着非常重要的理论和实践意义。

① The White House, “National Security Strategy 2017”, https://www.whitehouse.gov/wp-content/uploads/2017/12/NSS-Final-12-18-2017-0905-2.pdf, p. 27, pp. 45-46.

② “Vice President Mike Pence’s Remarks on the Administration’s Policy towards China”, https://www.hudson.org/events/1610-vice-president-mike-pence-s-remarks-on-the-administration-s-policy-towards-china102018.

③ Norah O’ Donnell, “Secretary of State Antony Blinken on the Threat Posed by China”, https://www.cbsnews.com/news/antony-blinken-60-minutes-2021-05-02/.

④ European Union, “EU-China Strategic Outlook: Commission Contribution to the European Council”, https://eeas.europa.eu/delegations/china/59758/node/59758_en.

二、经验研究认为中国更接近于“现状维护者”

近年来，海外有一大批学者对中国在国际秩序中的角色进行了广泛的研究，普遍的研究结论都是认为中国对改革和完善当前的国际秩序有一定的诉求，但并没有意愿，也没有采取行动挑战和威胁这一秩序[①]。

美国哈佛大学教授江忆恩（Alastair Iain Johnston）是西方系统研究中国参与国际秩序的权威学者。他在2003年全面评估了中国参与国际体系的情况，认为中国是一个维护现状的国家（Status Quo Power），因为中国其实接受甚至捍卫现有秩序的许多原则，尽管不是所有的原则[②]。

多年来，江忆恩的观点一直为后续的研究所持续证实和接受。在2007年出版的《中国崛起：东亚的和平、权力与秩序》一书中，美国加州大学教授康灿雄（David C. Kang）认为，一个强大的中国将是亚洲地区的稳定性力量。东亚地区存在特殊的等级秩序，周边国家认为中国的崛起是一个机会而不是威胁，中国越是强大，东亚地区的稳定越能得到保障。康灿雄通过考察过去六个世纪东亚体系中的互动，发现不是权力而是利益和身份认同两个因素影响现今东亚的国际关系秩序[③]。美国布朗大学教授谢德华（Edward S. Steinfeld）

① Mingjiang Li (ed.), *China Joins Global Governance: Cooperation and Contentions*, Lanham: Lexington Books, 2012; Mingjiang Li, “Rising from Within: China’ s Search for a Multilateral World and Its Implications for Sino-US Relations” , *Global Governance*, Vol. 17, No. 3, 2011, pp. 331-351.

② Alistair Iain Johnston , “Is China a Status Quo Power?” , *International Security*, Vol.27, No. 4, 2003, pp. 5-56.

③ David C. Kang, *China Rising: Peace, Power, and Order in East Asia*, New York：Columbia University Press, 2007.

一直认为，中国并不会对西方构成威胁，因为中国的发展与西方的规则并没有重大冲突[①]。

不少学者都达成了如下共识，即中国的崛起战略是选择留在现有体系内，而不是挑战现有体系。2005 年，挪威国际事务研究机构研究员兰马克（Marc Lanteigne）指出，中国的外交政策已经从避免参与国际组织转向拥抱国际组织，放弃了原来的制度孤立主义。他认为，中国没有为了成为大国而走上领土扩张和政治经济主导的传统道路，而是选择了一条新的道路，即合理利用现有制度作为确立大国地位的路径[②]。新加坡学者李明江也认为，中国选择了体制内崛起（rising from within）的道路，并不会对现有秩序构成威胁。他认为，尽管中国在多边外交中表现得更加积极主动（在许多情况下是选择性的），并且寻求在全球多边议程中增加影响力，但中国会因为各种考虑和限制而不大可能完全颠覆或者在全球层面重塑多边机制。他认为，中国很可能会延续过去十年在东亚地区的多边合作中采取的行为方式——参与、接触、在符合中国利益的领域推动合作、避免承担过分的责任、反对伤害其利益的倡议、在提出宏大倡议方面保持克制[③]。

美国著名中国问题研究专家黎安友（Andrew J. Nathan）在 2017 年 12 月发表的文章《中国的崛起与国际体制：中国寻求颠覆全球规范吗？》中，全面评估中国在国际贸易、国际金融、军控与裁军、人权、人道主义干预以及气候变化和海洋法等主要领域的参与情况，以及中国对国际规范所持的态度。他认为，除了在极少数被西方完

---

① Edward S. Steinfeld, *Playing Our Game: Why China's Rise Doesn't Threaten the West*, Oxford：Oxford University Press, 2010.

② Marc Lanteigne, *China and International Institutions: Alternate Paths to Global Power*, London: Routledge, 2005.

③ Mingjiang Li, "Rising from Within: China's Search for a Multilateral World and Its Implications for Sino-US Relations", *Global Governance: A Review of Multilateralism and International Organizations,* Vol. 17, No. 3, 2011, pp. 331–351.

全主导的领域，中国总体上并没有挑战国际规范。黎安友指出：“中国的行为没有表现出在国际规范体系中推广一种独特的中国模式，也没有表现出对世界秩序的另一种看法。如果有一个更大的模式，那就是中国往往是表现为一个保守的大国：它抵制美国及其伙伴以不利于中国及其伙伴的方式塑造霸权的行径。这种情况经常发生，因为美国一直在持续积极努力塑造国际体制演变的未来方向……在这个意义上，中国相比美国更像是一个维持现状的大国（status quo power）。”“和其他大国一样，中国试图影响这一秩序，但并不是将其推翻或者作出根本的改变。”他认为，中国这样做是出于自身利益（self-interest）的考虑，因为中国是现有国际秩序的受益者，并且会基于自身的利益采取行动，而并不会成为一个修正主义者，更不会试图颠覆这一秩序[①]。

卡耐基国际和平研究所资深研究员史文（Michael D. Swaine）是美国新一代的中国问题专家。他强调，要想评估中国与现有全球治理体系之间的关系，必须对中国的观点以及中国长期以来涉及“自由国际秩序”的重要因素的政策和做法进行近距离考察，就像学者们过去曾经做过的那样[②]。史文认为，至少自20世纪80年代中期以来，中国大体上遵守了全球治理的正式规则和结构。“认为中国自2008—2009年之后对全球治理采取了一种新的态度——而且这种新态度包含推翻现有的自由国际秩序——的论点，在中国所有的公开

① Andrew J. Nathan, “China’s Rise and International Regimes: Does China Seek to Overthrow Global Norms?”, in Robert S Ross and Jo IngeBekkevold (eds.),*China in the Era of Xi Jinping*, Washington DC: Georgetown University Press, 2016, pp. 165–195; Andrew J. Nathan, “Self-interest Shapes China’s Policies toward the International Order”, *East Asia Forum*, 19 December, 2017.

②《美学者：中国从未想推翻现有国际秩序》，http://column.cankaoxiaoxi.com/g/2016/0314/1099618.shtml。

消息来源中几乎找不到任何支持。”[①] 在他看来，在过去 20 多年里，中国已经融入国际制度体系。尽管将来中国的立场可能会发生一定的改变，但中国最终只会加强而不是颠覆现有的国际秩序。

面对现实，一些西方主流国际关系学者也倾向于对中国在未来国际秩序中的角色进行更加谨慎的评估。美国哈佛大学教授约瑟夫·奈（Joseph Nye）在题为《美国的领导力及自由主义国际秩序的未来》的文章中指出：“总体而言，中国的行为并非试图完全抛弃自由主义的世界秩序，而是致力于在从中获益的同时扩大自己的影响力。中国的崛起并不意味着美国自由主义秩序的终结。”[②] 关于中国是寻求对抗还是融入当前国际秩序的问题，他的结论是，中国可以融入当今的自由国际秩序。伊肯伯里认为，最终的答案取决于中国与国际秩序之间的互动关系。他说：“开放的和大致以规则为基础的世界一体体系的未来取决于中国。但中国的选择也取决于美国和其他自由民主国家如何行动起来以改革和更新既有规则和制度。实际上，有理由认为中国将继续积极寻求融入一个扩展了的和经过重组的自由主义国际秩序。”[③] 美国普林斯顿大学教授罗伯特·基欧汉（Robert Keohane）认为，随着实力的增加，中国与现有多边主义制度的互动呈现更为复杂的状态。“在全球均势变动的条件下，中国崛起对美国的挑战不仅是综合实力上的，而且从方式上来看，中国也会运用新的或者替代的多边主义挑战或者改变既有的由西方主导的多边制

---

① Michael D. Swaine, “Chinese Views on Global Governance Since 2008–9: Not Much New”, *China Leadership Monitor*, March 1, 2016, https://www.hoover.org/research/chinese-views-global-governance-2008-9-not-much-new.

② 约瑟夫·奈：《美国的领导力及自由主义国际秩序的未来》，王缉思主编：《国际战略评论 2017》，世界知识出版社 2017 年版，第 24 页。

③ G. John Ikenberry, *Liberal Leviathan: The Origins, Crisis and Transformation of the American World Order*, Princeton and Oxford: Princeton University Press, 2011, pp. 343–344; G. John Ikenberry, “The Future of the Liberal World Order: Internationalism After America”, *Foreign Affairs*, Vol. 90, No. 3, 2011, pp. 56–68.

度，出现所谓的‘竞争的多边主义’（contested multilateralism）。”[①] 他进一步认为，“竞争的多边主义”存在两种常见的基本类型——机制转换（regime shifting）和竞争的机制创建（competitive regime creation），并以此来解释中国创建亚洲基础设施投资银行和金砖国家新开发银行等制度变迁的过程。在基欧汉看来，竞争的多边主义“似乎是世界政治中一个重要且一般性的过程”。在这一过程中，当现存的主导制度无法实现他们的利益时，国家、政府间国际组织和其他非国家行为体都可以将替代性的多边组织作为寻求自身利益的战略手段。

2018 年 5 月，美国著名智库兰德公司发布题为《中国与国际秩序》的研究报告。报告认为，自 20 世纪 70 年代末改革开放以来，中国针对战后秩序采取的政策日益走向积极。目前，中国已加入数百个重要的国际机构，逐步加强了对多边活动与规范的直接和间接支持，并表示将致力于加强其在全球治理中的作用。报告指出：“从过去 20 年来看，中国没有对抗或破坏国际秩序，而是有条件地支持国际秩序。”[②]

除上述观点外，还有一些知名学者对中国在国际秩序中的角色发表了更加积极的看法。比如，诺贝尔经济学奖得主、哈佛大学教授阿玛蒂亚·森（Amartya Sen）在 2016 年 G20 杭州峰会上提出：“中国有能力在推动构建包容性的国际秩序上发挥更重要的作用，在贸易、援助等方面更有作为。”[③] 巴西瓦加斯基金会国际关系专家、

① [美]罗伯特·基欧汉：《竞争的多边主义与中国崛起》，曲博译，载《外交评论》2015 年第 6 期，第 20—26 页。

② 报告认为：“在其核心，美国和中国正在竞争塑造全球体系的基础——支配国际政治的基本思想、习惯和期望。”“这最终是一场规范、叙事和合法性的竞争。”Michael J. Mazarr, Timothy R. Heath and Astrid Stuth Cevallos, “China and the International Order”, RAND Corporation, https://www.rand.org/pubs/research_reports/RR2423.html。

③《阿玛蒂亚·森：中国有能力推动构建包容性国际秩序》，http://www.xinhuanet.com/politics/2016-02/26/c_128756484.htm。

全球公共政策研究院研究员奥利弗·施廷克尔（Oliver Stuenkel）认为，中国越来越明显地成为现有体系的支持者，以避免世界秩序走向无序。他指出："断言新兴大国的一举一动都是以修正主义战略为指导的想法是偏狭的，具有误导性。"他认为，中国或许会尝试改变西方对国际体系的主导权，但并不一定要改变该体系背后的规则和规范[①]。在施廷克尔看来，中国不会削弱现有秩序，而是在维护和支持全球现有机制的同时，与其他新兴国家一道建立一些新的国际机制作为补充，促使新兴国家能够表达新的思想。中国将对未来几十年里的世界秩序作出很大贡献，包括中国在内的新兴国家将为世界提供越来越多的公共产品。他认为，就目前来说，中国是新兴大国中唯一能够肩负起重塑世界秩序重任的国家，中国等发展中国家的经济崛起将导致全球转向一个"后西方世界"，它将会更加繁荣，相比此前的任何秩序，全球范围的贫穷状况都将得到大幅改善[②]。

三、误判中国挑战国际秩序的两个根源

习近平在2015年9月第七十届联合国大会一般性辩论时的讲话中明确提出，中国将始终做世界和平的建设者，全球发展的贡献者，国际秩序的维护者。随着中国特色社会主义进入新时代，中国关于世界秩序的愿景已经日益明晰，从"和谐世界"到"新型国际关系"，并明确倡议共同构建持久和平、普遍安全、共同繁荣、开放

① Oliver Stuenkel, *Post-Western World: How Emerging Powers Are Remaking Global Order*, New York: Polity Press, 2016.

② Oliver Stuenkel, "Book Review: The Hundred-Year Marathon", *Asian Politics & Policy*, Vol. 9, No. 4, 2017, pp. 687-696.

包容和清洁美丽的人类命运共同体。中国既不是要重建历史上的朝贡体系，也不是要重走西方发达国家争夺霸权的邪路。

但是，西方一些政界和学界人士仍然偏执地认为，中国正对国际秩序构成挑战。这种错误的执念背后有很多原因，从学理上看主要有以下两个方面的根源。

（一）对中国的世界秩序观的严重误解

一些西方学者断章取义，将中国传统文化中“大同”与“天下”等概念误解为中国试图重建以自己为霸主的单极世界①。英国学者马丁·雅克（Martin Jacques）在 2009 年出版的《当中国统治世界》一书中也大肆想象，认为中国很有可能恢复历史上的朝贡体系②。类似的观点层出不穷。2017 年，曾担任《纽约时报》记者的霍华德·弗兰奇（Howard W. French）出版的题为《普天之下：过去的历史如何帮助塑造中国追求全球权力》的著作，也鼓吹中国在恢复历史上的传统文化，将其作为意识形态，并正在按照历史上的世界秩序观来追求世界地位③。

有着数千年历史的传统文化对当代中国无疑具有重要影响，但如果简单地把中国古代社会对理想秩序的憧憬当作中国对世界秩序的追求目标，认为其会指导当前中国的对外政策，无疑是非常错误

---

① Michael Pillsbury, *The Hundred Year Marathon: China's Secret Strategy to Replace America as the Global Superpower*, Henry Holt and Co., 2015; David Shambaugh, *China Goes Global: The Partial Power*, Oxford：Oxford University Press, 2013.

② Martin Jacques, *When China Rules the World: The Rise of the Middle Kingdom and End of the Western World*, London: Allen Lane, 2009.

③ Howard W. French, *Everything Under the Heavens: How the Past Helps Shape China's Push for Global Power,* Deckle Edge, March 14, 2017. 类似的观点也可参见 John M. Friend and Bradley A. Thayer, *How China Sees the World: Han-Centrism and the Balance of Power in International Politics*, Potomac Books, 2018.

的判断。

一个典型的观点是，英国学者柯岚安（William A. Callahan）把中国传统文化中的“天下”概念错误地指责为中国在追求成为新的世界霸权[①]。这显然是基于春秋和战国时期的战略文化来判断中国当前参与国际事务的模式，这种观点完全脱离了时代背景。在历史上，中国周边其实还有很多国家并没有被纳入中国的政治边界之内，中国对它们只是具有文化上的吸引力。中国从来没有试图用武力征服周边的异族政权。为此，美国哈佛大学教授杨联陞特别强调，在中国的“世界秩序”理念中，文化疆界与政治疆界无须一致[②]。更为重要的是，到了近现代之后，中国的这样一种传统的世界秩序观因为国际格局发生巨大变化而被彻底放弃了。美国著名学者史华慈（Benjamin I. Schwartz）在20世纪60年代就提出，中国早已放弃了这种世界秩序观。他说：“虽然中国的世界秩序观确实一直坚持到了19世纪90年代，但我们看到，正是在那10年中它发生了激烈的革命性变化，被彻底抛弃了。严复、梁启超甚至康有为都毫无保留地全盘接受了西方的国际体系……康有为后来确实具有大同的世界秩序观，但其性质毕竟与中国传统的世界秩序观完全不同。”“考虑到近代的中国充满屈辱感，有人会认为，与一个把中国置于很低的历史地位的国际性世界秩序相比，一个以主权平等为基础的世界秩序可能更容易被中国人接受。”史华慈认为：“在这个问题范围内，这些东西的延续性已被从根本上打断，试图按照传统观念解释中国领导层的国际政策是无助于说明问题的。”“中国政府必须生存于一个现实的多国世界中，它已经逐渐适应了这个世界，无论它最好的超国

① William A. Callahan, “Chinese Visions of World Order: Post-hegemonic or a New Hegemony?”, *International Studies Review*, Vol. 10, No. 4, 2010, pp. 749-761.

② [美]杨联陞：《从历史看中国的世界秩序》，费正清主编：《中国的世界秩序：传统中国的对外关系》，杜继东译，中国社会科学出版社2010年版。

界愿望是些什么。”①

史文在2015年初发表的文章中也指出，许多西方分析人士通过中国历史来推测强大的中国今后会如何表现以及会如何看待世界，其实这种“安装历史镜片的尝试都过于简单化，误读了数百年来中国思想和行为的相关性和重要性”。他认为，中国的历史经验不应被过分解读，它更多是体现为塑造了中国人的以下三种态度：民族自豪感加上对国际混乱局势的强烈担忧；热爱和平与自卫的国家形象加上强有力且公正的中央政府；对国际关系独特、等级分明但互利互惠的看法②。2017年杜克大学出版社出版的《中国的世界秩序愿景：天下、文化与世界政治》论文集认为，“天下”的概念为我们理解当前的国际体系提供了另一种视角，这一学术概念将中国传统的道德理想与大众民族主义和社会主义国际主义联系起来。西方的指责可能忽略了这些理念在区分西式自由民主与亚洲治理模式方面的启发式价值。像“天下”这样的世界观，它着眼于一个由道德规范和公共原则统治的世界，有利于帮助人们发现和批判现有世界体系的缺陷和不足③。

（二）崛起国必然会挑战国际秩序的理论偏见

一些西方人士之所以认为中国在挑战国际秩序，还源于国际关系理论界的一种成见，即认定新兴国家必然会成为现有国际秩序的

---

① [美]史华慈：《中国的世界秩序观：过去与现在》，费正清主编：《中国的世界秩序：传统中国的对外关系》，第301—303页。

② Michael D. Swaine, “China: The Influence of History”, *The Diplomat*, January 14, 2015, https://thediplomat.com/2015/01/china-the-influence-of-history/.

③ Ban Wang (ed.), *Chinese Visions of World Order: Tianxia, Culture, and World Politics*, Durham and London: Duke University Press, 2017.

挑战和威胁[①]。这种看法在关于中国崛起的争论中表现尤为突出。美国白宫国安会中国事务主任杜如松（Rush Doshi）最近出版了《长期博弈：中国取代美国秩序的大战略》，就把中国类比为一战前的德国[②]。在他看来，“中国和美国在21世纪的对抗与德国和英国在19世纪的对抗有惊人的相似之处”。

这种流行的错误观点，被一位学者形象地总结为“中国在被证明无罪之前都被视为有罪”[③]。相比之下，美国和欧盟的很多行为都在对国际秩序进行重大修正，特别是霸权国美国的很多做法都是对国际秩序的严重破坏，但它们却很少被贴上“修正主义者”的标签。这种情况体现出西方国际关系理论的严重偏见，以及国际话语权的严重不平衡[④]。

美籍印度裔国际关系专家帕拉格·康纳（Parag Khanna）撰文对西方流行的谬论进行了批判。他指出，西方有关亚洲的观念中最严重的误解带有过度的中国中心论色彩。尽管地缘政治预测者一直在寻找“头号国家”，但许多人陷入了一个陷阱，就是简单地认为中美两国形成了相互竞争的“两国集团”（G2）来领导世界。但无论是全世界，还是亚洲地区，都没有朝着一种中国式的“天下”秩序发展，也没有接受中国儒家原则指导下的和谐的全球体系。他认为，现实很明显，“中国只占亚洲人口的三分之一、亚洲国内生产总值（GDP）的不到一半、亚洲对外投资的一半左右，以及亚洲外来投资的不到一半”。康纳指出，亚洲确实是今天重塑世界秩序的最强大力

---

① Graham Allison, *Destined for War: Can America and China Escape Thucydides's Trap?*, Houghton Mifflin Harcourt, 2017.

② Rush Doshi, *The Long Game: China's Grand Strategy to Displace American Order*, Oxford：Oxford University Press, 2021.

③ Oliver Turner, *American images of China: Identity, Power, Policy*, London: Routledge, 2014, p.154.

④ Oliver Turner and Nicola Nymalm, “Morality and Progress: IR Narratives on International Revisionism and the Status Quo”, *Cambridge Review of International Affairs*,Vol. 32, No. 4, 2019, pp. 407–428.

量，但亚洲的含义远不局限于“中国+”[1]。

近年来，不少研究试图从理论上拓展对相关问题的讨论。从理论上看，先入为主地判定中国选择了修正主义的战略显然是错误的。事实上，早在 2011 年《国际安全期刊》就曾经发表了兰德尔·施韦勒（Randall Schweller）和蒲晓宇的文章，其中提出，未来中国在后单极时代的世界秩序中可能采取的策略取决于中国对世界秩序提出的愿景，其最终扮演的角色可能出现三种情景。中国可能采取的三种策略分别是：（1）支持现有秩序的去合法化，中国将作为一种搅局者，对世界应该如何构建持有对立的观点；（2）成为现有体系的支持者，在现有规则的框架内开展工作，为全球治理贡献自己的一份力量；（3）继续逃避一些国际承诺和责任，注重内部的发展和巩固，选择性地为全球治理作出贡献，逐步落实其全球秩序愿景。与之对应的三种角色和世界秩序目标分别是：（1）作为搅局者，基于自身的传统文化推动一种中国的世界秩序；（2）采取支持者战略，在一个协调的体系中建立一种更完善的自由主义秩序；（3）采取逃避责任的战略，在权力分散过程中形成一种“谈判的秩序”（a negotiated order），这将是一种没有大国领导的无极化的世界[2]。在理论上指出并厘清不同类型的互动情景，对于推进理性的讨论无疑是非常有价值的。从实践中来看，中国显然正在日益展现出负责任的大国角色，通过提出“一带一路”倡议和人类命运共同体理念，在为人类谋进步、为世界谋大同的方向指引下，努力探索在维护国际秩序稳定的前提下实现中华民族伟大复兴的目标。

德国国际政治学者马修·斯蒂芬（Matthew Stephen）认为，新兴大国所挑战的并不是全球治理秩序本身，而是其中自由化的特征。

---

① 帕拉格·康纳：《亚洲是重塑世界秩序最强力量》，《参考消息》2019 年 2 月 26 日。

② Randall Schweller and Xiaoyu Pu, “After Unipolarity: China’s Visions of International Order in an Era of U. S. Decline”, *International Security*, Vol. 36, No. 1, 2011, pp. 41–72.

斯蒂芬认为，新兴大国融入全球资本主义的历史结构，其实减少了大国冲突的传统根源。这有助于将新兴大国整合到现有的治理秩序中。然而，在现有秩序的限制下，两个因素使得核心地区与竞争者围绕全球治理的政治产生了分歧:（1）新兴大国采取相对更集权、更少受市场驱动的国家形式;（2）新兴大国未能融入西方现有的跨国资本阶级结构。因此，与现实主义者的悲观主义预测和自由主义者的乐观主义预测都截然不同，斯蒂芬认为，新兴大国的崛起正导致形成一种兼具跨国一体化和相对更少自由化特色的混合型全球治理秩序①。

2018 年，斯坦西·古达德（Stacie E. Goddard）在《国际组织》发表的论文，系统提出了新兴国家与国际秩序之间关系的多种不同的理想类型。他认为，现有国际制度的容纳程度以及崛起国在体系中的地位都会影响崛起国与既有体系之间的互动关系。国际制度可以改变崛起国的成本，影响其机会空间，并且转变其偏好。其中，包容性更强的国际制度会给予崛起国更多的准入空间（access），从而降低其退出体系并且在体系外发起挑战的可能性②。另外，崛起国如果在国际政治经济体系中具有中间桥梁地位（brokerage），就更有可能在现有体系外建立排他性的联盟网络，从而与现有体系相抗衡。在他看来，中国近年来建立上合组织（SCO）、提出“一带一路”倡议和建立亚投行（AIIB）等行为，本身并不具有修正主义和挑战自由主义国际秩序的动机，而是更多出于功能性的需求③。

---

① Matthew Stephen, “Rising Powers, Global Capitalism and Liberal Global Governance: A Historical Materialist Account of the BRICs Challenge”, *European Journal of International Relations*, Vol. 20, No. 4, 2014, pp. 912–938.

② 关于这一观点，也可参见 D. Lesageand T. Van de Graaf, *Rising Powers and Multilateral Institutions*, Palgrave Macmillan UK, 2015。

③ Stacie E. Goddard, “Embedded Revisionism: Networks, Institutions, and Challenges to World Order”, *International Organization*, Vol. 72, 2018, pp. 763–797.

阿兰（B. B. Allan）等从建构主义的视角反驳了所谓崛起国必然与霸权国发生冲突的观点。他们认为，霸权秩序与霸权性意识形态和身份的分配存在紧密的联系，而不仅仅只是与军事和经济实力相关。因此，霸主国的实力衰落并不意味着霸权秩序的转型，相反秩序更有可能维持稳定，然后自身缓慢走向衰退。另一方面，崛起国的身份如果与霸权秩序并不一致，那么即使进入霸权秩序也不可能获得完全成员（full member）的地位，而且也不大可能形成反霸权的行动集团。他们认为，中国的崛起不大可能推动一场霸权转型①。

四、误判中国意图的危险

近年来，不少海外学者认为，美国不应该过分夸大国外的威胁，而应该更多关注国内的挑战。英国谢菲尔德大学教授凯瑟琳·莫顿（Katherine Morton）2016 年指出，人们经常夸大中国在全球的影响力，这与问题过于复杂而难以衡量有关，也往往与人们对西方秩序的衰落产生的担忧有着很大的关系。事实上，中国在即将形成的包容的、合法的全球秩序中的角色仍然有待界定②。美国著名国际政治学者斯蒂芬·沃尔特（Stephen M.Walt）近年来多次提出，美国最大的问题是要对过去的外交政策进行检讨，不能再盲目追求海外霸权。他认为，美国应该更多关注国内事务，投资建设好美国自身这个

① B. B. Allan, S. Vucetic and T. Hopf , “The Distribution of Identity and the Future of International Order: China’s Hegemonic Prospects”, *International Organization,* Vol. 72, 2018, pp. 839–869.

② Katherine Morton, “China’s Role in An Emerging Global Order”, *East Asia Forum*, 1 September, 2016.

“山巅之城”①。2021 年 3 月，沃尔特在《外交政策》上连续发表两篇文章，批评美国国务卿布林肯所谓中国挑战国际秩序的观点，认为“世界想要中国的规则”，“中国也需要基于规则的秩序”②。

2018 年，美国哈佛大学肯尼迪政府学院贝尔福中心研究员迈克尔·贝克利（Michael Beckley）出版的新书《无敌》（*Unrivaled*）认为，美国的地位仍然无可匹敌，在未来相当长一段时间里，美国都将会是唯一的超级大国，完全不必因为中国的崛起而产生恐惧心理。“如果美国能够避免国外过度扩张、国内投资不足，它现在是，并将在可预见的未来内继续是世界上唯一的超级大国。”③

澳大利亚东亚论坛网站 2018 年 10 月 21 日发表美国芝加哥大学保尔森研究所研究员奈尔·托马斯（Neil Thomas）的文章称，中国并不谋求霸权或“世界支配地位”，中国与国际秩序互动是因为这样做符合它的利益④。托马斯指出，“世界大国”或“世界支配地位”似乎不大可能是中国的重点，中国注意到了苏联在冷战期间犯下的对外过度扩张和敌视美国领导的体系的错误。与其他主要国家一样，中国现在也在与国际秩序互动：它遵守这一秩序是因为这样做符合它的利益，并且它还试图在不利于其利益的地方影响这一秩序。托马斯认为，美国维护国家利益最好的办法是接受中国的崛起，同时改善现有的国际秩序，为此“应该避免一场‘新冷战’”⑤。

---

① Stephen M. Walt, *The Hell of Good Intentions: America's Foreign Policy Elite and the Decline of U. S. Primacy*, Farrar, Straus and Giroux, 2018; Stephen M. Walt, “The End of the American Era”, *National Interest,* November/December, 2011, pp. 6–16.

② Stephen M. Walt, “China Wants a ‘Rules-Based International Order’ Too”, *Foreign Policy*, https://foreignpolicy.com/2021/03/31/china-wants-a-rules-based-international-order-too/.

③ Michael Beckley, *Unrivaled: Why America Will Remain the World's Sole Superpower*, New York：Cornell University Press, 2018.

④ Neil Thomas, “Chinese Foreign Policy under Xi Jinping”, *East Asia Forum Quarterly*, http://www.eastasiaforum.org/2018/10/21/chinese-foreign-policy-under-xi-jinping/.

⑤ Ibid.

2018 年 11 月，美国国务院负责东亚和太平洋事务的代理助理国务卿董云裳（Susan Thornton）指出，美中两国长期的国家利益在根本上是相互兼容的。对于所谓中国是挑战现有国际秩序的“修正主义势力”的说法，董云裳并不认同。她认为，对美国来说中国当然一直是“竞争国”，中国拥有长远目标，结果有可能超越美国，但她不认为中国拥有取代美国的目标。董云裳强调美中对话的重要性。她说：“如果美国找不到与中国合作的道路，我们将迎来极其困难的未来。”中国与苏联不同，美国没有可以从经济上孤立中国的国际机制。两国经济日益密切联系起来，将美国经济从中国分离出来，美国自身将会破产。董云裳强调：“意见出现分歧，有必要加强对话，寻找妥协点。美国社会在分裂政治下已经认为向对方让步一英寸也是错误的。我认为，几乎所有的问题都有找到共同利益的解决方法。”①

“修昔底德陷阱”概念的首创者、美国哈佛大学教授格雷厄姆·艾利森（Graham Allison）也认为，如果美中两国都把解决国内问题放到中心位置，放弃对霸权的争夺，“修昔底德陷阱”并非不可避免。他在 2017 年出版的著作《注定一战：美中如何避免坠入修昔底德陷阱》指出，美中能否跳出“修昔底德陷阱”将是决定全球秩序向何处去的关键问题。艾利森在结论部分特别强调美中两国同样面临突出的国内问题。“如果美中两国的最高领导人都把解决国内问题放在首位，在亚洲争霸就不会显得那么重要了。”他建议美国必须真正理解中国想要做什么，制定真正的战略，并且把国内的挑战放在首位②。艾利森强调，美中之间的竞争态势不会改变，但需要的是

---

①《美国前代理助理国务卿董云裳说有必要摸索美中合作之路》，载日本《朝日新闻》2018 年 11 月 3 日，转引自《参考消息》2018 年 11 月 5 日，http://www.ckxx.net/p/129506.html。

② Graham Allison, *Destined for War: How Can America and China Escape the Thucydides Trap*, Houghton Mifflin Harcourt, 2017.

“有约束”的竞争，确保竞争在有底线可循、双方能保持沟通对话的情况下进行[①]。

中美两国之间同时存在竞争与合作关系。新加坡前总理李光耀指出，与冷战时期美苏矛盾不同，美国与热情拥抱市场经济的中国之间没有不可调和的意识形态矛盾；中美关系是既合作又竞争的；二者之间的竞争是不可避免的，但冲突却可以避免[②]。

在 2011 年出版的《论中国》（*On China*）一书中，基辛格建议美中两国应该参照“大西洋共同体”，同意建立“太平洋共同体”，并且和其中的所有国家都追求和平发展[③]。基辛格指出，美中这两个有着不同文化和不同发展前提的伟大国家都正经历着根本性的国内变化。这些变化最终是会导致两国间的竞争，还是会产生一种新形式的伙伴关系，将对 21 世纪世界秩序的未来产生重大影响[④]。基辛格认为，美中之间最为关键的竞争更可能是发生在经济和社会层面，而不是军事层面。如果按照两个国家目前的速度发展下去，发展的差距肯定会发生变化。但是，对于这样一种趋势，美国显然可以通过自身的能力予以改变，甚至通过努力可以逆转。基辛格指出，美中关系不必是零和博弈，也不应该是零和博弈。与一战之前欧洲国家之间的冲突不同，当前美中之间的一些关键议题已经在本质上成

① 刘晨、胡友松:《中美需进行“有约束”的竞争——专访哈佛大学教授格雷厄姆·艾利森》，载《参考消息》2018 年 10 月 9 日。

② Graham Allison, Robert D. Blackwill and Ali Wyne, *Lee Kuan Yew: The Grand Master's Insights on China, the United States, and the World*, Cambridge: The MIT Press, 2013, p. 38.

③ 还有一些美国学者也提出了建设性的意见，建议建立一些确保中美之间增加互信、消除敌意的安全框架或机制。James Steinberg and Michael E. O' Hanlon, *Strategic Reassurance and Resolve: US-China Relations in the Twenty-First Century*, Princeton: Princeton University Press, 2014; Lyle J. Goldstein, *Meeting China Halfway: How to Defuse the Emerging US-China Rivalry*, Washington, D.C.: Georgetown University Press, 2015.

④ 基辛格:《世界秩序》，胡利平、林华、曹爱菊译，中信出版社 2015 年版，第 294 页。

为全球性的问题。双方如果达成共识可能被证明非常困难，但如果在相关问题上推动出现冲突必将会弄巧成拙（self-defeating）[①]。基辛格在结尾部分指出了美国思维模式的极端危险性。他针对那种把美中关系与一战前的英国与德国关系进行类比的做法，特别是对于那种认定美中之间必然发生利益冲突的认知模式提出了警告。基辛格以 1907 年英国外交部高官艾尔·克劳（Eyre Crowe）撰写的“克劳备忘录”为例，认为这份对英德关系充满敌意的评价报告在一定意义上直接导致了英德两国敌意的发展，因为它导致英国的外交空间极度压缩，一直到 7 年后第一次世界大战爆发[②]。

正确理解中国与国际秩序的关系，对于当前和未来一段时间的中美关系显得极为重要。因为中美深化合作符合全球利益，而且也从根本上符合美国的长期国家利益。21 世纪的世界不可能由中国或美国单独某一个国家独立支撑。美国著名地缘政治学者兹比格涅夫·布热津斯基（Zbigniew Brzezinski）2017 年 1 月接受采访时指出，美国的全球影响力正在高度依赖与中国的合作，“美中两国进行合作的世界将是一个美国的影响力得以最大化的世界”。布热津斯基强调:“现在美中两国已经是世界上两个占主导地位的大国……在今天的世界上，中国无法单独领导世界，同样美国也不能做到。用更加直白或者有些矛盾的话来说，即使是美国想要把中国孤立起来单干，也无法说服自己了。”“如果我们牢记这一点，现在就可以开始，逐渐地塑造一个比当下更加稳定的世界，显然当前的世界是极不稳定和不可预测的。美国的长期利益从根本上取决于我们深化与中国的各种联系，而并不是为了所见的短期利益而将其根除。”[③]

---

① Henry Kissinger, *On China*, New York: The Penguin Press, 2011.

② Ibid.

③ Nathan Gardels, “America’s Global Influence Depends on Cooperation with China”, *Gulf News*, https://gulfnews.com/opinion/thinkers/america-s-global-influence-depends-on-cooperation-with-china-1.1954823.

五、结语

美国2017年发布的报告《国家安全战略》指责中国是“修正主义者”，这是完全错误的，缺乏现实依据。恰恰相反，本文发现海外中国问题研究领域的主流学术研究都倾向于认为，中国是国际秩序的维护者，而且未来出于自身利益考虑也不会成为挑战者，更不会试图颠覆这一体系。作为当前国际体系的构建者和受益者，中国将成为推动国际秩序走向更加包容的建设者。

西方的主流国际关系理论过于机械和充满“决定论”色彩，认为崛起的大国将挑战现状是理所当然的。这背后体现了一种严重的傲慢。与此同时，有些西方学者基于对中国历史文化传统的错误认知，将其简单生硬地搬到21世纪的做法，也是一种缺乏深入思考的学术懒惰。但是，由于西方国家在话语权方面的垄断地位，相关的谬误还可能占据很大的国际舆论市场，可能会对西方国家的外交持续产生误导，对国际秩序的未来造成极大的破坏性影响。避免这种危险将是未来一段时间学术界和外交界需要应对的重要挑战之一。

（谢来辉：中国社会科学院亚太与全球战略研究院）

中国民众对政府绩效的满意度
——基于2003—2016年调查数据的观测

[美]爱德华·康宁安 托尼·赛奇 杰西·图里尔/文 王艳/编译

一、引言

中国共产党在中国的地位非常稳固，这种韧性来源于民众对本国体制的支持。在中国大陆，由于长期、公开和有全国代表性的民意调查较少，普通民众究竟如何看待他们的党和政府就显得尤为重要。很多学者都对这个问题进行了研究。其中，一些学者认为，由于近几十年来中国普通民众的收入快速增长，人们对中国共产党充满信任。

本报告和相关长期调查的目的在于，用客观和量化的方法研究民众对中国政府的满意度问题。这一报告涵盖2003—2016年间8次独立调查的数据、31000多份对农村和城市居民的面对面访谈记录。本调查长期跟踪中国民众对乡镇、县（市）、省（直辖市）及中央四级政府的支持情况。尽管不能充分掌握中国民众对党和政府满意度的所有情况，本报告仍有如下两个重要且相互独立的发现[①]。

第一，2003 年以来，中国民众对党和政府的满意度持续上升。无论是国家宏观政策的制定还是基层政府的政策执行，民众普遍认为政府的行政能力和效率较之前均有所上升。有意思的是，那些相对贫困的内陆地区民众的满意度可能更高，这有效驳斥了“中国社会矛盾将随时爆发”的错误判断。

第二，中国民众对党和政府的态度似乎是他们对物质生活变化作出的反应，因此，经济下滑和自然环境恶化可能会影响民众对党和政府的支持率。

本报告将从总体情况和三个具体的政策领域对调查数据进行介绍和分析。

二、中国民众对政府的满意度概况

调查数据反映的一个突出特征是：自 2003 年以来，中国民众对四个层级政府的满意度几乎都在提高。受访者需要对政府的表现进行打分，分值是 1—4 分，分值 1 表示“非常不满意”，2 表示“不满意”，3 表示“基本满意”，4 表示“非常满意”。在所有的调查中，政府离普通民众越近，民众的满意度越低，乡镇和县（市）政府的满意度要低于省（直辖市）和中央政府。这种“满意度差序格局”（见表 1）与研究人员在美国及其他西方国家观察到的情况大相径庭。在西方国家，地方官员远比联邦官员受欢迎。2003 年，民众对中

① 本报告由哈佛大学肯尼迪政府学院阿什民主治理和创新中心（Ash Center for Democratic Governance and Innovation, Harvard Kennedy School）于 2020 年 7 月发布，报告所依据的调查问卷由阿什民主治理和创新中心设计，调查由中国国内的民意调查公司负责实施。

央政府表现出很高的满意度，有高达 86.1% 的民众对中央政府表示“满意”；到 2016 年，这种满意度进一步增加到了 93.1%，虽然增加值不大，但主要是因为初始值较高。与之相比，2003 年，民众对乡镇一级政府满意度并不高，只有近 44%，而近 52% 的民众表示“不满意”；但到了 2016 年，这一数据得到了逆转，约 70% 的民众表示“满意”，仅不到 26% 的民众表示“不满意”。

表 1：中国民众对各级政府的满意度（2003—2016 年）

		2003	2004	2005	2007	2009	2011	2015	2016
中央政府	1	1.3%	1.8%	1.4%	0.6%	0.3%	1.2%	0.4%	0.3%
	2	7.6%	9.5%	7.6%	5.2%	2.9%	5.0%	6.3%	4.0%
	3	60.7%	59.2%	59.8%	54.1%	50.9%	54.5%	55.2%	61.5%
	4	25.4%	22.9%	20.7%	38.2%	45.0%	37.3%	37.6%	31.6%
	均值（分）	**3.16**	**3.11**	**3.11**	**3.32**	**3.41**	**3.3**	**3.31**	**3.3**
	不满意	8.9%	11.3%	9.0%	5.8%	3.2%	6.2%	6.7%	4.3%
	满意	86.1%	82.1%	80.5%	92.3%	95.9%	91.8%	92.8%	93.1%
省级政府	1	2.4%	2.0%	1.6%	1.3%	0.6%	1.9%	1.9%	0.8%
	2	16.7%	13.3%	10.9%	10.4%	8.7%	10.3%	13.6%	13.8%
	3	64.0%	62.4%	60.7%	55.3%	56.0%	57.2%	64.6%	51.9%
	4	11.0%	14.6%	14.7%	30.2%	33.2%	28.4%	19.0%	29.8%
	均值（分）	**2.89**	**2.97**	**3.01**	**3.18**	**3.23**	**3.15**	**3.02**	**3.1**
	不满意	19.1%	15.3%	12.5%	11.7%	9.3%	12.2%	15.5%	14.6%
	满意	75.0%	77.0%	75.4%	85.5%	89.2%	85.6%	83.6%	81.7%
县级政府	1	7.0%	5.8%	4.6%	4.4%	3.1%	2.9%	6.2%	1.6%
	2	35.1%	25.8%	24.2%	18.0%	19.1%	22.1%	29.9%	19.9%
	3	45.9%	51.5%	49.7%	58.6%	61.4%	57.2%	53.1%	56.4%
	4	6.1%	10.8%	11.6%	16.2%	13.4%	14.6%	9.7%	17.6%
	均值（分）	**2.54**	**2.72**	**2.76**	**2.89**	**2.88**	**2.86**	**2.67**	**2.9**
	不满意	42.1%	31.6%	28.8%	22.4%	22.2%	25.0%	36.1%	21.5%
	满意	52.0%	62.3%	61.3%	74.8%	74.8%	71.8%	62.8%	73.9%

续 表

		2003	2004	2005	2007	2009	2011	2015	2016
乡镇级政府	1	18.7%	12.3%	9.3%	8.9%	7.3%	6.2%	9.5%	2.3%
	2	32.9%	26.1%	27.1%	27.1%	27.8%	26.9%	34.2%	23.3%
	3	38.1%	45.8%	47.0%	49.8%	54.2%	52.9%	47.0%	57.4%
	4	5.5%	10.1%	8.7%	10.9%	7.3%	10.9%	7.8%	12.8%
	均值（分）	**2.32**	**2.57**	**2.6**	**2.65**	**2.65**	**2.71**	**2.54**	**2.8**
	不满意	51.6%	38.4%	36.4%	26.0%	35.1%	33.1%	43.7%	25.6%
	满意	43.6%	55.9%	55.7%	60.7%	61.5%	63.8%	54.8%	70.2%

当然，报告关于民众满意度的分析除了对政府绩效的整体评估之外，还涉及民众对地方官员具体行为的认知。当被问到地方政府官员的具体行为和特征时，越来越多的中国民众认为他们是友好、博学和高效的（见表 2）。在 2003 年，有超过一半的受访者认为地方官员“只会说”而不解决实际问题；但到了 2016 年，约 55% 的受访者认为地方官员是“实际问题的解决者”，只有约 36% 的受访者不同意这一观点。类似地，在 2003 年，认为“地方官员只关注富人的利益”的受访者的比例几乎是认为“地方官员关心普通群众的困难”的两倍；到 2016 年，这一情况得到了逆转，有近 52% 的受访者认为地方官员“关心普通群众的困难”，只有 40% 的受访者认为他们“只关注富人的利益”。

表 2：中国民众对地方政府官员的认知（2003—2016 年）

地方官员的特征	2003	2004	2005	2007	2009	2011	2015	2016
冷漠自负	48.2%	45.2%	42.6%	41.5%	39.4%	42.2%	41.8%	44.3%
热切的帮助人民	30.9%	31.9%	38.7%	47.3%	46.8%	47.3%	54.9%	48.7%
漠不关心	38.9%	37.9%	32.1%	26.7%	28.7%	26.4%	24.3%	21.3%
友好的	39.1%	37.2%	47.2%	62.4%	60.1%	61.1%	74%	74.1%
无知的	21.5%	21.7%	14.4%	16.7%	9.2%	15.4%	23%	15.3%

续 表

地方官员的特征	2003	2004	2005	2007	2009	2011	2015	2016
博学的	50.8%	47.5%	59.6%	69.3%	74.8%	69.4%	74.2%	75.7%
只会说	51.2%	43.1%	42.6%	46.3%	37.4%	42.5%	42.5%	36.4%
实际问题的解决者	26.3%	31.3%	37.2%	43.4%	45.6%	47.1%	54.1%	55.3%
关注富人的利益	50.1%	43.3%	42.9%	46.9%	43.9%	44.6%	51.3%	40%
关心普通群众的困难	28.1%	31.5%	37%	43.8%	44.2%	44%	45.5%	51.7%
只关心和取悦上级官员	54%	47.4%	43.5%	48.9%	49.4%	45.8%	50.5%	42.9%
接受公众意见	24.5%	27.8%	34.3%	40.5%	39.4%	43%	46%	48%
征收非法税费	41.3%	30.6%	23.5%	30.3%	17.6%	31.6%	32.8%	22.9%
依法征费、征税	31.7%	40.7%	49.2%	55.2%	65.9%	52.4%	61.7%	66.7%
只关心自己的利益	49.8%	41.2%	41.7%	42.4%	40.3%	41.6%	44%	37.5%
为地方利益服务	23.7%	27.2%	34.2%	44.1%	45.6%	42.5%	51.2%	51.1%

自 2004 年起，问卷中设计了“受访者与地方政府互动及其对这种互动的印象”的题目。在历次调查中，近 15% 的受访者认为他们在过去 12 个月中与政府官员进行了互动。虽然民众普遍认同这种互动频率，但对互动效果的看法并不一致。认为“根本不解决问题”的民众所占的比重从 2004 年的 28% 下降到 2016 年的 7.6%；而认为“完全解决问题”的比重从 2004 年的 19.3% 上升到 2016 年的 55.9%。2004 年，对互动结果满意的受访者比例甚至达不到不满意比例的一半；而到了 2016 年，前者是后者的三倍还多（见表 3）。

表 3：中国民众对地方政府官员与公众互动的印象（2004—2016 年）

对地方政府官员与公众互动的印象	2004	2005	2007	2009	2011	2015	2016
根本不解决问题	28.3%	24.7%	20.4%	26.4%	25.5%	11.3%	7.6%
部分解决问题	43.4%	34.6%	37.1%	29%	24.1%	40.4%	33.1%
完全解决问题	19.3%	36%	39.2%	41.5%	31.3%	45.8%	55.9%
对最终的结果不满意	64.2%	46.6%	40.7%	43.7%	41.9%	29%	23.3%
满意最终的结果	31.7%	49.2%	58.2%	55.7%	47.9%	69.8%	75.1%

可见，2003—2016年，中国民众对党和政府的总体满意度显著上升，但我们还需要阐明这一趋势的形成原因是否可持续的问题。我们在接下来的三个部分，分别从公共服务、反腐败斗争及环境问题三个关键领域分析中国民众对政府满意度上升的原因与趋势。

三、公共服务供给从经济转向社会领域

目前，中国人均GDP是1978年改革开放之初的60倍，40多年的快速发展使中国人民的平均生活水平得到显著提高，8亿多人口实现了脱贫，但同时也产生了分配不公等问题。中国此前“允许一部分人先富起来”的政策和出口导向型的经济发展模式，使中国东部沿海一些城市率先富裕起来了。农民摆脱了集体化农业的负担，但需要独立养活自己。20世纪80年代和90年代中国打破了“铁饭碗”，也就是国家为居民提供工作、住房和基本医疗保障的从“摇篮到坟墓”的保障体系。这种体系的改变使提供公共服务的任务大部分转移到了县级政府和乡镇政府。笔者认为，那些欠发达地区的乡镇政府既没有充足的税收收入，又缺少来自上级政府的财政补贴，难以履行其支出义务，因而不得不依靠预算之外的税费来增加政府的财政收入。

中国共产党注意到了居民收入差距逐渐扩大的趋势，因而从2003年开始，制定了一系列旨在为弱势群体提供基本生活保障的政策措施。2006—2011年，中国基本医疗保险的覆盖人群几乎翻倍，覆盖率从43%增长到了95%。到2012年，中央政府在农村和农业方面的投入高达3万亿元，是2004年的10倍。有证据表明，目前，中国城市与农村、沿海地区与内陆地区之间的差距已趋于平稳或开始缩小。

本调查的主要目的之一是衡量中国民众对地方政府在基本公共服务供给方面的满意度。2003 年夏，中国政府启动了再分配改革，这一时期的调查基于两方面的目的：一是了解中国民众是否真的享受到了更高质量的公共服务，尤其在基本医疗、社会保障和教育方面；二是在贫困的内陆地区，再分配改革的目标人群对政府的满意度是否快速提高。

调查显示，2005—2011 年间，获得保险和社会福利保障的人数大幅增长。这一增长在乡镇和农村地区尤为显著。2005 年，农村地区拥有社会保险和享受社会福利保障的人数明显低于大城市，但到了 2011 年，这种差距因农村地区的改善而大为缩小。例如，农村居民获得基本医疗保险的比例从 2005 年的 32% 提高到 2011 年的 82.8%，农村基本养老保险的覆盖率从 36.8% 提高到 77.3%，没有任何保障的农村居民的比例从 2005 年的 58.3% 降到了 2011 年的 13.2%（见表 4）。

表 4：中国部分社会保障项目的公众参与程度

保险和社会福利计划	城市				乡镇				农村			
	2005	2007	2009	2011	2005	2007	2009	2011	2005	2007	2009	2011
职工基本养老保险	55.3%	65.7%	75%	79.4%	29.6%	30.5%	49.9%	67%	36.8%	53%	63.6%	77.3%
职工 / 居民基本医疗保险	53%	65.4%	74.1%	85.7%	28.9%	31.2%	56.9%	70.2%	32%	53%	66.4%	82.8%
失业保险	18.2%	23%	33.2%	40%	1.8%	3.6%	10.2%	18.8%	11.7%	16%	22.8%	28.3%
工伤保险	6.6%	8.1%	19.9%	26.2%	2.1%	1.7%	7%	11%	4.4%	5.8%	14.1%	28%
生育保险	3.3%	4.2%	11.5%	13.3%	0.8%	0.5%	3.1%	7.5%	3.6%	2.9%	7.7%	11.6%
住房公积金	31.2%	28.7%	30%	33%	11.6%	8.2%	6.8%	7.1%	20.4%	21.3%	19.5%	18.6%
以上都没有	30.8%	24.1%	16.9%	11.1%	61.1%	59.7%	27.8%	22.4%	58.3%	37%	21.8%	13.2%

评估公共服务供给的增长是否影响居民对政府的支持度的方法是，将调查样本分为“相对富裕群体”和“相对贫困群体”两类，并比较 2003—2016 年其满意度的相对增长值（见表 5）。调查反映了两种明显的趋势：一是低收入群体比高收入群体对党和政府表现出更高的满意度；二是内陆地区的居民比东部沿海地区的居民对党和政府表现出更高的满意度。

我们将这两个趋势定义为“收入效应”和“区域效应”，这两个效应在地方层面表现得尤为明显，主要是因为地方政府负责地方公共服务供给。除此之外，对数据进行的回归分析表明，教育、卫生、社会福利三个关键的宏观经济变量与民众对政府的满意密切相关。在其他条件都相同的情况下，所在地区在教育、卫生和社会福利方面投入越多，民众的满意度可能越高。这同样适用于基础设施条件更好、居民收入差距较小的地区。此外，如果控制这三个宏观经济变量，表 5 中所显示的收入效应和区域效应绝大部分会消失。这表明，绝大多数与满意度相关的控制变量随政府所提供的公共产品和服务的变化而变化。

表 5：2003—2016 年平均政府满意度的增长（按收入和区域划分）

	城市				乡村			
	中央	省级	县级	乡镇级	中央	省级	县级	乡镇级
低收入	0.25	0.29	0.38	0.44	0.04	0.28	0.53	0.76
高收入	0.23	0.29	0.24	0.36	0.09	0.29	0.39	0.42
差异	0.02	0	0.14	0.08	−0.05	−0.01	0.14	0.34
	城市				乡村			
	中央	省级	县级	乡镇级	中央	省级	县级	乡镇级
偏远	0.24	0.34	0.39	0.43	0.07	0.35	0.56	0.78
中心	0.24	0.19	0.16	0.11	0	0.11	0.23	0.19
差异	0	0.15	0.23	0.32	0.07	0.24	0.33	0.59

因此，我们可以清楚地看到，2003 年以来，对政府绩效的满意度提升的民众主要集中在相对贫困的内陆地区的群体中，他们是分配制度改革的主要目标人群。这些发现表明，中国的贫困群体不是对社会和政治不满的潜在威胁，相反，他们认为政府在提供基本医疗、社会福利和其他公共服务方面越来越有效率。虽然中国民众仍然将收入不平等、工作缺乏保障等视为重要的问题，但大多数人相信情况正在朝着积极的方向发展，并且相信政府会帮助他们不断提高物质生活条件。

四、反腐败斗争的成功

腐败常常被中国民众视为政府最为严重的问题之一。因此，在本调查问卷所设计的 20 个地方治理指标中，“惩治腐败”的平均满意度在 2003—2011 年排名靠后就不足为奇了。在总分值为 4 分的量表中，对“惩治腐败”的平均满意度仅为 2.38 分。2003—2005 年，民众对政府处理腐败的满意度维持在较低水平，到了 2007—2009 年，这一数值有些提高，但到 2011 年又轻微下降了（见表 6）。

表 6：五个得分较低的政府绩效指标（2003—2011 年）

	2003	2004	2005	2007	2009	2011	平均值
吸引投资	2.53	2.31	2.73	2.76	2.74	2.76	2.64
对遇到困难的家庭的安全网	2.38	2.44	2.58	2.68	2.65	2.69	2.57
失业保险	2.27	2.49	2.58	2.59	2.61	2.65	2.53
创造就业岗位	2.25	2.48	2.59	2.62	2.51	2.67	2.52
惩治腐败	1.99	2.66	2.38	2.50	2.47	2.29	2.38

从 2007 年开始，调查问卷中设置了更多关于惩治腐败的细节问题。2007—2009 年，受访者对政府惩治腐败所持的看法中，“好”与“不好”的比例几乎是相同的。但到了 2011 年，有 35.5% 的受访者认为政府表现较好，而有 58.1% 的受访者认为政府表现不好。

2012 年开始，中国启动了新一轮反腐败工作，反腐败的高压态势对调查数据产生了较大的影响。从调查数据来看，中国民众普遍支持反腐败斗争。2011 年，只有 35.5% 的受访者认可政府的反腐败斗争，但这一数据在 2016 年已升至 71.5%。同样，认为政府是廉洁的受访者所占比例从 2011 年的 35.4% 上升到 2015 年的 44.2%，再上升到 2016 年的 65.3%（见表 7）。

绝大多数受访者认为，政府在反腐败方面作出的努力是有效的，事情正在朝好的方向发展。腐败案例造成的影响表明，即便是在民众对政府的总体满意度上升的时期，民众对政府处理特定事件的态度也可能显著不同。

表 7：民众对中国地方政府官员廉政情况的感知（2007—2016 年）

民众对地方政府官员廉政情况的感知	2007	2009	2011	2015	2016
非常不清廉	5.2%	5.2%	8.4%	8.8%	4.4%
不是很清廉	41.6%	41.6%	46.8%	44.7%	24.9%
相对清廉	40.1%	40.1%	32.8%	39.4%	55.1%
非常清廉	1.2%	1.2%	2.6%	4.8%	10.2%
缺失	0.9%	0.9%	0.6%	0.3%	0.4%
不知道	11.%	11.1%	8.8%	1.9%	4.9%
认为不清廉的总数	46.8%	46.8%	55.2%	53.5%	29.3%
认为清廉的总数	41.3%	42.7%	35.4%	44.2%	65.3%

五、民众对环境问题的关注

改革开放以来，中国经济实现了快速发展，但生态环境在一定程度上遭到了破坏，除了空气污染和水污染，中国还面临土壤污染、林地毁坏、土地荒漠化、栖息地被破坏等问题。尽管中国共产党和政府采取了相关措施，大力解决这些问题并取得了很大的成绩，但环境问题有时仍会引起民众的不满。

2016年的调查结果表明，中国民众在环境方面最关心空气污染问题，有33.5%的受访者将其视为最严重的环境问题，紧随其后的是食品安全（19.1%）、气候变化（16.9%）和水污染（12.4%）。如果以居住地作为分类标准，城市居民更可能将气候变化视为最重要的环境问题，而农村居民则更可能关注水污染（见表8）。

表8：公众认为最严重的环境问题（2016年6月）

环境问题	城市	城镇	农村	平均
空气污染	34.6%	35%	31.2%	33.5%
食品安全	19.7%	18.8%	18.7%	19.1%
气候变化	19.3%	13.9%	15.7%	16.9%
水污染	9.8%	10.9%	16.6%	12.4%
栖息地破坏 / 土地和野生动物的损失	2.9%	3.2%	3.4%	3.2%
所有的一样重要	13.5%	17.6%	13.6%	14.4%
以上都不重要	0.2%	0.6%	0.8%	0.5%

有意思的是，有75%的受访者相信气候变化是真实存在的并且受到人类行为的影响，有接近70%的民众支持签订碳排放条约，这一比例远高于美国。

中国民众对未来五年的情况是比较乐观的，有 43% 的受访者预期当地的空气质量会变好，31% 的受访者认为会维持不变，只有 26% 的受访者预期会变差。

总体来说，在总分值为 10 分的量表中，人们对空气质量评估的平均分为 6.28 分，但它的标准方差为 1.74，所以这个平均值具有显著差异。2016 年 6 月调查的一个重要目标是，了解地方实际可测量的空气质量波动能否解释民众所感知的地方空气质量差异。为了做到这一点，我们要保证每个城市每日记录的空气质量指数值与在特定时间和地点测量的民众感知的空气质量相匹配。结果显示，每日空气质量指数与民众当日对当地空气质量的看法存在明显的相关性。这表明，中国民众对空气污染作出的主观估计其实有着坚实的事实依据。测量的空气质量指数与生活满意度呈负相关关系。换句话说，中国民众对政府的满意度随着空气质量高于平均水平而提高，随着空气质量低于平均水平而降低。

表 9：投诉意愿或参与环保抗议的决定性因素

		总体	健康影响		互联网信息	
			是	否	是	否
投诉	是	10.7%	17.9%	6.3%	11.3%	8.7%
	否	89.3%	2.1%	93.7%	88.7%	91.3%
抗议意愿	绝对是	19.7%	31.2%	12.6%	21.2%	17.5%
	好像是	46.8%	48.6%	45.7%	49.0%	44.4%
	好像不是	25.8%	16.5%	31.5%	23.4%	28.0%
	绝对不是	7.7%	3.7%	10.2%	6.4%	10.1%

那些对地方空气质量持负面评价的受访者更倾向于对地方政府在处理环境事务方面的表现给出差评。OLS 回归显示，在控制其他变量的情况下，对空气质量的感知每下降一个百分点，对地方政府

环境治理的满意度就下降 0.08 个百分点（在总分值为 4 分的量表中）。这个发现表明，中国普通民众将污染问题归结为特定的人为因素，而不是将其视为自然的结果或者经济发展的代价。因为民众对空气质量的感知在很大程度上取决于他们看到的窗外景象，这就使地方干部很难通过“作秀”或者“控制信息”转移批评。

表 9 表明，只有约 10% 的受访者曾经针对空气污染提起过正式的投诉或申诉。然而，这个比例并不直接受实际或感知到的当地空气质量的影响，而更依赖于其他更加个性化的变量。那些认为空气质量影响到自己或家人身体健康的受访者更有可能提起投诉和申诉（大约占 30%）。对互联网信息的依赖程度也与投诉的意愿高度相关。调查表明，熟练掌握互联网的民众有更多的途径获取媒体信息，更有可能采取相关行动。

总之，这些结果说明，中国民众可以对地方的空气污染作出自己的评估，并倾向于表达不满。

六、结语

尽管中国无法完全避免来自社会和经济方面的挑战，但有证据表明中国共产党在人民中间并未失去支持。相反，调查显示，从不同的指标来看，2016 年的中国政府比之前 20 年中的任何时期都要更受欢迎。总体来说，中国民众认为政府在医疗、福利和其他公共服务供给方面比 2003 年做得更好。此外，在腐败问题上，2009—2011 年间民众满意度下滑的趋势也停止了，民众普遍认可中国政府当前的反腐败斗争。在环境问题上，虽然一些民众表示不满，但大多数受访者认为未来几年中国的环境质量会得到提高。对于政府解决每一个问题的信心，中国相对贫困的内陆地区民众的态度与发达地区民众的态度几乎是一样的。总之，没有证据表明中国民众中存在对党和政府的普遍不满。

调查显示，民众对政府绩效的认知更多源于个人物质生活的真实和可感知的改变，因而中国民众对党和政府的满意度与支持度将持续增强。实际上，当党和政府的决策能够不断提高民众的生活标准、增加公共服务供给时，他们会更加支持党和政府，并期望这种趋势可以持续下去。

〔爱德华·康宁安（Edward Cunningham）、托尼·赛奇（Tony Saich）、杰西·图里尔（Jesse Turiel）：哈佛大学肯尼迪政府学院；王艳：中央党史和文献研究院第三研究部〕

区域篇

阿拉伯国家

吕可丁 / 文

阿拉伯国家对于中国的关注，开始于20世纪50—60年代。一个长期被称为“东亚病夫”的民族，能够结束100多年屡遭侵略、任人宰割的历史，自立于世界，无疑是世界政治格局中的一件大事。阿拉伯各国通过不同方式与中国建立联系，各界人士纷纷来中国取经学习，在一些国家和地区，甚至兴起了一股学习中国的热潮。彼时，阿拉伯学界关于中国问题的研究偏重于政治领域[①]。中国革命领袖毛泽东的著作受到阿拉伯政党领袖、组织机构、专家学者的关注。

1978年十一届三中全会召开，改革开放作为一项基本国策正式实施，中国迎来了经济社会发展的巨大飞跃。相应地，阿拉伯学界对中国的重视程度日益提升，研究议题逐渐从政治转向经济建设和发展经验。进入21世纪，中国跻身全球新兴大国之列，国际影响力显著增强。而在阿拉伯世界，多数国家开始“向东看”的战略转向。两种现象异频同振，共同推动阿拉伯学界的中国研究蓬勃发展：中国问题研究机构及专家学者数量显著增加；研究议题从经济扩大至政治、外交、安全等各领域；宏观、微观层面的研究全面开花。

---

① 阎玉瑾：《中国与阿拉伯国家间关系发展的演变》，载《同济大学学报》2000年12月8日。

进入 21 世纪的第二个十年，新兴大国与传统大国实力差距进一步收窄，国际体系经历百年未有之大变局，中国与世界的联系日益密切，对阿拉伯国家的重要性进一步提升。阿拉伯学界对中国的关注有增无减，发表了关于中国的诸多科研成果。

一、学术成果及活动概况

阿拉伯世界横跨西亚和北非两大区域，涵盖国家众多，提供学术研究资料的特定资料库不可能囊括阿拉伯地区的全部研究成果。因此，本文以地域为区分，参照美国宾西法尼亚大学“智库研究项目”推出的《全球智库报告 2020》中“中东北非地区智库排行榜”(2020 Top Think Tanks in Middle East and North Africa)，考虑中国研究领域成果的产出质量和数量，选取西亚和北非国家几所颇具代表性的科研机构。情况介绍如下：

（一）西亚地区

1. 沙特阿拉伯

沙特在伊斯兰文化、阿拉伯历史领域的研究独树一帜。这一特色也体现在沙特学术界关于中国问题的研究中。

费萨尔国王学术与伊斯兰中心是沙特最具权威性的智库之一，主要学术活动是研究伊斯兰文明及其对世界文明的贡献，为伊斯兰国家提供学术服务。2015 年起，该中心成立以东亚事务为主要研究对象的亚洲研究部，旨在增进海湾国家和阿拉伯世界对亚洲特别是东亚国家的深入了解。近年来，费萨尔国王学术与伊斯兰中心亚洲研究部的研究重点逐渐向中国事务转移。该研究部网站公布的最新数据显示，在聘用的学者中，除了阿拉伯地区学者之外，其余全部来自中国，占研究员总数的30%。亚洲研究部与北京大学中东研究中心合作开展的“地中海区域与中国”项目，对环地中海国家与中国的相互联系与影响进行独立、客观的分析，在学界具有较高声誉。

2019年，亚洲研究部发表的成果均为中国议题。2020年，亚洲研究部共发表论文和研究报告9篇，其中7篇涉及中国议题，分别发表在该中心主办的学术期刊《研究》《评论》《特别报告》上，包括《经济视角和构建伊斯兰堡—北京—利雅得三角：对沙特阿拉伯王国在中巴经济走廊中作用的评估》《中国—伊朗协议不会改变中东游戏规则》《从阿拉伯湾前往中国的困难：公元7—13世纪外国商人面临的挑战》《海湾的“中国”开发区：以科威特北部经济区（丝绸城）为例》《中国在帝国晚期对外国宗教包容性的产生：从宗教和国家关系角度进行窥探》《红海的人民共和国：对中国在地区舆论和实质影响的全面分析》等。2021年，亚洲研究部针对中国议题新开设两个项目，分别是“中国工业发展模式研究启示与海合会国家国有经济的发展”和“中国回民社区内阿拉伯风格清真寺与伊斯兰中国化的杂糅现象”，以上项目目前处于在研状态。

此外，中心还开展了一系列与中国相关的学术研讨活动，诸如“中国国家安全观的演变：对话马修·约翰逊”（2020年10月28日），“科技与中美关系：对话肖恩·丁”（2020年9月28日），“中美科技发展及其对海合会国家的影响”（2020年9月8日，与查塔姆研究所共同举办），“中国在非洲的作用及其全球南部外交：对话莉娜·本·阿卜杜拉”（2020年8月19日），“中国和世界：对话理查德·麦格雷戈”（2020年7月6日），“新冠肺炎疫情对海湾—亚洲关系的影响”（2020年5月13日，与阿联酋外交学院共同举办），研讨会“海湾人眼中的亚洲”（2020年2月16日，与科威特大学共同举办）。

2. 阿拉伯联合酋长国

2017年以来，中国跃升为阿联酋最大贸易伙伴，阿联酋与中国各领域合作发展迅速，高层互访频繁。阿联酋政府对发展阿中双边关系的高度重视带动了近年来阿境内学术机构的中国研究热潮。以阿联酋官方智库——阿联酋战略研究中心为例，该中心成立于1994年，隶属于阿联酋外交部，长期为阿联酋政府提供对策性、战略性、储备性的政策研究。近十年来，研究中心先后推出中国问题研究专著（译著）多本，在阿拉伯地区产生了重要影响。2020年，阿联酋战略研究中心出版埃及经济和战略研究专家萨拉赫·沙伊尔的专著《中国的战略规划及世界贸易战的未来走向》，对中国经验进行了全面总结与分析，被认为是阿拉伯学术界中国问题研究的重要成果。

此外，阿联酋战略研究中心在其网站“每日要闻”专栏中也发表中国研究文章。2021年，研究中心聚焦中美关系走向，发表《拜登时代中美关系预期走向》等文章。研究中心还注重与中国政府机构的互动，曾在2019年邀请中方访阿官员以中国共产党执政经验为主题进行专题讲座。2021年，值中国共产党建党100周年之际，研究中心邀请中国驻阿联酋大使作《百年铸就辉煌，金禧共谱新篇》演讲，阐释100年来中国共产党领导中国取得的成就。

3. 巴林

西亚北非地区国土面积最小的国家巴林，是首个步入后石油经济的海合会国家，被世界银行认定为高收入经济体。受益于王室雄厚的财政和人力支持，巴林科研机构发展较快，研究成果从质量和数量上看，在阿拉伯地区均居领先地位。

成立于2009年的国际能源研究与战略中心，是巴林最著名的研究机构。它以国家利益——为巴林王室提供政策建议作为重要使命，致力于国际战略发展研究、能源研究和经济研究，努力提高巴林王国在区域和国际层面的地位。巴林与美国关系紧密，长期实行以美国为重心的外交政策，同时也与中国保持着密切的经贸往来。在中美关系发生变化的背景下，研究中心将中美关系走向以及应对措施作为重点关注领域。2021年，研究中心共发表关于中国的研究报告3篇，分别是《应对中国的美国海上战略》《人才移民是美国应对中国的秘密武器》《疫情面前，中美需要搁置分歧》。

4. 黎巴嫩

黎巴嫩位于地中海东岸，与以色列、巴勒斯坦、叙利亚接壤，地缘政治环境复杂，是西方国家和中东大国等域外力量的角力场，更是中东冲突的中心地带，长期深度卷入巴以问题两阵营的冲突。黎巴嫩自身地理、历史和现实等因素促使该国学术界的关注重点集中在地区热点问题及地区整体形势上。其中，中国作为新兴大国，与以色列、巴勒斯坦的关系现状与未来走向，在阿拉伯地区发挥的作用等，也成为该国学术机构的讨论话题。

2004年，黎巴嫩宰图那研究与咨询中心在贝鲁特成立，是黎巴嫩著名的独立研究和咨询机构，不隶属于任何政党或团体。2019年，该中心发表中国研究论文《政治分析：以色列在中国“一带一路”倡议项目中的现状》；2021年，发表论文《中国与阿联酋在非洲之角的竞争：背景、预期以及不同的议程》。

5. 叙利亚

受动荡政局和持续战乱的影响，叙利亚的科研基础相对薄弱，缺少在国际或地区范围内具有知名度的学术机构。但值得一提的是，由前叙利亚驻华大使穆罕默德·瓦迪于2009年创办的中国和亚洲研究中心。该中心作为阿拉伯地区少有的专门从事中国问题研究的学术机构，关注中国的国际角色及其对国际经济格局和国际关系的影响，致力于向阿拉伯地区全面介绍中国。研究中心官网下设“报道”“观点”“研究”等多个专栏，发表学术文章众多，如国际政治学者布赫尼亚·卡维探讨中国在非洲角色的论文《中国与非洲》、瓦迪研究中国发展战略的文章《两难的中国发展战略》、沙特国际政治及伊朗问题专家穆罕默德·本·萨格尔·萨勒密的论文《中国与美国在中东的大国博弈》等。相关研究涉及中国经济、政治、外交等各个领域。此外，研究中心还设新闻专栏，转载各国媒体涉华新闻和中国媒体报道的时政消息。

研究中心创始人瓦迪是叙利亚著名中国问题专家，撰写并发表了多部关于中阿关系的著作、文章及研究报告。其中《“中国经验”——从激进到温和》一书回顾了中国从新中国成立至今的发展历程，不仅探讨了中国在经济领域的发展经验，还设立专门章节研究了中国的政治改革。

（二）北非地区

1. 埃及

埃及是阿拉伯地区大国，在地区经济、政治、外交等各领域有着重要影响。现任总统塞西自2014年6月任职以来，高度重视发展对华关系，两国高层交往密切，塞西政府内还专门设立由总理亲自牵头的“中国事务组”，负责评估埃中关系发展，提交有关发展对华关系的议案和建议。相应的，埃及学术界对中国的关注度也与日俱增。

埃及金字塔政治和战略研究中心是埃及首屈一指的科研机构，也是阿拉伯地区最具权威性的智库之一，连续多年在宾夕法尼亚大学智库研究项目颁布的全球非美国智库排行榜中居领先地位。该中心成立于 1968 年，以埃及著名的金字塔报业集团为依托，拥有其他阿拉伯国家研究机构无法比拟的影响力。它与各国研究机构建立了广泛的合作关系，重点关注阿拉伯国家对现行国际体系的应对，其中包括中国事务。

2021 年，金字塔政治和战略研究中心发表关于中国的研究报告 5 篇，包括分析中国外交政策的文章《同伊朗达成协议后，中国在中东的影响力是否会增强？》《2021 巴以冲突里的中国：在中东的新外交政策？》《中国是否涉足埃塞俄比亚战争？》，讨论中美关系走向的文章《两个极端结合：华盛顿直面国际对手，关注中东问题》等。中心研究项目“埃中文化关系”发表阶段性成果 4 篇，包括《埃中交往关系：从文明互通到战略合作》《埃中价值观体系比较研究》《埃中文化互动模式的发展与评析》《“一带一路”：打造埃中可持续战略合作的框架》。

此外，金字塔政治和战略研究中心作为地区最有影响力的研究机构，自 1985 年起每年年末发布《阿拉伯地区战略研究报告》，在业界具有较大的参考价值，甚至在一定程度上能够对政府决策产生影响。该中心 2021 年发布的最新研究报告围绕三大主题展开，其中一个主题就是中国。

埃及位于丝绸之路沿线，是共建“一带一路”的天然合作伙伴，也是最早支持“一带一路”倡议的国家之一。“一带一路”倡议与埃及发展战略相契合，为埃及发展创造了新机遇[①]。埃及学术界顺应时代发展，将“一带一路”作为重点，展开全面研究。2019 年，中东

① 陈天社、李娜：《一带一路视阈下的中埃关系》，载《中东研究》2020 年第 1 期。

地区著名高校埃及艾因·夏姆斯大学与中国人民大学合作成立“一带一路”研究中心。该中心与中国智库、高校一起，合作主办或承办了“‘一带一路’与中非合作新实践国际论坛”（2019）、“中埃科技合作论坛：创新与发展、合作与共荣”（2020）、“中埃智慧医养论坛：后疫情下的智慧医养研究与应用进展”（2021）等国际学术会议，旨在推动中埃两国共享“一带一路”倡议有关学术成果，共同为两国政府建言献策，促进“一带一路”倡议为埃及乃至非洲地区带来更多的发展机遇。

2. 摩洛哥

摩洛哥政局稳定、经济向好，是非洲经济发展较好的国家，为科学研究的发展提供了良好的环境条件和财力支持。在非洲国家中，摩洛哥的科学研究名列前茅。摩洛哥以新南方政策研究中心为代表的智库，在研究本国政治和社会发展问题的同时，也十分重视非洲地区特别是马格里布地区国家国际关系研究，旨在为包括摩洛哥在内的非洲国家经济发展和社会公共政策建言献策。

新南方政策研究中心（The Policy Center for the New South）前身为国家磷矿局政策研究中心（OCP Policy Center），与来自欧洲、亚洲、非洲不同国家的知名科研机构建立了广泛合作关系，汇聚不同国籍的研究人员，发表研究成果。该中心每年举办一系列不同形式和规模的会议，其中最重要的是年度国际会议“大西洋对话”。中国议题是近几年来“大西洋对话”中的重要议题。2020 年，“大西洋对话”将“欧、非、亚三方合作与借鉴”作为议题，重点讨论“中国‘一带一路’倡议连接亚非欧与印太层面的背景下为相关国家带来的发展机遇”。2021 年，“大西洋对话”中，关于中国的议题有两个，分别是 11 月 5 日举行的“构建世界多边主义新秩序”和 11 月 17 日举行的“中美贸易战：何时结束？”。

该中心高级研究员法塔赫拉·瓦拉卢，是著名经济学家及中国事务专家，曾担任摩洛哥经济与财政大臣（1998—2008）、首都拉巴特市市长（2009—2015），2017年出版法、阿双文著作《我们与中国》。该书后被翻译成中文在国内出版发行，并于2018年获得第12届“中华图书特殊贡献奖”。近期，瓦拉卢新书《“一带一路”倡议下的中国、阿拉伯与非洲世界》即将付梓问世。由于是在巴黎和贝鲁特同时用不同语言出版，新书会产生更加广泛的影响，有助于西方国家和阿拉伯读者客观、公允地认识一个真实而充满生机活力的中国。

2021年，另一位摩洛哥中国事务专家纳赛尔·布希巴出版了中阿双语著作《中摩合作60年》。布希巴在中国生活多年，拥有中山大学的中文学士学位、工商管理硕士学位和政治理论博士学位。2012年，中山大学聘请布希巴担任战略管理专业的讲师。自2015年以来，他专门研究“一带一路”框架内中国对非洲的援助项目。

二、热点议题

综合上述关于中国研究的学术成果和相关活动，阿拉伯学界关注的热点议题可以分为以下几类：

（一）中美关系

自2018年中美贸易摩擦升级以来，中美关系一直是世界各国学术界热议的话题，其中也包括阿拉伯学界。阿拉伯地区是欧美传统势力范围，又与中国保持着密切的经贸合作，是“一带一路”倡议的天然伙伴和重要区域。阿拉伯各国专家学者从国家利益角度出发，对中美之间的战略竞争进行了广泛研究。2021 年，在美国新一任政府组建后，阿拉伯学界密切跟踪美国对华战略政策，高度关注中美战略竞争本质、态势走向、在地区产生的影响以及应对措施等问题。

关于中美关系发生变化的原因，沙特学者穆罕默德·本·萨格尔·萨勒密在《中国与美国在中东的大国博弈》一文中表示：“美国转变对华政策，采取对华战略竞争，目的在于警戒中国放弃挑战现有的国际秩序，继续维护美国的国际地位”[①]。阿联酋战略研究中心研究报告《拜登时代中美关系预期走向》，则聚焦中美双边关系变化，认为中美关系的紧张局面，很大程度上归因于“美国前总统唐纳德·特朗普在任期间推行保护主义政策，引发两国贸易战，进而加剧了中美双方在各个双边和国际问题领域的分歧”[②]。

关于中美关系的未来走向，埃及学者萨拉赫·沙伊尔在专著《中国的战略规划及世界贸易战的未来走向》中预测：“如果中国能够将经济发展优势保持下去，而美国无法改善自己的经济发展状况，那么在 2029 年至 2033 年，中国将取代美国成为世界第一大经济体。”[③] 更多的研究成果则聚焦拜登时期中美战略竞争的走向，如阿联酋战略研究中心发表的两篇专题文章《拜登时代中美关系预期走向》及《拜登时代中美经贸关系或将持续紧张》，均表达了这样一种观点：与特朗普时代相比，拜登政府对华政策内容和特点会有所变化，但总体仍然会延续对华战略竞争的立场。特别是在经贸领域，双方紧张关系短期内不会得到改善。此外，巴林学者艾舍拉夫·穆罕默德·喀什克还在文章《应对中国的美国海上战略》中预测，拜

① محمد بن صقر السلمي، *التنافس الصيني الأمريكي في الشرق الأوسط*، السعودية: مركز دراسات الصين وآسيا.

② *المتوقعة للعلاقات الأمريكية -الصينية في عهد بايدن*، الإمارات: مركز الإمارات للدراسات والبحوث الاستراتيجية، 2021.

③ *مركز الإمارات للدراسات والبحوث الاستراتيجية يصدر:كتاب "التخطيط الاستراتيجي في الصين ومستقبل الصراع الاقتصادي العالمي" لصلاح* شعير، https://elarabielyoum.com/show573007.

登时期，中美战略竞争集中的领域或将超越经济层面，扩展到其他领域[①]。

关于中美关系变化带来的影响和应对措施，萨勒密认为，中美关系的变化特别是双方竞争加剧，“对国际体系整体及各个分支都产生了影响，这其中就包括中东。中美双方在中东都有着重要的经济和地缘利益，在战略层面都对该地区给予了高度重视。近十年来，中美战略竞争的影响已经在中东地区有所体现。一方面，中东是美国传统势力范围，在安全和军事领域多受美国牵制；另一方面，中国凭借地缘经济影响力支撑的经济合作计划，越来越多地参与到中东各项事务中。中国在中东地区面临来自美国的战略竞争和战略围堵，而中国也在努力规避美国围堵”。他强调，在经济领域，出于对“一带一路”等经济合作倡议影响力的担忧，美国将加大在中东地区对中国的战略围堵，或推出类似发展计划希望取而代之。在政治领域，中国的崛起将推动国际格局从单极走向多极，中东地区力量对比也会随之发生变化与调整，地区国家联盟和战略政策也将出现变动。他在文章最后指出，阿拉伯国家的应对策略是“谨慎平衡中美关系，维持地缘安全和地缘经济平衡”，只有这样，“才能避免中美战略竞争加剧带来的风险蔓延至中东”[②]。

就目前掌握的资料看，坚持对冲战略、平衡中美关系的观点在阿拉伯学界中占据主流。但也有少数学者选择“选边站”。比如巴林学者欧麦尔·乌拜迪撰文《人才移民是美国应对中国的秘密武器》，认为美国与中国相比，最大的竞争优势在于吸引全球顶尖人才的能力。他建议美国应维持人才大国的优势，大力发展高等教育、鼓励科学研究、放宽移民政策，为人才竞争优势提供机制和政策保障[③]。

---

① أشرف كشك، *الاستراتيجية البحرية الأمريكية لمواجهة الصين*، البحرين: دراسات.

② محمد بن صقر السلمي، *التنافس الصيني الأمريكي في الشرق الأوسط*.

③ عمر العبيدلي، *هجرة المواهب هي السلاح السري الذي بمقدور الولايات المتحدة استخدامه ضد الصين*، البحرين: دراسات.

（二）“一带一路”倡议

阿拉伯地区横跨亚、非大陆，历史上即为古代丝绸路的缔造者和参与者。“一带一路”倡议实施以来，阿拉伯地区更是凭借交汇地带优越的地理和战略位置，以及经济合作互补性强的优势，成为“一带一路”重要合作伙伴。基于历史与现实的联系，阿拉伯国家普遍对“一带一路”持欢迎态度，将之视为发展机遇。阿拉伯学界对“一带一路”的认知也较为积极，并展开多维度的分析与研究。

在文化维度，埃及学者穆罕默德·阿巴斯·纳吉在《埃中价值观体系比较研究》一文中，高度肯定“一带一路”在促进埃中文化互通方面的作用。他指出，自 2014 年起，埃及精英群体对中国的认知愈加积极，“他们中很多人，将中国视为埃及的战略合作伙伴”，“这与中国政府一系列对埃政策有关”[①]。他特别强调，中国发起的“一带一路”倡议提供了世界性、开放性的合作项目，极大提升了中国在埃及的国家形象。埃及学者萨菲纳兹·穆罕默德·艾哈迈德则从文化角度分析了“一带一路”倡议的出发点。他指出：“出于实现沿线国家可持续发展、巩固双边政治和经济合作的考量，中国将尊重沿线国家的文明多样性作为‘一带一路’倡议的立足点。”“在这一方面，中国政府已经表现出明显倾向，即在宣传推广中华文化，扩大同参与国家的文化共识，构建平等互利的文化互通新模式的基础上，增进与相关各国的联系”[②]。

在地缘战略维度，金字塔战略研究中心主任穆罕默德·法耶兹·法拉哈指出：“尽管经贸发展项目是‘一带一路’倡议的主要性质，但该倡议在经贸领域之外还具有更为深远的地缘战略意义。”他

① آمنة فايد، *العلاقات المصرية-الصينية: من المشترك الحضاري إلى الشراكة الاستراتيجية*، مصر: مركز الأهرام للدراسات السياسية والاستراتيجية.

② آمنة فايد، *العلاقات المصرية-الصينية: من المشترك الحضاري إلى الشراكة الاستراتيجية*.

认为，“一带一路”倡议在一定程度上是中国国家安全战略的延伸，是中国应对能源进口海上通道不稳定因素的重要举措，这些不稳定因素包括中东、非洲政局的安全动荡以及美国在相关国家和地区的军事布局。“在海上丝绸之路重点覆盖的海域，围绕海洋生态环境保护、海洋生物资源养护和管理、海洋科学研究与技术转让、海上航行安全、海上搜救等领域积极与沿线国开展合作”。与此同时，法拉哈还强调，“一带一路”并非是中国试图主导世界的地缘政治战略。与一些西方国家推行的“排他性地缘政治联盟、地缘扩张计划”不同，中国的“一带一路”倡议具有开放性、积极性、灵活性的特点。该倡议“不局限于传统狭隘的地缘空间范围；以密切经贸往来为纽带，带动了发展中国家的基础设施建设；由一个有影响力的世界大国提出，却又无关地区霸权；拥有来自亚投行、丝路基金以及中国各大国有银行的强大资金支持；寻求与现有区域或次区域合作机制的协调对接的同时，避免受到僵化的官僚主义影响”[①]。

在经济维度，阿拉伯学者大多倾向于从国家现实利益出发，将“一带一路”视为国家经济社会发展的机遇与平台。沙特学者伊拉姆·艾什拉夫从“一带一路”框架内沙中具体合作项目如何落地实施的角度，撰写文章《对沙特阿拉伯王国在中巴经济走廊中作用的评估》，讨论中巴经济走廊项目中，沙特参与的具体情况、积极意义、面临的挑战及应对措施。他认为，受石油市场低迷和新冠肺炎疫情的影响，沙特投资中巴经济走廊项目进程或将放缓。但总体而言，中巴经济走廊作为“一带一路”倡议的重要工程，参与该项目的实施，对沙特具有重要意义。一方面，它将有利于维护沙特作为中国最大原油供应商的地位，为沙特政府实施2030年能源经济转型远景规划获取稳定的资金来源；另一方面，参与中巴经济走廊还有

① آمنة فايد، *العلاقات المصرية-الصينية: من المشترك الحضاري إلى الشراكة الاستراتيجية*.

利于实现沙特与巴基斯坦民心相通，提高沙特在巴基斯坦的国家形象，改善两国关系。他还指出，尽管瓜达尔地区的恐怖主义活动对项目实施构成一定程度的安全威胁，但沙特的加入，将进一步加强中巴在该地区的安全治理。因此，中巴经济走廊项目对于沙特、中国和巴基斯坦三方都是互惠互利的[①]。黎巴嫩宰图那研究与咨询中心的研究报告《政治分析：以色列在中国‘一带一路’倡议项目中的现状》则聚焦以色列与“一带一路”倡议的合作对接。文章一方面分析了加入“一带一路”倡议对于以色列的重要性，认为这是以色列在美国战略重心从中东转移、中国影响力日益增强的背景下作出的理性抉择，另一方面论述了以色列凭借独特的地缘优势、稳定的社会环境、发达的科技水平等优势条件，也能够为“一带一路”倡议带来可观的经济价值。此外，文章还提及以色列加入“一带一路”倡议将面临的困难，最突出的一点在于美国和阿拉伯因素对中以合作的牵制[②]。

（三）中国的中东政策

进入新时代以来，中国外交呈现更加开拓进取、积极有为的趋势。在中东地区，中国在安全和发展问题上奉行更加平衡的外交政策，并更实质性地参与推动地区热点问题政治解决[③]。这引起了阿拉伯各国智库、学者的关注，他们针对中国在红海地区的外交政策以及中伊全面合作计划等议题展开讨论。

---

① 伊拉姆·艾什拉夫：《对沙特阿拉伯王国在中巴经济走廊中作用的评估》，载《研究》2020 年 8 月总第 58 期。

② Walid Abd al–Hay, *Political Analysis: Israeli Status in the Chinese Belt and Road Initiative Project*, Lebanon: Al–Zaytouna Centre.

③ 刘欣：《试析中国中东外交的新常态》，载《大庆师范学院学报》2018 年第 4 期。

1. 红海地区的外交政策

红海地区属于中东次区域，扼守世界石油运输通道之一红海海域和曼德海峡，坐拥战略位置独特的非洲之角。近年来，域内外大国对红海地区的重视程度逐渐增强，沙特阿拉伯、阿联酋等域内海湾国家积极介入红海地区事务，中国、土耳其等新兴大国也增大了对该地区的投资力度。有观点认为，红海地区已经成为地缘政治博弈的新热土。很多阿拉伯学者持有类似看法，因此密切关注中国在红海地区的外交政策，探讨中国在该地区的影响。

沙特费萨尔国王学术与伊斯兰中心亚洲研究部主任、高级研究员穆罕默德·苏德里的《红海的人民共和国：对中国在地区舆论和实质影响的全面分析》一文，聚焦中国在红海、亚丁湾地区日益扩大的经济利益、政治影响力和军事存在。他梳理了中国学界关于中国在该地区外交政策的多篇研究成果，将之视为了解、判断中国政界在红海地区战略的主要依据，旨在预判中国对红海地区外交政策走向，探讨中国能否在地区安全和治理中发挥重要作用，并分析中国的存在为沙特在该地区建立区域国家实体带来哪些机遇和挑战。苏德里认为，中国是该地区“过去十年里发挥最重要和最具决定性作用的国家之一”[①]。黎巴嫩宰图那研究与咨询中心的研究报告《中国与阿联酋在非洲之角的竞争：背景、预期与动机》，从阿拉伯世界整体视角出发，关注域内外国家在红海地区的竞争。文章认为，中国与阿联酋的介入对于红海地区国家的影响尤为深远。文章特别强调了中国在该地区奉行的“平衡外交”，认为中国注重与区域大国埃塞俄比亚和苏丹保持良好关系。此外，文章还重点讨论了中国与阿联酋对红海地区经济发展和动荡局势的缓解是否能带来积极影响。文

① 穆罕默德·苏德里:《红海的人民共和国：对中国在地区舆论和实质影响的全面分析》，载《研究》2020 年 1 月总第 52 期。

章指出，在海运安全、经济发展特别是基础设施建设领域，阿中双方有广泛的合作空间。但对于红海区域国家而言，如何借势阿中双方在本地区的存在服务地区利益，也是一项挑战。文章分析称，如果双方的红海外交战略是以牺牲该地区利益为代价维护自身战略利益，那么该地区国家的发展与局势稳定会受到负面影响，红海地区甚至可能会沦为国家之间地缘博弈的前沿地带和牺牲品[①]。

2. 中伊全面合作计划

2021 年，中伊两国签署全面合作计划，引发域内阿拉伯国家的高度关注，学术界就此问题展开分析。

沙特费萨尔国王学术与伊斯兰中心研究报告《中国—伊朗协议不会改变中东游戏规则》，对这项协议进行了评估，认为其性质与中国和该地区内其他国家签署的双边合作协议类似，不会影响该地区既有战略格局。同时，文章表示，中伊两国长期合作受三个主要因素影响，存在不确定性，包括缺乏明确的目标和协议执行机制、伊朗的国际环境以及中国与海湾阿拉伯国家关系的重要性[②]。

出于地缘战略竞争的需要，沙特阿拉伯官方智库对中伊全面合作持质疑态度，这在一定程度上代表了逊尼派海湾国家的立场。尽管全面合作协议不针对第三方，但如果伊朗借助中伊全面合作计划而强大起来，进一步提升其地缘政治地位，这将是其竞争对手所不愿意看到的。

埃及金字塔政治和战略研究中心中国问题专家艾哈迈德·甘迪勒的观点则更倾向于从整个阿拉伯世界的角度出发。他首先肯定了

---

① إسلام عبد الله، *ورقة علمية: التنافس الإماراتية-الصينى فى منطقة القرن الإفريقية: السياق والتوقعات وتباين الأجندات...إسلام زعبل*، لبنان: مركز الزيتونة للدراسات والاستشارات.

② 雅各布·斯基塔:《中国—伊朗协议不会改变中东游戏规则》，载《评论》2020 年 7 月刊。

全面合作协议符合中伊两国利益，认为该协议将帮助伊朗打破国际制裁和孤立，并扩大中国作为全球主要大国的影响力。甘迪勒还重点研究了中国签署该计划的动机与背景，提出中伊合作计划是在中国积极参与中东事务、中国的国际影响力日益扩大的背景下达成的。“协议的动机与中美两国在中东地区的博弈有关”。“这在一定程度上表明，中美双方都在努力建立统一战线，团结盟友。”①

三、特点与趋势

相较于西方研究者，阿拉伯学者从不同的旨向和立场出发，对中国进行多维度的审视，体现了其所处地区及国别的地域特征与诉求差异。

（一）以政策研究为旨向，关注现实问题

不同于多数西方国家学术理论与政策研究兼顾的研究旨向，阿拉伯国家对中国问题的研究集中于政策层面，显示出较强的务实性。

2021 年，世界进入动荡变革期。国际格局发展态势“东升西降”，包括中国在内的新兴大国与传统大国战略博弈加剧。在以阿拉伯国家为主体的中东地区，美国战略收缩步伐明显加快，中国则积极探索具有中国特色的大国外交，主动参与地区治理与建设。世界处于大发展、大变化、大调整时期，中东地区也经历深刻的转型②。

---

① أحمد قنديل، بعد الاتفاق الصيني-الإيراني..هل تعزز بكين نفوذها في الشرق الأوسط؟ https://acpss.ahram.org.eg/News/17101.aspx.

② 李雨：《转型中的中东与新时代中国中东外交——第三届上海中东学论坛研讨会综述》，载《国际关系研究》2019 年第 2 期。

因应时代的要求，阿拉伯国家密切关注中美战略竞争，避免大国博弈对地区带来的消极影响；积极利用“一带一路”倡议，努力拓展同中国的经济项目对接与合作，谋求后疫情时代国家经济转型和发展机遇；同时关注中国中东外交政策，积极应对地缘政治竞争为地区国家带来的不确定性。随着世界格局的变化和中国国际地位的提升，阿拉伯国家迫切需要对中国的政策、战略进行研究分析。中美战略竞争、“一带一路”倡议和中国的中东外交政策成为阿拉伯学界的热议领域。学者们在上述议题范围内对具体时事热点问题进行多层次分析与研究，并从本国及本地区核心利益出发，探讨应对之策。

需要指出的是，阿拉伯学界聚焦政策研究、关注现实问题，为中阿彼此之间交往关系的提升发挥积极作用，构成了阿拉伯学界开展中国问题研究的显著特点。但同时也说明，中国学的理论与范式在阿拉伯世界尚未成型，而成体系的理论框架和解释范式是一门成熟学科的必要条件。

这在一定程度上与中国问题研究在阿拉伯世界起步较晚、研究力量不足、缺乏系统性建设有关。但通过对阿拉伯的中国问题研究的不同历史阶段进行梳理与对比，特别是对现阶段阿拉伯地区代表性的中国研究机构的成果和活动进行整理，可以发现，受益于政府资金的支持和中阿学术频繁交流等因素，近年来研究中国问题的专业机构逐步增多，开设中国学系科的高等院校日益增加，研究中国问题的学者不断涌现。随着中国在中东地区影响力的加深，阿拉伯地区对中国的依赖度不断增加，阿拉伯各国对中国问题研究的重视程度大幅提升，可以预见该地区的中国研究在未来将具有更加光明的发展前景，这与中阿关系的发展趋势是一致的。

（二）整体认知积极，个别议题存在偏差

近年来，西方学术界对于“中国兴起”的讨论，总与“中国威胁”的意象相伴相生。不可否认，西方的一些观点带有强烈的意识形态偏见。正如学者郑永年所言：西方不断要把中国再意识形态化，使用各种充满意识形态味道的概念[①]。

相比之下，阿拉伯国家立场相对较为客观，受西方一些意识形态偏见的影响较少，对中国的认知更加积极。阿拉伯学者普遍肯定中国在全球事务中拥有重要影响，对中国的发展前景充满信心。在中美战略博弈问题上，他们认为，中美竞争加剧的直接动因，是美国试图维持霸权地位，担心中国的发展会对其目标的实现构成障碍。在对“一带一路”倡议的评价方面，阿拉伯学者的观点与欧美学界主流看法存在明显差异。他们高度认可“一带一路”倡议取得的成就，对“一带一路”倡议框架下的中阿合作整体持乐观态度，认为“一带一路”倡议为地区的发展提供了难得的机遇。关于中国的中东外交政策，阿拉伯学者注意到，中国以更加积极有为的态度对待中东次区域（红海地区）及地区大国（伊朗）。他们积极探讨与中国的合作空间，以及如何借势中国在当地的活动服务本地区利益。当然，也有少数学者表达了不同立场，甚至对个别议题进行了过度解读。造成这一现象的原因，或许与学者的学术背景及个人经历有关，比如研究者有在美国求学、从事研究工作的经历，但更大程度上是学者及其所在研究机构服务其所属国家的现实需要。

整体上，阿拉伯地区智库多具有官方背景，其研究立场也反映了政府关切。由于国际关系本身就是一种复杂的社会关系，各国对彼

① 《联合早报》:《中国模式能够被西方围堵吗？》，https://news.sina.com.cn/o/2009-09-09/102716267438s.shtml.

此的看法很大程度是由各自的内政、追求利益的方式和思考外交与国际问题的思维方式所决定的。在阿拉伯国家“向东看”政策倾向明显、中国与阿拉伯国家各领域合作升温的背景下，阿拉伯学者对中国的认知，或将延续总体积极、正面，个别议题存在杂音的态势。

（吕可丁：中央党史和文献研究院第六研究部）

澳大利亚

那朝英 / 文

近年来，中国的综合国力不断增强，对外交往的广度和密度也达到了前所未有的程度。2022 年 2 月举办的北京冬奥会更是举世瞩目，中国在国际事务中的影响力进一步提升。如何与一个不断发展壮大的中国打交道，成为国际社会关注的焦点。在此背景下，各国都强化了对中国的全方位研究。随着中澳关系的日益深化，澳大利亚政府及学界也开始加强了对中国问题的研究，日益成为研究中国的重要阵地。

在新的历史条件下，澳大利亚的中国研究在很大程度上代表了这个国家学术界和思想界对中国现实问题的客观认识，影响着该国政府和民众对中国问题的看法和态度，对澳大利亚的中国研究进行系统梳理和评介，不仅有利于中国学术界和相关部门了解澳大利亚的涉华思想动态，更有助于中澳外交实践的稳步推进。

一、研究总体概况

相较于欧美，澳大利亚的中国研究起步相对较晚，早期的研究者很多都有欧美背景或教育经历，在研究视角和研究方法等方面深受欧美中国研究的影响，经历了从沿袭、模仿到逐步规范、本土化，进而独具特色的过程。

（一）从事中国研究的主要机构

基于了解中国的迫切需求，澳大利亚政府在中国研究中发挥着重要的推动作用。作为最重要的政府性学术研究资助机构，澳大利亚研究理事会(Australian Research Council)的“探索发现类”研究项目资助了众多和中国议题相关的研究课题。在政府的推动下，各大高校成为中国研究的主要阵地。从机构设置、教职安排、出版刊物和学术活动来看，澳大利亚国立大学(Australia National University)、悉尼大学（The University of Sydney）、墨尔本大学（The University of Melbourne）、悉尼科技大学（University of Technology Sydney）等是其中的佼佼者。以这些大学为依托先后成立的各类中国研究中心或亚洲研究中心，逐具影响力，成为澳大利亚中国研究的主要力量。有些研究中心，甚至在国际上也非常具有影响力。

国立大学是澳大利亚中国研究领域最具影响力的机构，其中国研究历史悠久，实力雄厚。国立大学的中国研究力量主要集中在亚洲与太平洋学院(College of Asia and the Pacific，CAP)，该学院是世界领先的区域国别研究和教学中心，囊括了众多中国研究机构：中华全球研究中心（The Australian Centre on China in the World，CIW）、当代中国研究中心（Contemporary China Centre）、克劳福德公共政策研究院（Crawford School of Public Policy）、贝尔亚太事务研究院（Coral Bell School of Asia Pacific Affairs）等。

1970 年，在福特基金会资助下，澳大利亚国立大学成立了当代中国研究中心。成立之初，该中心的研究范围就已涉及当代中国的政治、历史、语言、经济、文化教育、军事、外交等诸多方面。1998年，因学校院系调整，中心与贝尔亚太事务研究院的政治与社会发展系合并。贝尔亚太事务研究院是亚太地区非常有影响力的教育与研究中心，其在亚太区域政治、社会、外交、安全和战略领域的研究和政策分析一直处于国际领先地位。两个机构的合并进一步扩展了研究领域，壮大了研究力量，一批澳大利亚一流的中国问题专家会集于此，提升了中心的影响力。该中心会定期举办研讨会和讲座、接待访问学者、编辑出版中国研究系列丛书，并招收博士生，已逐步成为中国研究领域学者们开展学术交流的重要阵地，而其出版的《中国研究》半年刊则进一步奠定了其在中国研究领域的国际影响力。

相较于当代中国研究中心的悠久历史而言，由澳大利亚联邦政府倡议并出资5300万澳元成立的中华全球研究中心的历史相对短暂，但研究资源丰富，建造有专门的研究大楼，研究实力突出，汇集了本·希尔曼（Ben Hillman）、理查德·里格比（Richard Rigby）、格雷姆·史密斯（Graeme Smith）、本杰明·赫斯科维奇（Benjamin Herscovitch）等众多中国问题研究专家。2010年4月，在国立大学的第70场莫里循讲座 (The George E. Morrison Lectures in Ethnology) 上，时任总理陆克文亲自宣布成立中华全球研究中心，并力促更多的商界人士和基金会在政府的带动下注资建设这个新中心，使学者、思想家和政策制定者能够在其中采取一种全新的集成工作方式，实现与中国相关的公共政策、环境、社会变化、经济学、贸易、外交政策、国防政策、战略研究与中国的历史、文化、文学和哲学的研究相融合，将该中心打造成在当代中国研究以及当代中国参与区域和全球事务的研究方面首屈一指的研究机构。基于此，该中心采取跨学科的研究视野和研究方法，旨在全球范围内促进对中国的综合性研究，以使更多的人了解中国的历史、语言和政治、文化以及中国在世界的作用。中心现有关于中国研究的博士点，研究主题广泛，涉及中澳关系、中国外交、中国法制、中国环境治理、中国文化、语言等多个领域，主办《中国的故事》年鉴和《中国制造》季刊。《中国的故事》年鉴围绕广泛的主题，概括中国的主要政治、经济、社会和文化事件，而《中国制造》是一本关于中国劳工、公民社会和权利的季刊。此外，中心还主办“中国的故事”和“澳中故事”网站。“中国的故事”网站发表对当代中国问题的简短分析和评论，而“澳中故事”是一个关于中澳关系媒体报道、评论和分析的纲要。

悉尼大学是可以和国立大学比肩的中国研究重镇，成立于2011年的中国研究中心也是澳大利亚一流的中国问题研究机构。中心隶属于艺术与社会科学学院，会集了100多位具有不同学术背景的研究人员，组成不同研究小组从事和中国相关的跨学科研究，是学者进行跨学科研究合作、培养学生的重要平台。中心主任大卫·古德曼教授（David Goodman）是著名的中国问题专家，深入研究山西、甘肃、贵州、四川、青海等中国省份达40多年，作为中国教育部首批“海外名师”之一，他不仅在澳大利亚从事相关学术研究，也和中国的相关机构开展广泛合作，是西交利物浦大学中国研究系名誉教授，曾任该校学术事务副校长，同南京大学、西北师范大学和山西大学在教学、科研和学科建设等方面进行过长期合作。从2018年10月开始，中心还开办了“城市时代的中国”研修班，全球范围内对中国可持续发展问题感兴趣的研究生及学者都可以免费申请参加。为促进澳中商业交流和联系，自2011年开始，该中心每年举办悉尼—中国商业论坛，围绕数字化时代的中澳合作、中国城市化发展、数字经济、人工智能等广泛议题邀请中澳两国专家学者、政府代表、企业家开展广泛讨论。中心还非常善于利用互联网，开通了新浪微博，建立了微信群，开办了在线博客“今日中国、明日中国”，这些举措以数字时代最先进和便利的渠道汇集了外国学者对中国问题的看法和认知，不仅有利于相关研究成果和学术活动的推广，也进一步扩大了中心的影响力。

墨尔本大学是澳大利亚最早开展中国研究项目的机构之一，其亚洲学院主要立足于研究亚洲各国的语言、文化和社会，对于中国的西北、华北、长三角等地区的区域文化有很深入的研究。为了响应澳大利亚政府在“亚洲世纪白皮书”中所提出的让澳大利亚在未来抓住亚洲崛起的机遇，实现更大的繁荣和发展的愿景，2013年4月，墨尔本大学在亚洲学院成立了当代中国研究中心（Centre for Contemporary Chinese Studies，CCCS），旨在成为新世纪中国社会和中国经济研究的信息来源基地。其前任主任黄培华教授曾在世界银行、亚洲开发银行担任高级职务，还是经济合作与发展组织公共支出顾问小组成员之一，她也是中国公共财政问题研究的权威专家，对中国公共财政、中央与地方关系及其对治理的启示、中国经济发展、中国福利制度等方面都有深入研究。中心现任主任是王耀林教授（Mark Wang）。

澳中关系研究院（Australia China Relations Institute，ACRI）是悉尼科技大学有关中国研究的主要机构。该研究院成立于2014年，由前澳大利亚外长鲍勃·卡尔（Bob Carr）担任首任主任，是澳大利亚第一所也是唯一一所致力于研究中澳关系的智库，其主要研究领域集中于中澳两国在外交、经济、社会和文化等领域的交流和互动，以加深两国的相互了解，推动相关领域的合作。该研究院不定期发布有关澳中关系的研究报告，围绕对中澳关系具有重要意义的外交、经济及社会等议题组织论坛。现任主任是詹姆斯·劳伦森（James Laurenceson）教授。

由北京大学、北京外国语大学及拉筹伯大学（La Trobe University）共同发起并于2007年3月创办的拉筹伯大学中国研究中心（China Studies Research Centre）是澳大利亚第一所联合筹建的中国研究中心，中心最初旨在促进与中国大学及领先教育和研究机构之间的联系和交流。2016 年，中心进行重组并重新揭牌，将其职能定位为澳大利亚及拉筹伯大学中国研究的前沿。目前，中心由约翰·梅卡姆（John Makeham）担任主任，他是澳大利亚最著名的中国研究学者之一，研究领域广泛，学术成果涵盖了思想史、社会史、宗教、中国哲学、文化和政治民族主义等多个方面。该中心的成立，进一步推动了澳大利亚国民对中国的了解和认识。

除了以上这些高校建立的中国研究中心外，新南威尔士大学(University of New South Wales)、麦考瑞大学（Macquarie University）、阿德莱德大学(University of Adelaide)、莫纳什大学（Monash University）和格里菲斯大学（Griffith University）等都设有中国研究中心或亚洲研究中心。总体来看，中国研究受到澳大利亚绝大多数高校的重视，即使没有建立专门的中国研究中心，也有包含中国研究方向在内的亚洲研究院或亚洲研究中心，很多高校甚至设立了中国问题研究方面的相关专业，为中国研究培养和积累了许多专业人才。

除高校外，澳大利亚还有两个全国性的协会与中国问题研究关系密切，即成立于 1989 年的澳大利亚中国研究协会（Chinese Studies Association of Australia，CSAA）和成立于 1976 年的澳大利亚亚洲研究协会（Asian Studies Association of Australia，ASAA）。澳大利亚中国研究协会是澳大利亚从事中国研究的专家学者组成的全国性专业协会，其成员近 500 人，包括与中国研究有关的政治学、经济学、历史学、社会学、人类学、法学、地理学、语言学以及中国社会与文化等方面的众多学者。协会每两年召开一次大型学术会议，邀请国内外中国研究专家就中国相关议题开展研讨，在澳大利亚的中国研究中起到了桥梁和纽带作用。由国立大学中华全球研究中心主办的第十七届双年会采用线上形式于 2021 年 11 月 29 日至 12 月 1 日举行。协会每年出版两期报告，对中国问题研究的计划、学术活动、发展动态等进行详细介绍。

澳大利亚亚洲研究协会由澳大利亚各大学的亚洲问题研究学者、政府及企业里的亚洲问题专家组成，中国研究也是其重要的研究领域。协会致力于通过各种方式推广与亚洲相关的知识，并向澳大利亚各州和联邦政府提供与亚洲议题相关的政策建议和咨询。协会发行新闻快讯《亚洲潮流》（*Asian Currents*）和杂志《亚洲研究评论》（*Asian Studies Review*），并每两年举办一次会议，该会议是南半球规模最大的亚洲问题专家会议。

此外，澳大利亚的相关智库也是研究中国问题的重要力量，如罗伊研究所（Lowy Institute)、澳大利亚国际事务研究所（The Australian Institute of International Affairs, AIIA）、澳大利亚战略政策研究所（Australian Strategic Policy Institute）等。这些智库发布的报告多涉及中澳关系，中美关系等重大议题，深刻影响着澳大利亚外事等相关部门的决策。

（二）主要期刊

在澳大利亚有关中国研究的学术刊物中，最有国际影响力的是《中国研究》(半年刊)（*The China Journal*），该刊一直被认为是以当代中国为研究对象的全球最佳地区研究期刊之一。该杂志原名是《澳大利亚中国事务杂志》(*The Australian Journal of Chinese Affairs*)，由澳大利亚国立大学当代中国研究中心1978年创办，1995年变更为现名，目前隶属于国立大学中华全球研究中心，现任编辑是陈佩华 (Anita Chan)、本・希尔曼 (Ben Hillman) 和安戈 (Jonathan Unger)。《中国研究》发表的文章涉及当代中国的政治法律、社会发展、经济改革、外交、文化教育、军事、教育和环境治理等多个领域，作者遍及澳大利亚、美国、日本、英国、新西兰和荷兰等国家和地区，较为集中地反映了国外当代中国研究的热点变化、学术前沿和研究趋势。

除了中国研究的专门期刊外，其他地区性和综合性期刊也会发表有关中国研究的论文和书评。澳大利亚亚洲研究协会1977年创立的《澳大利亚亚洲研究协会评论》(*Asian Studies Association of Australia Review*)也将中国议题作为重点研究领域。1990年，该刊升级为《亚洲研究评论》(*Asian Studies Review*)，成为跨学科的亚洲地区研究专业期刊。目前，该刊编委团队来源广泛，学术背景多元，其研究主题已扩展至亚洲现当代历史、跨国问题、政治、文化、宗教、社会、语言和环境问题等领域，力图实现传统学科和新兴学科的均衡。现任主编是迪肯大学的大卫·亨特（David Hundt）教授。此外，《澳大利亚国际事务杂志》(*Australian Journal of International Affairs*)是澳大利亚知名的国际问题研究杂志，发表关于国际政治、社会、经济和法律问题的学术研究成果，中国议题也是其重点关注领域，近几年发表了多篇研究中澳关系的文章。

东亚地区的历史研究在澳大利亚也有很深的基础。由澳大利亚国立大学原远东历史系1970年创办的《远东历史论丛》（*Papers on Far Eastern History*），主要刊登研究东亚各国历史的主题文章。1991年，期刊改名为《东亚历史》（*East Asian History*），每年出版两期，国际知名中国研究专家白杰明（Geremie R. Barmé）长期担任主编，逐步使其成为一本国际权威期刊。该刊研究范围包括中国、日本、蒙古和朝鲜等，其中关于中国历史的研究占很大分量。该期刊自2008年起改为网络版本，停止印刷纸质版本，这种新的在线刊物形式使作者能够在他们的文章中使用声音、图片、视频等，从而将期刊的研究范围扩大到以前受印刷出版限制的历史文献领域，例如电影史或音乐史等。

近年来，随着数字技术的进一步发展，除了传统刊物外，澳大利亚各研究机构逐步开始重视新媒体在研究成果的发布和传播方面的价值。在线博客、在线专家专栏、在线杂志等新媒体形式成为发布和传播研究成果的重要形式。这些新兴载体具有阅读方便快捷、对新话题反应迅速、传播快速且广泛等优势。比如，澳大利亚国立大学主办的在线杂志《中国遗产季刊》（*China Heritage Quarterly*）、《中国制造》和“中国的故事”博客，以及悉尼大学中国研究中心主办的在线杂志《中国快讯》（*China Express*）和在线博客“今日中国、明日中国”等[①]。

综上所述，澳大利亚的中国研究在机构设置、刊物建设、研究人员数量等方面，都已初具规模和实力，研究领域广泛，研究成果丰富。同时，澳大利亚的中国研究也表现出有别于欧美的独特研究视角和议题偏好。

二、研究热点

纵观近几年澳大利亚的中国研究，其研究领域在前几年研究成果的基础上得到了进一步拓宽，广泛涉及政治、经济、社会、外交、军事国防、法律、思想文化、历史、文学、艺术、科学技术、医疗卫生、环境科学、传统戏剧、少数民族、中国哲学以及教育等多个领域，但研究的重点主要聚焦于中国历史、中外关系、中国政治制度建设和经济发展等方面。随着两国关系在过去几年遭遇困难，中澳双边关系，以及中美战略竞争对中澳关系的重要影响成为近两年的研究热点。

① 王龙龙：《21世纪以来澳大利亚的中国研究》，武汉大学出版社2017年版，第20页。

（一）中国的对外关系及其对澳大利亚的影响

1. 中澳关系

中澳关系的经济价值和战略意义意味着双边关系已成为澳大利亚学界和政界关注的焦点[①]。近几年，在中美关系变化的背景下，中澳关系也出现波动。澳大利亚政府不断呼吁澳企业实现贸易多元化，以降低对华贸易的依赖。对此，澳大利亚罗伊研究所、澳大利亚研究所、澳大利亚国际事务研究所、澳中关系研究院等智库及高校研究人员从多个角度开展了研究和讨论，对中澳关系的现实作出一些理性思考和判断。

自中澳建交以来，澳大利亚对华采取的主要战略是“接触”与“平衡”。在这一战略基调指导下，总体而言，两国的贸易往来较为平稳，中澳关系也保持相对稳定的发展态势，中国成为澳大利亚最大的贸易伙伴和最大的出口市场。但近年来，澳大利亚将美澳同盟关系视作其外交和安全政策的核心和基石，在中美贸易摩擦和科技脱钩的背景下，中澳两国关系摩擦增多，经济问题和社会问题出现了安全化的趋势，关于“中国威胁”的讨论也再次喧嚣起来，澳政府对中国的警惕与防范意识明显增强，其军事战略部署针对中国的意图也越来越明显。据有关学者观察，澳对华政策似乎已经转变为“防范”与“制衡”[②]。针对中澳关系出现的这一转变，澳大利亚学术界和思想界也出现了一些声音，认为中国对澳大利亚实施了贸易惩罚，主张推动澳

① Mark Beeson & Jinghan Zeng, “Chinese views of Australian Foreign Policy: Not a Flattering Picture”, *Australian Journal of International Affairs*, 2016.

② 宁团辉：《政党政治与澳大利亚对华政策的转变》，载《国际政治科学》2021 年第 3 期。

大利亚出口贸易的“多元化”，进而降低对中国市场的依赖[①]。与此同时，一些研究者也从贸易角度理性分析了澳中关系，认为澳中关系在可以预见的未来不会发生实质性变化，双方的摩擦是可控的。这种判断主要基于两方面的理由：一方面，双方的摩擦主要集中在贸易领域，但贸易是双向的，各方采取的征收反倾销和反补贴税等惩罚性措施，虽然会给对方造成重大损失，但也会给自己带来巨大损失，所以双方会适可而止[②]。另外，澳中双边贸易的结构是稳定的，没有出现实质性变化。中国对澳大利亚出口产品虽采取了较大力度的惩罚措施，但真正受影响的只占澳对华出口的4%。除此之外，澳中贸易里最关键的铁矿石贸易对中国有较大制约，中国进口的铁矿石中有60%来自澳大利亚，所以双方都避免涉及铁矿石这项内容。另一方面，相关研究表明，中国未来十年的购买力预计将超过美国、日本、印度和印度尼西亚的总和，在这种情况下，澳大利亚企业要制定战略来管理风险，而不能仅寄希望于转移销售市场，还是要立足于稳定澳中关系。因此，澳中双方的这种紧张关系不太可能再进一步升级[③]。

在美国推动印太战略的背景下，澳大利亚强化了与美国在安全领域的合作。但与此同时，其与中国的经济联系并未发生实质性退步。这导致澳大利亚最重要的经济伙伴和最重要的安全伙伴出现了比较明显的背离，也引起澳大利亚自身在身份认同上的焦虑，使其在对

① Australia China Relations Institute, “China’s Economic Coercion–Theory vs Practice”, https://www.australiachinarelations.org/content/china%E2%80%99s-economic-coercion-%E2%80%94-theory-vs-practice.

② Australia China Relations Institute, “There’s no Need for Panic over China’s Trade Threats”, https://www.australiachinarelations.org/content/there%E2%80%99s-no-need-panic-over-china%E2%80%99s-trade-threats.

③ Australia China Relations Institute, “Why Australia is on its Own in its Trade Conflict with China”, https://www.australiachinarelations.org/content/why-australia-its-own-its-trade-conflict-china.

华关系上产生了不适应感[①]，造成澳大利亚政府对华政策的目标不清晰。因此，部分澳大利亚智库的研究报告在分析澳中摩擦时，对澳大利亚政府的对华政策提出了批评，认为澳政府的对华政策意图不明，对双边关系恶化的直接和间接代价计算不清[②]，需要进行调整。例如，澳大利亚研究所发布一篇题为《澳大利亚的外交方式需要重大改造》的报告，直截了当地提出澳大利亚政府缺乏好的外交政策，只是提出了一些“口号”[③]。也有研究指出，澳大利亚作为中等强国，不应该和中国正面冲突，而需要更准确地解读当前的局势，更清楚地了解自己的立场，积极看待自己在中美关系中的价值，与中国的关系需要去妖魔化和去政治化[④]。因为澳中经济的互补性仍然存在，而且就基础设施的建设规模及中产阶层的增长速度而言，没有任何其他市场能与中国匹敌。中国不光是一个大市场，还是创新的关键供应商和合作者，与中国接触本身就有助于市场多元化[⑤]。因此，澳大利亚要深刻讨论两国关系中存在的机遇和挑战，避免两极化，采取更加平衡和务实的对华外交政策，借此推动两国关系健康发展。更有学者指出，澳大利亚应该回归实施了50多年的“战略模糊”政策，这一政策对澳大利亚非常有利，可以降低卷入任何中美或东亚冲突的风险，并增强澳大利亚作为中等大国的选择余地[⑥]。

---

① 周方银:《体系转型背景下的威胁认知与澳大利亚对华政策变化》，载《世界经济与政治》2020年第1期。

② The Lowy Institute, “On China, Australia is left Counting the Cost” , https://www.lowyinstitute.org/publications/china-australia-left-counting-cost.

③ The Australia Institute, “Australia’ s Diplomatic Approach Needs a Major Revamp” , https://www.tai.org.au/content/australias-diplomatic-approach-needs-major-revamp.

④ Kerry Brown & Hannah Bretherton, “Australian Relations with China and the USA: the Challenge of Grand Strategies” , *Australian Journal of International Affairs*, 06 Jan., 2016.

⑤ Australia China Relations Institute, “Behind Headlines, Why Australian Companies are Still Doing Business with China?” , https://www.australiachinarelations.org/content/behind-headlines-why-australian-companies-are-still-doing-business-china-0.

⑥ Garry Woodard, “Australia’ s China Policy of Strategic Ambiguity: Navigating Between Big Fish” , *Australian Journal of International Affairs*, 2017.

2. 中美关系

澳大利亚对华的战略选择一方面取决于亚太地区地缘政治结构变迁，另一方面深受中美关系变化的影响。澳大利亚在安全上严重依赖美国，在经济上又依赖中国的广阔市场。在中美关系平稳发展时期，其推行的平衡外交策略提升了自身的国际地位和影响力，但在中美竞争加剧的当下，平衡战略面临挑战，选边站的压力凸显。中美之间竞争加剧为澳大利亚外交战略调整带来困境，如何应对这一问题成为困扰澳大利亚政策制定者的核心问题。因此，中美关系也成为澳大利亚学术界和政策界近几年研究的重点议题。

对于中美关系及其近几年发生的变迁，澳大利亚研究人员也提供了其独特的研究视角和看法。有学者研究发现，近 20 年来，中国深入参与到全球经济合作的网络中，同美国形成了较为复杂的相互依存关系，但这种相互依存关系在近期受到了脱钩政策的威胁。自 2018 年以来，美国方面对国家安全的强调取代了经济发展逻辑，中美之间的经贸摩擦呈现出了“技术战”的特征。由于两国都在追求更大的技术自主性政策，双赢的领域和空间正在不断缩小[①]。也有学者研究了中美关系的变化对包括澳大利亚在内的其他国家、国际组织及国际格局产生的影响，认为中美分歧给不愿选边站的企业和第三方国家带来了挑战，并干扰了亚太经合组织推动促进增长和加速区域经济一体化的目标[②]，使澳大利亚所处的国际环境更加复杂和模糊[③]。在罗伊研究所 2019 年进行的民调中，有 69% 的澳大利亚人认为，澳美同盟关系使得澳大利亚更有可能被卷入亚洲地区发生的、

---

① David Capie, Natasha Hamilton Hart and Jason Young, “The Economics–Security Nexus in the US–China Trade Conflict Decoupling Dilemmas”, *Policy Quarterly*, Vol. 16, No. 4, 2020, pp. 27–35.

② Ibid.

③ David Schaefer, “Australia’s new Alliance Dynamics, US–China Rivalry and Conflict Entrapment in Outer Space”, *Australian Journal of International Affairs*, 2017.

不符合澳大利亚利益的冲突[①]。还有学者积极探讨了恢复中美健康关系的路径和措施，认为中国自身的国家利益和国际社会的更广泛利益取决于美国对于中国的政策和态度，而只有中国领导人才有能力改变美国对中国的看法，因此，中国应当采取积极措施，去加强那些希望中美关系更加稳定和富有成效的人的力量[②]。

作为在亚太地区最有影响力的两个大国，中美在这一区域的博弈正在不断复杂化。对此，有学者研究指出，中国主导建设亚洲基础设施投资银行（AIIB），既有经济和商业原因，也有战略考量，是中国为回应美国的亚太再平衡战略，并在欧亚大陆开辟区域安全空间所选择的软平衡政策。美国虽然仍然是亚太地区的主要军事强国，但在地区经济治理方面已陷入相对衰退[③]。事实上，在美国不断推进印太战略的背景下，如果跳出中澳两国关系，将视野扩大到整个印度洋—太平洋地区，把美、日、澳、印都考虑进来的话，澳大利亚在中美关系中的战略价值就显得非常重要。因此，澳大利亚学界和政策判定者也非常注重通过美、日、澳、印“四国机制”来应对中国不断发展壮大的现实。澳大利亚国际事务研究所曾发布了题为《“四国机制”能起飞吗？》的研究报告，认为2020年四国机制的所有进展都和澳大利亚相关，尤其是美、日、澳、印在印度洋举行的“马拉巴尔”联合演习标志着“四国机制”进入了新阶段[④]。澳大利亚正好位于印度洋和太平洋的交界处，也是美、日、印在地理上的中间联结点，通过印澳安全合作、日澳防务协定、日澳印供应链合作，

① Natasha Kassam, Lowy Institute Poll 2019, p. 27.

② Peter Harris, “China and the United States: the Case for Smart Appeasement”, *Australian Journal of International Affairs*, 2021.

③ Lai-Ha Chan, “Soft Balancing Against the US ‘Pivot to Asia’: China’s Geostrategic Rationale for Establishing the Asian Infrastructure Investment Bank”, *Australian Journal of International Affairs*, 2017.

④ AIIA, “Will the Quad Alliance Take Off?”, https://www.internationalaffairs.org.au/australianoutlook/will-the-quad-alliance-take-off/.

澳大利亚事实上成为了“四国机制”实体化的关键结合部，在美国应对中国崛起的印太战略中发挥着举足轻重的作用。

3. 中国与太平洋岛国的关系

澳大利亚将保持对太平洋岛国的影响力视作本国的根本利益，因此，历届澳政府都积极寻求主导太平洋岛屿地区事务，尤其注重对该地区的秩序维护，长期以来，一直为太平洋岛国提供大规模经济援助。自 2014 年以来，随着“21 世纪海上丝绸之路”建设进程的不断推进，中国加快了同太平洋岛国发展关系的步伐，对太平洋岛国的影响力不断上升，这在澳大利亚国内引起了广泛的关注。因而，澳大利亚在太平洋岛国实施了以加强地区安全与经济整合、深化盟友协作、防范中太合作等为重点举措的“太平洋升级”（Pacific Step-up）战略[①]。对此，澳学者詹姆斯·巴特利（James Batley）就指出，“太平洋升级”战略并非全面排他，而是特别针对中国[②]。事实上，近几年，中国虽在太平洋岛国地区的投资、贸易和援助都有所上升，但中国在这一地区的影响力被澳大利亚部分媒体夸大了，中国对这一地区的援助远低于澳大利亚。相反，澳大利亚本身并不希望太平洋岛国真正实现经济独立[③]，其“太平洋升级”战略的核心目

---

① Australian Government, “The 2017 Foreign Policy White Paper: Opportunity, Security, Strength”, https://www.dfat.gov.au/publications/minisite/2017-foreign-policy-white-paper/fpwhitepaper/foreign-policy-white-paper.html; Scott Morrison, “Address ‘Australia and the Pacific: A New Chapter’”, https://www.Pm.Gov au/media/address-australia-and-pacific-new-chapter.

② James Batley, “Review: Safeguarding Australia’s Interests through Closer Pacific Ties”, http://www.lowyinstitute.org.the-interpreter/review-safeguarding-australia-security-interests-through-closer-pacific-ties.

③ Wesley Morgan, “Oceanic Hydro-politics: Exploring Contemporary Geopolitics of the Blue Pacific”, https: //www.Griffith.edu.au/_data/assets/pdf_file /0015/1002309/RO64-Morgan-web.pdf.

标之一是“绑定”太平洋岛国经济[①]，将其作为自身的战略缓冲区。

相较而言，澳大利亚大部分学者和智库对中国和太平洋岛国之间关系的认识及判断总体较为理性和客观。在西方有些国家炒作“债务陷阱外交”的背景下，2019 年，罗伊研究所发表了一份有关太平洋岛国“债务陷阱”的分析报告，肯定中国的援助在促进太平洋岛国发展上发挥了积极作用，认为“迄今为止的证据表明，中国没有在太平洋地区有意进行‘债务陷阱’外交”[②]。乔安妮·沃利斯 (Joanne Wallis) 也认为，中国在太平洋岛国的影响力不是专门设计的结果，而是存在偶然因素[③]。彼得·康诺利 (Peter Conolly) 认为，与澳大利亚和新西兰相比，中国在太平洋岛国的利益相对有限，与太平洋岛国的贸易和投资在其总体对外贸易和投资中占比很小。随着时间的推移，虽然中国在太平洋地区利益的增长有可能导致意外摩擦，但可以以管理或防止误解的方式行事，通过加强合作来降低这种风险[④]。

（二）中国的“一带一路”倡议及其影响

中国的“一带一路”倡议提出并稳步推进以后，在澳大利亚引发关注和研究。2013 年至 2017 年间，澳政府在经过一段时间的观望后，开始对接“一带一路”倡议，期望寻求有限合作。2017 年底，在美国对华战略不断转向的大背景下，澳政府对中国的态度发生了转

① Greg Colton, “Stronger Together: Safeguarding Australia’s Security Interests through Closer Pacific Ties”, https: //www.Lowyinstitute.org/publications/stronger-together-safeguarding-australia-security-interests-through-closer-pacific-0.

② Roland Rajah, Alexandre Dayant and Jonathan Pryke, “Ocean of Debt? Belt and Road and Debt Diplomacy in the Pacific”, Sydney: Lowy Institute for International Policy, 2019, p. 1, pp. 7-14.

③ Joanne Wallis, *Pacific Power? Australia's Strategy in the Pacific Island,* Carlton: MUP Academic, 2017, p. 262.

④ Peter J. Connolly, “Engaging China’s New Foreign Policy in the South Pacific”, *Australian Journal of International Affairs*, 2016.

变，其发布的《反对外国干涉法》，改变了对“一带一路”倡议的认知，中澳经贸合作遭遇重挫。然而，澳学界对“一带一路”倡议的研究和讨论却突破了政策转向的束缚，展现出比较求实和理性的一面。

1. 关于“一带一路”倡议及其实施等问题的理论探讨

尽管部分媒体和研究者就“一带一路”倡议的实施对澳大利亚及印太地区产生的影响表示了担忧和警惕，但更多学者则较为客观地从各个角度对这一倡议进行了深入解读。有学者研究了“一带一路”倡议提出的国内外背景及中国的战略意图，认为这是中国向世界提供的具有中国特色的公共产品。也有学者将此倡议视作中国对外交往战略的重要组成部分，以此全面评估中国外交的演变历史和趋势。在研究“一带一路”倡议的实施问题时，学者们尤其关注中国在沿线国家进行的基础设施建设，认为中国既有国家能力，也有实践经验，可以使这样一个项目成为现实①。更多研究集中于评估“一带一路”倡议可能带来的影响，认为在当前国际背景下，“一带一路”倡议具有巨大的象征意义和实践意义。如果“一带一路”倡议获得成功，不仅将真正巩固中国在亚太地区乃至全球范围生产网络中的中心地位，增强中国的外交实力，还将在可预见的未来加强中国的地缘经济影响力，提高中国整体经济和地缘政治的重要性②。“一带一路”倡议的规模和雄心令人惊讶，中国有速度惊人的提供大规模基础设施建设的能力。如果中国为中亚、南亚和东南亚等地区提供基础设施的承诺得到履行，将大大提高相关地区的整体生产力。不仅中国的邻国将从这些发展中受益更多，重要的是，“一带一路”

---

① Mark Beeson, “Geoeconomics with Chinese Characteristics: The BRI and China’s Evolving Grand Strategy”, *Economic and Political Studies*, 2018.

② Ibid.

倡议还可能积极促进西方国家与中国之间的连接[①]。

2. 关于是否加入“一带一路”倡议的政策辩论

面对持续稳步推进的“一带一路”倡议，澳大利亚展开了一场是否对接和加入其中的政策辩论。总体而言，根据其政治态度和倾向，存在两种不同的立场。以鲍勃·卡尔（Bob Carr）、休·怀特（Hugh White）、琳达·雅各布森（Linda Jakobson）、陆克文（Kevin Michael Rudd）、费思芬（Stephen FitzGerald）和彼得·德里斯代尔（Peter Drysdale）等为代表的一派，持较为温和与务实的态度，主张澳大利亚要实事求是，正视中国快速发展和不断崛起的现实，在最大的贸易伙伴和最重要的安全伙伴之间继续保持战略平衡，积极推进对“一带一路”倡议的战略对接，搭上“一带一路”发展的快车，重视“一带一路”给澳大利亚带来的益处[②]。在他们看来，“一带一路”倡议是重要的区域性合作机制，是中国对全球化的重要贡献，体现了中国的开放态度以及古代丝绸之路传承下来的平等互利合作的精神[③]，有利于沿线国家形成包容性发展的共识，增强彼此之间的联系，降低合作成本，共同获益。“一带一路”倡议也是中国版的全球参与计划，积极参与其中，必将为澳大利亚带来更多的中国投资，有利于澳大利亚平衡对美的安全依赖[④]。因此，澳大利亚政府应该拒绝冷战思维，与中国建立信任关系[⑤]。同时，澳大利亚要在防止过于

---

① Mark Beeson, “China’s Big Idea: Making Sense of the Belt and Road Initiative”, *Economic and Political Studies*, 2018.

② 盛楚宜:《澳专家盼澳大利亚搭乘“一带一路”快车》，人民网，https://world.people.com.cn/nl/2017/0426/co002-29238114.html。

③ Hugh White, “Dawn of the Post-American Order in Asia”, *The Straits Times*, 2017.

④ Ibid.

⑤ Peter Drysdale, “Australia must Move beyond Cold War Thinking”, https:///www.eastasiaforum. Org/2018/02/05/australia-must-move-beyond-cold-war-thinking/.

依赖中国经济的基础上，实现外贸多元化[①]。“一带一路”倡议为澳大利亚提供了与邻国加强基础设施建设对接和经贸合作双赢的重要途径。

当然，也有部分学者和机构对华态度比较强硬，强调澳大利亚需选择进一步强化与美国的同盟关系来对冲中国崛起的风险[②]。他们认为“一带一路”倡议将实质性地提升中国的软硬实力，有助于形成以中国为中心的亚洲秩序[③]。积极对接“一带一路”倡议，将会导致澳大利亚进一步依赖中国市场，从而给澳带来严重的经济安全风险。因此，为了削弱中国的地区影响力，维护澳大利亚的安全和经济利益，澳大利亚应该避免接触“一带一路”倡议，甚至应以“太平洋升级战略”“印太战略”和“四国对话机制”等进行替代性对抗。这些观点的不断泛化和广泛传播也是近几年中澳经贸合作遭遇挫折，两国关系动荡不断的重要原因之一。

（三）中国数字经济新模式

目前，数字经济已成为推动中国经济发展的新动能，各级政府正在大力推动数字经济的进一步深化发展。贸易作为经济活动中资源配置的关键环节，也经历着深刻的数字化变革。基于此，《中华人民共和国电子商务法》已于 2019 年实施，北京也提出要建设数字经济标杆城市。同时，各级政府也陆续出台对跨境电子商务的一系列支持

---

① Stephen FitzGerald, “Managing Australian Foreign Policy in a Chinese World”, https://thecon-versation.com/stephen-fitzgerald-managing-australian-foreign-policy-in-a-chinese-world-74607.

② Graeme Dobell, “The Evolution of Australia’s China Challenge”, ASPI-The Strategist, https://www.aspistrategist.org.au/the-evolution-of-australias-china-challenge/.

③ Mark Beeson, “Geoeconomics with Chinese Characteristics: The BRI and China’s Evolving Grand Strategy”, *Economic and Political Studies*, 2018.

政策，中国的电子商务行业正在快速地发展。跨境电子商务作为全球数字贸易的初级形态，如今已成为国际贸易进一步增长的新引擎和新动能。可以预见，在不久的将来，数字贸易将成为国际贸易的主流。然而，有关数字贸易的国际规则还非常不完善，且远远滞后于实践，各国开展数字贸易面临诸多壁垒和障碍。因此，数字贸易发展的新规律和新规则、信息技术资源的国际竞争方式以及相关国家政府及其企业相互借力共同进退的战略最近也成了新的研究热点。

进入数字时代后，澳大利亚政府非常重视产业领域和医疗卫生、城市、教育、社区等民生领域的数字化、信息化建设，正在积极推动社会各领域的数字化转型。他们尤其重视数字经济在驱动澳大利亚综合国力提升进程中的关键作用，力图通过数字经济的领先发展驱动澳大利亚成为网络智慧国家。为此，《澳大利亚数字经济：未来方向》（2009）、《国家数字经济战略》（2011）、《澳大利亚技术未来——实现强大、安全和包容的数字经济》（2018）等旨在促进数字经济发展的政策文件相继出台，为数字经济的发展营造了有利的政策环境和浓厚的舆论氛围，引发学者和媒体对其他国家数字经济发展趋势和发展经验的研究兴趣。中国作为网络发展的新兴大国，用户基数大，市场活跃，表现出巨大的后发优势，甚至在移动支付、数字货币、电子商务等领域实现了对西方国家的弯道超车，涌现出多个具有国际影响力的跨国公司，给中国经济的持续发展提供了强劲动力。因此，澳大利亚专家学者对中国的新经济发展模式表现出巨大探究兴趣，对数字货币、社交平台、电商平台、智慧城市等议题进行了广泛研究。

澳大利亚企业界认为，在新冠肺炎疫情对全球市场的冲击下，中国市场的变化速度加快，现在比五年前甚至三年前更具竞争力。中国消费者及电子商务平台是世界上最复杂、最先进的，澳大利亚企业从中国市场获得的经验教训可以快速地推广到世界其他地区，从而提高成功的概率，将企业的技术优势和市场优势有效地转化成盈利能力和企业的发展优势①。通过对比研究，有澳大利亚学者及媒体对中国数字经济的发展成就给予了高度评价。一方面，他们认为美国和澳大利亚等经济发达国家的电子商务出现时间要早于中国，但目前的发展态势却落后于中国，这一方面源于中国广阔的市场，更重要的原因是中国政府在互联网发展的早期采取了鼓励创新的做法。此外，在持续的创新和研发投入支持下，中国互联网、数字货币和数字支付等新经济要素蓬勃发展：中国在发行央行数字货币方面领先世界，创设了世界上首个主要主权数字货币（数字人民币）②；中国已经开始从现金向数字货币支付转变③，移动支付在中国已经相当普遍，其消费者使用移动支付的次数是美国的 11 倍。所以，相较而言，中国数字经济发展领先于美国和澳大利亚等许多发达经济体④。

总而言之，中国已经将发展数字经济作为推动经济增长的核心动力，而数字长征快步加速将使中国经济继续在价值链上不断攀升⑤。

三、研究特点和趋势

澳大利亚的中国研究主要依托高校的研究力量，在近几年内取

---

① Australia China Relations Institute, “Behind Headlines, Why Australian Companies are still Doing Business with China?” , https://www.australiachinarelations.org/content/behind-headlines-why-australian-companies-are-still-doing-business-china-0.

② East Asia Forum, “The Future of Digital Currencies will be Determined in Asia”, https://www.eastasiaforum.org/2021/04/05/the-future-of-digital-currencies-will-be-determined-in-asia.

③ Sydney Morning Herald, “What does China's shift to digital mean for Australia?” , http://www.smh.com.au/business/the-economy/china-s-new-dig%E2%80%A6.

④ 杜永光编译:《澳媒：中国将赢得全球数字经济发展竞赛》，中国日报网，https://world.chinadaily.com.cn/wylzg/2018-07/12/cotent-36564523.htm.

⑤ 乔恒编译:《澳媒：快速的数字化将使中国经济继续攀升》，环球网，https://oversea.huanqiu.com/article/ 9CaKrnK4xLj。

得了长足发展。就整体而言，基于特殊的历史文化条件、地理位置和现实国情，澳大利亚的中国研究逐渐形成了鲜明的本国特色和趋向。

（一）研究议题较为多元，但偏重政策和实务

近几年，得益于中国学术交流的不断开放和活跃，澳大利亚的中国研究有了很大发展。澳大利亚从事中国研究的学者可以深入中国开展交流研究活动：在中国开展田野调查、从事访问研究、开展合作研究项目、参加会议、利用中国的图书馆和档案馆资源等。因此，中国的政治、经济、社会、文化、历史、外交、军事改革等议题都有学者进行研究。随着中澳关系的调整和变化，主要研究机构的发展与研究方向的演变呈现新的特点和趋向。首先，受当前热点事件和全球发展趋势的影响，各学科中的一些新兴研究领域得到越来越多的重视。在历史学中，对中国环境史和性别史的研究比较多；在对中国政治的研究中，关注视角和重点不再过分聚焦于核心政治人物和政治结构，正在从宏观战略层面转移到微观具体政治经济发展问题；在国际关系领域，重视中层理论的研究和检验，研究内容不均衡[①]，“一带一路”倡议、南海问题、中美贸易摩擦、环境治理、区域秩序等研究领域涌现出大量成果，但对中国参与国际组织等方面的研究则比较缺乏。其次，跨学科研究的趋向明显。跨学科研究是近几年学术研究的总体趋势，澳大利亚中国研究也表现出从人文和社会科学相结合的跨学科视角进行研究的趋向。各中国研究中心的建设也非常重视跨学科视角，成立了各种综合性研究小组，来自不同学科的学者就一个问题进行共同研究。最后，研究导向偏重政策与务实，基础研究和理论研究氛围不浓厚，缺乏对研究方法的探

① 吴志成、韩笑：《澳大利亚的国际关系研究评析》，载《教学与研究》2017 年第 3 期。

讨。一方面，澳大利亚的学术研究主要靠政府资助和协调，决定了这一部分研究的主要目的是为政府制定内外政策、解决国内社会与经济问题服务。另一方面，基于澳大利亚对中国市场的不对称性依赖，重视中澳经贸和文化交流研究的实用型现实研究风气本身也是澳大利亚学术界开展中国研究的一贯传统。

（二）研究队伍不断扩大，但华人学者占比较高

澳大利亚政府和学界对于印太地区秩序的不确定性以及中美在国际社会的角色变化高度敏感。在这一背景下，随着中国成为世界第二大经济体、中国军事力量的快速现代化、亚投行的设立以及“一带一路”倡议建设的大力推进，澳大利亚开始将中国视为影响国际秩序的重要角色，对中国的关注度进一步提升。不同学科背景的学者和行业专家都开始参与到中国研究当中，壮大了中国研究的人员队伍，丰富了研究视角。老一代从事中国问题研究的学者中，有不少是西方人，或者有欧美留学背景和从教经历，他们中有许多人参与组建了各种中国研究学术机构，并担任负责人。然而，随着大量中国学生特别是研究生以及学者活跃于澳大利亚学术机构，澳大利亚中国研究学术团体的组成发生了根本变化，来自中国的学生和学者所占比例越来越高，优秀研究成果也多由华人学者参与完成。可以说，来自中国的学者对澳大利亚中国研究的学术发展作出了重要贡献，澳大利亚中国问题研究在华人学者的影响之下迅速发展。但这也带来了一定的负面影响，受文化背景和思维模式的限制，大量从事中国研究的华人学者的研究视角会受到一定的局限，其研究成果在澳大利亚国内的认可度容易受到削减甚至质疑。

（三）研究成果较为丰富，但国际影响力有限

在政府的重视和推动下，澳大利亚的中国研究尽管起步晚于欧美国家，但近年来研究水平有了显著提升，研究成果越来越丰富，涵盖了众多学科。但与此同时，澳大利亚是一个中等强国，其全球影响力有限，加之远离世界政治经济中心的特殊地理位置，在一定程度上阻碍了澳大利亚中国研究的学术交流和人才流动，导致其研究成果的国际关注度有限，同中国议题相关的研究成果发表在欧美主流期刊的情况也比较少。此外，澳大利亚专门发表中国研究成果的刊物多为半年刊或季刊，发行周期长，版面较少且讨论议题很分散，大多还只有电子版，也缺乏专职编辑团队，限制了中国研究的专业化发展和国际传播影响力。

（四）研究方法以规范研究和定性研究为主

澳大利亚早期从事中国研究的学者多为文史哲专业出身，因而，传统的规范和定性研究方法占据主流，目前这一格局仍没有发生大的改变。面对中国复杂的经济社会发展、政治改革和对外交往问题，学者们仍然依赖于从历史、文化、哲学等角度进行诠释。虽然也有部分学者将定量研究作为主要研究方法，但坚持定性研究和规范研究依然是澳大利亚大多数从事中国研究的学者所选择的重要路径和方法，研究方法相对比较单一。

综上所述，澳大利亚的中国研究经过多年发展，以高校为依托，建立起了跨学科的研究机构，人员规模不断扩大，专业期刊和著作等研究成果进一步丰富，研究实力有了显著提升。随着新一代学者逐步成长并活跃于学术界，研究议题有了进一步拓展，中国发展的新兴领

域广受关注，特别是能够指导其国内政策制定的中澳经贸往来等实用性较强的问题，形成了应用性强、关注中国新发展模式等新的特点。但是，澳大利亚的中国研究也面临着研究内容分散、研究方法传统、基础研究不足、研究成果国际影响力小等诸多短板。尤其是，近几年受中澳关系的不利影响，学术观点两极化对立现象较为明显。

（那朝英：北京市社会科学院国际问题研究所）

德 国

王婀娜 / 文

2021 年和 2022 年交替之际，德国人心中的“铿锵玫瑰”默克尔退出了政治舞台。在这样的背景下，德国学术界如何看待中国的经济、政治、文化、教育？新任总理朔尔茨领导下的新内阁将在中美战略竞争中采取怎样的立场？中德关系的走向将会如何？本文尝试梳理 2021 年德国当代中国研究的基本情况和热点议题，提炼其研究特点及趋势，以期为学术界开展进一步的深入研究提供参考。

一、研究概况

2021 年，德国学术界对当代中国问题保持了较高的关注程度和研究兴趣。以德语“中国”（China）为关键词在 Springer Link 数据库中搜索[①]2021 年的德语文献，共搜索到 3322 篇文献（2020 年为 4402

---

① 以德语“中国人”（Chinese）为关键词，共搜索到 182 个词条，大部分词条为英文文献；以德语“中国的”“中国人的”（chinesisch）为关键词，共搜索到 25 个词条。由于上述篇目内容与以德语“中国”（China）为关键词搜索到的篇目内容大部分相同，故忽略不计。

篇，2019 年为 3712 篇）。其中，书籍章节占比最多，为 1972 篇，学术文章 733 篇，书籍 530 本，参考工作条目 87 条，会议论文 49 篇（图 1）。上述文献所涉及的学科领域包括商业管理 683 篇、医学公共健康 579 篇、工程学 358 篇、经济学 236 篇、社会学 216 篇（图 2）。

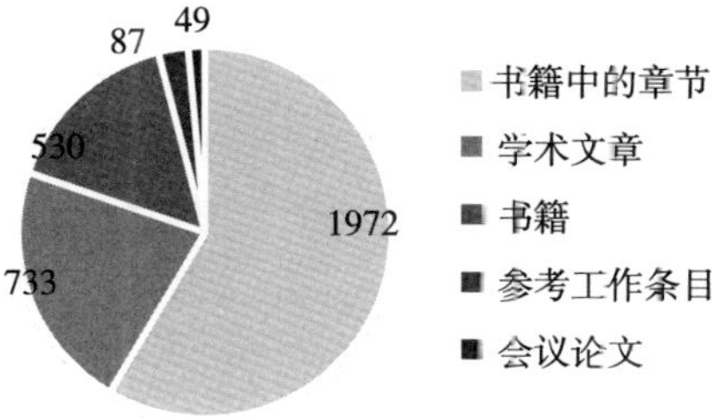

图1：以“中国”为关键词在Springer Link搜索出的德语文献数量

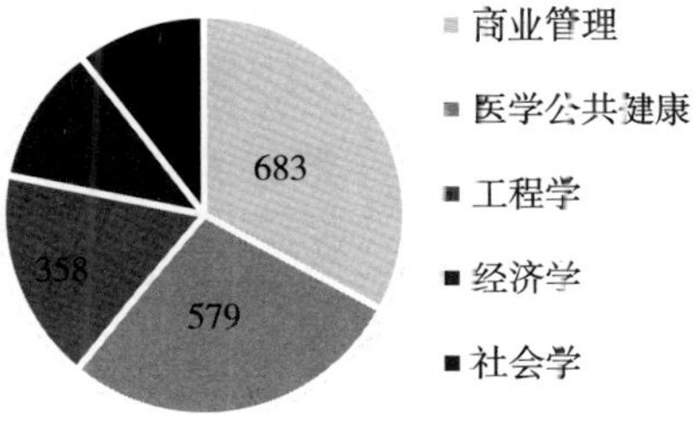

图2：文献涉及学科领域

就智库研究成果而言，以知名智库德国科学与政治基金会（SWP）为例，2021 年与中国相关的文章为 164 篇（2020 年为 217 篇，2019 年为 155 篇），所涉及的领域包括欧盟和欧洲（53 篇），亚洲（52 篇），安全和防卫政策（40 篇），经济、贸易和资源（34 篇），能源、气候和基础设施（25 篇），俄罗斯、东欧和中亚（20 篇），联合国、全球治理和国际法（18 篇），土耳其（15 篇），美国、加拿大（15 篇），数字化、网络、科技（12 篇）（图 3）。

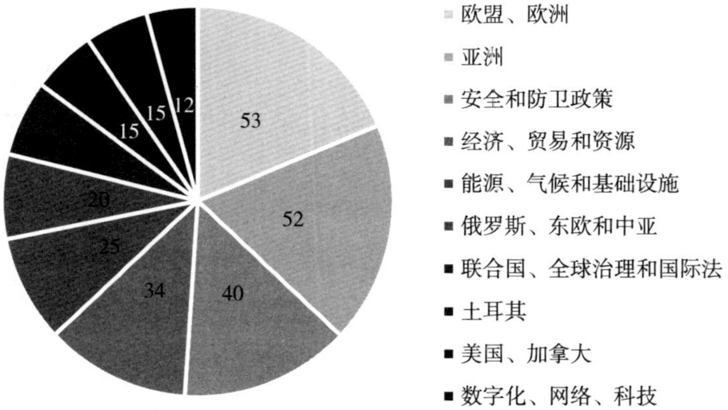

图3：德国科学与政治基金会（SWP）2021年与中国相关的文章分布

上述两组数据表明，德国学术界对中国的研究在关注领域上与去年大体保持一致，篇幅数量呈略微下降趋势。这可能与2020年新冠肺炎疫情的暴发引发德国社会对中国的更多关注有关。而当社会运转趋于常态时，涉及中国的文章数量也回落至2019年的水平。

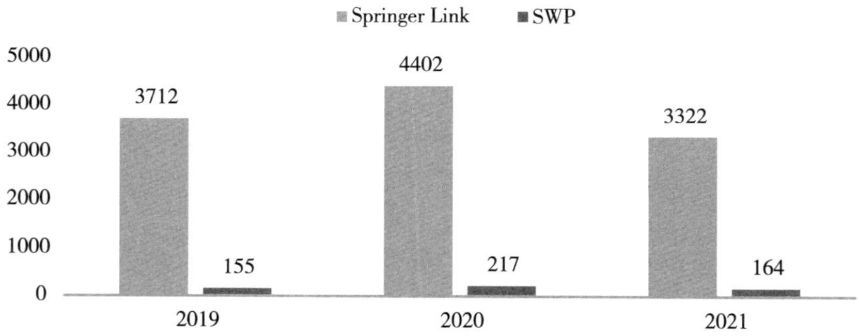

图4：Springer Link数据库与德国科学与政治基金会（SWP）近三年有关中国研究成果数量变化

2021年德国学术界出版的中国研究成果涵盖政治、经济、文化、卫生等多个领域。以学术期刊为例，在国际政治和外交领域，德国最具权威、最具有代表性的刊物是《外交和安全政策杂志》（*Zeitschrift für Außen und Sicherheitspolitik*）。这是一份基于理论和实证相结合的，以外交政策分析、安全政策研究和国际政治分析为核心的期刊，致力于探讨国际关系的发展及其对外交和安全政策进程的影响以及外交和安全决策对国际秩序的影响等问题。虽然该期刊2021年度没有直接以“中国”作为研究主题的文章，但许多文章在围绕民主制度、价值观、欧盟战略自主、中美贸易战等问题的研究中都离不开对中国的考察。卡塞尔大学萨宾娜·鲁斯—萨塔尔（Sabine Ruß-Sattar）教授和联邦安全政策研究院亨宁·里克（Henning Riecke）撰写的文章《作为民主领袖的复出？拜登以价值观为导向的外交政策可能在盟友间产生冲突》，伍珀塔尔气候、环境和能源研究所的汉斯－约亨·卢曼（Hans-Jochen Luhmann）博士撰写的文章《欧盟战略自主权在以经济胁迫为手段的战争中的出发点》，以及《统一的德国外交、安全和发展政策的自由准则》《欧盟作为一个和平大国，为气候保护和民主而开展的多边活动》《欧洲的战略自主权——一个转型中的机构》等文章均在讨论德国、欧盟如何在中美战略之争中实现欧洲的战略自主。

在经济领域内，《商业服务》（*Wirtschaftsdienst*）是受德国各界公认的研究当前欧洲和德国经济政策的重要期刊。2021年，该期刊对中国的经济发展关注较多，涉及《区域全面经济伙伴关系协定》（RCEP）、气候关税、电动汽车、欧盟对华经济战略、中欧贸易政策、大湾区发展等。其中，德国WHU商学院（WHU-Otto Beisheim School of Management）宏观经济学和国际经济关系教授迈克尔·弗兰克尔（Michael Frenkel）和该研究院的助理研究员吴图耶（Tuyet Ngo）撰写的文章《“区域全面经济伙伴关系协定”及其对欧盟的意义》，对该协定将对其成员国和欧盟所产生的积极和消极影响进行了详细分析。围绕气候问题，该期刊登载了尼娅·彼得森（Sonja Peterson）的《欧盟的气候关税是否有助于让中国和美国更负责任？》、费迪南德·杜登多费尔（Ferdinand Dudendöffer）的《电动汽车的电池交换站——中国设立了一个新标准》、雷娜特·诺伊博默（Renate Neubäumer）的《巴黎协定是达成全球气候协议的突破口吗？》、霍尔格·戈尔格（Holger Görg）的《全球化与地缘经济的相遇》等文章。围绕欧盟对华经济战略，该期刊登载了利桑德拉·弗拉赫（Lisandra Flach）的《欧盟需要一个明确的美中战略》和《欧盟—中国贸易政策的未来：应对挑战并自信地捍卫自身贸易利益》。关于中国内部的经济政策及其对世界的影响，该期刊登载了布丽塔·库恩（Britta Kuhn）发表的《中国的“一带一路”倡议正在改变》和《中国的大湾区》两篇文章。

在医疗卫生领域内，《联邦卫生公报—卫生研究—卫生保护》月刊，涵盖了公共医疗卫生系统和政府医疗卫生政策所涉及的所有问题和领域。该刊2021年刊发的文章中有不少是对中国卫生政策与西方卫生政策的对比研究。

从总体上看，研究议题重点集中于中国的经济模式、中德外交关系和中国的公共卫生安全三个方面。受篇幅所限，下文仅简要梳理和介绍其中一部分比较重要的学术成果关于这些热点议题的主要观点，这些成果包括学术期刊文章、智库报告和主要著作。

二、热点议题

（一）中国的经济模式

1. 中国的经济创新

2021年，有关中国经济的专著在德国关于当代中国问题的研究成果中占据较大比重。德国学者对中国的经济模式、数字经济等主题关注颇多，其讨论重点主要集中在以下两个方面。

一方面是中国经济制度同西方经济制度的对比分析。《合作与竞争之下的中国与德国》[①] 一书较具代表性，该书的作者是汉学博士、品牌管理和市场营销教授、中德关系专家乔纳斯·波尔福斯（Jonas Polfu）和明斯特威斯特法伦威廉大学经济学毕业生马库斯·H.P. 穆勒（Markus H. P. Müller）。后者是德意志银行全球职位的高级管理人员，曾在法兰克福金融学院、乌兹别克斯坦的银行和金融学院以及拜罗伊特大学授课。该书对社会福利市场经济与社会主义市场经济体制进行比较分析，展示了德国和中国如何应对经济社会发展中的挑战，回答了是什么将这两个经济体联系在一起，以及又是什么将二者分开。该书没有局限于政策总结，而是着眼于两种市场经济体系的发展和协同可能性，并分析了它们的优势和劣势。德国明斯特威斯特法伦威廉大学信贷研究所的维多利亚·伯恩克（Victoria Böhnke）在题为《对影子银行的监管：以中国大科技公司蚂蚁集团的案例为蓝本》[②] 的文章中，对中国经济制度在加强金融业监管方面发挥的作用进行了分析。文章称，为了防范系统性金融危机，2020 年 11 月蚂蚁金服的上市计划被叫停，这显示出，中国政府有能力管控大型科技集团的金融活动，并对影子银行实施更强有力的监管。基于此，文章提出：欧盟能否借鉴中国监管影子银行的方法？为了回答这一问题，作者首先讨论了影子银行的发展及其与全球金融稳定的相关性，以及当前监管面临的挑战。其次，基于对蚂蚁集团的案例研究，讨论中国政府各部门采取的监管方法具有的优势和挑战，并将其与欧洲的监管情况进行对比分析。最终，文章得出结论认为，从金融稳定的角度看，有必要对

① Markus Hans-Peter Müller, Jonas Polfu, *Deutschland und China zwischen Kooperation und Konkurrenz,* Springer Gabler, Wiesbaden, 2021.

② Victoria Böhnke, “Regulierung des Schattenbankensektors: Der Fall des chinesischen BigTech Ant Group als Blaupause?”, List Forum für Wirtschafts-und Finanzpolitik, 2021(47), S. 219-236.

提供与传统银行业务相当的金融服务的大型技术集团进行监管，因为它们具有撼动市场的潜在的巨大力量。

另一方面是中国经济的创新驱动力。2021 年，德国斯普林格（Springer）出版社接连出版《中国经济的创新性与创造力》《中国电子商务趋势》《21 世纪焦点中的中国》等专著，集中对这一问题进行探讨。《中国经济的创新性与创造力》一书指出，中国是推动数字化转型和关键技术进步的大国之一。在中国和德国，创新性和创造力都是可持续和有竞争力的经济的重要推动力。在通往未来数字经济的发展道路上，中国也需要加强同德国的合作以获取德国在某些领域的专业技术支持[①]。《中国电子商务趋势》一书主要聚焦中国在电子商务领域的创新性发展，从中国消费者的特点、电商到新零售的发展路径、社交电商、直播平台从娱乐渠道到销售渠道的转变等几个方面，对中国电子商务发展特点和趋势进行分析，提出移动消费者行为、对娱乐的渴望以及无处不在的移动支付基础设施构成了中国电子零售市场跨越式发展的前提条件[②]。《21 世纪焦点中的中国》一书则关注中国如何通过经济创新提高其在经济领域的国际地位。该书指出，近年来中国取得了惊人的发展，但西方世界对中国形象的认知仍受制于旧有观念和陈词滥调。事实上，世界未来的经济中心不再是大西洋和欧洲，而是在太平洋[③]。

2.“一带一路”框架下的经济合作

2021 年，尽管新冠肺炎疫情对国际交流和人员流动造成严重影响，但德国学术界对“一带一路”倡议依然表现出很大的兴趣，并

① Doris Gutting, Min Tang, Sebastian Hofreiter, *Innovation und Kreativität in Chinas Wirtschaft*, Springer Gabler, Wiesbaden, 2021.

② Christina Richter, *E-Commerce Trends in China*, Springer Gabler, Wiesbaden, 2021.

③ Tobias Loitsch, *China im Blickpunkt des 21. Jahrhunderts*, Springer–Verlag GmbH Deutschland, 2021.

针对“一带一路”倡议的实施情况形成两种不同的立场和观点。

一种是比较积极的立场，强调“一带一路”倡议正在得到稳步推进，对全球经济发展具有重要的推动作用。德国联邦贸易与投资署（GTAI）发表大量关于“一带一路”倡议的研究成果，其中大部分都体现了上述立场和主张。该机构发表的题为《“一带一路”倡议在扩大》的研究报告，梳理了2021年“一带一路”倡议下全球项目在区域和领域上的分布特点，认为该倡议促进的国际合作在这一年仍稳步推进并逐渐扩大。该报告称，根据德国联邦贸易与投资署的统计数据，截至2021年上半年，有270个全球项目正在“一带一路”倡议下推进实施。这些项目具有以下区域性和领域性特点：一是能源和交通领域的基础设施是重点；二是亚洲能源资源的缺乏是“一带一路”倡议实施的主要动力；三是中国正通过落实“一带一路”倡议在非洲树立新的形象；四是拉丁美洲对交通基础设施类的项目表现出很大的积极性；五是地铁与风能是中国与欧洲加强“一带一路”合作的增长点。通过对相关项目的统计数据分析可以看出，在2021年1月至7月间，“一带一路”倡议主要在非洲和东南亚地区得到大力推进，同时，能源和交通领域的基础设施占“一带一路”倡议全球项目的2/3。据此，该报告认为，在可再生能源领域，中国与其他国家的合作呈上升趋势[①]。题为《五家中国国有企业主导新丝绸之路》的研究报告，重点关注在“一带一路”倡议中发挥重要作用的五家中国国有企业，包括中国电力建设集团有限公司、中铁建工集团有限公司、中国交通建设集团有限公司、中国建筑集团有限公司以及中国能源建设股份有限公司。该报告指出，2014年至2021年间，这五家国有企业承担的项目占项目总数的42%，这些项目主

① Marcus Hernig, *Chinas neue Seidenstraße wird 2021 ausgebaut*, https://preview.gtai.de/gtai-de.

要集中在东南亚、南亚和非洲[①]。题为《中国西南地区正走向新丝绸之路的中心》的研究报告，探讨了中国西南地区在“一带一路”倡议下战略地位的变化。文章指出，由于“一带一路”经济走廊在中国西南地区交汇，重庆和北部湾地区成为中国与东南亚国家紧密联结的关键地区，将成为推进“一带一路”倡议的中心[②]。题为《中国正在影响东南亚地区》的研究报告称，东盟十国中有三个国家与中国接壤，约有 2200 万中国人在那里生活，中国在东南亚地区的影响力正在增强。拥有约 6.5 亿人口的东南亚成为中国基础设施投资和贷款的热点地区。尽管个别东南亚国家与中国的关系时而紧张，但中国在与其他国家的竞争中往往更具优势，因为中国对该地区的了解更加深入。报告还指出，“数字化”是近年来中国经济发展的趋势，中国互联网行业巨头百度、阿里巴巴、腾讯和华为是未来基础设施投资的潮流引领者[③]。

另一种立场则截然相反，对“一带一路”倡议取得的成果持怀疑态度。德国莱布尼茨经济学信息中心 (ZBW) 就是持这种立场的代表。该机构发表的相关研究文章主要强调“一带一路”相关项目遇到的困难，认为在新冠肺炎疫情暴发之前，这些项目就已经受到金融和地缘政治的影响：中国的投资总额多年来一直在下降，重要的建设项目无利可图，东欧和东南欧的合作伙伴正在远离[④]。显然，文章对“一带一路”倡议的认知和判断存在一定的谬误，单纯以投资总额的下降来判断“一带一路”倡议推进的成效未免过于简单，因为数量标准并不能涵盖质量标准。与此同时，文章自身也存在矛盾。

---

① Marcus Hernig, *Fünf chinesische Staatskonzerne dominieren die neue Seidenstraße*, https://preview.gtai.de/gtai–de.

② Marcus Hernig, *Chinas Südwesten rückt in den Mittelpunkt der neuen Seidenstraße*, https://preview.gtai.de/gtai–de.

③ Marcus Hernig, *China bewegt Südostasien*, https://preview.gtai.de/gtai–de.

④ Britta Kuhn, *Belt and Road Initiative wandelt sich*, Wirtschaftsdienst 2021, S. 901–905.

一方面，文中多处提及“一带一路”倡议为沿线国家带来的积极影响，例如认为“在与伊朗接壤的边界上，即在竞争激烈的巴基斯坦俾路支地区，海上旅游业将在中国资金的注入下蓬勃发展”[①]。另一方面，文中的大量内容其实证明而非否定了“一带一路”倡议的可持续性。例如，文章表示，2015 年联合国设定的应在 2030 年实现的全面可持续发展目标已被中国采纳，中方强调“一带一路”框架下的基础设施项目要实现绿色、可持续的发展，因此环保项目可以获得更优惠的贷款条件。此外，中国重视在“一带一路”框架下推进数字化发展的合作项目，甚至在新冠肺炎疫情暴发之前，中国就计划在巴基斯坦、东非和欧洲之间建立广泛的光缆连接。在新冠肺炎疫情促使各国对数字化基础设施需求加大的背景下，中国积极推进的数字化项目国际合作取得了显著的效果。

3. 国际协定对中欧经济关系的影响

德国学者对《区域全面经济伙伴关系协定》（RCEP）予以重点关注。整体而言，他们认为协定的签署会带来两方面的影响：一方面，贸易、投资、供应链和数字网络将加速大东亚地区的经济一体化进程；另一方面，北美、欧洲和印度等未参与协定地区的贸易流量将面临被转移的不确定性。由此可见，地缘政治已成为贸易政策的决定性因素，任何协定都是在中美关系紧张的背景下寻找政治定位，或者至少是在为商业或技术脱钩风险提供一些对冲手段。德国科学与政治基金会（SWP）负责中国地区研究的小组负责人汉斯·君特·希尔伯特（Hanns Günther Hilpert）在《21 世纪将属于亚洲？》一文中称，西欧和北美无疑是全球经济的重要驱动中心，尤其是作为发起者和创新者。但从数量统计上看，这些“老”工业区

---

① Britta Kuhn, *Belt and Road Initiative wandelt sich*, Wirtschaftsdienst 2021, S. 901.

已无法达到亚洲商品和服务的生产水平以及亚洲家庭和公司的收入水平①。此外，德国学者普遍认为，中国是签订《区域全面经济伙伴关系协定》的最大赢家，其原因包括如下几点：第一，协定有利于缓解中美经贸摩擦为中国带来的压力，摆脱美国主导的“脱钩论”，为中国开拓更大的市场；第二，协定将进一步推动亚太地区的经济一体化和区域贸易自由化，刺激地区经济增长；第三，协定是对全球供应链重组的必要性作出的积极响应；第四，协定预示着中国将在国际秩序重构中抢占先机②。

德国学者还就《区域全面经济伙伴关系协定》将对德国和欧盟产生的影响展开激烈的讨论，产生两种对立的观点。一种观点强调该协定将产生消极的直接影响，主要反映在两个方面。一是对欧盟国际贸易流动产生不利影响。欧盟已经与日本、韩国、新加坡和越南四个协定成员国签署双边自由贸易协定，目前正在与另外三个成员国澳大利亚、新西兰和印度尼西亚就自由贸易协定进行谈判。然而，有学者指出：“这些双边自由贸易协定在《区域全面经济伙伴关系协定》生效后，不足以巩固欧盟在亚太地区的影响力。”③二是协定确定的优惠关税可能会激励相关地区的公司转变区域供应商，该地区生产的产品将相比欧盟产品更具备价格优势。协定成员国之间较低的运输成本有利于该地区内部的生产经营，促使该地区产品形成价格优势，对其他地区的高质量高附加值产品构成严重威胁。如果欧盟找不到解决这些挑战的方法，其价格竞争力可能会全面

① Hanns Günther Hilpert, *Das Jahrhundert Asiens?* https://www.swp-berlin.org/publikation/das-jahrhundert-asiens.

② Hanns Günther Hilpert, “Neue Handelsabkommen in Asien Liberalisierung in Zeiten geopolitischer Rivalität”, *SWP-Aktuell*, NR.23 MÄRZ 2021; Michael Frenkel, Tuyet Ngo, “Das RCEP-Abkommen und dessen Bedeutung für die EU”, *Wirtschaftsdienst,* 2021, S. 438.

③ Michael Frenkel, Tuyet Ngo, “Das RCEP-Abkommen und dessen Bedeutung für die EU”, *Wirtschaftsdienst,* 2021, S. 437.

下降。

另一种观点则侧重于分析该协定将产生积极的间接影响，主要体现在三个方面：一是欧洲公司通过参与该地区的直接投资，推动当地规则的协调与整合；二是由于区域内贸易壁垒下降，协定成员国的企业面临来自其他成员国的更多竞争，为这些公司带来提高效率的压力和实现规模经济的机会，从而降低欧盟从该地区进口商品的价格；三是可以假设区域贸易自由化将提高协定成员国的收入和经济发展水平，这将提升当地消费者对高质量商品和服务的需求，凸显欧洲出口商在该地区提供高质量商品和服务方面的比较优势①。

除此之外，德国学者还非常关注《中欧全面投资协定》（CAI）。许多学者认为，终止该协定的进程是不可想象的，这会令中欧关系倒退几十年。该协定有利于改善欧洲企业在中国的营商环境。欧洲从中的受益远高于中国。欧洲雇主协会（Business Europe）的中国问题专家莫里斯·费蒙 (Maurice Fermont) 表示，“该协定不会改变中国的经济体系结构，也不会解决欧洲公司在中国市场上存在的所有问题”，“但该协定将促使在中国的欧洲企业同中国公司的竞争更加公平”。但是，也有一些学者和研究机构对该协定提出质疑。德国墨卡托中国研究中心 (MERICS) 交际与公众部门负责人克劳迪娅·韦斯林（Claudia Wessling）指出，尽管该协定有利于欧盟展现同中国加强合作的积极形象，是对欧洲公司要求改善在中国的市场准入、平等待遇和工作条件等问题的积极回应，但中国在该协定中作出的许多开放条件的承诺并不新鲜。此外，该协定并未涉及中国经济制度内部诸多重要的结构性问题，比如外国申请人在公开招标中可能受到的歧视，在工人权利保障方面也只是含糊地承诺将签署国际劳工

① Michael Frenkel, Tuyet Ngo, “Das RCEP-Abkommen und dessen Bedeutung für die EU”, *Wirtschaftsdienst,* 2021, S. 437.

组织（ILO）的公约等[①]。这些质疑反映了欧洲某些机构或个人在对华问题上的一贯偏见，这也是《中欧全面投资协定》在推进过程中时常遭遇阻力的主要原因之一。

（二）中德外交关系

中德外交关系的研究相较于经济领域的热度稍逊一筹，但也是德国学术界颇为关注的研究领域，这些研究集中在关于后默克尔时期应该采取何种对华战略的讨论上。

一些研究反映了德国社会对中国的看法，这是德国政府制定对华战略的重要影响因素之一。曾担任德国大使馆驻上海总领事的沃尔夫冈·罗尔（Wolfgang Röhr）多年来一直致力于国际关系问题研究。他在《德国政治人物如何看待中国？》一文中剖析了德国各界的对华态度，认为政治人物的态度相对更为积极一些。他指出，德国学术界如果没有过多地探讨对华政策的基本问题，那很可能表明两国之间已就双边外交政策达成了某种共识，这应当会令每个关心德中关系的人感到满意。他在调查中发现，德国与中国之间的相互看法存在较大差异：德国人对中国的看法比中国人对德国的看法更加挑剔。德国媒体大多持批评中国的立场，其报道常常是强化固有的偏见和陈词滥调。但是，值得注意的是，德国政治人物对中国的看法却比一般民众更积极，他们称赞中国改革开放 40 年来取得的显著成就，以及习近平主席作为政治家的个人成就。在德国政治精英看来，中国 40 多年来的改革开放政策带来了人类历史上规模最大的脱贫行动，使中国成为世界第二大经济体、全球第一大贸易国、全

① Claudia Wessling, “Investitionsabkommen EU–China: Selektive fortschritte, viele Herausforderungen”, https://merics.org/de/briefing/investitionsabkommen-eu-china-selektive-fortschritte-viele-herausforderungen.

球第二大对外投资国，也是世界上 100 多个国家和地区的第一大贸易伙伴。伴随着经济的崛起，德国看到了政治上越来越自信的中国。尽管如此，罗尔指出，德国媒体仍然不可避免地会对德国政治精英的对华态度产生负面影响。几乎所有德国的主要政治决策者都至少去过一次中国，但其中大多数人不得不依靠媒体的详细描述来更新他们对中国的印象。因此，德国媒体在影响德国政治人物乃至德国社会的对华看法中起着关键性的作用，只有少数人能够跳出这个怪圈。对于所有关心德中关系的人来说，让德国的记者和通讯员进行现实和公平的中国报道，是一项需要付诸努力的长期任务。德国媒体会为德中关系带来诸多困扰，甚至是错误的导向。罗尔认为，德中关系的未来仍然不确定，但至少目前没有迹象表明德国政治人物对中国的批评更加激烈。最近，德国在联邦外交部成立了亚太部门。这项举措反映了亚太地区，尤其是中国，对于德国日益增长的重要性，也是提高德国学者中国问题研究能力的又一大重要举措[①]。

不少德国学者都关注到近期德国和欧盟的对华战略出现摇摆。德国科学与政治基金会（SWP）研究所所长斯特凡·迈尔（Stefan Mair）多年来致力于德国和欧盟的外交和安全政策研究，他在《伙伴还是对手？》一文中提出了国际环境的变化令德国重新思考对华战略定位。作者指出，德国外交的核心任务是寻找合作伙伴，并与他们缔结可靠且有弹性的政治伙伴关系。冷战结束后，寻找合作伙伴的目标起初似乎很容易实现。在自由秩序模式得到普遍接受的期望下，几乎每个国家都可以被认定为合适的合作伙伴，甚至可以缔结战略伙伴关系。在这样的背景下，德中两国的合作关系迅速发展起来，欧盟也与中国建立了全面战略伙伴关系。然而，近

① Wolfgang Röhr, “Was denkt die deutsche Politik über China? ” In:Chunchun Hu, Hendrik Lackner, Thomas Zimmer (Hrsg.), *China-Kompetenz in Deutschland und Deutschland-Kompetenz in China,* 2021, Springer VS. S. 200.

年来，人们越来越强烈地意识到，民主、法治和市场经济的全球融合可能很难实现，相反，分道扬镳或许会占主导地位。也就是说，在德国看来，未来他们将更多地面临与竞争对手打交道而非与合作伙伴打交道的局面①。这种趋势逆转的一个突出表现就是欧盟于2019年3月发布了一份《欧盟—中国：战略展望》报告。该报告仍将中国称为合作伙伴，但同时也公开将其视为系统性竞争对手②。

德国基尔大学社会科学研究所政治学系助理研究员乔西–玛丽·佩尔库恩（Josie–Marie Perkuhn）在《中国的动态角色冲突：党派如何决定21世纪的国际融合行为》一书中，分析了中国融入国际社会的行为及其影响。该书称：中国正在努力扮演一个新的责任承担者的角色，这为西方国家共同体带来了挑战。世界贸易组织的例子表明，中国的融合行为在很大程度上是解决其自身在世界舞台上角色的动态冲突的结果。中国出于对合作目的和积极成员国身份的理解，已经从“引进者”转变为“制定者”，这引起了西方国家的不安。2021年，德国的对华政策虽然并未发生大的改变，但随着默克尔总理的离任，德国新政府组阁伊始，德国对华战略也将发生深刻变化③。

德国伊福经济研究所（IFO）外贸中心主任、全球化经济学教授丽桑德拉·弗拉赫（Lisandra Flach）表示，鉴于保护主义抬头，各国减少对他国依赖的意愿日益增强，欧盟、美国和中国必须就如何推动全球经济发展形成框架条件和基本共识，欧盟需要有明确的对华战

① Stefan Mair, *Partner oder Rivalen? Vom Umgang mit autoritären Mächten,* SWP 2021. S. 123.

② Hohe Vertreterin der Union für Außen–und Sicherheits politik, *Gemeinsame Mitteilung an das Europäische Parlament, den Euroäischen Rat und den Rat: EU-China-Strategische Perspektiven,* Straßburg, 12. 3. 2019, S. 1, <https://eur–lex.europa.eu/ legal–content/DE/TXT/PDF/?uri=CELEX:52019JC0005&from=EN>(eingesehen am 10. 8. 2021).

③ Josie–Marie Perkuhn, *Chinas dynamischer Rollenkonflikt Wie Faktionen das internationale Integrationsverhalten im 21. Jahrhundert bestimmen*, Springer, 2021.

略。近几个月来，欧盟、美国和中国这三大经济体之间的经济关系发生了显著变化。事实上，早在2020年底，世界格局就已经发生改变。当时，《中欧全面投资协定》的谈判顺利结束，尽管受到美方的批评，但该协定仍在加强中欧贸易投资合作。随着中美关系的变化，中欧关系也受到了严重影响，《中欧全面投资协定》的批准程序被暂时中断。与此同时，中国提出了“十四五”规划，重点发展自己的技术能力，减少对其他国家和公司的依赖。这些新的变化可能会促使欧盟重新靠近美国，重新思考其与中国的关系[①]。

在这样的情况下，呼吁欧盟制定明确且务实的对华战略的声音此消彼长。欧盟委员会提出，明确、务实的对华关系战略势在必行。2021年春，欧盟委员会发布的贸易战略文件强调，“与中国建立更公平的、基于规则的经济关系是当务之急”[②]。欧盟的新贸易战略表明，欧盟愿意应对中国的挑战，并有信心捍卫自己的贸易利益。

2021年11月19日，德国杜伊斯堡—埃森大学中国政治与社会学资深教授托马斯·海贝勒（Thomas Heberer）在法兰克福大学应用欧洲研究中心(CAES)举办的“欧洲思考”系列活动中指出，在讨论欧中关系问题时，要考虑两个背景：一是中美关系；二是中国领导人的意图。美国将全面遏制中国的科技发展，将其战略中心从欧洲转移到印太地区。但是美国并没有将从阿富汗撤军这样的行动提前告知其欧洲伙伴。由此可知，美国并没有将欧盟的伙伴关系或者欧洲的安全放在心上。因而，欧洲应意识到，要加强欧盟的自主意识。此外，中国于2017年提出到2049年实现全面现代化的规划。中国提出的目标和构想对欧盟构成所谓制度性挑战。但是作为拥有

① Lisandra Flach, “Die EU braucht eine klare USA–China–Strategie”, *Wirtschaftsdienst*, 2021(4), S. 238.

② European Commission (2021), “Trade Policy Review: An Open, Sustainable and Assertive Trade Policy, Communication to the European Parliament”, *European Commission Press Release*, 18. Februar.

14 亿多人口的大国，中国有权利在高科技领域取得领先地位，参与世界秩序的塑造。以非洲地区的发展为例，中国为非洲的经济增长作出了巨大贡献。非洲民众认为，他们需要的是基础设施，而只有中国才为他们提供这样的帮助。因而，海贝勒支持坚持默克尔的路线——尊重、对话、平等、寻找共识。默克尔的对华政策不是单纯经济上的计算，而是更全面意义上的考量。西方人需要自我反思，中国成为世界强国的道路是不可逆转的。目前最核心的问题是中美两国对世界格局的设想。欧盟要在这样的世界变局中保持清醒的判断，不要放弃自己的价值观和设想。中国外交政策的重点应为塑造诚信并成为道德楷模，欧洲应当支持这样的中国[①]。

另外，还有学者指出，欧盟或德国与中国的脱钩是不现实的。欧盟与中国在很多领域的合作发挥着重要作用，尤其是在电气工程、纺织和电气设备行业。中德两个经济体之间的供应链依赖是相互的，德国因亚洲的投入而获益，中国也依赖许多德国中间产品[②]。

（三）中国的公共卫生安全

在新冠肺炎疫情仍在全球蔓延的背景下，不少德国学者都在关注中国倡导的公共卫生合作。曾任德国科学与政治基金会（SWP）亚洲地区研究所助理、现就职于耶鲁大学法学院蔡中曾中国中心的莫里茨·鲁道夫（Moritz Rudolf）在《新冠肺炎疫情期间中国的“卫生外交”》一文中，对中国在“一带一路”框架下积极开展国际公共卫生安全合作予以积极评价。文章称，五年多来，推进卫生领域的

① Thomas Heberer, *Europäisch-chinesische Beziehungen: Kooperation oder Konfrontation?*, https://www.europatermine.de/europatermine/termin/28163, 19. 11. 2021.

② Aichele, R., M. Braml und L. Flach (2020), “Status quo und Zukunft globaler Lieferketten”, *ifo Schnelldienst,* 73(5), 2021, 16–22.

国际合作一直是中国“一带一路”倡议的重要组成部分。新冠肺炎疫情的全球流行，更加凸显了建设“健康丝绸之路”的重要性，这也成为构建人类命运共同体的关键。事实证明，中国的“卫生外交”具有前瞻性和战略性。当前，西方社会过多地关注中国卫生援助服务的质量缺陷，这是非常狭隘的看法，忽视了在缺乏传统援助提供者的情况下，中国已经有效并全面地为许多国家提供了支持。应当承认，通过在疫情期间向其他国家提供口罩和疫苗等医疗物资援助，中国正在为成为被国际承认的“负责任大国”而努力。由此可见，中国的“一带一路”倡议并没有因为新冠肺炎疫情而失败，相反，中国政府越来越多地将自己在抗击流行病方面的贡献与“一带一路”倡议联系在一起①。这一判断与德国联邦贸易与投资署（GTAI）有关“一带一路”的研究报告的结论基本一致。

德国墨卡托中国研究中心网站发布了对英国格拉斯哥大学爱德华·凯尔德政治学院主席、苏格兰中国研究中心主任简·达克特（Jane Duckett）的访谈，探讨中国抗疫措施的有效性问题。达克特称：“大多数西方国家政府原本可以像中国政府一样更为迅速地采取行动。中国政府最初也因为在疫情暴发初期没有迅速做出反应而受到批评，但是当中国政府采取行动时，就是果断的。这表明，中国体制的一些传统工具——动员人民、采取强有力措施的能力——在突发危机的情况下可以真正提供帮助。在疫情中，中国共产党的应对和处理方式使得其在民众中的积极形象进一步加强。”②

也有一些学者在对新冠肺炎疫情的研究中，参照中国的经验对西方的一些做法进行反思，在较为宏观的层面上展望后疫情时代

① Moritz Rudolf, “Chinas Gesundheitsdiplomatie in Zeiten von Corona”, *SWP Akutell*, NR. 5 JANUAR 2021.

② Claudia Wessling, *Jane Duckett über Chinas Umgang mit der Pandemie*, https://merics.org/de/interview/jane-duckett-ueber-chinas-umgang-mit-der-pandemie.

世界发展的前景。科隆德国经济研究院的三位研究员迈克尔·胡瑟（Michael Hüther）、马蒂亚斯·迪尔梅尔（Matthias Diermeier）和亨利·戈克（Henry Goecke）在其合著的《因疫情而感到疲惫不堪：全球化还剩下什么？》一书中提出，中国与西方国家在应对新冠肺炎疫情时的不同做法，使中国同西方国家的关系发生了新的变化。在后疫情时代，更重要的是，不要对疫情进行孤立的经济分析，而是要对全球化的经济结构和条件进行分类考察，确定全球化面临的问题和不足，探索新合作的可能性，从而进一步探索未来继续深入开展国际合作的可能性[①]。

专门从事经济、移民和道德问题研究的克里斯蒂安·耶吉（Christian J. Jäggi）在多所应用科学大学任教，他在《新冠肺炎疫情及其后果》一书中初步总结了在新冠肺炎疫情暴发后的一年时间内，世界各国的抗疫做法及其成效，着重探讨了疫情对经济、社会和大众心理造成的影响。面对疫情的蔓延，世界各国政府做出一些快速反应，但这些反应有时是错误的，往往是根据不充分的信息而作出的短期性决定。从长期来看，各国政府应当努力纠正错误，寻找新的方法，改善单边行为。该书虽然没有将中国作为主要研究对象，但对西方以绝对的人权、民主为口号而脱离社会实际问题等错误做法进行了深刻的反思[②]。

三、德国学术界关于当代中国问题研究的新特点

2021 年，德国学术界对当代中国问题的研究是在以下三个背景

① Michael Hüther, Matthias Diermeier, Henry Goecke, *Erschöpft durch die Pandemie. Was bleibt von der Globalisierung?*, Springer, 2021.

② Christian J. Jäggi, *Die Corona-Pandemie und ihre Folgen konomische, gesellschaftliche und psychologische Auswirkungen*, Springer, 2021.

下开展的。第一，德美关系回归正常。默克尔于 2021 年 7 月中旬对美国进行告别访问。此次访问被西方媒体解读为西方自由民主世界的“回归正常”之举。德国媒体对默克尔的最后一次访美之旅并没有如以往那样欢呼雀跃，而是充满了冷静。德美关系在特朗普时期跌入谷底，虽然西方世界高呼拜登和默克尔各自回到了原有的位置、默克尔将“自由世界的领袖”之位归还给了拜登，但是在执政的 16 年时间里所经历的变化，使默克尔能够更加清楚地认识到，德国、欧盟在对俄对华问题上应有独立的判断。德美两国正在靠近，但矛盾依然存在。第二，中美关系的修复和重置。拜登上台后，仍然延续前任特朗普所采取的许多对华措施，中美关系尚未得到实质性修复。但在气候问题上，双方仍存在合作的可能性。格拉斯哥气候峰会上的联合声明也为中美两国领导人的第一次视频会议创造了合适的契机。第三，德国外交政策的导向性调整。2021 年 11 月 24 日，德国社会民主党 (SPD)、联盟 90 / 绿党（Bündnis 90/Die Grünen）和自由民主党 (FDP) 公布了三党达成一致的《联盟协议 2021—2025》。该协议体现较强的价值观导向，意味着德国的外交、安全和发展政策将更加强调以价值观为基础，更加欧洲化。德国外交方向的调整无疑将对整个欧盟外交战略特别是对华立场产生影响。受此影响，德国学术界在 2021 年关于当代中国问题的研究至少呈现三个特点。

第一，从研究主体来看，德国智库逐渐成为当代中国问题研究的主阵地，其舆论影响力更为显著。2021 年的研究成果显示，熟悉中国问题的智库专家依然是向德国各界展现中国新发展新变化的主力军。他们当中不乏对中国负责任大国的形象赞赏有加的“中国通”。比如，德国科学与政治基金会中国地区研究小组负责人汉斯・君特・希尔伯特（Hanns Günther Hilpert）在《亚洲新贸易协定：地缘政治竞争时期的自由化》一文中肯定中国在地缘政治中的影响力，并在《21 世纪将属于亚洲？》一文中肯定中国在国际秩序重构中发挥的重要作用。德国联邦外贸与投资署新任智库专家马可（Marcus Hernig）围绕“一带一路”倡议的研究成果颇丰，较为客观地向德国社会介绍了“一带一路”倡议及其重要意义。罗尔在《德国政治人物如何看待中国？》一文中，深入思考了如何改善中国在德国人心中的形象。鲁道夫积极评价新冠肺炎疫情期间中国的“卫生外交”和习近平法治思想。德国专家托马斯·齐默尔（Thomas Zimmer）在其主编的《在德国的中国学能力与在中国的德国学能力：多学科和跨学科的观点和实践》一书中，表达其对于德中两国青年交流的关注。上述学者通过对政治、经济、气候、文化教育等领域的中国问题进行深入研究，积极为促进中德两国的互信作出贡献。

第二，从研究议题来看，既有对前几年热点议题的延续，也有新形势激发的新关注点。德国学术界比较关注中国的经济模式、中德外交关系和中国的公共卫生安全三个热点议题。在经济领域，中国的经济模式是近几年甚至十几年来德国学术界一直关注的重点议题。关于中国的经济创新能力和“一带一路”倡议下经济合作的探讨从前些年就开始了，而国际协定对中欧经济关系的影响则更具现实意义，因为涉及到新签署的和尚在进程中的协定。在政治领域，受国际格局变化和德国外交政策调整的影响，德国学术界加强了关于后默克尔时代德国和欧盟对华战略调整的讨论，在德国新政府究竟是否应当调整对华战略、如何调整、调整的后果如何等问题上观点不统一，存在较大分歧。在医疗卫生领域，受新冠肺炎疫情的影响，德国学术界对中国的公共卫生政策予以特别关注，尤其是在“一带一路”倡议下积极拓展国际卫生合作的做法及其效果。

第三，从研究总体基调来看，德国学术界的对华认知呈现一定的矛盾性，政冷经热依然贯穿 2021 年的涉华议题。一方面，部分德国学者在价值观和国际秩序等问题上，始终对中国怀有敌意。尤其是在新冠肺炎疫情暴发后，中国的制度优势在中西方治理模式的对比中凸显出来，这使得某些德国学者的紧张感和焦虑感明显上升。他们加重了对华的警惕和忌惮，不断渲染中国对西方社会所推崇的民主制度构成挑战。但是，大多数来自经济、卫生、科学和教育等领域的德国学者看到了中国的发展壮大，意识到中国在国际事务中扮演着越来越重要的角色。他们能够比较客观地反映中国在经济领域的创新能力、在制定公共卫生政策方面的前瞻性和谨慎性，呼吁进一步深化德中科技和教育合作，培养更多的中国研究人才。

四、结语

德国学术界在引导德国社会形成对中国的认知上发挥了重要作用，他们的研究成果中既包含大量客观、积极的观点，也不可避免地存在一些错误判断。这些积极的观点和主张既是对历史潮流的客观把握，也是对发展实践的科学总结，更是对未来的愿景谋划。我们应当充分发掘这些研究成果的价值，梳理其提出的政策建议、合作领域、具体项目，并在此基础上给予积极回应。而对于研究成果中的错误判断，我们也应当坚决予以批判和反击，指出其研究上的逻辑漏洞和观点谬误，并剖析其产生的深刻根源。中国学者应增强在国际上的学术话语权，以更加开放的精神，加强同国外同行的学术研讨和科研合作，加强同国外各界人士的交流互通。

（王婀娜：上海理工大学外语学院）

俄罗斯

纪悦生　戢炳惠 / 文

中俄两国有着悠久的交往历史。以汉学为基础的中国研究作为俄罗斯东方学的重要分支，早在 18 世纪就已处于世界领先水平，此后一直保持着丰富的学术成果和较大的科研潜力。

一、历史发展阶段

从 17 世纪末至今，俄罗斯的中国学研究大体经历了四个阶段：

（一）十月革命前

俄罗斯的中国研究从汉学研究起步，滥觞于 18 世纪早期的俄国东正教传教团，其中第二届传教团成员 И.К. 罗索欣和第三、四届传教团成员 А. Л. 列昂季耶夫对俄国汉学的启蒙发挥了重要作用。列昂季耶夫凭借其出色的汉语功底翻译了《大学》《中庸》《大清律例》等中国传统文化经典著作和法典。但遗憾的是，绝大部分译著未能出版，因此当时俄国对中国仍是知之甚少。18 世纪 20 年代初，彼得大帝下令创办圣彼得堡皇家科学院，该学院培养出俄罗斯历史上第一批汉学研究人员，他们译介了部分中国古代典籍并将其公开出版，打开了俄国了解中国之窗。

19 世纪初，以戈洛夫金公爵为首的、以寻求同清政府通商通航为主要目的的庞大使团（共 242 人）访华，第九届东正教传教团随行，传教团团长是著名的俄罗斯汉学奠基人 Н. Я. 比丘林。比丘林在汉学研究领域可谓全才，他不仅精通汉语，还通晓满语和藏语。仅 1808—1821 年在中国的 13 年间，比丘林就翻译了《三字经》《资治通鉴纲目》《大清会典》《清文鉴》《西藏志》《西藏青海史》等重要典籍。返回俄国之后，比丘林撰写了《中国及居民、风俗、习惯和教育》《中国民情与风尚》等著作，根据《大清一统志》编写了中国史，编纂了《汉文启蒙》《汉俄词典》《东亚中亚史地资料汇编》等教材和工具书。此外，值得一提的是，比丘林通过不懈努力，纠正了当时欧洲人对中国的许多错误认识，如“中国人是《旧约》中所描绘的一支民族”“孔子是宣告基督降临的使徒”“北京人大多风餐露宿、衣不遮体”等。

В. П. 瓦西里耶夫是继比丘林之后又一位在汉学研究方面卓有建树的俄国科学院院士。由他主持编订的《中国文学史纲要》是这一时期俄国汉学研究的最高成就。19 世纪下半叶，在 В. П. 瓦西里耶夫、С. М. 格奥尔吉耶夫斯基、К. А. 斯卡奇科夫等人的潜心钻研下，俄国的汉学学派逐渐形成。其主要特点是在尊重中国文化和力图在中俄文化间进行建设性对话的前提下，推进汉学研究，使中俄两国文化相互充实、共同发展。另外，В. П. 瓦西里耶夫在中国古代哲学思想研究和佛教经典著作翻译等方面也超越了比丘林。值得一提的是，С. М. 格奥尔吉耶夫斯基在其重要成果《研究中国的重要性》中，首次以充分的论据驳斥了黑格尔的“中国是一块历史化石”“中国处于全世界精神自我意识的最低阶段”和康德的“中国处于极低发展水平”等荒谬论断。

（二）十月革命后至20世纪70年代末

十月革命胜利后，苏联的中国研究几乎完全是在俄罗斯苏维埃联邦社会主义共和国内进行，虽然中国研究在乌克兰苏维埃社会主义共和国等地也有一定的发展，但相关研究的开展仍以俄语为基础工具且各地学者与莫斯科和圣彼得堡的科研机构也保持着密切联系。苏联早期许多从事中国研究的学者都有流亡或旅居中国的经历，最具代表性的人物包括参加过开国大典的С. Л. 齐赫文斯基院士、德高望重的В. М. 阿列克谢耶夫院士等。齐赫文斯基翻译的《论语》和《二十四诗品》成为苏联学界翻译著作的典范。由于马克思主义的传播和中国革命的内在需求，苏联早期至中期的中国研究，一方面蕴含了整个苏联社会对中国人民争取民族独立和社会进步的关切，另一方面也成为苏联政府制定对华政策的重要参考。由阿列克谢耶夫1940年主编出版的《中国》就是这样一本书，它对中国近代以来的生活图景，从历史考古、民族文化到抗日战争，进行了细致入微的描绘。还有一个重要特点，就是这一时期中苏两国的知识分子开始有了密切的联系，中国的鲁迅、茅盾、郭沫若、梅兰芳等文学家和艺术家，苏联的高尔基、马雅可夫斯基、奥斯特洛夫斯基、法捷耶夫等文学家，都成为推动两国跨文化交流的重要人物。

新中国成立后，苏联的中国研究获得强劲的发展动力，成立一批中国学研究机构——国立莫斯科大学亚非学院、国立圣彼得堡大学东方学系、国立远东大学东方学院、苏联科学院远东研究所、东方学研究所、中国学研究所，其中圣彼得堡大学发行了《国立圣彼得堡大学学报：东方学类》，苏联科学院中国学研究所也发行了《苏联中国学》期刊。但是，20世纪60年代随着中苏关系的恶化，苏联的许多中国研究项目都停摆了。

（三）20 世纪 70 年代末至苏联解体

中国实施改革开放政策后，苏联的中国研究将研究重点逐渐转向中国经济建设和国家发展成就。М. Л. 季塔连科、Н. Л. 玛玛耶娃、Д. А. 斯米尔诺夫等是这一时期最具代表性的学者。20 世纪 70 年代末起，俄罗斯科学院远东研究所开始出版《中华人民共和国：政治、经济、文化》年鉴（Китайская народная Республика. Политика, экономика, культура）。年鉴相当一部分内容是对上一年中国经济和社会问题的分析，包括经济形势的综述。另外，由季塔连科主编的《联共（布）、共产国际与中国苏维埃运动》《俄共（布）及联共（布）中央和共产国际：1919—1943 年文献集》《17—20 世纪中俄关系史料丛书》等文献在俄罗斯受到高度好评，其中《联共（布）、共产国际与中国》公布了大量苏共中央政治局和共产国际的绝密档案。这些文件的面世有助于澄清许多中国革命史、中国人民抗日战争史、苏中关系史和远东地区总体国际关系的不明之处。

20 世纪 80 年代中期开始，苏联汉学界不仅出版了《华俄大词典》《中华人民共和国简史》《中国古代哲学》等著作，还翻译了《淮南子》《吕氏春秋》等典籍。同时，苏联科学院远东研究所也举办了数场有关中国经济、文化、历史等议题的国际学术研讨会。

（四）苏联解体至今

苏联解体后，俄罗斯克服了苏联中国研究中极端意识形态的倾向，使得俄罗斯中国研究走上正常的学术发展之路。传统的中国研究以中国历史文化、古代哲学思想和汉语等为主，而当代俄罗斯中国研究在注重对苏中关系破裂的反思、中国改革开放政策、现代化建设和俄中关系等现实性问题挖掘的同时，也出现了对中国军事学、考古学、人类学、民族学、教育和民间艺术等多学科的探索。代表性著作有：С. Л. 齐赫文斯基的《中国与世界历史》《我的一生与中国》《重返天安门》；М. Л. 季塔连科的《中国—俄罗斯 2050：共同发展战略》《在现代化道路上奋进的中国》《中国精神文化大典》（共6卷）；Н. Л. 玛玛耶娃的《俄罗斯汉学的基本方向及其问题》；Э. П. 皮沃瓦罗娃的《中国式社会主义：理论和实践探索的结果》；Л. П. 杰留辛的《邓小平和社会主义现代化理论》；Е. 巴扎诺夫的《苏中关系的历史教训与现实》；К. 库利克的《苏中关系破裂的原因和后果》；В. Я. 波尔佳科夫的《邓小平与中国的改革政策》。

2021 年是中俄签署《中俄睦邻友好合作条约》20 周年，两国在全面总结历史经验教训、把握世界大势的基础上，确立了“世代友好、互利合作”的主基调和“相互坚定支持”的核心价值，赋予双方“加强国际和平、稳定、发展、合作”的共同使命。2021 年 6 月，俄罗斯总统普京在与美国总统拜登举行的首次会晤中强调，俄中关系正处于前所未有的最高水平，俄罗斯不认为中国是威胁，因为中国是友好国家。可以说，当代俄罗斯中国研究为两国建立新时代全面战略协作伙伴关系、树立新型大国外交典范打下了坚实基础，同时中俄两国在战略利益上的相近也使俄罗斯中国研究焕发新的生机。正如普京在《俄罗斯与不断变化的世界》中指出的：“俄罗斯的任务就是让‘中国之风’吹动俄罗斯的经济之‘帆’，俄罗斯需要繁荣稳定的中国，中国也需要强大成功的俄罗斯。”①

① Россия и меняющийся мир. Статья Владимира Путина в “Московских новостях”. 27 февраля 2012 г.

二、主要研究机构、学者及媒体

目前，在俄罗斯从事当代中国研究的学术机构有50余家，总体上分为俄罗斯科学院下属研究所、以高校院系为依托的科研中心和民间独立智库三大类，其中最具学术影响力的包括俄罗斯科学院二级分院的4个研究所（远东研究所、东方学研究所、远东历史民族考古研究所、社科学术信息研究所）、莫斯科卡耐基中心、俄罗斯国际事务委员会、军事政治分析中心以及国立莫斯科大学亚非学院、国立圣彼得堡大学东方系、国立远东大学东方学院、俄罗斯人民友谊大学中国战略研究中心、高等经济大学东方学部等。这些科研机构有些已经成立近百年，历史资料充实、成果积淀深厚，是当代俄罗斯中国研究的基石。但从研究人员的整体结构看，老一辈汉学泰斗 Б. Л. 李福清院士（1932—2012）、М. Л. 季塔连科院士（1934—2016）、С. Л. 齐赫文斯基院士（1918—2018）、Е. П. 切雷舍夫院士（1921—2020）均已过世，В. С. 米斯尼亚科夫院士已年过九旬。目前，除几位专注研究俄中关系和中国国情的著名专家 С. Г. 卢贾宁、Н. Л. 玛玛耶娃、Г. В. 库利科娃、А. В. 奥斯特洛夫斯基、В. Я. 波尔佳科夫外，学界也涌现出 А. 加布耶夫、Т. 乌马罗夫、А. 拉尼科夫、В. 斯比瓦克、Я. 舍夫琴科等一批具有批判精神的青年学者，他们借助学术网站、主流媒体、社交软件等平台，发表大量有关中国经济、国内政策、俄中关系、中国环境治理等议题的文章和评论，颇具学术影响力。

（一）主要研究机构

1. 俄罗斯科学院远东研究所

俄罗斯科学院远东研究所（ИДВ РАН）成立于1966年，位于莫斯科，是目前俄罗斯当代中国问题研究和培养俄罗斯中国研究人才的渊薮，在俄罗斯政府制定对华政策过程中发挥决策咨询建议的重要作用。该所下设俄中关系研究与预测中心（主任 С. В. 乌扬纳耶夫）、中国社会经济研究中心（主任 А. В. 奥斯特洛夫斯基）、东北亚和上海合作组织战略问题研究中心（主任 А. Ф. 克利缅科）、中国和俄中现代史中心（主任 Н. Л. 玛玛耶娃）、中国文化研究中心（主任 А. Е. 卢基扬诺夫）等10个科研部门，共100多名研究人员，所长为语言学博士 А. А. 巴巴耶夫教授。远东研究所的主要研究方向包括：中国社会经济发展的理论与实践、中国在世界经济中的角色、俄罗斯与21世纪的亚太地区、俄罗斯与中国的全球和地区利益、俄中关系的现状与前景、中国台湾问题、中国的国家制度建设与法制、中国共产党和民主党派、中国现代史的基本问题、中国的政治意识形态进程等。此外，该所还综合研究日本、朝鲜半岛局势、亚太地区经济一体化进程等问题。目前，远东研究所正积极同中国社会科学院展开合作，定期进行学术交流和研讨。

远东研究所每年定期发行双语版中国年鉴《中华人民共和国：政治、经济、文化》（此项工作已坚持近50年）、俄罗斯核心学术期刊《远东问题》（Проблемы Дальнего Востока）和《世界和地区政治中的中国：历史与现代》（Китай в мировой и региональной политике. История и современность），以及《东方的人和文化：研究与翻译》《东亚：事实与分析》《日本研究》等杂志。《远东问题》

作为俄罗斯中国研究以及俄远东和亚太地区问题研究的权威性刊物，其作者群体不仅包括远东研究所旗下的科研人员，还包括国家政要、高校教师、记者以及海外学者。据粗略统计，2021 年《远东问题》前 5 期（双月刊）中，除圆桌会议纪要、学者传记等介绍性内容外，以中国研究为议题的文章占 84%，其中关于中国共产党建党百年、中国疫情防控、俄中区域合作、气候治理、港澳数字金融资产等议题的研究成果占一半以上，其他内容为中国历史文化、满族研究、台湾问题、孔子学院等。除学术期刊外，远东研究所近年还完成了大量中国文献的翻译和编纂工作，如《邓小平女儿回忆录》《中国精神文化大典》《中国哲学百科词典》等均已付梓。

另外，远东研究所每年都会举办多场国际学术会议，其中最具代表性的是题为“中国、中国文明与世界：历史、现在与前景”的圆桌会议，2021 年为第 24 届（于 6 月举办），议程共分 7 大版块：经济、中国对外政策、中国内政、历史与现代、哲学与宗教、汉语教育与文化艺术以及东亚与中国，共录入 86 篇学术报告。

2. 俄罗斯科学院东方学研究所

俄罗斯科学院东方学研究所（Институт Востоковедения РАН）是俄罗斯从事中国研究历史最为悠久的机构，其前身是成立于 1818 年的皇家科学院亚洲博物馆。1950 年东方学研究所从列宁格勒迁至莫斯科后，并入苏联科学院太平洋研究所，1960 年又更名为苏联科学院亚洲人民研究所，1991 年后改用现名。该所是俄罗斯最大的东方学研究机构，国际知名度高，下设学术委员会、研究生部、圣彼得堡分院、东方学家协会和科学学部，所长为历史学博士、东方学家 A.K.阿利克别罗夫教授。东方学研究所与远东研究所不同，其研究领域更加广泛。自 2016 年以来，该所出版的 32 部著作中，以中国研究为专题的仅有 3 本《中国的社会与国家》系列丛书。东方学研究所发行的刊物包括《东方学研究所简报》《东方学研究所学术论丛》《东方》《东方会议》《东方档案》《新东方评论》以及与非洲研究所合办的《今日亚非》《亚非人民》。

东方研究所下设 11 个国别区域研究中心和 13 个研究室，中国室（Отдел Китая，前身为中国历史研究室）是其中之一，主要的中国研究工作都集中在该室，现任主任、哲学博士 А. И. 科布泽夫（主要从事中国哲学问题研究，2021 年荣获中华图书特殊贡献奖），主要知名学者包括 И. Ю. 祖延科、А. М. 库利科夫、В. Ц. 戈洛瓦切夫等，俄罗斯许多知名汉学家都曾在此工作。中国室又分设远古史和中古史研究组、近现代史研究组和意识形态文化研究组。研究领域包括中国史前社会、古代和中世纪的中国社会问题、中国传统的国家制度、中国传统思想和文明、中国当代社会思潮、国民党统治时期的政治史和中国农村问题等。自 2010 年底以来，研究室还翻译了《周礼》《史记》《四书》《大学》等大量中国古代文献。另外，值得注意的是，俄罗斯科学院东方研究所于 2012 年成立了台湾研究室，研究人员由中国室、日本室和现代东方问题研究中心的部分成员组成，主要从事中国台湾地区问题、两岸关系方面的研究。该室与台湾大学、中国社科院均有合作，主要成果包括《中国学——口述历史》等。

中国室每年定期举办学术成果展、“中国社会与国家”国际会议以及同台湾研究室共同承办“台湾：从过去到现代”学术研讨会（2021 年 11 月举办第 8 届）。近年来，中国室研究人员与海外科研机构的专家学者往来密切，积极搜集海外档案资料，并参加各类中国研究国际学术会议和研讨。

此外，俄罗斯科学院圣彼得堡分院东方学研究所也设有一个中国学研究中心，作为俄罗斯中国问题研究机构之一，重点研究中国传统文学与历史，尤其是明清史。

3. 俄罗斯科学院远东历史民族考古研究所

俄罗斯科学院远东历史考古民族研究所（Института истории, археологии и этнографии народов Дальнего Востока ДВО РАН，原苏联科学院远东分院历史考古研究室）成立于1970年，位于符拉迪沃斯托克，是俄罗斯科学院在远东地区的重要科研机构，其科研工作从历史学、考古学、民族人类学领域为俄罗斯中国研究提供了独一无二的视角。

第一任所长A. И. 克鲁沙诺夫任职20年，为远东地区科研教育机构和政府机关培养了历史、考古、人类学和民族学专业的数十名博士和几百名副博士。为纪念克鲁沙诺夫的建所功绩，在其80岁寿辰之际，俄罗斯科学院通过决议以克鲁沙诺夫的名字命名该研究所。自1991年至今，现任所长一直由历史学博士、俄罗斯科学院院士、汉学家B. Л. 拉林教授担任。研究所下设主要机构包括俄罗斯远东历史研究室、中国研究室、考古学研究室、民族学和人类学研究室，以及人类学实验室、全球和区域研究中心以及考古民族博物馆等。现有100多名科研人员，其中博士15人，副博士56人。他们当中绝大多数人是专门从事中国研究的学者，曾经在中国的高等学府和研究机构学习、进修和访问，也经常到中国参加国际会议，对中国态度友好。其研究成果对俄罗斯远东地区的对华政策有一定的影响，为发展俄中两国友好关系作出了贡献。远东历史考古民族研究所一直与俄罗斯科学院在莫斯科、圣彼得堡、新西伯利亚、乌拉尔和布里亚特的相关研究机构，以及俄罗斯国立远东历史档案馆等档案机构保持着学术交流和联系，并且和远东地区的高等院校开展科研和培养高级人才方面的合作。

《俄罗斯与亚太地区》是远东历史考古民族研究所的核心学术刊物，现任主编为B. Л. 拉林教授。杂志侧重于发表反映亚太地区国家人文科学发展研究，特别是历史学、考古学和民族学等领域的研究成果。该刊的特点是博采众长，发表俄罗斯、中国、日本和韩国等各国学者在该领域的学术作品，不同文章的观点甚至针锋相对。该刊物经常刊登所内圆桌会议的纪要和学术报告。

4. 国立莫斯科大学亚非学院及其他高校院系

国立莫斯科大学（МГУ）成立于1755年，是俄罗斯规模最大、历史最悠久的综合性高等学校，俄罗斯众多政府要员和高科技领域的专家毕业于这所大学。在苏联迫切需要发展与亚非国家间关系的大背景下，亚非学院（Институт стран Азии и Африки，原为东方语言学院）成立于1956年，下设历史系、语言系和社会经济系，3个系下面再细分中国史、远东和东南亚国家史、汉语、东方政治学等18个教研室，其中汉语教研室、中国史教研室是俄罗斯联邦培养高级中国研究人才的教育机构和开展中国研究的基地。亚非学院师资力量雄厚，有205名教职工，其中教授40名、副教授75名，还专门聘请国内外学术机构与科研机构的专家讲授部分院内课程。亚非学院有一批热爱和研究中国历史、当代中国政治、俄罗斯华侨政策、中国干部培养体系等问题的研究生，同时也培养了大批活跃在俄罗斯学术界的中国研究专家。另外，亚非学院的中国学研究在人才培养和教学科研方面得到了莫大孔子学院的有力支持。

曾在亚非学院从事中国研究工作的汉学家В.И. 谢马诺夫（1933—2010），翻译过大量中国现代文艺作品，在俄罗斯中国研究学界知名度高；И.С. 沃斯克列先斯基是研究中国古代史和现当代文学的专家，不仅有大量译著，还编写过许多教学参考书。莫大涉及中国研究的出版物为《国立莫斯科大学学报：东方学类》。

此外，国立圣彼得堡大学东方系和国立新西伯利亚大学中俄学院（中俄联合办学）也是俄罗斯高校中国学研究的重要园地，这两个院系主要侧重对中国历史和汉语的研究，相关出版物分别为《国立圣彼得堡大学学报：东方学类》和《国立新西伯利亚大学学报：语言学和跨文化交际类》。

5. 莫斯科卡耐基中心

莫斯科卡耐基中心（Московский центр Канерги）成立于1993年，由华盛顿卡耐基国际和平基金会资助，是俄罗斯规模最大的、研究俄罗斯内政、经济和国际关系基本问题的民间智库。其研究成果能为俄联邦最高决策层制定政治、经济和外交等重要国家政策提供高价值参考和可靠依据。该中心有一批从事中国对外政策、俄中关系等问题研究的专家学者，现任中心主任 Д.В.特列宁作为美国问题专家，也经常就俄中关系和美中关系发表评论文章，如《美中竞争对俄中关系的影响》（2021年11月）、《中国不满俄对印军售，但俄印友谊并非坚不可破》（2021年5月）、《拜登对欧和对华态度如何影响俄罗斯》（2020年12月）等。

（二）专家学者

1. С. Г. 卢贾宁

谢尔盖·根纳季耶维奇·卢贾宁（另译为卢佳宁或卢加宁）1956年7月出生于俄罗斯伊尔库茨克，系原俄罗斯科学院远东研究所所长（2016—2020年），现任远东所东北亚和上合组织战略问题研究中心主任、东方学研究基金会主席、俄联邦外交部国际关系学院兼俄罗斯高等经济大学教授，历史学博士。С. Г. 卢贾宁是俄罗斯从事中国研究的知名专家之一，以中国改革开放和中国特色社会主义、俄中关系、中美俄三边关系、上海合作组织为主要研究方向。近年主要学术成果包括：专著《战略三角框架下的俄中美关系》（2020年）、《俄罗斯—中国：塑造一个复兴的世界》（2018年）；研究报告《欧亚安全体系中的上合组织：多边互动问题》（2020年）；社评和专访《中国经济未见颓势》（2021年《国际生活》）、《社会主义——富有和幸福的中国人的意识形态》（2021年《商业在线》）、《中国坚决支持叙利亚：习近平承诺援助阿萨德》（2021年《俄罗斯报》）等。

卢贾宁是俄罗斯亲华的代表性学者，其对中国和俄中关系一直持积极肯定的立场。他在2021年3月接受央视总台记者专访时曾表示："中国特色社会主义制度在疫情之下显示出了世界上绝无仅有的高效率，这也体现在了中国去年全年国内生产总值实现了2%以上的增长上，几乎没有国家能取得这样的成绩。面对突如其来的新冠肺炎疫情，中国的表现最值得称道，中国举全国之力率先控制住了疫情。随后中国政府采取的一系列经济刺激措施又取得了预期的效果，这让世界再一次见证了中国奇迹。""中国用8年的时间完成了脱贫攻坚任务，实现了预定的经济社会发展目标"，"每一个五年规划的完成都是中国共产党和中国人民的一次胜利，中国正在走向富强，实现中华民族的伟大复兴"[①]。

2. A. A. 马斯洛夫

阿列克谢·亚历山德罗维奇·马斯洛夫1964年生于莫斯科，1986年毕业于国立莫斯科大学亚非学院，系俄罗斯东方学家、历史学博士和教授，现任国立莫斯科大学亚非学院院长、俄罗斯自然科学院院士、欧洲中国学家协会和美国历史学家协会会员，曾任俄罗斯人民友谊大学历史系主任（1997—2008年）、高等经济大学东方

① 《世界看两会丨重访俄罗斯知名学者卢贾宁："世界再一次见证了中国奇迹"》，http://m.news.cctv.com/2021/03/04/ARTIDlh08m9QHYNXVub0fYZ8210304.shtml.

研究院院长（2010—2014年）、远东所代理所长（2020年）。马斯洛夫主要从事上合组织、中国现代社会经济与政治进程、中国精神文明、传统文化等方面的研究。他著有《中国2020：疫情、社会与全球选择》《绸缎上的战斗：中国的神性与爱情》《孔子：与一位圣贤的对话》《中国的治理科学：龙的镜子》等15部学术著作以及若干关于中国武术的科普类书籍，发表关于东北亚历史文化和民族传统的学术文章100余篇。

马斯洛夫在俄罗斯汉学界颇有声望。其一，他精通英语、法语和汉语，常年在世界各地访学，但对中国哲学、民俗文化（尤其是武术）情有独钟，是上海外国语大学、中国人民大学等国内知名高校的常客，同时也是中国形象的捍卫者。他在《孔子：与圣人同行》（2009年）、《观察中国：隐秘的行为规则》（2010年）、《如何战胜中国人？》（2011年）等专著中驳斥“中国威胁论”“黄祸论”“中国经济崩溃论”等错误言论。此外，他还参与《儿童百科全书》中“孔子与他的学说”“世界宗教”等部分内容的撰写，客观、真实地向俄罗斯青少年儿童介绍中国的历史和文化。其二，在佛教问题上，马斯洛夫与以 A. A. 特伦季耶夫（《俄罗斯佛教》杂志的主编）为代表的国内大批同行间有过激烈的争论。马斯洛夫主要观点包括：佛教不涉及道德问题、达赖喇嘛依靠谎言煽动民众是一种犯罪、俄罗斯的佛教已经悄无声息地被一种新的思想取代等。

近来，马斯洛夫将学术研究重点转向中国内外政策和俄中周边地区安全形势。2021年9月，马斯洛夫在接受新华社专访时表示：“中国正在全球范围内发挥重要的稳定作用。中国的建设性立场在很大程度上提升了金砖机制与上海合作组织等平台的国际声望与影响力，有助于促进国际和地区稳定与发展。”[1]11月，马斯洛夫在俄

①《专访：金砖国家合作机制是团结协作的良好平台——访俄罗斯科学院远东研究所代理所长马斯洛夫》，http://www.gov.cn/xinwen/2021-09/09/content_5636434.htm.

罗斯国际事务委员会网站发表题为《中国人口老龄化对世界意味着什么？》的评论文章，他从中国人口出生率下降、老龄化、家庭观念转变以及国家生育政策等方面深入剖析了中国的人口问题，他认为中国劳动力的老龄化将导致世界制造业格局的再分配，意味着世界其他地区货物运输的增加和俄罗斯向中国供应农副产品的机会增多，而印度和印尼这类拥有大量年轻劳动力的国家将获得更多的就业机会。

3. C. B. 乌扬纳耶夫

谢尔盖·弗拉基米罗维奇·乌扬纳耶夫出生于 1953 年，1977 年毕业于苏联外交部外交学院，历史学博士、教授，现任俄罗斯科学院远东研究所第一副所长、俄中关系研究与预测中心主任。乌扬纳耶夫是俄罗斯从事俄中关系和中国国内建设问题研究的代表性专家，近年出版的合著包括《俄罗斯—中国:“新时代”关系的机遇与挑战》（2020 年）、《战略发展下上海合作组织与国际组织开展多边合作的前景》（2019 年）和《新世界秩序框架下的俄印中关系——纪念 E. M. 普里马科夫诞辰 90 周年》（2019 年）、《战略三角框架下的俄中美互动关系》（2020 年），评论文章《“一带一路”倡议：俄罗斯的机遇与挑战》（2019 年）、《中国是广泛国际经济合作的一贯支持者》（2018 年）等。

乌扬纳耶夫对中国经济发展持肯定态度，他认为中国经济的增长将带来很多机遇，值得俄罗斯高度关注。此外，他还表示，中国发展先进制造业、创新产业，推动供给侧结构性改革的政策手段都是在有针对性地改变过去的粗放型增长方式，引导提升经济发展质量，培育稳定增长动力。经济转型升级过程必然存在挑战和风险，中国经济经过多年高速发展，积累了丰富的经验和厚重的基础，世界其他国家有理由相信中国政府能够顺利实现增长目标，为世界经济贡献更多正能量。

4. В. Я. 波尔佳科夫

弗拉基米尔·雅科夫列夫·波尔佳科夫系俄罗斯著名汉学家，经济学博士、教授，《远东问题》主编。波尔佳科夫主要关注中国的经济建设问题，2021 年出版专著《中国自由贸易试验区》，该书主要面向俄罗斯对外经济学者和经济学类高等院校的师生，系统介绍了中国自由贸易试验区的发展历程和相关重要数据，在总结自贸试验区特点的同时也对其未来进行了展望。此外，波尔佳科夫近年还著有《深圳特区：中国经济增长的转型模式与深圳发展》《蚂蚁啃骨：中国概论精编》等著作，并发表《中国正在成为负责任的全球强国》《俄中关系的现实问题及其解决路径》等学术文章。值得一提的是，波尔佳科夫与其同事 Н.Л. 玛玛耶娃、А. В. 奥斯特洛夫斯基等人合作撰写出版了《俄罗斯汉学的基本方向及问题》（2018 年）一书，是深入了解当代俄罗斯中国研究现状及发展趋势的重要参考书目。

5. А. В. 卢金

亚历山大·弗拉基米罗维奇·卢金 1961 年生于莫斯科，历史学博士、教授、政治家、国际关系问题专家，现任俄罗斯外交部国际关系学院东亚与上海合作组织研究中心主任、浙江大学公共管理学院高级教授。卢金曾多次到中国高校授课讲学、参加学术论坛，2009 年，他被授予“中俄关系 60 周年杰出贡献”奖章，2012 年，因对上合组织的杰出贡献而荣获“上海合作组织十年”奖章。卢金虽然在海内外享有很高的知名度，但是学术成果相比其他中国学专家较少，《新的国际关系：俄罗斯的主要趋势和挑战》（2018）和《俄国熊看中国龙：17—20 世纪中国在俄罗斯的形象》（2007 年）是其代表性著作，另外还曾发表《中国与俄罗斯：新的和解》（2018年）、《转向亚洲：俄罗斯进入21世纪的外交政策》（2016年）等英文学术文章。

6. И. Ю. 祖延科

伊万·尤里耶维奇·祖延科出生于1983年，是俄罗斯中国研究青年学者中的翘楚，现为俄罗斯科学院远东历史考古民族研究所中国学研究室研究员，历史学副博士。祖延科近年来学术成果颇丰，用俄语、英语、汉语发表学术文章50余篇，如《中国与1991年苏联历史事件——写在中国共产党建党百年和苏联解体30周年之际》（2021年）、《后苏联空间的反华抗议》（2020年）、《新冠肺炎疫情与俄中区域合作》（2020年）、《俄罗斯转向东方的驱动力》（2020年）、《中国在俄罗斯远东的投资》（2019年），除此之外他还在《俄罗斯学刊》和《西伯利亚研究》等中国刊物上发表学术文章。

7. A. 加布耶夫

亚历山大·加布耶夫（中文名陈寒士），1985年生于莫斯科，2009年于莫斯科大学亚非学院获得历史学硕士学位（中国史研究方向），现为莫斯科卡耐基中心和奥尔布赖特—石桥集团的高级顾问、“亚太地区的俄罗斯”项目负责人。加布耶夫熟练掌握俄语、英语、汉语和德语4种语言，也是一名非常高产的学者，仅2021年一年他就在莫斯科卡耐基中心网站、《生意人报》和自由使命基金会等平台发表了20余篇涉华评论文章，如《爱神的两面：中国和俄罗斯的“西方”与反西欧主义》《我们正在失去中国吗？俄罗斯当局是否比研究中国的学者更爱中国？》《推特上的同志：俄中能否在信息领域成为伙伴？》《没有哪个国家能扮演中国的角色》《联盟示威：普京为何谈及俄中军事同盟？》等。

与老一辈中国研究专家不同，加布耶夫在各网络平台相当活跃。他的推特（Twitter）和脸书（Facebook）更新频繁，自立座右铭“多研究些问题，少谈些‘主义’”。实际来讲，加布耶夫属于俄罗斯中国研究中的激进派代表。

8. T. 乌马罗夫

杰姆尔·乌马罗夫（中文名马铁木），中国问题专家，现任莫斯科卡耐基中心科学顾问，主要从事中国与中亚关系问题研究。乌马罗夫也是俄罗斯中国研究多产的青年才俊之一，近两年发表的涉华评论文章主要包括《风险与资源：中国会获得阿富汗的锂吗？》《每个人的朋友：俄罗斯和中国能否将美国赶出哈萨克斯坦？》《危险关系：中国如何驯服中亚精英》《管道将烧焦：中国是否需要来自俄罗斯和中亚更多的天然气？》《迟来的增长：乌克兰、白俄罗斯、摩尔多瓦与中国取得了何种合作成果？》《中国如何看待白俄罗斯危机》《紧急抱团：疫情如何增加俄罗斯对中国的依赖》《隔离之后：中国如何从新冠病毒的冲击中拯救其经济》《走向中国治世：中国的扩张给中亚带来了什么？》。总体上讲，乌马罗夫对华立场也比较强硬，其观点中不乏对中国在中亚推行一系列政策的误解。

（三）主流媒体和民调机构

长期以来，中俄两国互动存在的一大问题就是高层往来密切，民间了解甚少。俄民众对中国的认识主要是通过媒体获得的。但是，以塔斯社（TASS）、俄新社（RIA）、今日俄罗斯（RT）、俄罗斯报（RG）、第一频道（1TV）、真理报（KP）等为代表的俄主流媒体，涉华信息多以新闻报道为主，评论性文章较少。因此，为突出能够提供有建设性涉华评论的俄罗斯主流媒体，本文选取《独立报》和

《生意人报》为例。另外，下文还选取了列瓦达分析中心 2021 年进行的俄罗斯民众对华态度调查，以期为学术界开展相关研究提供借鉴参考。

1.《独立报》

《独立报》（*Независимая*）创刊于 1991 年，日发行量 6 万份以上（销量排前五），是俄罗斯最具影响力的主流媒体之一。《独立报》的评论文章比较客观且富有深度，颇受俄罗斯民众喜爱。俄罗斯科学院远东所的许多专家学者都定期在《独立报》上发文。

从《独立报》近年的涉华报道和文章情况看，主要有四个特点：一是对华关注度明显提升。截至 2021 年 11 月，经粗略检索（以“中国”为关键词），《独立报》一年内的涉华报道和文章就有 3000 余篇之多，相比前几年有所增加。二是注重对中国时政内容的关注。在上述 3000 余篇报道和文章中，军事、政治、外交类占 61% 以上，经济类约占 20%，其他内容涉及疫情、科技、教育和摄影等。三是报道及时、准确。《独立报》往往能够第一时间完成对华跟踪报道且信息准确有效，如习近平主席与拜登总统举行第一次视频会议、中国疫情最新情况等，俄罗斯塔斯社和俄新社也时有不及。四是对华立场相对温和。如《俄中将成为太空探索长期可靠的伙伴》《根据“西伯利亚力量”项目俄气将对中国增加 30% 的天然气供应》《美国核政策：倒退回未来？》《俄中签署合作建造重型直升机合同》等文章，都是以中俄合作的积极背景来展开话题的。

2.《生意人报》

《生意人报》（*Коммерсантъ*，原名《商业日报》）创刊于 1909 年，日发行量约 13 万份，是俄罗斯年销量第一的社会政治类报纸，在俄罗斯最大的社交媒体平台 VK 上的订阅量达 35 万份（相比之下“俄联邦武装力量”的订阅量为27万份，《论据与事实》为14万份）。以“中国”为关键词检索2021年的相关报道和评论文章，共有1000多条，其中大部分是围绕中国外交、能源危机、中美关系、抗疫等内容展开的。不仅如此，该报还将国际政治类议题分成了“美国”“亚洲”“美中关系”“中国和俄中关系”等几个版块。总体看，《生意人报》的评论文章尽量保持客观立场，是反映俄罗斯媒体对中国真实评价的重要参考。

3. 列瓦达分析中心

除俄罗斯主要智库和主流媒体以外，俄罗斯民调机构也持续关注俄罗斯民众对华的认识和态度。2021年3月，俄罗斯著名民调机构尤里·列瓦达分析中心（Левада–центр）将自1995年至2021年俄罗斯民众对中国的整体印象进行了统计梳理。该中心的民调数据显示，苏联解体至今的30年来，俄罗斯民众对中国的整体印象有了巨大改观，并连续多年保持良好印象（表1和表2）①。

表1　1995—2007年俄罗斯民众对华印象（百分比）

	1995	1997	1998	1999	2000	2003	2005	2006	2007
好	48	57	67	72	76	76	65	62	60
不好	21	27	19	12	15	16	22	26	27
难说	31	16	14	16	10	8	13	12	13

表2　2013—2021年俄罗斯民众对华印象（百分比）

	2013	2014	2015	2016	2017	2018	2019	2020	2021
好	55	77	81	67	71	69	72	65	70
不好	31	8	8	16	14	13	27	24	18
难说	14	15	11	17	15	18	11	11	12

① Аналитический центр Юрия Левады, https://www.levada.ru/2021/03/30/rossijsko-kitajskie-otnosheniya/.

三、2021 年俄罗斯中国研究的主要议题

综合上述俄罗斯智库及其旗下核心刊物、专家学者的主要成果以及主流媒体的评论文章，再结合俄罗斯大全数据库[①]的检索结果，2021 年俄罗斯中国研究主要集中在对五个重点议题的探讨上。

1. 中国共产党建党百年

2021 年是中国共产党成立 100 周年，中国共产党和中国人民在 100 年里取得了非凡的成就，赢得了全世界的尊重。俄罗斯社会各界对此给予高度关注。从研究中国国内政治与政党制度角度看，俄罗斯学者具有代表性的观点主要体现在以下三个方面：

一是中国共产党为世界社会主义作出了重大贡献。俄罗斯联邦共产党中央委员会主席 Г.А. 久加诺夫 2021 年 4 月在《真理报》上发表《中国共产党取得成就必不可少的钥匙——从历史和人民群众中学习的能力》一文。他在文中总结了中国共产党历史上为世界社会主义作出的四个重大贡献：其一，中国共产党在抗日战争中战胜了日本侵略者，推翻了国民党反动独裁政权，成立了中华人民共和国；其二，中国共产党从中国国情出发，制定了走中国特色社会主义道路的总方针，推行改革开放政策，实现自身经济飞速发展的同时，也推动了地区经济的增长；其三，在国际共产主义运动的艰难

① 俄罗斯大全数据库（East View Universal Database）是迄今为止全球最大的收录俄罗斯学术资源的数据库，其内容权威，涉及范围广泛，是学习俄罗斯语言文学，研究俄罗斯与独联体国家政治、经济、文化、法律、历史、军事、安全、外交、医学等方面的重要资源。全库共收录资源库 600 多种，文章超过 1200 万篇，以俄语为主，部分资源还同时提供英语与中文。刊物由俄罗斯科学出版社、莫斯科国立师范大学和圣彼得堡国立大学等重要学术机构主办，与纸本刊内容完全相同，向读者提供有关俄罗斯与世界文学、历史、文化理论等方面研究的学术文章。

岁月里，当苏联被解体、资本主义制度在俄罗斯领土上建立时，许多社会主义的反对者认为他们胜利了。但令他们失望的是，中国共产党不仅能够在社会主义最困难的时期挺身而出，而且成为共产主义运动的领导者；其四，中国共产党为世界四分之一的人口制定了一个更美好的生活梦想，与此同时，当代中国在国际舞台上发起了雄心勃勃且具有创造性的重大倡议。

二是中国共产党领导中国取得了巨大成就。Г．А．久加诺夫指出："在改革开放和社会主义现代化建设时期，中国共产党根据国家的特殊性提出了自己的发展模式。在改革过程中，中国取得了最大的成就。该国已经成为世界上最大的经济体之一，经历了40年来最强劲的增长。这为未来奠定了坚实的物质基础。""中国共产党依靠人才建立了一个高效、充满活力的社会主义经济。目前，中国在地铁和摩天大楼建设中保持着世界第一的位置。在水泥产量方面，领先美国80倍。但中国共产党的重点是发展高科技和知识密集型产业。就在最近，中国成功发射'嫦娥四号'，首次对月球背面执行了探测任务。北斗卫星导航系统建设取得巨大成功，目前中国在空间轨道上已拥有55部航天器。就航天发射次数而言，中国早在2018年就位居世界第一。到2022年，中国还将拥有自己的空间站。所有这些成就都确保了整个科学的高水平发展。根据世界知识产权组织（WIPO）的报告，2019年，中国提交的国际专利申请数量首次超越美国。"[①] 久加诺夫指出，这些成就都离不开中国共产党的领导。因为中国共产党始终以马克思主义为指导，并能充分根据中国的国情，适时调整政策，不断探索创新。在中国共产党的领导下，中国的综合国力将会不断增强，成为引领世界发展的重要力量。

---

① Г.А.Зюганов, "Важнейший ключ к успехам КПК – умение учиться у истории и народных масс", Правда, 4 марта 2021.

三是中国共产党建立的国家治理体系科学高效。俄专家认为，中国共产党在社会主义制度下建立的科学高效的国家治理体系是国家脱贫攻坚取得重大胜利的关键因素。2021 年 3 月，俄罗斯联邦共产党中央委员会副主席、俄罗斯国家杜马国际关系委员会第一副主席 Д. Г. 诺维科夫在《真理报》上发表题为《中国共产党改变中国》的评论文章。他在文章中指出："中国共产党建立了有效的国家治理体系。该治理体系以提高整个社会利益而非某个社会群体的私利为宗旨。成熟的领导使国家能够进行大规模的社会主义建设。新冠肺炎疫情的防治工作，再一次证明了中国共产党领导的国家治理体系的先进性。在全球大多数国家、甚至欧美发达国家都面临严重危机的情况下，中国共产党以基层党组织为战斗堡垒、发动党员、调动群众，带领中国人民打赢了防治新冠肺炎疫情的战役，还为世界其他国家提供了实际的支援，体现出强烈的大国担当意识。"①

2. 中国全面建成小康社会

2021 年 7 月 1 日，习近平在庆祝中国共产党成立 100 周年大会上庄严宣告："经过全党全国各族人民持续奋斗，我们实现了第一个百年奋斗目标，在中华大地上全面建成了小康社会，历史性地解决了绝对贫困问题，正在意气风发向着全面建成社会主义现代化强国的第二个百年奋斗目标迈进。"全面小康标志着中国正式迈入全面建设社会主义现代化国家的新发展阶段，踏上开启第二个百年奋斗目标的新征程，标志着中国朝着共同富裕迈出了坚实的一步，彰显了社会主义的本质属性，标志着中华民族伟大复兴进入了不可逆转的历史进程。许多俄罗斯学者和媒体对这一伟大历史成就予以积极

① Д.Г.Новыков, "Коммунистическая партия преобразила Китай", Правда, 22 марта 2021 г.

评价。

第一，全面建成小康社会是中华民族伟大复兴的重要里程碑。建设小康社会是邓小平在改革开放之初规划中国经济社会发展蓝图时提出的战略构想，是中国共产党带领中国人民跨世纪的奋斗目标。俄罗斯媒体就小康社会列出了10个标准：人均GDP超过3000美元（它是全面建成小康社会的基本标志，2021年中国人均GDP为1.13万美元，全世界排名第69位）；城镇居民人均收入将超过1.8万元；农村人均纯收入8000元；恩格尔系数低于40%；城市人口的平均人均住房面积为30平方米；城市居民人数将超过全国人口的50%；计算机拥有者的比例超过20%；大学录取人数占相应年龄组公民总数的20%；医生人数应占到总人口数的2.8‰；社会保障覆盖率为95%。俄罗斯媒体认为，根据上述指标，中国已经完成了全面建成小康社会的历史任务，中国国家领导人兑现了承诺[①]。俄罗斯科学院远东研究所主任、研究员 B.E.彼得罗夫斯基2020年1月在接受人民网采访时表示，中国选择了新的经济增长模式，这是一条正确的发展转型的道路，全面建成小康社会是一个伟大的成就[②]。

第二，全面建成小康社会彰显中国制度优势。俄罗斯科学院世界经济和国际关系研究所副所长 A.B.洛曼诺夫在接受"海评面"专访时表示，中国共产党显示出令人难以置信的生命力，具有适应不断变化的情况的能力，这种能力在保持重要原则的同时，不断增添新的内容，帮助党前进。近年来，习近平新时代中国特色社会主义思想载入宪法，体现中国共产党对内部经济发展问题和外部挑战的全面回应。全面建成小康社会是一项系统工程，五大建设任务繁重，三大攻坚战更是难啃的硬骨头。十八大以来，中国共产党发挥

① Среднезажиточное общество, https://ruchina.org/xiaokang.html?ysclid=l3qny2k0ix

②《"这是人类社会发展史上的奇迹"——国际社会热议中国人均 GDP 突破 1 万美元》，http://jx.people.com.cn/GB/n2/2020/0121/c190316-33734369.html.

集中力量办大事的制度优势，举全国之力，全面推进经济社会各领域事业发展，三大攻坚战取得决定性成就。当前，中国有力地应对新冠肺炎疫情等各种不利因素，如期打赢脱贫攻坚战，全面建成小康社会，中国制度优势得到充分彰显[①]。

第三，全面建成小康社会为人类社会发展提供新路径。连塔网（Лента）记者 В. 杜布罗温娜于 2021 年 6 月发表评论文章《穷人不属于这里：中国人梦想战胜贫困，互联网和共产主义如何帮助中国人？》，真实记录了四川某村脱贫攻坚的真实事例：地方当局建造了新的公寓楼。这些公寓的价格非常优惠，每套仅售价 1 万元。正如当地人所承认的，即使是最顽强的山地生活方式的保护者也会在一段时间后习惯在舒适的条件下过上城市生活。那些甚至没有真正接受过中等教育的年轻人通过互联网赚取收入。例如，24 岁的吉克去年夏天拖着一堆东西下山。他在抖音发布有关搬迁的故事，每月约赚取 3000 元（这是一大笔收入，因为中国平均农村工资才每月 700 元），虽然他几乎看不懂评论[②]。中国是世界上最大的发展中国家，全面建成小康社会是中国走向现代化过程中的标志性事件。中国的发展经验向发展中国家表明，走向现代化的道路并不只有西方模式，中国经验也为其他发展中国家实现现代化提供了新的路径选择，为促进人类社会发展进步、共建一个更加美好的世界提供了中国智慧和中国力量。

3. 俄中关系

俄中关系长期以来都是俄罗斯中国研究的最重要议题。总结

---

①《俄专家："共同富裕"和"人类命运共同体"是古老"大同"理念的现代阐释》，http://world.people.com.cn/n1/2017/1017/c1002-29592836.html.

② В.Дубровина, "Беднякам тут не место.Китайцы мечтали победить нищету. Как им помогли интернет и коммунизм?", Лента, 30 июня 2021.

苏中关系起伏的历史教训，新时期俄中双方着眼于时代发展潮流和两国人民根本利益，开创性地建立了“不结盟、不对抗、不针对第三方”的新型国家间关系，为两国关系长远发展奠定了坚实基础。2019 年 6 月习近平主席访问俄罗斯期间，中俄两国将双边关系提升为“新时代中俄全面战略协作伙伴关系”。2021 年，俄罗斯学者对俄中关系的关注重点呈现多角度、多方位、多层次的特点。

一是俄罗斯各界积极评价《中俄睦邻友好合作条约》延期。2021 年，《中俄睦邻友好合作条约》签订满 20 年后顺利延期，这为俄中关系长远发展注入了新动力。《中俄睦邻友好合作条约》确立的世代友好理念符合两国根本利益，顺应和平与发展的时代主题，是构建新型国际关系和人类命运共同体的生动实践。普京表示，《俄中睦邻友好合作条约》体现了两国人民世代友好的意愿，《条约》确立的有关原则和精神为俄中关系长期顺利发展发挥了重要的、独特的作用，俄方对当前俄中关系达到前所未有的高水平和两国合作全面稳步发展感到满意，俄方愿同中方继续深化战略互信，密切战略协作，继续相互坚定支持各自维护国家主权和领土完整的努力，相互尊重各自选择的制度和发展道路，深化务实合作和人文交流，加强在国际事务中的协调协作，将俄中新时代全面战略协作伙伴关系提升到更高水平[①]。

二是新冠肺炎疫情淬炼了俄中关系。其一，俄罗斯媒体不断介绍中国抗击疫情的成功经验以及对外提供疫苗、口罩等医疗物资的援助，提升了中国的国际形象。俄罗斯卫生部流感和传染病研究所副部长 B. 杰斯特在接受《俄罗斯报》采访时表示，“对境外输入的严格控制、明确传染病检测、紧急隔离所有接触者是中国能够在第二年将发病率保持在低水平的主要措施……为了遵守这些严厉的措

① «Почти союз»: что мешает России и Китаю сблизиться еще больше, https://www.gazeta.ru/politics/2021/06/28_a_13681160.shtml.

施，需要一个强大的管控制度，需要大量的资源，包括权力资源。我们需要像中国人民一样，以一种特殊的心态遵守隔离制度，积极地接种疫苗”[①]。其二，中俄两国元首和人民在共同抗疫中都表现了出色的政治互信与战略定力。根据俄罗斯疫情防控中心的数据追踪，俄罗斯在 2020 年 1 月 30 日就单方面关闭了俄中陆地边境的各口岸，俄境内最早的两个病例出现在外贝加尔边疆区和秋明州，但这两名中国公民很快康复了。俄罗斯真正大批确诊病例入境是来自欧洲，而最终俄罗斯境内的病例又通过俄中边境口岸黑河、绥芬河等地输入中国。И. 祖延科在《病毒边境：边境疫情将如何影响俄中关系》一文中对这一大循环进行了总结，他指出，俄中两国领导人能够第一时间互通电报、消除误解，粉碎了西方期盼疫情分裂俄中关系的幻想和华盛顿的反华言论，同时俄中边境没有表现出排外的情绪，这充分体现了俄中两国人民的优秀素质和良好心态。其三，在疫情肆虐下，俄中两国高层、专家学者、军队等保持着高频高调的互访、互动、互联。例如，2021 年 3 月俄外长 С. В. 拉夫罗夫与国务委员兼外长王毅在桂林举行会谈、8 月举行中俄“西部・联合—2021”演习、10 月举行中俄“海上联合—2021”军事演习、11 月举办“瓦尔代”中俄关系研讨会等。2021 年 8 月，《共青团真理报》记者 В. 季莫费耶夫发表题为《演习游行：亚洲、远东已成为美中俄大型演习的舞台》的评论文章。他指出，美韩多次取消了实际演习，代之以计算机模拟以减少接触新冠肺炎病毒的风险，而俄中超 1 万名军人参加军演，充分体现了俄中两军维护世界和地区稳定的坚定决心以及不受疫情影响的友谊和信任[②]。

---

① Как быстро справиться с четвертой волной коронавируса, https://rg.ru/2021/11/21/kak-bystro-spravitsia-s-chetvertoj-volnoj-koronavirusa.html.

② Парад учений: Азия и Дальний Восток стали ареной крупных маневров США, Китая и России, https://kp.ua/politics/702369-parad-uchenyi-azyia-y-dalnyi-vostok-staly-arenoi-krupnykh-manevrov-ssha-kytaia-y-rossyy.

三是欧亚经济联盟与“一带一路”倡议对接未来可期。“一带一路”建设和欧亚经济联盟对接对促进欧亚大陆区域互联互通、经济发展、地区安全稳定具有深远意义，俄方一直以来都给予了高度重视。俄外长拉夫罗夫在“一带一路”亚太区域国际合作高级别视频会议上致辞说:“我很高兴地指出，近期我们在欧亚经济联盟与‘一带一路’建设发展规划对接方面取得了显著进展。欧亚经济联盟与中国之间的经贸合作协定也在持续落实当中。”拉夫罗夫表示，这样的实力叠加为欧亚地区形成符合“一体化融合”理念的广泛合作框架奠定了坚实的基础。俄中友好、和平与发展委员会专家委员会主席、俄罗斯人民友谊大学教授、著名汉学家Ю. В. 塔夫罗夫斯基认为，在当前形势下，“一带一路”倡议以及中国以“一带一路”为平台推动构建的“人类命运共同体”具有现实意义。鉴于欧亚经济联盟与“一带一路”倡议对接意义重大，他建议，对接应集中在多个方向，包括扩大欧亚经济联盟国家对华能源出口；提升贝阿大铁路沿线地区基础设施的安全性和高通行能力；将北方海路纳入海上丝绸之路框架；实施在欧亚经济联盟国家共同生产农产品的长期项目；在高新兴技术领域进行联合研发；打破人民币和卢布结算的瓶颈，建立共同支付系统等[①]。

4. 中美俄大三角关系

中美俄作为当今世界地缘政治的三大参与者和主要军事强国，是维持国际战略体系稳定和世界经济发展的关键因素，三国关系的演变牵动着国际格局的深刻变化。

在俄罗斯，就中美俄三角关系讨论最多的是俄罗斯国际关系学说中欧亚学派的重要分支——民主欧亚主义的学者（卢贾宁、马尔

①《俄专家看好“一带一路”和欧亚经济联盟对接》，https://m.gmw.cn/baijia/ 2020-10/09/1301646635.html。

科姆、卡申、卢金等），他们强调俄罗斯必须与东方世界保持稳定的地缘政治关系，其核心观点包括：与西方国家关系的恶化会加强俄罗斯与中国的关系，而与中国关系的变化会增强俄罗斯与西方国家关系中的独立性；西方往往视俄罗斯为“二流国家”，而东盟的一些成员国是俄罗斯有利的贸易伙伴，将成为俄罗斯经济发展的重要投资来源；与中国和印度的军事合作是欧亚大陆地区安全的重要基础。2021 年 6 月，A. 加布耶夫在《共同的目标与战术，只是路径不同》一文中指出：“中国和俄罗斯确实有很多共同的战略目标，自 2014 年乌克兰爆发战争和西方制裁莫斯科以来，两国的伙伴关系一直在全面加深。毕竟，两国领导人都谴责美国霸权，并将美国及其盟友视为对其国家安全和国家利益的挑战。此外，克里姆林宫和中南海都致力于化解西方的批评，同时推进自己的叙事方式。除了这些共同持有的战略目标，两国都从战术上借鉴了自己的历史，同时也相互学习和借鉴。”①

2021 年，中美俄大三角关系中的三个突破性变化均发动自美国。其一，9 月由美国主导的针对中国的澳英美联盟（AUKUS）成立。俄罗斯安全会议秘书 H. 帕特鲁舍夫将澳英美联盟描述为反华和反俄的联盟。其二，美日印澳恢复四方安全对话（QUAD）。俄罗斯学术界普遍反对恢复“四方安全对话”，一方面，认为这是“亚洲版北约的雏形”，另一方面，认为美国在该框架下将同俄罗斯争夺印度的军火市场，并引发更多双边关系问题。同时，华盛顿也正试图通过四方安全对话和印太战略取代中俄主导建立的更具包容性的机构组织。虽然美国的伙伴关系，特别是与印度和越南的伙伴关系，尚未演变成联盟，但俄罗斯将试图通过更积极的亚太政策对抗美国的印太战略。其三，美国从阿富汗仓促撤军。美军撤离阿富汗旨在将

① Московский центр Карнеги，https://carnegie.ru/commentary/84093.

美国地缘政治和军队建设的重点从中东等转向同中国和俄罗斯的大国竞争。普京在“瓦尔代”国际辩论俱乐部第十八届年会上发言指出，俄中两国将继续在上海合作组织的框架下积极促进阿富汗局势的稳定。他提议恢复上海合作组织框架内“阿富汗问题联络组”的工作，以推动阿富汗新政府履行建立和平与安全的承诺；为使阿富汗局势正常化，俄中两国及国际社会应帮助阿富汗恢复经济，这样才能解决毒品问题。

从长远来看，中美俄关系将维持脆弱的平衡。中国在经济上使俄罗斯相形见绌，并为西方技术和财政资源提供了一个可行的替代方案，这些技术和财政资源在俄罗斯变得越来越少，或者越来越被认为是不可靠和不安全的，中国军事力量的壮大也使美国不断寻求同中国的对话。本质上讲，中国国内经济发展，包括气候变化导致的能源转型和技术转型，已经提上议程，这些都将成为新时代中国国家建设的主要成就，成为塑造中国在 21 世纪中叶国际地位的关键因素。

5. 中国的能源问题

2021 年 9 月下旬，中国东北和东南等地区出现不同程度的用电紧缺。俄罗斯能源资源储备丰富，虽然在能源领域与中国有着密切合作，但从目前合作的广度和深度上看，两国仍有进一步加强合作的巨大潜力。俄罗斯学者对全球性能源危机和俄中能源合作的思考值得关注。

莫斯科卡耐基中心研究员 В. 斯皮瓦克在 2021 年 10 月发表的《第二条天然气管线：中国能源危机对俄罗斯意味着什么》一文中指出，近期中国能源危机显示了中国在实施绿色转型战略中面临的矛盾和困难，这些问题及其解决方案将带来中国能源结构的深刻变化，该变化可能对俄罗斯对华能源出口产生诸多影响。斯皮瓦克就当前俄中能源合作提出了几点思考。一是中国低碳议程争议最大的部分是引入“绿色煤炭”以减少排放。这种高能效煤炭被认为可以使煤炭更加“绿色”，而这意味着可以将其作为中国“绿色转型”战略实施初期一个不错的折中方案。二是中国大力发展电动汽车将大幅减少全球石油需求，这对俄罗斯来说不是一个好消息，“根据中石化的预测，中国石油消费需求将在2026年达到峰值，之后就会下降。未来10年内，电动汽车的使用将令中国减少800亿美元的石油进口。在新冠肺炎疫情后经济完全复苏时，中国的石油消费仍将大幅增长，但未来其‘绿色转型’战略对俄罗斯石油拓展中国市场并不利好。不过该转型战略将使中国增加对俄罗斯其他能源的需求，比如焦煤和天然气”[①]。三是应该加快俄中在清洁能源领域的技术创新与合作。2021年8月，俄政府批准“三步走”的国家氢能发展规划，成立协调国内氢气生产与出口项目的工作组。德、法、澳、日、韩和沙特等国已与俄罗斯达成氢能合作意向。未来，俄中两国在使用碳捕获、利用和封存技术来生产蓝氢和氢液化技术等方面可开展深入的交流与合作。四是加紧落实俄中天然气定价合作。在管道天然气方面，俄罗斯天然气出口采取与油价挂钩的定价规则，而中国则采取与天然气价格指数挂钩来定价，常常导致双方就定价问题产生分歧，俄中东线天然气谈判的“长跑”以及西线天然气管道项目迟迟无法落实也有价格的因素。虽然俄中现有的大部分天然气贸易价格已由合同协商确定，但两国未来的天然气合作仍然面临定价分歧的困境，需尽快落实俄中天然气定价合作。

① В.Спивак, “Второй газовый фронт. Что означает для России энергетический кризис в Китае”, Московский центр Карнеги , 13 Октября 2021.

四、研究特点

2021 年俄罗斯关于中国问题研究的成果丰硕，呈现以下特点：

一是以俄罗斯国内现实问题牵引中国研究。2021 年，俄罗斯国内凸显五个重大社会问题：第一，纳瓦利内事件[①]的持续发酵，国内反对派声浪迭起，该事件已经成为欧美国家敲打俄罗斯威权主义的政治工具；第二，统一俄罗斯党以退步的成绩在国家杜马选举中获胜；第三，延迟退休政策招致俄民众不满，游行示威又加剧了新冠肺炎病毒的传播；第四，俄罗斯气候变化和环境退化、能源结构失衡以及能源出口面临重大挑战，因为欧盟决定最早从 2023 年开始对进口到欧洲的商品征收碳税；第五，人口数量进一步缩减且人口结构发生明显变化，具体体现为主体民族俄罗斯族人口比例减少而少数民族人口比例上升、老龄人口增多而适龄劳动人口减少、男少女多。而 2021 年俄罗斯中国研究围绕的中国共产党建党百年、全面建成小康社会、疫情防控、生育政策、用电紧缺等一系列社会、政治和经济领域的现实问题，也正是俄罗斯国内社会问题在中国研究中的投射。这一方面充分体现了俄罗斯学者务实求实的研究视角，另一方面也说明俄罗斯学界热切希望从中国党政发展、国内建设和社会问题的处理中汲取成功经验，解决自身国内问题。

二是注重运用系统论分析法，将中国哲学思想、传统文化及历史与现实问题相结合。在这一方法论支撑下，中国研究的特点呈现传统与现代相结合的特点。例如，2021 年 11 月，俄中友好协会同远

① 2020 年 8 月，俄罗斯最大反对派领袖 A. A. 纳瓦利内在托木斯克返回莫斯科的飞机上突发严重不适，很快被怀疑是急性中毒。2021 年 1 月，纳瓦利内归国被捕引发俄国内街头抗议活动。2 月，纳瓦利内缓刑改实刑引发欧美国家对俄更强硬的打压。

东所共同举办“儒家思想在当代中国的作用”圆桌会议，哲学博士、中国文化研究中心研究员 A. 布拉日金娜，中国文化研究中心主任、世界著名的汉学家、孔子文本翻译家 B. B. 马利亚文以及哲学博士、教授、俄罗斯科学院哲学研究所首席研究员 B. Г. 布罗夫作了主旨发言。作为儒家思想的拥趸，布拉日金娜将大一统思想与中国现代政治文化比较研究，对“人类命运共同体”理念进行了深刻阐释。她认为，孔子给人类留下了丰富的遗产，他的思想在当今全球挑战中焕发了新的生机。中国现任领导人对大同思想的诠释再次证实了其科学价值和思想深度。儒家思想很难脱离中国的整体世界观，重要的是将内在经验与外在生活礼仪联系在一起。布罗夫的发言更为精彩，他引证陈来教授的东方价值观，强调中国哲学思想与西方哲学思想的四大区别：责任先于自由，义务先于权利，集体高于个人，和谐高于冲突。他进一步指出，从古至今，所有这些概念都旨在维护国家政治和社会的稳定。

三是数据信息和研究资料的来源渠道呈多元趋势。与传统的挖掘中国原始文献的研究方式（尤其是汉学、东方学研究）不同，俄罗斯中国研究人员获取有效原始信息和一手数据的难度较大，他们开始利用海外独立智库、国际研究机构、新型公共网络资源并广泛借鉴其他国家的智库和社交媒体等资料从事中国研究，如透明国际（Transparency International）、斯德哥尔摩国际和平研究所（Sipri）、美国科学家联合会（FAS）和不扩散研究中心（CNS）、油管（YouTube）、推特、脸书、英国广播公司（BBC）、《金融时报》《纽约时报》《华盛顿邮报》、路透社等。虽然上述平台不乏错误言论，但在某种程度上，也能够为俄罗斯学者提供更多的海外研究视角和分析维度。例如，2021 年 12 月，《今日俄罗斯》援引《纽约时报》的报道称，为消除“种族歧视”和新冠肺炎病毒传播对中国的不利影响，重返世界剧院舞台的经典芭蕾舞剧《胡桃夹子》在 2021

年“糖果宫”的场景中设置了新角色——一个名叫“绿茶”的充满活力和超级英雄气质的蟋蟀，添加该角色的主要目的是“消除对中国文化的刻板印象”。塔尔萨芭蕾舞团为了摒弃亚洲人的“过时形象”，还在其作品中加入了武术元素。值得一提的是，俄罗斯相对宽松的学术生态为独立、自由的声音提供了土壤。

五、俄罗斯中国研究面临的困境

客观上讲，虽然俄罗斯明确“转向东方”7年有余，但目前俄罗斯中国研究在国内的受重视程度尚不及沙俄时期。这一问题也长期困扰着俄罗斯中国研究人员。俄罗斯科学院东方研究所研究员、著名汉学家 C. P. 库切拉曾讲:“当今俄罗斯的中国学正在滑坡。”A. B. 卢金对此更是直言不讳，称倍受俄罗斯学界赞誉的《中国精神文化大典》不过是立在俄罗斯中国研究墓前的一块华丽墓碑。出现这种悲观情绪的原因是多方面的。

首先，研究经费严重不足。俄罗斯国内数十年来对中国研究的经费投入都处于削减状态，在2011年《中国精神文化大典》头两卷问世时，A. И. 科布泽夫、A. E. 卢基扬诺夫等人不得不亲自向时任俄联邦总统的梅德韦杰夫报告，该书的出版经费实际上来自中国开发银行的资助。而实际上不仅仅是这部书，近年俄罗斯许多关于中国问题研究的出版物以及中俄国际会议、学术活动的经费都来自中方的大力支持以及由作者或译者自行承担。《生意人报》2021年2月报道，根据总统第587号法令，俄罗斯科学院科学家的工资不应低于所处地区平均水平的200%，对此俄罗斯财政部长 A. 西卢安诺夫报告称，以俄罗斯科学院细胞学和遗传学研究所工作人员的工资水平为例，2020年其工资水平应为67200卢布（约合人民币6109

元），但该所研究人员 A. 普罗斯库琳娜称其实际工资只有 32000 卢布及若干津贴。普罗斯库琳娜的抱怨并非空穴来风，2018 年下诺夫哥罗德市的俄罗斯科学院工会就发起了一场“加薪运动”游行，120 多名科学家打着“没有科学的俄罗斯是一根管子”的标语走上街头。由于俄罗斯科学院研究人员的工资是按照各地区标准执行，因此下诺夫哥罗德州、伊万诺斯克州、鞑靼斯坦共和国等地的平均工资仅为 2 万卢布左右（莫斯科可以达到 6 万至 7 万卢布）。此外，卢贾宁曾公开宣称，自俄罗斯联邦成立以来，国家就再没有为开展中国研究的学术活动拨过一分钱，远东所不得不将空余的办公室和房屋出租出去以换取科研经费。在这样一个“营养不良”的学术环境中，研究人员严重缺乏科研动力，一些中国研究成果被批评为“粗鄙的知识、失去深度或专业水平低下”也就不足为奇了。

其次，科研管理体制僵化。科研管理体制僵化导致俄罗斯从事中国研究的科研团队日益萎缩，这主要体现在两个方面，一是在俄罗斯是鼓励延迟退休或退而不休的，这就导致许多高龄汉学家长期处于研究所体制编制之内，影响了年轻人的晋升和发展；二是俄罗斯职称评级和学位授予的周期长，从助教（或助理研究员）提升到教授（或高级研究员）需要经过至少 20 年的努力，其间不仅需要获得科学博士学位，还需要参加各种国际学术会议、发表大量学术文章。如远东所副所长 A. B. 奥斯特洛夫斯基坦言，即便当了教授，收入也不会比其他职业高多少，许多有才华的大学教授不得不跳槽或是到其他机构做兼职。没有良好的收入和住房保障，俄罗斯的年轻人也是很难甘坐冷板凳的。不仅如此，近年俄罗斯几个专门从事中国研究的科研机构更换的新任领导均不是从事中国研究的专家，如 2020 年 8 月新任的俄罗斯科学院东方学研究所所长 A. K. 阿利克别罗夫、副所长 B. B. 纳乌姆金的专业领域为阿拉伯研究和中东问题研究等。另外，现任远东所所长 A. A. 巴巴耶夫也受到诸多非议，A. 卢金在 2021 年 11 月接受《生意人报》采访时就表示："如今，俄罗斯科学院远东研究所处于非常可悲的状态，它不断被丑闻撕裂，在没有团队建议的情况下任命没有严肃科学声誉的人担任领导。"

再次，研究浮躁且完整的专业性研究被各地区切割。莫斯科大学亚非学院高级研究员 A. 卡尔内耶夫在接受 E. 韦尔林和 A. 加布耶夫关于俄罗斯汉学现状的采访时称，俄罗斯中国问题专家的数量有所增加，但这类"专家"主要是以牺牲对任何问题和主题发表评论为代价的。他们通常在电视和广播媒体中大放厥词，因为许多脱口秀的重点不是客观数据，而是出格的观点能否博人眼球。Н. Л. 玛玛耶娃对此作了更进一步的论述："关于该课题研究的著作数量一直在增加，但显然研究的质量并没有得到同步的增长。以丰富的中文一手资料为基础进行研究得出自己结论和预测的专家屈指可数，了解中国国际关系方面大量的科研文献的人也不多。在俄罗斯很难获取有关中国的英文文献，一部分原因是价格昂贵，另一部分原因是俄罗斯普遍失去了搞科研工作的文化氛围。更令人伤心的是，俄罗斯汉学家的许多著作现在都很难获得。原因在于，书和杂志的发行量小、价格昂贵。现今，俄罗斯中国研究完整的科教空间存在着被打破的现实威胁，其中包括对中国的国际关系和对外政策方面的研究，这个领域被分解成诸多地方性汉学研究。"①

最后，汉语学习在俄罗斯热度不高也是中国研究的拦路虎。目前在俄罗斯有超过 160 所高校教授汉语，这几乎占到了俄罗斯大学总数的 20%（仅次于美国），同时已建立 18 所孔子学院、4 个孔子课堂（仅次于英国），汉语教师比从前更方便到中国进修学习，汉语学生也能轻松地拿到中国奖学金。尽管在俄罗斯学习汉语的条件大大提升，但是实际的汉语学习情况并不理想。据统计，2021 年

① Н. Л. 玛玛耶娃主编：《俄罗斯汉学的基本方向及其问题》，李志强、张冰等译，北京大学出版社 2018 年版，第 168 页。

报考汉语水平考试（HSK1–6 级）的俄罗斯学生仅有 530 人，而全球的报考人数达 18 万余人[①]。在这种情况下，许多中国研究的学者实际上并不懂汉语，他们主要是通过英文资料及俄文资料转述来从事研究，这使得许多评论文章变成了借题发挥和不切实际的高谈阔论。

中俄两国虽然毗邻，近年高层往来十分密切，但是两国民众对彼此的了解和认识都颇为有限。俄罗斯的中国研究正肩负着中俄两国交流合作的重任，即便道阻且长，但我们相信，中俄两国学者必会加强学术交流，踔厉奋发，共同推动俄罗斯中国研究笃行致远。

（纪悦生：军事科学院战争研究院外国军事研究所；戢炳惠：中央党史和文献研究院第五研究部）

① 汉语水平考试信息网，https://www.51test.net/dwhy/xw/.

法　国

赵超 / 文

2021 年是中国共产党和中国历史上具有里程碑意义的一年。在这一年中，中国共产党迎来了百年华诞，团结带领全国各族人民胜利实现了第一个百年奋斗目标，实现了“十四五”良好开局，隆重召开十九届六中全会并审议通过《中共中央关于党的百年奋斗重大成就和历史经验的决议》。与此同时，这对法国而言也是充满挑战的一年。面对新冠肺炎疫情在全球的持续蔓延和国际局势变化带来的诸多不确定性，法国政府努力调整内外政策，特别是在欧洲战略自主框架下寻求欧美中三方战略平衡，为筹备来年的总统选举和国民议会选举积累政治资本。在多重因素的共同作用下，法国学术界在这一年中推出了选题多样、内容丰富、观点多元的中国研究成果。

一、总体概况

（一）期刊

这一年，法国的学术期刊刊发大量关于中国的研究文章。首先，以中国为研究对象的学术刊物继续聚焦当代中国，组织针对多个领域的专题研究文章。其中最具代表性的是由法国现代中国研究中心（CEFC）主办的季刊《神州展望》（*Perspectives Chinoises*），该刊分别以中国的平台经济与劳动形式的多样化、中国农村的未来、传统手工制作的文化价值、当代中国日常空间的破坏与重塑等为专题出版了4期，推出了一系列研究文章。《神州展望》在2021年进行了更具国际化的尝试，第1期和第2期以法文文章为主，第3期和第4期以英文文章为主。另一个具有代表性的刊物是季刊《华人世界》（*Monde Chinois*）。该刊创刊于2004年，自2013年起改由法国艾斯卡出版社（Éditions ESKA）主办，在保留原期刊名称的基础上增加了后缀“新亚洲”，意在拓展刊物的研究范畴，明确在继续研究中国问题的同时增加对中国周边国家和地区的关注，包括日本、韩国、朝鲜等东亚国家以及东南亚和中亚地区，考察这些国家和地区同中国的关系。受种种因素的影响，《华人世界》2021年仅出版了两期。

其次，一些专业性学术刊物在今年的某一期推出了中国研究专刊，在各自领域组织了关于中国问题的研究文章。例如，法国最具分量的国际关系期刊《外交政策》（*Politique Étrangère*）在2021年第2期推出以“面对中国的东亚”为主题的专刊，探讨中国同周边国家和地区的关系；《国际研究》（*Recherches Internationales*）杂志于 2021 年 1—3 月刊推出以“中国与美国”为主题的专刊，探讨中美关系的变化及其对世界的影响；《移民社会》（*Migrations Société*）杂志在 2021 年第 1 期推出以“在法国的中国人”为主题的专刊，从社会学视角探讨中国在法移民的生活条件、身份认同、社区文化等问题。

此外，大量学术刊物在组织专题研究文章时，会将中国作为个案纳入相关的研究范畴。例如，《金融经济杂志》（*Revue d'Économie Financière*）在 2021 年第 1 期以“新兴发展中国家债务”为主题推出一系列文章，其中至少有 3 篇文章涉及中国，分别探讨中国的债务国角色、中国国内的私人负债以及西方国家对中国的市场债务投资等问题；《世界》〔*Monde(s)*〕杂志在 2021 年第 2 期推出了“全球卫生”的主题，其中有 2 篇文章以中国作为研究对象，分别探讨冷战时期传统中医在中国外交工作中发挥的优势以及 19 世纪 40 年代至 20 世纪 30 年代中医在拉美地区的传播与发展；《思想》（*La Pensée*）杂志 2021 年第 1 期以“俄罗斯”为主题推出了一组文章，其中有一篇文章考察中俄两国关系，将中俄伙伴关系视为“实用的友谊”；《国际关系》（*Relations Internationales*）杂志 2021 年第 3 期的主题为“黑海和里海之间的战争与和平空间”，其中有一篇文章重点探讨中国与黑海地区的关系。

（二）图书

法国学术界在这一年出版了不少关于中国研究的图书。国际关系领域的相关研究成果相对更为丰硕，主要涉及中欧关系在中国国际影响力不断增强背景下的发展现状与未来走向、中国的对外战略及中西方关系的发展趋势、中国综合实力的独特性及其成因、中国通过对欧洲的政治叙事所展现的软实力和影响力、中国在 21 世纪地缘政治中对稀土的战略性运用、华人在中国发展同东南亚国家关系中发挥的作用等主题①。在经济学领域内，这一年出版的新书主要探讨中国在经济正常化和全球多边主义全面融合的道路上究竟能走多远、中国自 1979 年以来所采取的改革开放战略和国际化原则、运用马克思主义政治经济学理论工具分析中国的经济增长动力、中国采取的经济活动对推动中国与地中海经济关系产生的影响等问题②。关于历史学领域的研究，关注重点集中在中国自 1949 年以来的政治发展史、鸦片战争及其对当代中国的影响、中国与伊斯兰世界的千年地缘政治关系史等方面③。另外，社会发展领域的图书类研究成果比较有限，相关研究主要探讨中国特色社会主义市场经济条件下的劳动合同与就业关系④。

① David Baverez, *Chine-Europe, le grand tournant*, Paris : le Passeur Éditeur, 2021 ; Jean-Pierre Cabestan, *Demain la Chine : guerre ou paix ?*, Paris : Éditions Gallimard, 2021 ; Emmanuel Lincot, Emmanuel Véron, *La Chine face au monde : une puissance résistible*, Paris : Capit muscas éditions, 2021 ; Olivier Arifon, *Le récit politique chinois: soft power, communication, influence*, Paris : l' Harmattan, 2021 ; Damien Degeorges, *Terres rares, enjeu géopolitique du XXIe siècle : Chine, États-Unis, Europe, Japon, Groenland*, Paris : l' Harmattan, 2021 ; Philippe Richer, *La Chine, les Chinois et l'Asie du Sud-Est,* Paris : les Indes savantes, 2021.

② Victor Mabille et Arthur Neveu, *Demain, la Chine ouverte ?*, Paris : la Fabrique de l' industrie, 2021 ; Mary-Françoise Renard, *La Chine dans l'économie mondiale: entre dépendance et domination*, Clermont-Ferrand : Presses universitaires Blaise Pascal, 2021 ; Rémy Herrera et Zhiming Long, *Dynamique de l'économie chinoise : croissance, cycles et crises de 1949 à nos jours*, Paris : Éditions Critiques, 2021 ; Thierry Pairault, *Présences économiques chinoises en Méditerranée*, Paris : l' Harmattan, 2021.

③ Patrick Godfard, La Chine depuis 1949, Levallois-Perret : Bréal by Studyrama, 2021 ; Gérard Bouan, *Chine, les guerres de l'opium : août 1839-août 1840, octobre 1856-octobre 1860,* Paris : Economica, 2021 ; Emmanuel Lincot, *Chine et Terres d'islam : un millénaire de géopolitique*, Paris : PUF, 2021.

④ Catherine Bourelly, *Contrat de travail et relation d'emploi en Chine,* Paris : l' Harmattan, 2021.

（三）智库

法国智库虽然同美国、英国、德国等西方发达国家相比起步相对较晚，但具有不容小觑的影响力。根据美国宾夕法尼亚大学“智库研究项目”(TTCSP) 研究编写的《全球智库报告 2020》，法国共有智库 275 家，其中，国际关系研究院（IFRI）名列 2020 年全球智库影响力排行榜第 5 名，巴黎政治学院国际研究中心（CERI）在高校智库全球排行榜中位列第 6 名，国际关系和战略研究所（IRIS）在西欧智库中位列第 29 名[①]。可以说，这三家智库在法国都是非常重要的科研机构，在国际上也具有相当大的学术影响力，它们在这一年中均以中国作为研究对象开展了深入的研究。

国际关系研究院是分析国际问题和全球治理的最重要的法国研究机构，主要进行导向性政策的研究，对重大国际事件进行阐释和展望，是《外交政策》杂志的主办机构。该研究院主要按地域划分研究领域，其中亚洲中心之下专门设立中国研究团队，旨在帮助法国各界更好地理解当代中国。团队负责人弗朗索瓦丝·尼古拉（Françoise Nicolas）也是整个亚洲中心的主任。2021 年，国际关系研究院推出的图书、文章、报告等各类学术成果中共有 21 项涉及中国研究。总的来说，这些研究主要集中在两个方面：一个是在地缘政治的层面上关注中国同其他国家或地区的双边关系变化，包括探讨中美关系走向及其对欧盟影响、拜登政府的对华政策、中国在欧洲的软实力、中国与东亚邻国之间关系现状、中国在非洲的影响力、20 世纪 60 年代以来中国与坦桑尼亚的友好关系、近年来中国加强同东盟国家的经贸往来对欧洲的影响等；另一个是观察中国对内对

---

① “2020 Global Go To Think Tank Index Report”, https://repository.upenn.edu/think_tanks/18/.

外战略政策及其实施效果，包括中国共产党进入新时代以来的政策调整、中国共产党的宗教政策、中国外交的“斗争精神”、中国在航天领域的发展成果及其战略计划等。在这一年，国际关系研究院还组织多场涉及中国的专题研讨会，包括以“航空竞赛：中国的加速和俄罗斯的减速”“中国的优先事项和雄心壮志：关注‘两会’”“中国的非洲政策：外交战略与手段”“东亚地区的海权挑战：地区争端与全球影响”“技术标准：中国影响力的新领域”“中国的新五年规划：对经济和能源领域的影响”“东亚经济秩序的演变：走向更加团结还是分裂？”等为主题的线上研讨会。此外，自 1983 年起，国际关系研究院同另外三家全球著名智库德国国际与安全事务研究所 (SWP)、美国兰德公司 (RAND Corporation)、英国查塔姆研究所 (Chatham House) 建立了四方合作机制，每年共同举办一场国际研讨会。2021 年的研讨会涉及四个主题：中国与美英澳三边安全伙伴关系（AUKUS）、能源转型的地缘政治后果、东地中海区域以及北约组织的战略观。由此可见，中国问题是这场全球高端智库年度研讨会的重点议题之一。

国际研究中心是依托高校开展基础性研究的学术机构，主要是在社会学领域内进行国际事务研究，由巴黎政治学院（Sciences Po）和法国国家科学研究院（CNRS）共同管理。该中心于 2014 年重新调整科研组织结构，由原来的区域研究模式转变成主题研究模式，根据“全球空间的行为者与调节范围”“政治参与与动员”“国家及其重构”“暴力与危机管理”“认同与政治”这五个重点研究主题重组研究团队，再依据不同的研究项目将区域研究专家和国际关系研究专家整合到五个主题中，以政治学和社会学为主导学科，同时融入人类学、历史学、经济学、法学和地理学以加强跨学科研究，强调社会科学的概念和方法在国际关系研究中的作用。在这样的学术理念和思维的引导下，法国国际研究中心关于中国的研究也出现了重基础、跨学科的特点，弱化了区域性、政策性研究。目前，该中心在“认同与政治”研究主题下设立的研究项目“在法国的中国人：寻求认同、身份与转变”同中国直接相关，另外还有一些综合性项目涉及中国研究，例如在“全球空间的行为者与调节范围”研究主题下设立的研究项目“亚洲移民在法国的政治参与”中，考察中国经济影响力的提升，并探讨中国推出有别于西方模式的替代性模式会在亚洲移民及其后代的政治社会化进程中发挥怎样的作用。

国际关系和战略研究所是专门研究地缘政治和战略问题的法国智库，不仅为政府机关、组织团体和科研机构提供分析和咨询，还为外交官开设培训课程。该研究所以项目形式组建跨学科的研究团队，同时兼顾领域和区域两种类别标准：领域研究类别包括国防与安全、国际平衡与全球化、能源与环境、人道主义与发展、社会问题、体育与国际关系六个板块；区域研究类别包括拉丁美洲与加勒比海地区、亚洲—太平洋地区、非洲、中东与北非地区四个板块。因此，对中国问题的研究既是区域研究类别中亚洲—太平洋地区板块的重点，这在研究所定期出版的刊物《亚洲聚焦》上有所体现，同时也会分散于领域研究的各个板块之中。2021年，国际关系和战略研究所的研究人员聚焦中国现实问题，发表不少分析文章和媒体，主题涉及中国共产党建党100周年、“一带一路”倡议的新进展、新时代的中欧关系、中美竞争的走向及其影响、中国对缅甸和印尼的人道主义援助、中国在中东的外交政策、中国在新冠肺炎疫情中的表现等。

除了上述综合性智库在中国研究方面颇有建树之外，法国还有几家专注于中国研究的专门智库，其中最具代表性的是法国近现代中国研究中心（CECMC）和法国现代中国研究中心（CEFC）。法国近现代中国研究中心别名“中国中心”，是法国最重要的中国研究机构之一，由法国国家科学研究院和法国社会科学高等研究院

（EHESS）共同管理。中心主要是在社会科学的视角下开展关于中国的研究项目，并根据法国社会科学高等研究院的模式开展研究和教学活动，尤其注重跨学科研究，涉及历史学、人类学、经济学、社会学、哲学、政治学等诸多领域。近两年来，受疫情等因素的影响和限制，法国近现代中国研究中心在科研方面的表现并不活跃，2021 年仅出版了一部题为《友好的实践意义：1965—1983 年在法国接纳外国人》的论文集，举办了两场学术活动，一场是探讨如何从社会科学的角度看待贾樟柯电影，另一场是考察中国特定省份的政治思想起源。

法国现代中国研究中心是由法国外交部和法国国家科学研究院共同支持的 27 家海外研究机构的成员之一，主要是对中国在政治、经济、社会以及文化领域发生的变化进行研究。该研究中心的总部位于中国香港，在台北和北京各设分支，是唯一一家在中国开设并完全致力于现代中国研究的欧洲研究机构。中心的研究工作主要涉及政治、社会、文化等领域，围绕三条主线展开：第一，国家建设、制度演进和治理模式；第二，知识和文化的争论、宗教和身份的表征；第三，社会团体与运动、劳动和不平等。2021 年，中心的研究成果主要反映在其主办的期刊《神州展望》上，这在上文“期刊”部分已作介绍。

二、热点议题与主要观点

（一）中国在国际事务中发挥的作用

在世界大变局与世纪疫情交织叠加、相互影响的国际背景下，法国学术界对中国在国际事务中发挥的作用给予高度关注，具体反映在关于国际秩序的重构和欧洲对华战略等问题的讨论上。

1. 国际秩序的重构

关于国际秩序的重构，法国学者主要围绕中美关系的发展趋势，通过对中美两国进行比较研究，探讨中美两国力量对比的变化对未来国际格局的影响。

整体而言，法国学者对中国国际地位的显著提升基本达成共识，认为当前中国已具有举足轻重的国际影响力。法国《外交政策》杂志在 2021 年第 2 期推出的探讨中国在东亚地区影响力的专刊中，开宗明义地指出："毫无疑问，中国已经成为国际舞台的一支主导力量，出色地运用着一系列战略手段。"[1] 该杂志在阐明确定这一研究主题的初衷时表示：中国的重要国际地位在近 20 年得到了迅速确立。对中国战略特征进行综合性描述是一件比较困难的事情，曾经出现过许多不同的甚至自相矛盾的表述方式，这反映西方国家在承认中国国际地位的问题上一度犹豫不决，但"当美国真正开始以一种冷战式的地缘政治新视角看待中国时，中国便无可争议地进入到了世界的中心"[2]。

《外交政策》杂志关于这个问题的判断在很多法国国际问题专家的研究成果中产生了共鸣，越来越多的著作和文章已经将中国视为能够同美国相抗衡的大国，探讨中国的国际影响力和竞争优势并分析其原因。

部分研究者致力于观察中美关系的变化，直接将中美两国情况

① 《L' Asie de l' Est face à la Chine》, *Politique étrangère,* Vol. 86, No2, été 2021, https://www.ifri.org/fr/publications/politique-etrangere/sommaires-de-politique-etrangere/lasie-de-lest-face-chine.

② 《Editorial》, *Politique étrangère*, Vol. 86, No2, été 2021, p. 5.

进行对比分析。《生态学与政治》（*Ecologie & politique*）杂志主编让—保罗·德莱亚热（Jean-Paul Deléage）在《中国—美国：危险二重奏》一文中回顾了中美关系的演变历程，认为近20年来，中美两国经历了从以合作为主到以竞争为主的转变。他分析指出，进入21世纪以来，中国与美国形成了“组合型”的发展态势，先是形成一个被称为“中美共同体”的工业——商贸实体。这是一个强大的地缘政治实体，成为推动全球生态发展的主要动力，改变了大国之间的关系构型。然而，“中美共同体”毕竟是由两个存在各自利益需求的国家组成的。随着经济社会的发展和国际影响力的增强，中国被视为地缘政治的有力竞争者，加入全球自然资源的角逐之中。在全球生态危机愈演愈烈的背景下，中美两国的竞争关系更加凸显。尽管中国目前在物资领域尚没有达到能够与美国平起平坐的水平，但中国实力的上升已经成为不容置疑的事实。特别是在绿色工业领域，与美国和欧洲相比，中国对稀有金属的全球主导地位令其在未来几年内将继续保持外交和地缘政治的优势[①]。法国国际关系研究院院长蒂埃里·德蒙布里亚尔（Thierry de Montbrial）在《大国竞争、意识形态与多边主义》一文中从历史视角分析了中国发展壮大的原因。他指出，大国之间关系的变化总能在历史上找到参照。当中国明确提出第二个百年奋斗目标时，不管西方国家是否愿意承认中国有责任主宰21世纪的全球秩序，历史上相似的时刻——19世纪的英国和20世纪的美国——令西方人不得不正视这个问题。短期内，中美的共同利益促使双方必须开展“合作式竞争”。而在大国关系演变的背后，意识形态发挥的作用越来越显著。西方的自由民主模式在处理许多社会问题时低效或无效，当前应对新冠肺炎疫情的情况就是典型的例子，这严重影响了其合法性。与此相反，中国特色社会

① Jean-Paul Deléage,《Chine-Etats-Unis: Un duo menaçant》, *Ecologie & politique*, No. 62, 2021, pp. 5-10.

主义制度长期得到中国国内大多数民意的支持，因为该制度能够持续回应民众的期待。事实上，民众的期待并不是基于意识形态的考虑，而是更加务实的实际诉求，可以总结为“让多数人过上更好的生活”。长期以来，主张通过自由民主实现和平与繁荣的西方化意识形态被认为能够实现这一梦想，因此曾经产生巨大的吸引力。然而，近 30 年的实践证明，西方所倡导的意识形态公式无法成立：一边是自由民主与市场经济，另一边是和平与繁荣，两者之间很难画上等号。与此同时，中国兴起的案例更是对西方的这一理论提出了质疑①。

还有部分研究者侧重于从中国实际出发，着重探讨中国国际地位提升的内因。法国历史学家、国际关系史专家皮埃尔·格罗塞尔（Pierre Grosser）在《1989—2021：对中国的世界地位进行三种解读》一文中，尝试阐释中国对后冷战历史的三种研究角度，即自由主义、反帝国主义和现实主义。他认为，针对美国霸权的赞美话术，中国系统地构建了另一套话术：中国的例外主义、受国际环境所迫采取的应对措施、中国自身没有野心以及围绕天下观形成的宽容治世态度，这些表述与美国咄咄逼人的说辞形成了鲜明的对比。中国的国际关系理论不以寻求改变政治制度为目的，侵入性较弱，更容易为国际社会所接受。与此同时，中国通过发展经济、提高经济影响力来提升自身的国际地位，这是所有发展起来的大国都曾经历的道路，包括自 19 世纪末起就走上这条道路的美国②。美国哈佛大学肯尼迪政府学院研究员、法国埃塞克高等商学院（ESSEC）兼职教授陆克（Philippe Le Corre）在《中国面对之后的世界》一文中分析

① Thierry de Montbrial,《Rivalité de puissance, idéologies et multilatéralisme》, *Revue Défense Nationale*, No. 838, 2021, pp. 19–20.

② Pierre Grosser,《1989–2021: Trois lectures de la place de la Chine dans le monde》, *Revue internationale et stratégique*, No. 123, 2021, p. 75.

了中国当前所处的国内外环境。他指出，中国共产党取得成功的重要原因之一是得到了民众的支持，因为其制定的政策能够从民众的角度出发，采取的叙事方式能够为民众所接受。他在文中引用了哈佛大学肯尼迪政府学院阿什民主治理和创新中心在 2003 年至 2016 年间所做的年度调研，该研究结果表明，中国民众对中央政府、省级政府和地方政府在国内治理方面的满意度几乎全面提升，中国民众对政府整体持信任态度。近年来世界形势的发展变化趋势事实上不断向中国民众证实，中国政府此前对西方的判断和忧虑都不是空穴来风，这也进一步增强了他们对政府决策的信任[①]。

尽管法国学者关于中国国际地位提升的看法趋于一致，但在关于世界格局构型的认识上存在较大差异，分歧聚焦在对美国国际地位受挑战程度的判断上。一种观点认为，美国一家独大的单极局面必将终结。例如，法国国际关系和战略研究所高级研究员巴泰勒米·库尔蒙（Barthélemy Courmont）在《从单极时刻到中国的赶超，世界秩序将会怎样？》一文中分析了美国单极霸权必将走向消亡的原因，认为中国虽然对美国构成挑战，但无意取代美国称霸世界，因此世界将可能出现领导大国缺失的新局面。他指出，与 20 世纪 80 年代至 20 世纪 90 年代西方对中国人具有强大吸引力不同，如今中国民众的反西方特别是反美情绪高涨，这一现象并非中国所独有，在其他发展中国家中也比较普遍。一方面的原因在于，冷战结束后，美国推动全球西方化的表现引起了发展中国家的反感：美国在全球扮演军事力量领袖的角色，却不提供解决冲突的仲裁方案；掌握经济霸权，在全球强推西方式自由主义经济理念和规范标准；通过大力发展文化产业加强软实力，尽享称霸各领域无可匹敌的优势。另一方面的原因在于，中国的赶超令美国的领导权受到了质疑和挑战，

① Philippe Le Corre,《La Chine face au monde d’après》, *Etudes*, janvier, 2021, p. 27.

并由此改变了美国独霸世界的局面，激起了发展中国家的民族主义情绪，因为曾经受到西方殖民的历史屈辱感也一直是发展中国家民众反西方的情感基础。然而，中国并没有取代美国成为全球霸主的主观意愿，因为领头意味着容易成为舆论的焦点和受批评的对象，也需要承担更多的责任、义务和代价。因此，未来国际关系很可能出现 G0 模式，即没有大国作为全球领导者参与国际事务。这是去西方化进程的一种表现形式，也将导致国际关系理论重构[①]。

另一种观点认为，世界上还没有形成能与美国相抗衡的力量，单极局面仍将延续，难以形成多极格局。例如，法国巴黎大学合作研究员蒂埃里·加尔桑（Thierry Garcin）在《严重割裂中的全球地缘政治：欧洲、美国和中国的强国动力何在？》一文中分析了中美相互依存的关系。他指出，中国是国际关系中的神秘力量，拥有在国际舞台上创新国际格局的方法和意愿，并采取行之有效的举措，例如发展联盟网络，通过经济合作改善同大量发展中国家或新兴国家的关系，制定新的标准等。这些做法对美国的国际角色起到一定的限制作用。尽管自 2000 年以来，美国进入了衰退期，但其衰退的速度比预想的缓慢，对于来自中国的挑战也有应对措施。此外，俄罗斯尚未恢复区域影响力，欧盟也还没有成为政治力量的一极。因此，目前看来，国际社会多极化的前景尚不明朗。一方面，各方实力还没有达到同级水平，实力差距仍然存在；另一方面，移民问题、阿拉伯世界的剧烈冲突、某些地区的巴尔干化、非洲大陆的动荡等重大的不稳定因素可能会对各方力量发展构成威胁。此外，数字革命、人工智能、元宇宙等科技进步对国际政治产生的影响也尚不可

---

① Barthélemy Courmont,《Du moment unipolaire au rattrapage chinois, quel ordre international?》, *Revue internationale et stratégique*, No. 123, 2021, pp. 60–62.

知，国际社会的不平等和分歧仍然很大[①]。

2. 欧洲的对华战略

面对中美关系的变化，欧洲应当如何应对新的国际形势？欧盟以及法国政府应当采取何种对华立场和政策？这是众多法国学者尤为关注的问题。

近年来，欧盟内部对华立场不大一致，关于究竟应当将中国视为竞争者还是合作伙伴的讨论日益激烈。欧盟对此的态度时常出现摇摆：2019 年，欧盟委员会在一份官方计划报告中明确将中国称为“系统性竞争对手”；2021 年，在德国担任欧盟主席国期间，欧盟将中欧关系置于优先考量的地位，更倾向于将中国定位为“战略合作者”，积极推动欧盟成员国就《中欧投资协定》的谈判结果达成共识[②]。这种复杂的情绪也明显反映在法国学术界关于欧洲对华战略的观点分歧上。

法国学术界一致认为，拜登上台后，美国政府重新聚焦亚太地区，将对华竞争作为制定美国对外政策的首要考虑因素，这就导致欧洲对美国战略的重要性明显下降。美国民主党政府重拾传统联盟政策，尽管强调同欧洲加强政治合作，而实际上却从属于对华竞争的务实主义考量，这对欧洲而言是前所未有的新情况[③]。针对美国的战略调整，法国学者不管是出于不满、失落还是愤怒的情绪，均不同程度地表现出危机感和紧迫感。他们积极探讨欧洲的对华战略，

---

① Thierry Garcin,《La géopolitique mondiale en forte fragmentation. Quelles dynamiques de puissance pour l' Europe, les Etats–Unis et la Chine?》, *Les Analyses de Population & Avenir,* No. 37, 2021, pp. 20–24.

② Henrik Uterwedde, « Vers une géopolitique commune? Les relations de l' Union Européenne avec la Chine », *Allemagne daujourd'hui*, No. 236, 2021, pp. 32–33.

③ Aleandra de Hoop Scheffer et Martin Quencez,《Comment la compétition Etats–Unis/Chine redéfinit la relation transatlantique》, *Revue Défense Nationale*, No. 845, 2021, pp. 69–70.

其目的是在为欧洲应对新变局寻求出路。

一种观点主张加强同中国的战略合作。例如，法国原工业部部长、外贸部部长弗朗索瓦·卢斯（François Loos），法国国家科学研究院研究员、“桥”智库主席周瑞（Joël Ruet）等在讨论后疫情时代的欧中合作时表示，中国的发展自20世纪70年代末以来一直呈上升趋势，这使中国逐渐取代俄罗斯成为美国在经济和金融领域的主要竞争者。新冠肺炎疫情进一步加剧了中美之间的竞争，同时也加剧了欧洲的离心倾向。为应对这些问题，马克龙提出了“欧洲必须更强大”，以及“欧洲战略自主”。欧洲对其他国家而言不仅是一个市场，更是一个命运共同体，因此欧洲应当首先确定自己的战略利益，在政治上加强内部团结，再寻求同其他大国的合作。他们提出，欧中在环境技术领域增强合作的潜力巨大，特别是在中国确定“双碳”目标后，欧中双方可以将二氧化碳捕获技术和人工光合作用研究作为环境合作的主线，并在“一带一路”倡议框架下大力推动研发氢能技术并制定相关标准[①]。

另一种观点强调在中美之间不选边站队，采取独立自主的策略。例如，美国智库德国马歇尔基金会（GMF）巴黎办公室主任、法国政治学家亚历山德拉·德霍普·谢弗（Alexandra de Hoop Scheffer）和德国马歇尔基金会巴黎办公室副主任马丁·昆赛斯（Martin Quencez）在《美中竞争如何重新确定跨大西洋关系》一文中表示，中国已成为美国地缘政治的优先考虑对象。基于同中国竞争的需要，美国对外交、经济和军事资源进行重新配置，因此美国重构跨大西洋关系的本质在于服务美国的对华战略。欧洲必须尽快适应这一变化，认清跨大西洋关系已处于美国对外战略的次要地位这一事实，

---

① François Loos, Joël Ruet, Henri de Grossouvre, Fatima Hadj, Alex Wang et Jean-Claude Beaujour,《La nouvelle donne internationale et les opportunités de coopération stratégique UE/Chine》, *Revue Défense Nationale*, No. 838, 2021, pp. 83-89.

在同中国进行双边或多边接触时避免沦为中美竞争的工具。欧洲国家应当意识到，欧洲在亚太地区也有自己的政治经济利益和特殊关切，这些同美国是一致的，欧洲的战略自主与同美国开展必要而密切的合作两者之间并不矛盾。因此，法国及其欧洲伙伴国不必为是否可以发展自主能力、表达独立观点而征求美国的认可，也不必等待白宫确定欧洲是否可以成为战略自主的主体，而是应当在国际事务中充分发挥自身的优势，以更加灵活的方式采取行动①。

还有一种观点则主张同中国保持一定的距离。法国《外交政策》杂志 2021 年第 2 期专刊的社论指出，当前西方国家结成“四方安全对话”机制（QUAD）等多边联盟，旨在遏制中国在其所在地区或具有决定权的地区内的影响力。对于欧洲而言，应当推动建立一个新的多极世界，强调各国相互依存的关系，而不应过多突出中国在全球体系中的“领头者”地位②。德国绿党代表人物约施卡·菲舍尔（Joschka Fischer）在法国刊物《发言》（*Say*）上刊发的题为《中国，2020 年的最大赢家》一文中称，中国迅速从新冠肺炎疫情的困境中走出来，恢复经济增长，并成功签订《区域全面经济伙伴关系协定》（RCEP），将中国市场同东南亚国家市场连接起来。由此，如果美国在拜登的领导下不能重建全球领导者的地位，那么中国将会取而代之成为主导世界的力量，这对美国的盟友欧洲而言并不是一个鼓舞人心的消息。欧洲应当尽快觉醒，避免整个世界从“美国优先”变为“中国优先”③。这类观点暴露出长期存在于西方知识界乃至西方社会中的欧洲中心主义态度，一些人仍无法正视中国的发展壮大，哪怕只是在某些方面的表现超过欧洲。

---

① Alexandra de Hoop Scheffer et Martin Quencez,《Comment la compétition Etats-Unis/Chine redéfinit la relation transatilantique》, *Revue Défense Nationale*, No. 845, 2021, pp. 69-78.

② Editorial, *Politique étrangère*, Vol. 86, No. 2, été 2021, p. 7.

③ Joschka Fischer, « La Chine, ce grand vainqueur de 2020 », *Say*, No. 3, 2021, pp. 57-59.

（二）中国经济奇迹的驱动因素

在很长一段时期，中国经济奇迹一直是法国学术界关切的焦点之一。特别是在全球经济遭受新冠肺炎疫情冲击的情况下，中国经济迅速恢复增长，受到了不少法国学者的关注。总部位于法国巴黎的经济合作与发展组织在 2021 年 5 月发布的全球经济展望报告中指出，中国经济的复苏表现十分亮眼，美国经济也呈现强劲动力，但欧元区经济前景令人担忧[①]。中国经济为何能率先走出疫情阴影？中国经济保持长期快速发展的动因何在？这些问题引发了法国学者的热烈讨论。

部分法国学者从国家治理者的角度出发，认为中国经济奇迹得益于中国共产党的领导。法国巴黎第一大学名誉教授丹尼丝·弗卢扎（Denise Flouzat）在《中国：经济实力的构建》一文中回顾了新中国成立以来中国经济的发展历程，分析了改革开放和社会主义现代化建设时期与中国特色社会主义新时代这两个阶段的经济政策和发展成果，尝试解答中国如何实现脱贫并保持经济长期快速增长。她指出，新中国成立初期创建的体制框架为中国如今具备强大的经济和外交实力奠定了坚实的基础。新中国成立以来的历史展现出中国是一个极具韧性的国家，其制度的韧性源于中国共产党及其领导人的可靠性。中国共产党要求党员自入党之日起就要具备奉献精神，能够全身心地投入新的任务中。同时，中国共产党还会根据不同的目的对党员干部进行多样化的培训，以提高他们的能力和行动力。正是由于具备这样的韧性，中国将有希望成为未来世界的领导者[②]。法国国立东方语言文化学院政治学教授、中国问题专家柯蕾（Chloé

① 《Les perspectives économiques de l' OCDE》, *Futuribles*, No. 442, 2021, p. 58.

② Denise Flouzat,《Chine: la construction de sa puissance économique》, *Vie & sciences de l'entreprise*, No. 211–212, 2021, pp. 259, 283.

Froissart）在 2021 年 4 月 4 日接受法国《世界报》（*Le Monde*）的采访时表示，中国共产党几十年来表现出的韧性来源于其强大的适应能力。总体而言，中国共产党知道什么时候实行改革以及将改革推进到什么程度，也知道如何根据情况适时调整治理国家的中心任务，这样做的成果就是实现了蔚为壮观的经济发展。她还在接受法国国际广播电台的采访时表示，中国共产党干事创业始终抱有坚定的决心，向民众传递一种“正能量”，使得民众对党所展示的胜利成果产生认同感，包括脱贫攻坚的胜利、新冠肺炎疫情的有效控制以及辉煌的经济成就[①]。

部分法国学者特别是左翼学者基于马克思主义理论，分析中国经济奇迹的动因。其中最具代表性的是法国国家科学研究院研究员雷米·埃雷拉（Rémy Herrera）的研究成果。他同中国学者合作出版《中国的经济动力：1949 年至今的增长、循环和危机》一书，运用马克思主义理论探讨了增长、周期和危机问题，特别是通过研究利润率，分析中国保持长期经济增长这一不同寻常的现象[②]。此外，埃雷拉还同三位中国学者联名发表《中美贸易摩擦：真正的“盗贼”终于摘下面具？》一文，从马克思的不平等交换理论出发，基于两种不同的方法，计算了中美贸易的国际价值转移量。研究结果表明，美国作为世界霸权国家，已经越来越难以保持优势并在国际贸易竞争中脱颖而出，因此也越来越难以承担自由贸易的后果，尽管美国曾经依据自己的优势制定了自由贸易的规则。在 1995 年至 2014 年期间，中国已经降低了中美贸易中不平等交换的严重程度，在财富转移中的劣势也逐渐减弱。埃雷拉等学者通过数据统计分析指出，

---

① 《100 ans du Parti communiste chinois:〈Seule la loyauté doit primer〉》, *RFI*, 30 Juin, 2021.

② Rémy Herrera et Zhiming Long, *Dynamique de l'économie chinoise: croissance, cycles et crises de 1949 à nos jours*, Paris: Éditions Critiques, 2021.

美国发动对华贸易摩擦的目的在于止住美国在过去40多年间从对华贸易中攫取的优势正在缓慢持续弱化的趋势，从而维持其摇摇欲坠的世界霸权。而事实上，尽管中国表面上从中美双边贸易盈余中积累了收益，但从贸易商品所包含的劳动时间来看，美国才是从贸易中获利更多的一方[①]。

还有部分法国学者从制度层面出发，寻找中国经济增长的动力因素。法国管理研究中心跨学科创新研究院研究员马克·阿洛什（Marc Alochet）和技术科学院资深研究员克里斯托夫·米德勒（Christophe Midler）在《中欧电动车公共政策比较》一文中，比较中欧两国为促进电动车的发展而实施的政策和措施，分析了中国的优势和经验。他们指出，中国在电动车的研发和生产领域处于全球领先水平，得益于政策优势。一方面，中国出台更加严苛的碳排放新规；另一方面，补贴政策出发点由向消费者提供补贴转变为以改善汽车性能为导向的对象进行多元化补贴。他们认为，中国的政策优势在制度层面可以理解为采取了一种“受管制的达尔文主义”，即中国的公权力在经济领域发挥统制作用，具有很强的介入能力，遵循一种工业主导逻辑，这是中国推动创新转型的独特之处。中国创造性地采取了一种制度，突破了计划经济与熊彼特式的市场适应两者之间的对立关系，既能发挥社会主义制度整合价值链的优势，又能引导企业灵活适应市场需求。相比之下，欧洲长期受制于市场经济规制，严格遵循治理原则，但无法适应电动车行业转型带来的挑战。从中国的经验中应当看到，如果公权力能够赋予企业实地学习的资源，并促进企业适应标准的变化，那么这样的公权力就是行之

---

① Rémy Herrerra, Zhiming Long, Zhixuan Feng et Bangxi Li,《Guerre commerciale sino-étatsunienne: le vrai〈voleur〉enfin démasqué?》, *Recherches internationales*, No. 119, janvier-mars 2021, pp. 37-40.

有效的[①]。

（三）中国的近现代发展史

中国历史是法国学术界保有传统优势的重要研究领域，2021 年的不少研究成果均延续了这种传统，从不同角度立体展现中国近现代发展的某些历史阶段的不同面向。

部分法国学者将中国寻求建立或发展社会主义制度的某个历史阶段作为背景事件，反映法国不同群体在特定历史时期的对华态度，落脚在分析法国国内的政治社会问题上。尽管这类研究的重心有所倾斜，但是客观上以比较独特的视角呈现了中国在某个阶段的社会主义发展状况。法国洛林大学历史学研究员玛丽·布歇（Marie Bouchez）发表了《法国知识分子面对中国抗日战争（1931—1939）》和《另一场战争：法国左翼支持中国抗击日本侵略者（1938—1939）》两篇文章，对 20 世纪 30 年代法国左翼知识分子积极支持中国共产党抗日的历史进行了深入研究。她指出，整体而言，法国左翼知识分子对惨遭日本侵略的中国给予了极大的支持和同情，但是期间经历了一些细微的变化。九一八事变发生后，法国左翼知识分子起初并没有区别对待国民党领导的南京国民政府与共产党在江西建立的苏维埃政府，而是认为整个中国都正在遭受日本帝国主义和欧洲帝国主义的双重压迫，积极声援处于水深火热之中的中国人民，同时痛斥帝国主义侵略者的卑劣行径。1932 年，诺贝尔文学奖获得者罗曼·罗兰（Romain Rolland）最先提出，中华苏维埃共和国才是遭受帝国主义迫害最重的受害者。1934 年，中国人民之友联合会

① Marc Alochet et Christophe Midler,《Une comparaison des politiques publiques chinoises et européennes sur le béhicule électrique》, *Le journal de l'école de Paris du management*, No. 152, 2021, pp. 20–22.

成立，其创始人之一艾田蒲（René Etiemble）明确表示，这是“一个支持毛泽东的联合会”。联合会严厉谴责蒋介石，认为“围剿”共产党让他成了“中国人民的刽子手”，与欧洲帝国主义同流合污。此后，随着法西斯主义在欧洲的蔓延，同时受第二次国共合作的影响，法国左翼又开始采取整体支持中国的态度，提出“拯救中国就是拯救和平”的口号。1937—1939 年，法国左翼知识分子大力批判日本军国主义，斥责其同欧洲法西斯主义沆瀣一气，同时将中国视为远东地区的民主先锋力量，主动宣传中国争取和平、自由和公正的努力[①]。然而，左翼知识分子对法国政治决策的影响力有限，他们发起的抵制日货的倡议未能转化为国家层面的抵制活动。法国政府担心如果选择支持中国，其在亚洲的既得利益会受到日本的威胁，因此面对日本侵华的行径采取观望的中立态度。也就是说，法国左翼知识分子对中国的支持行动并没有对法国政府构成足够的压力，未能改变法国政府对中国抗日战争所采取的中立立场[②]。

还有部分法国学者将中国作为世界社会主义发展的代表性案例加以深入探讨，对相关宏观理论进行验证。法国巴黎大学社会史学教授、法国大学研究院院士纪野（Gilles Guiheux）在《社会主义企业的历史：在研领域》一文中综述了近年来西方关于社会主义企业发展史的最新研究进展。他指出，社会主义经济一直是吸引经济学家的重要研究领域。苏联解体、东欧剧变之后，由于越来越多的档案资料开放，社会主义发展史的研究取得不少新的进展。尤其是近年来，随着中国特色社会主义市场经济在实践层面的不断探索创新，西方研究者对社会主义企业发展历史的研究兴趣进一步增加，研究

① Marie Bouchez,《Les intellectuels français face à la guerre sino-japonaise(1931-1939)》, *Les Cahiers Sirice*, No. 27, 2021, pp. 60-63.

② Marie Bouchez,《L’ autre guerre: l’ engagement de la gauche française en faveur de la Chine assiégée par le Japon(1938-1939)》, *Aden*, No. 17-18, 2021, pp. 28-29.

角度也更加多元。不少研究者以政治学或社会学的视角研究社会主义企业，将企业视为权力与个体互动的观察场所，或者社会认同的构建空间，而非简单的生产场所。他们在研究过程中不从美国或通常的西方标准出发，也不将欧美资本主义企业作为研究的预设视角，而是挖掘社会主义企业发展的独特性，反映在市场导向的经济改革中社会主义企业所作的尝试，探讨企业与国家的关系等重要问题。在这些研究中，中国企业无疑是经常被研究者提及的案例。过去关于中国企业的研究大多集中在宏观经济政策的层面，或者局限于农村社区的领域内，而近年来的研究则更多地聚焦企业本身或工业分支层面，将某个历史时期内中国企业在技术和组织方面所作的尝试作为核心问题，呈现中国企业是如何进行运转、检验、完善，从而不断发展的①。

也有部分法国学者抱着以史观今的态度，通过考察中国的历史，分析相关历史因素对中国特色社会主义发展阶段实施某些战略或政策所产生的影响。曾在法国国防部任职的退役上校热拉尔·布昂（Gérard Bouan）在《中国，鸦片战争：1839 年 8 月—1840 年 8 月，1856 年 10 月—1860 年 10 月》一书中阐述了两次鸦片战争的起因和经过，分析了鸦片战争对中国产生的深远影响。他指出，在两次鸦片战争中，由于实力相差悬殊，中国人缺乏战斗力，导致西方人轻松取得胜利。中国人的自尊心由此受到严重伤害，不得不屈服于新的入侵者。随着向包括鸦片在内的西方产品开放市场等具有危害性的条约的签订，他们感到受尽凌辱。在中国人的眼中，两次鸦片战争为他们带来了不可估量的耻辱，被迫与外国人通商，无价之宝圆明园也遭到抢掠和烧毁。布昂试图站在与中方共情的立场上向西方读者呈现中国人对鸦片战争的理解，以及鸦片战争对中国人造成的

---

① Gilles Guiheux,《Histoire des entreprises socialistes: chantiers en cours》, *Entreprises et histoire*, No. 103, 2021, pp. 7–9.

心理伤害，由此尝试对当前中国在国际舞台上采取积极进取的战略提供一种合理解释。布昂认为，从某种程度上看，实施“一带一路”倡议在一定程度上可以看作中国对 19 世纪遭受入侵的有力回应[①]。法国巴黎天主教学院教授、国际关系和战略研究所研究员、当代中国政治文化史研究专家林国（Emmanuel Lincot）在《中国与伊斯兰世界：千年地缘政治》一书中回顾了中国与穆斯林世界交往关系的古老历史，为解读当前中国的某些对外政策提供了一种思路。他认为，中国与穆斯林世界的历史关系推动了中国与欧亚大陆和中东地区文化适应现象的产生。尽管欧洲的现代化进程对整个世界带来了冲击，深刻地改变了世界格局和国家间关系，但是并没有推动中国和穆斯林国家走上西方化的道路。这些国家和地区的政治传统促使不同于西方的价值观和治理模式变得合法化，同时也是它们之间形成竞争或联盟的主要影响因素[②]。

三、特点分析

通过对上述热点议题和主要观点的梳理，我们可以发现，2021 年法国关于当代中国问题的研究呈现以下三个鲜明的特点。

一是现实导向上，将中国问题研究与国际关系问题研究相结合的倾向非常明显，表达强烈的现实关切。

这一特点主要表现在两个方面：一方面，中国成为国际关系问题研究中出现的高频词；另一方面，关于中国问题的研究有相当大的比例都集中在国际关系领域内。国际关系是法国学术界给予高度

---

① Gérard Bouan, *Chine, les guerres de l'opium: août 1839-août 1840, octobre 1856-octobre 1860*, Paris: Economica, 2021.

② Emmanuel Lincot, *Chine et Terres d'islam: un millénaire de géopolitique,* Paris: PUF, 2021.

关注的研究领域，这既同法国政府长期以来积极参与欧洲事务和世界事务的战略导向和政治实践密切相关，也得益于法国学术传统对国际视野和综合性思维的推崇。正在发生剧变的国际局势以及中国近年来在国际舞台上的亮眼表现受到法国学者的广泛关注，他们尝试在学理层面和政策层面进行深入分析，积极探讨应对方案。他们在国际秩序重构和欧洲对华战略等问题上所持的不同观点的交锋，也是法国社会各界就如何处理欧美中关系问题展开激烈争论的缩影。

近年来，欧盟内部基本上达成了方向性共识，以战略自主理念呼应欧洲主权的核心诉求，但对于如何实现战略自主、实现什么样的战略自主，还存在相当大的争议。随着中美关系紧张加剧，欧洲面临更大的挑战，不仅要在美俄两国中权衡利弊，更要考虑如何作出对美和对华的政策选择，这直接关系到欧洲战略自主方案能否得到落实。2021 年 12 月 9 日，马克龙在法国总统府举办的新闻发布会上介绍法国轮任欧盟主席国的工作计划时，进一步阐明了实现欧洲战略自主的法国方案，即通过推动“欧洲战略主权”建设，特别是在欧洲共同防务政策方面取得具体进展，以实现建立“一个在世界上充分拥有主权、可以自由进行选择并掌握自身命运的强大欧洲”[①]的宏伟目标。“与其前任戴高乐类似，马克龙不希望欧洲或者说法国沦为一个世界上的无力看客，日益受制于美国与崛起的中国之间的影响力竞争。”[②]在这样的背景下，法国各界聚焦中国在国际舞台上的作为，尤其是法国学术界将中国问题同国际热点问题结合起来开展研究，自是情理之中。从这个角度看，不少法国学者进行的中国

---

① 《Déclaration de M.Emmanuel Macron, président de la République, sur les objectifs en matière de frontières, de climat, de numérique, de social et de valeurs de la présidence française du Conseil de l' Union européenne, à Paris le 9 décembre 2021》, https://www.vie-publique.fr/discours/282826-emmanuel-macron-09122021-union-europeenne.

② Francis J. Gavin and Alina Polyakova, “Macron' s Flawed Vision for Europe”, https://www.foreignaffairs.com/articles/europe/2022-01-19/macrons-flawed-vision-europe.

研究，特别是国际关系领域的中国研究，已经超出了国别或区域研究的范畴，成为全球视野下考量区域战略的关键性因素，这无疑进一步增强了中国研究的现实意义。

二是问题导向上，在政治、经济、历史等领域所作的中国研究，尽管出发点和侧重点不尽相同，但归根结底都是在寻求解答中国为什么能够兴起。

在中国共产党成立100周年的重要历史时刻，我们对党的百年奋斗重大成就和历史经验进行了全面总结。与此同时，法国学术界也在寻找中国取得当前成就的原因。在国际政治领域，法国学者探讨中国在国际事务中发挥的作用，尝试解答中国为什么能够获得举足轻重的国际影响力；在经济领域，法国学者探讨中国经济奇迹的驱动因素，尝试解答中国经济为什么能够迅速走出疫情影响，保持长期快速发展；在历史领域，法国学者研究中国的近现代发展史，尝试解答中国为什么能够成功建立和发展中国特色社会主义制度。换言之，这些研究针对的是中国的成功经验在不同领域的表现。整体而言，学术研究所作的尝试更倾向于以相对理性的态度探究现象成因。当然，也不排除一些法国学者受制于意识形态的偏见，所持的观点或得出的结论缺乏客观的判断和中立的立场。

三是研究主体导向上，长期关注中国问题的研究者仍然是这个研究领域的主力军，智库研究群体表现得尤为活跃。

受新冠肺炎疫情的影响，全球范围内的学术交流活动遇到一定阻碍，研究人员的学术访问、田野调研、参加国际学术会议等学术活动均受到阻碍。不同于前些年诸多来自各学科的学者在推进本领域内研究的过程中涉猎中国问题研究，将中国作为案例探讨各自领域研究问题的现象，2021年法国学术界关于中国研究的成果大多出自长期关注中国的专家学者。尤其是法国国际关系研究院、法国国际关系和战略研究所和法国现代中国研究中心的中国问题专家的表现相对更为活跃，他们中的许多人在法国的学术刊物上发表关于中国的研究文章，接受多种媒体平台的采访或约稿。

综上所述，法国学术界在 2021 年开展的中国问题研究，既保有对该领域研究传统的延续性，也受多重因素影响呈现一定的独特性。不少法国学者在研究中国问题时所持的态度立场和观点结论对于引导法国社会涉华舆论走向，以及影响法国政府对华政策制定均可能发挥举足轻重的作用。对法国学者最新研究成果和研究动态的跟踪与分析，有助于深入了解法国社会特别是法国学术界关于当代中国的认知情况，这是我们加强中法学术交流、讲好中国故事的重要前提。

（赵超：中央党史和文献研究院信息资料馆）

韩　国

李丹 / 文

在国际关系理论中，建构主义 (Constructivism) 强调学习和理解对方国家、培养相互之间的认同感对发展国家间和平关系的重要性，认为相互间心理上的沟通和了解对方国家的文化对维持国家间的和平至关重要。从这个角度看，在推动发展国家间关系的过程中，引入“国际区域学”研究 (Area Studies) 对了解一个国家的文化与制度、构筑和平的国家间关系具有重要意义。尽管目前不乏对国际区域学学术局限性的争论，并且国际区域学研究方法论的理论化、体系化仍然有待于完善，但是，目前“国际区域研究仍不失为发展国家关系的一种学术追求”①。中韩两国建交 30 年来，双方从友好合作关系提升至战略合作伙伴关系，在经济、政治、外交及文化交流等领域均取得了飞速发展，也推动了同属“国际区域学”研究范畴的韩国的“中国学”研究及中国的“韩国学”研究。这两个研究领域的蓬勃发展，不仅增进了中韩两国之间的理解，也为两国制定外交政策提供了重要的参考。当前，中韩双边关系受地区安全局势、韩国国内政治等因素的影响，基本进入冷静调整期。对中国而言，分

① Lee, Kyutae. Kang, Weonsik. Gu,Kwangbum,《한국의 중국학연구와 중국의 한국학 연구 추세 비교 분석》경제인문사회학회 ,2010, 第 2 页。

析韩国的中国研究的趋势及特点，有助于了解韩国学术界对中国的认知，并推动旨在促进双边关系发展的外交政策的制定。本文以韩国的中国研究发展概况为背景，梳理了 2021 年度韩国学界的中国研究成果，并以韩国 KCI 数据库[①]收录的学术论文作为研究对象，分析了 2021 年度“中国区域学”的研究特点，在此基础上提出几点旨在发展中国区域学科建设的建议。此外，韩国部分具有影响力的国策研究院（所）及其部分高等院校的中国研究所的研究报告也是本文分析研究的对象。为了把握韩国的中国研究的学术后备资源的发展概况，本文参考了韩国国会图书馆收录的全国学位论文库的基础资料并作了汇总。

一、“中国研究”作为“区域研究”的兴起和发展

（一）学科建设发展

韩国的国际区域研究始于 20 世纪 80 年代后半期。1988 年的首尔奥运会期间有 31 名中国学者首次访问韩国，开启了中韩学者交流之门。以此为契机，1989 年，30 多名韩国学者参加“孔子诞辰 2540 周年纪念国际学大会”，并提交会议论文。20 世纪 90 年代以后，在全球化的影响和韩国政府的政策支持下，国际区域学作为一门新兴

① KCI 为韩国国内研究论文的引用指数的计算系统，该系统是为了防止韩语论文流失海外而引入的引用计算系统；作为韩国政府构建的学术成果基础资料库，KCI 收录了韩国研究财团登载（候补登载）学术杂志的研究论文等成果。截至 2022 年 2 月，在韩国共有 10015 个学会、大学附属研究所及一般机构中，有 24.8%（2488 个）的机构发行韩国研究财团的登载（候补）学术期刊，在这些登载（候补）期刊中，人文社会科学领域的学术刊物约占 71.6%(1782 个机关)。材料出处：https://www.kci.go.kr/kciportal/po/statistics/poStatisticsMain.kci#（检索日：2022.02.01）

学科在韩国发展起来。这一时期，韩国学界关于国际区域学的学科认同性、研究范式和方法的讨论及研究成果不断涌现，且其中不乏优秀的学术成果[①]。有学者在总结西方和日本研究的基础上指出：以跨学科研究 (Interdisciplinary Study) 为基础的区域学，同时具备人文科学和社会科学的属性特征；区域学研究不应以价值判断特征的“应当（Sollen）”作为着眼点，而应着眼于传播“实际情况 (Sein)”。因此，对当地语言的解读和对当地文化的理解是区域学的基石。换句话说，区域学研究范畴兼容人文科学和社会科学。

韩国的中国研究正是在这种背景下迅速发展起来的，从最初的人文历史研究开始向全方位的区域学扩展。1979 年，启明大学获得韩国教育部批准创建了韩国最早的中国学科，与当时大部分大学使用“中文系”这个名称相比，堪称是非常例外的情况。1992 年，中韩正式建交在韩国学术界引发了“中国热”，一些大学新设了中文系或中国系，也有部分大学将原有的中文系扩展并更名为中国学科，当然也有部分学校在保存中文系的情况下，另外设立了中国学科。目前，在韩国，大约有 106 所 4 年制综合大学设有中文和中国学科，每年还有大量开展中国问题研究的硕士、博士毕业生通过论文答辩，这些后起之秀正源源不断地补充着中国研究的人才资源库。据统计，2021 年韩国国会图书馆收录的关于中国问题研究的硕士和博士论文总数高达 1968 篇，相比之下，关于美国问题研究的硕士和博士论文仅有 137 篇，关于日本问题研究的硕士和博士论文为 151 篇。可见，从横向数量比较的角度看，韩国硕士和博士研究生对中国研究的热情远远超过了美国研究和日本研究。再从纵向数量比较的角度

① 김경일《지역연구의 역사와 이론》(서울：문화과학사，1998)；이상섭 . 권태환《한국 지역 연구 : 현황과 과제》(서울대학 출판사，1998). 박광섭《국제지역학 입문》(서울도서출판사 , 2001) 等研究成果为韩国的“区域学”学科建设提供了很好的借鉴。由于本文篇幅和研究主题所限作者没有作具体统计。

看，1990—1999 年关于中国问题研究的硕士和博士论文为 1545 篇，2000—2009 年激增至 7645 篇，2010—2019 年间达到 9280 篇，2020 年为 2007 篇。由此可见，韩国硕士和博士研究生对中国问题的关注度一直呈上升趋势，进入 21 世纪后相关研究领域的发展尤其迅速。

（二）学术团体和机构

与高校的中国学科体系建设同步，韩国中国研究的学术团体和研究机构也在中韩建交后得到了长足发展。目前，在韩国教育部直属机构韩国研究财团登记的中国学会有 59 个，其中，37 个为人文科学类学会，22 个为社会科学类学会。在这 59 个学术团体中，中韩建交之后创建的学会有 38 家（见表一）。除了以名称中带有“中国”字样的学会之外，以“全球”“东北亚”“世界”“东亚”“亚太”等为关键词命名的学会，也开展了大量关于中国问题的研究。

表一　中国研究学会统计概况

区分	内容		个数
领域	人文学	语言文学	25
		文化产业	2
		历史	5
		哲学	1
		教育学	2
		其他人文科学	2
	社会科学	社会科学基础	7
		区域研究	15

续 表

区分	内容	个数
年度	1960—1992	21
	1993—2000	14
	2001—2010	11
	2011—	13

目前，在韩国研究财团登记的从事中国研究的机构总数为67个（见表二），主要为高校设立的研究机构，其中有26个语言文学类研究机构，占据人文科学类研究机构的一半以上，还有25个社会科学类研究机构和4个经济类研究机构。韩国大学中聚焦“亚洲”“东亚”以及“国际问题”研究的机构从事的研究内容也多和中国密切相关，例如首尔大学的亚洲研究所、西江大学的东亚研究所等。此外，韩国国家级专业研究机构或国策研究机构也都关注中国热点问题研究，例如国立外交研究院、世宗研究所、韩国经济研究院、现代经济研究院等，此类研究机构每年都会发布重量级的研究报告，包括“中国年度报告”。

表二 中国研究机构统计概况

区分	内容		个数
领域	人文科学	语言文学	14
		一般人文学	12
		其他人文学	9
		法律	3
	社会科学	社会科学基础	11
		区域研究	14
	经济学	贸易学	3
		经营学	1

续 表

区分	内容	个数
年度	1960—1992	7
	1993—2000	10
	2001—2010	21
	2011—	30

（三）学术成果

自20世纪90年代起，韩国的中国研究蓬勃发展，主要基于两方面的原因：一方面，韩国政府将国际区域研究作为全球化战略的重要环节予以积极扶持；另一方面，中韩经济与人文交流迅速发展为韩国的中国研究奠定了社会基础，可以说“韩国的中国研究与中国的交流成正比发展，其研究成果取得了质的飞跃”①。从KCI的数据来看，1980—1989年，中国研究成果总数为861项，其中论文700篇、著作和译著148本、学术活动9项、其他3项；1990—1999年，相关研究成果总数为6695项，其中论文4943篇、著作和译著1406本、学术活动232项、科研课题立项27件、其他93项；2000—2009年，相关学术成果总数为25895项，其中论文16145篇、著作和译著3995本、学术活动3853项、科研课题立项759项、其他1143项；2010—2020年，学术成果总数为40042件，其中论文26824篇、著作和译著1441本、学术活动为8559件、科研课题立项为1788件、其他1430件；2021年，相关研究成果总数为2443项，其中论文总数1984篇、学术活动346项、科研课题立项66件、其他7项。从数量上看，20世纪90年代韩国学术界关于中国问题的研究较20世纪80年代增长了

① 이규태:“국제지역연구로서 중국학의 연구방법론에 대한 고찰”,《中国学论丛》第49辑，第1页。

8倍之多，21世纪后该领域研究更是进入了飞速发展期（见图一）。

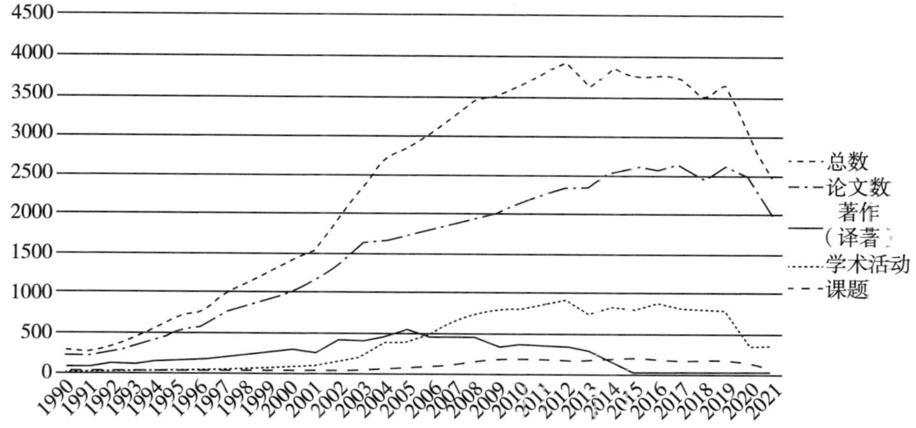

图一：中国研究成果数量趋势图（1990年至2021年）

从横向比较的角度，中国研究在韩国的国别研究中发展迅速。根据KCI的数据，1990—2021年间关于中国研究的成果总数为75073项，同期关于美国研究的成果总数为38889项，关于日本研究的成果总数为69725项。其中，论文方面，涉及中国研究的论文总数为49896篇，而涉及美国研究的论文为12775篇，涉及日本研究的论文为23011篇；学术活动方面，涉及中国研究的学术活动为12990项，而涉及美国研究的学术活动为14647项，涉及日本研究的学术活动为18745项；著作和译作方面，涉及中国研究的作品为6842本，而涉及美国研究的作品为1781本，涉及日本研究的作品为6950本；学术课题方面，涉及中国研究的立项学术课题为2640项，涉及美国研究的立项学术课题为1471项，涉及日本研究的立项学术课题为2219项[①]。由此可见，无论是从整体研究成果的数量上还是各类别成果数量上看，韩国的中国研究远远领先于美国研究，大体优于日本研究（见图二）。

① KCI登载的有关中国区域研究的成果除学术论文、著作或译著、学术活动、科研立项等项目外，如专利等其他项目的成果数为其他为2705件。

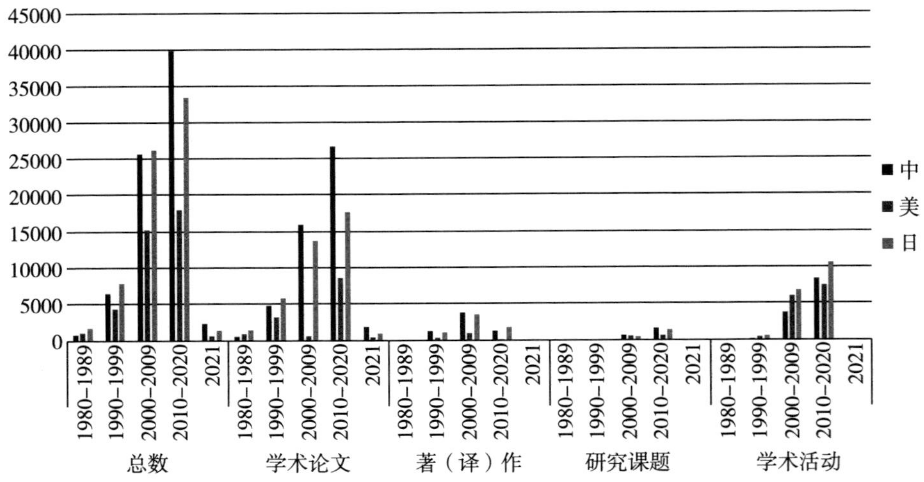

图二：中、美、日三国研究成果数量比较图

根据研究成果的学科分类，经济领域和社会领域中的研究成果在数量上增长显著。1990—1999 年，政治领域为 15 篇、经济领域为 14 篇、社会领域为 26 篇；2000—2009 年，政治领域为 1489 篇、经济领域为 1848 篇、社会领域为 2217 篇；2010—2020 年，政治领域为 5816 篇、经济领域为 6784 篇、社会领域为 9181 篇；2021 年，政治领域 521 篇、经济领域为 649 篇、社会领域为 1051 篇（见图三）①。由此可见，韩国的中国研究经历了 20 世纪 90 年代的平稳发展，自 2000 年之后各学科领域的研究呈迅速发展之势，尤其是对中国经济领域的研究兴趣高于政治领域（见图四）。

综上所述，通过分别对研究成果数量进行纵向和横向比较，我们可以勾勒出近 30 年来韩国学术界在中国研究领域内所取得的跨越式发展，这种数量上的积累成为中国研究学科体系建设的基石。这些研究成果很好地借鉴了其他国家的中国研究，并与其他学科体系互通有无，提出了中国研究的范式和方法。虽然针对中国学研究的

① 该数据的索引关键词为中国政治、中国经济、中国社会；“中国社会”索引出的论文覆盖面相对于中国政治、经济比较广，论文数量比较多。

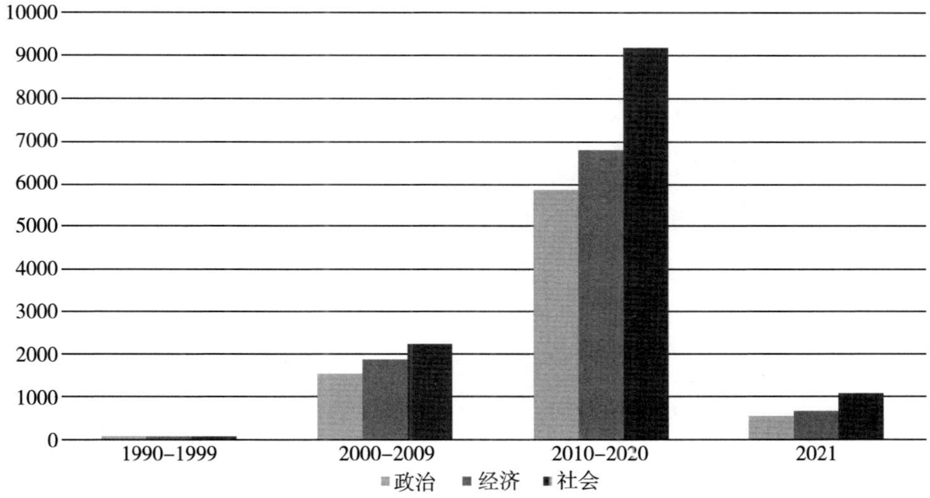

图三：中国政治领域、经济领域、社会领域研究概况对比（1990—2021）

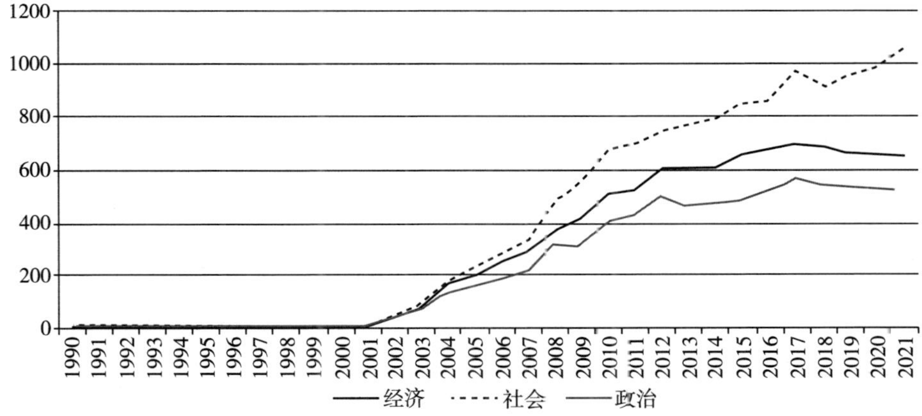

图四：中国政治、经济、社会领域研究成果的年代推移（1990—2021）

范畴，目前学术界仍存在一些讨论，但是总体而言，一般认为“中国学（Chinese studies, sinology）是中国的思想、文化、哲学、文艺、伦理、社会、历史等相关学科领域的总称”[①]，即“中国学是探索中国内部（ 政治、经济、文化、语言等）结构属性及运作原理机制的整

① https://search.naver.com/search.naver?where=nexearch&sm=sta_hty.terms&ie=utf8&query=%EC%A4%91%EA%B5%AD%ED%95%99（检索日：2022.02.01）

合性学问，作为中国学子学科应该有共同的学科目标”[①]。与此同时，我们还可以看到，韩国的中国研究发展轨迹与中韩战略合作伙伴关系的发展轨迹基本一致。1992 年中韩建交以来，双边关系从“友好合作关系”起步，1998 年发展为“面向 21 世纪的合作伙伴关系”，2000 年两国宣布将双边关系推向全面发展的新阶段，2003 年提升为“全面合作伙伴关系”，2008 年发展为“战略合作伙伴关系”。可以说，中韩伙伴关系发展为韩国的中国研究的发展创造了战略背景。

二、2021 年研究热点与观点评述

（一）年度关键词

2021 年对于中国而言是特殊的一年，是“十四五”规划的开局之年，也是“两个一百年”奋斗目标的历史交汇期，“是读懂中国在未来 5 年乃至更长时间内前行方向的重要窗口”[②]。因此，中国问题在这一年中成为韩国学术界的研究热点。本文以“中国政治”“中国外交”“中国经济”“中国社会”为关键词对 2021 年 KCI 数据库收录的论文进行检索，共检索出 2430 篇论文，并在此基础上对这些论文的标题关键词展开文本分析。分析过程中，我们在剔除了包括助词、连词、标点符号等没有具体意义的信息以及论文题目中常见的“研究”“分析”“为例”“以……为中心”等表述之后，对这 2430

① 박찬욱:“총체적 개념의 중국학을 위한 언어학의 역할과 대상에 관한 시론”《中国学》第 67 辑 (2019.06)，第 77 页。

②《“十四五”开局之年，外媒纷纷预判未来五年发展：中国增长故事仍将令人惊叹》，http://www.gov.cn/xinwen/2021-01/18/content_5580601.htm。

篇论文的标题使用信息检索与数据挖掘的常用加权技术（TF–IDF）进行处理，提取出500个标题关键词，按出现频率居前10位的表述短语依次为：“韩国”“效应”“社会”“变化”“历史”“战略”“文化”“政治”“特征”“发展”。此外，“新”“战争”“日本”“王朝”“美国”“案例”“比较”“模式”“美中”“习近平”等表述短语的出现频率也比较高（见图五）。

图五：2021年标题核心词

此外，根据对KCI收录论文的文章关键词作的统计分析，“中国共产党”“中美竞争（中美关系）”“新冠肺炎疫情”“朝鲜半岛”“一国两制”“习近平”“拜登”等表述短语出现频率相对较高。此外，韩国有影响力的研究机构对“中国共产党建党100周年”“中国应对新冠肺炎疫情”“中美竞争”等议题都予以了高度关注。例如，韩国国立外交安保研究院在《2022国际政局与展望》中，就“新冠肺炎疫情与中国经济软着陆”“冬奥会及中共二十大”“中美竞争与多边外交”“中国对朝鲜半岛政策”等主要议题进行了评述和分析。在韩国国防安保研究所、统一研究院等机构发布的中国研究报告中，“中美关系”和“中国与周边国家关系”也是重要议题。此外，一些研究机构还对中共十九届六中全会和十三届全国人大四次会议予以关注，对会议的主要内容进行了介绍和分析，并在此基础上提出了韩国的应对之策。

（二）研究热点

通过对上述论文关键词及其主要内容的分析，我们可以发现2021年韩国学界对当代中国问题的研究主要聚焦在以下三个方面：

第一，中国共产党的治国理政。以“中国共产党”为检索词在KCI数据库进行搜索，结果发现2021年共有94篇相关论文。根据数据库的统计，这些论文涉及社会科学领域的占比最高（54%），随后依次为人文科学（32%）、融复合学科（5%）、体育艺术类（3%）[①]。通过对社会科学领域的相关论文进行重点分析，可以发现其中关于建党100周年主题的研究论文最多，这些文章探讨和分析了中国共产党的建党历史、中国共产党精英政治、中国共产党与军事、依法治国以及对外关系，并在此基础上展望中国共产党未来的发展前景和面临的挑战[②]。关于中国共产党的百年发展历史，韩国学术界普遍认为，中国共产党是在探索克服近代中国危机的过程中形成的政党，中国共产党通过革命创建了新中国，通过社会主义建设提高

① https://www.kci.go.kr/kciportal/po/statistics/poStatisticsMain.kci/ 检索日：2022.01.30.

② 李东律从中国外交目标、讨论、对国际秩序的认识等维度分析了中国共产党建党100年来的外交和历史发展历程（“중국 공산당 100 년 외교의 유산과 진화 : 외교 목표 , 담론 , 국제체제의 인식과 전략을 중심으로”《中苏研究》제 45 권 제 1 호 , 2021. 봄）; 朴昌熙和梁政学等学者分析了中国共产党的100年历史和对军队领导（梁正学 : “중국공산당 100 년의 변화와 지속 : 군사분야를 중심으로”,《현대중국연구》23 권 2 호 , 2021; 朴昌熙 : “중국공상당 창당 100 년과 인민해방군의 역할 : 전쟁과 평과 , 그리고 대국굴기의 전위대”《中苏研究》제 45 권 제 1 호 , 2021）; 李弘揆分析了建党100年来中国共产党对民主主义认识的变化及其含义（李弘揆: “100 주년 중국공산당의 민주주의 인식 변화와 그 함의”,《中苏研究》제 45 권 제 1 호 , 2021）; 주정환（“중국 정치엘리트 유형변화에 관한 연구 : 제 19 기 중구공산당 중앙위원회를 중심으로”,《국제지역연구 》25(3), 2021.09); 조영남（“중국공산당 100 년과 엘리트 정치의 변화”,《中苏研究 》제 45 권 제 1 호 , 2021）、안치영（“중국공산의 100 년 : 과제와 구조의 변화”,《중국사회과학논총》3(1), 2021.02) 等学者回顾了中国共产党建党100周年及中国共产党领导机制的变化；杨甲镛分析了中国省部级领导干部的代际更迭现状（“중국의 세대 정치와 세대교체 : ‘70 후’ 성부급 부직 관원 현황을 중심으로”,《중국사회과학논총》3(1), 2021.02)。

了自卫能力，通过社会主义市场经济走上了富裕之路，今天正在向“超级大国”迈进[①]。习近平在庆祝中国共产党成立100周年的讲话中，总结了中国共产党取得的成就，展示了中国共产党实现中国梦的意志以及与阻碍中国未来发展的外部势力进行“抗争”的意志[②]。今天的中国共产党“得到了中国国民的高度支持和信任”[③]。研究者也关注到了中国共产党面临的挑战，认为建党100周年是伟大旅程和中国复兴的里程碑，是另一个100年的开始，但同时也是中国共产党面临重大挑战的时刻[④]，中美关系的变化、国内发展的不平衡等将成为中国共产党今后需要重点应对的问题，因此，“建党100周年既是中国实现新腾飞的机会，同时也意味着中国共产党进入了新的考验期”[⑤]。

第二，新冠肺炎疫情对中国社会的影响。韩国国立外交安保研究院的研究报告指出，新冠肺炎疫情和建党100周年是“2021年对中国社会影响最大的两个事件”[⑥]。2021年，KCI数据库共收录了25篇同新冠肺炎疫情相关的论文（检索词：“中国”“新冠肺炎疫情”），其中有14篇论文属于社会科学领域的研究成果，另外，4篇融复合学领域，3篇人文科学领域，2篇工学领域，1篇自然科学领域，1篇体育艺术领域[⑦]。从研究观点来看，韩国学术界普遍认为，中国在“新冠肺炎疫情蔓延和美国施压的背景下，通过强调‘双循环’政策

① 안치영 /Ahn Chi-Young：《中国共产党的100年：组织结构的变化》，载《中国社会科学论丛》2021年第1期。

② 박광득 : “중국공산당 100 년의 함의와 과제에 관한 연구”,《대한정치학회보》제 29 집 3 호 , 第 177 页。

③ 赵英男: “중국공산당 100 년과 ‘공산당 일당체제’ 의 강건함”,《현대중국연구》제 23 집 2 호 , 第 137 页。

④ 박광득 : 前揭文, 第 184 页。

⑤ 안치영 : “중국공산당의 100 년 : 과제와 권력 구조의 변화”,《중국사회과학논총》3(1), 2021，第 27 页。

⑥ 국립외교원 외교안보연구소 :《2022 국제정세전망》, 2021, 第 61 页。

⑦ 作者根据KCI登载论文数做了统计（https://www.kci.go.kr/kciportal/po/statistics/poStatisticsMain.kci/ 检索日：2022.02.01）。

和尖端技术的独立自主，实现了经济的复苏”[①]。不少韩国学者还关注到新冠肺炎疫情对中国政治社会的影响，认为与韩国以市民自律为基础的防疫政策相比，中国更注重通过发挥体制优势，集中所有可利用的资源开展防疫[②]，中国对“新冠病毒采取了积极的应对态度，应对的措施非常有效”[③]。与此同时，还有一些韩国学者关注媒体报道与防控新冠肺炎疫情的关系，肯定了官方媒体在维护社会稳定中发挥的重要作用，认为官方媒体传达信息的准确性积极影响了民众对政府的信任度和满意度[④]。此外，2020 年关于新冠肺炎疫情的研究更偏重经济领域，KCI 数据库收录的相关主题论文有近一半与经济问题相关。同上一年度相比，2021 年涉及新冠肺炎疫情的研究内容更加多元化，除继续探讨疫情对经济领域的影响外，韩国学术界还关注到韩国的在华留学生在疫情期间的学习和社会适应性、新冠肺炎疫情的汉语流行语等研究议题[⑤]。

---

① 국립외교원 외교안보연구소 :《2022 국제정세전망》2021.12.21, 第 61 页。

② 박철현 : “중국 베이징의 코로나 19 대응에 관한 연구 : 확산추세 , 방역전략 , 기술 – 방역 레짐을 중심으로”,《아시아연구》24(2)2011, 第 151 页。

③ 까오징챠오 . 방성운 : “중국의 코로나 19 대응은 성공적인가 ?: 국내와 국제적 대응 관점에서”,《국제정치》24(4) 2021.12, 第 173 页。

④ 장내중 . 유승관 : “위기상황에서의 매체선택 및 정보의 적합성이 정부에 대한 신뢰도와 만족도에 미치는 영향 : 중국인의 코로나 –19 를 중심으로”《커뮤니케이션학연구》2021, Vol. 29, No. 3, 第 61 页。

⑤ 金珠雅通过考察从发现“新冠病毒”至今中国发生的语言变化，考察了 2020 年中国经历的社会变化及其形态，认为在新冠肺炎疫情背景下，中国社会比任何时候都强调“团结”和“爱国”（“언어로 보는 중국의 ‘코로나 19：2020 년 10 대 신조어를 중심으로”,《韩中言语文化研究》第 60 辑，2021，第 355 页）；김주영和구예성分析了疫情时期中国留学生线上授课的经验（“코로나 19 시기 재한 중국인 유학생들의 온라인 수업경험에 대한 질적 분석”,《한국산학기술학회논문지》Vol.22, No.3, 2021）；卜哲炫从扩散主体、防疫战略和防疫技术机制等维度分析北京市对新冠肺炎疫情的应对（“중국 베이징의 코로나 19 대응에 관한 연구 : 확산추세 , 방역전략 , 기술 – 방역 레짐을 중심으로 ”,《아시아연구》Vol. 24, No. 2，2021）；朴文玲以中国的经验为案例分析了如何从法律的角度应对虚假信息等问题（“코로나 19 허위정보 및 그 법적 대응 방안에 관하여 – 중국 사례를 중심으로”,《 중국법연구》통권 47 호, 2021）等研究多角度分析了新冠肺炎疫情对社会、教育的影响。

第三，中美关系的变化及其对朝鲜半岛局势的影响。2021年，KCI数据库收录了30篇涉及“中美竞争”“中美关系”的论文，其中，29篇为社会科学领域的研究论文，内容涵盖中美战略竞争、技术竞争及中美竞争的区域影响等。韩国现代中国学会前会长李东律指出：“中国共产党领导人在过去的100年中，将富国强兵和体制安全视为最高目标和价值追求，中国为了实现这两大目标，制定了符合各时代背景的战略，并取得了令人瞩目的成就。”① 而中国对美战略调整服从于中国的外交目标，“战略利益也会随着中国共产党所处的内外环境而发生变化”②。纵观中华人民共和国成立以来的中美关系，两国关系“历经70多年的发展，呈现不断变化的活力，其中既有矛盾，也有合作，极具复杂性”③。当前的中美竞争既是“全球层面均势变化（即中美力量对比差距缩小）带来的结构性要因所致，也是双方之间的相互认识及其战略意图差异所致”④。韩国学术界普遍认为，在21世纪中美竞争加剧的背景下，美国和中国在全球、东亚、朝鲜半岛各层面围绕各种焦点问题的分歧加大，而各层面的焦点问题相互交织、相互联系，导致朝鲜半岛出现了多种形态的风险⑤。美国提出的“印度—太平洋地区”战略构想中涉及朝鲜半岛和西太平洋的地缘政治，美国强调加强韩美同盟、美日同盟和韩美日合作，因此今后韩日安全合作或许会得到增强⑥。但是，这可能会为中韩关系带

① 이동률：前揭文，第181页。

② 주재우：“ 중국 공산당 창당 이후 대미 인식의 진화와 전략 변화”，《현대중국연구》Vol. 23, No. 2, 2021，第1页。

③ 김재철：“중국의 평등성 추구와 미중관계：회고와 전망”，《중소연구 》2021, Vol. 45, No.1, 통권 169 호，第145页。

④ 박병광，“바이든 행정부시기 미 . 중 패권경쟁과 우리의 대응방향”，《전략연구》통권 제 84 호 (2021.07), 第55页。

⑤ 신종호 외：《 미중 전략 경쟁과 한국의 대응：역사적 사례와 시사점》, 통일연구원 2021.12, 第10页。

⑥ 조은일：“미중 전략경쟁 시대의 한일 안보관계”，《국제 . 지역연구》Vol. 30, No. 2, 2021, 第65页。

来挑战[①]。事实上，1992 年中韩建交后，中韩关系得益于“冷战结束、全球化进程等历史性机遇取得了飞跃性的发展”，因此，“在中美竞争和中国强国战略的背景下，为了推动中韩关系的持续发展，中韩双方需要在承认两国之间存在的理念和体制差异以及安保战略观差异的前提下，积极作出调整，努力解决矛盾”[②]。从韩国的角度而言，“应以朝鲜半岛无核化、实现和平、缓解地区不安因素、经济合作为主题，继续加强与中国的沟通”[③]。

三、结语

综上所述，受韩国政府鼓励开展区域研究的政策导向以及中韩关系快速发展等因素的促动，韩国学术界关于中国问题的研究从“汉学”转向“中国区域”研究，中国学学科建设取得了巨大发展。韩国学者的中国研究以人文科学为基础，迅速向政治、外交、经济、教育、社会等领域全方位扩展，其研究成果从数量上看呈持续增长之势，远超“美国学”和“日本学”。中国的热点问题是韩国学界关注的焦点，大部分研究成果在分析这些议题的同时，还提出了韩国的应对之策。中韩两国自 1992 年建交以来，双边关系迅速发展，一度被称为“外交史的奇迹”。但是，2017 年的“萨德”问题令结构性矛盾浮出水面，双边关系进入了冷静思考期。在中韩建交即将迎来 30 周年之际，两国关系能否突破阻碍实现新的发展，既是两国的宏观决策的考量，同时也需要学界发挥智囊的作用。

---

① 이남주: “ 문재인 정부 시기 한중 관계 평가: 전략적 협력동반자 관계는 지속 가능한가 ?”,《동향과 전망》No. 112, 2021, 第 122—123 页。

② 최재덕: “ 한중관계 미래 30 년을 위한 발전적 대안 연구: 중국의 공세적 외교와 호주에 대한 경제보복 사례를 중심으로”,《평화학연구》Vol. 22, No. 3, 2021, 第 101 页。

③ 전재우: “2022 년 안보정세 전망: 중국편”, 한국국방안보연구원 ,2021, 第 5 页。

在中美竞争的背景下，中国有必要让周边了解中国、接受中国的崛起，需要“知华派”在其中发挥建设性的作用，因此，为韩国的中国研究提供支持和帮助将对推动两国关系的健康发展发挥不可替代的作用。一方面，应当更加关注年轻学者的学术研究活动，对年轻学者的访学和学术研究活动提供必要支持。可以看到，当前年轻一代的韩国学者对中国研究予以高度关注，已经形成了中国研究梯队。对此，我们可以考虑借鉴韩国的国际交流财团（Korea Foundation）和韩国学中央研究院（The Academy of Korean Studies）对海外“韩国学”的支持措施。另一方面，构筑学术研究网络，推动韩国的“中国学”学科发展。目前，韩国的“中国学”在各个专业领域对中国的分析阐释都取得了长足发展，但也不乏“线性罗列”的遗憾，如何使作为“整体的中国学”成为真正意义上的“融复合学”，还需要中韩研究人员的共同努力。我们可以考虑进一步加强中韩学术团体和研究机构的合作，为中韩两国及其他国家的中国研究人员提供更多学术交流的专业平台，推动学术网络和学科体系建设，使中国研究成为韩国社会了解中国的“窗口”，推动更多韩国学者为中韩关系的发展贡献力量。

（李丹：韩国国立釜庆大学）

美　国

付正 / 文

美国的当代中国研究起步于20世纪50年代，基本与中华人民共和国同龄，初衷是因为新中国的成立使美国政府及一些学术机构认识到开展当代中国研究的必要性和紧迫性，急需在传统的汉学研究之外建立一门新的社会科学。因此，美国当代中国研究从创立之初就被定位为区域研究，致力于对当代中国政治、经济、社会与文化各个方面的多学科研究，具有强烈的实用主义色彩。正是因为这种学科特性和功能定位决定了它的研究者来自社会科学领域的不同学科，也决定了它所研究的议题十分广泛，且深受中国自身的发展变化以及美国利益关切的影响，具有较强的政策分析特性。

2021年，美国学界关于当代中国问题的研究依然保持着蓬勃发展的态势。这一年，中国共产党迎来了百年华诞，如期实现全面建成小康社会的奋斗目标，开启了全面建设社会主义现代化国家新征程，这一系列重大事件无不受到美国学界的关注。与此同时，美国对其对华政策展开全面评估，使得美国学界对美中战略特征以及中国发展对中美关系、世界秩序产生的影响等问题的研究不断升温。尤其是一批智库精英重返决策中心，进一步提升了作为政府“外脑”的智库涉华研究的热情，研究报告数量明显增多、研究议题多元广泛，在美国政府对华决策和舆论导向方面的影响力明显提升。本文尝试对 2021 年美国学界关于当代中国问题研究的概况，特别是美国智库涉华研究中的热点问题进行梳理，总结这些研究呈现的新特点和新变化，为国内学界更全面地把握美国当代中国研究、更深刻地理解美国对华战略与政策取向以及开展相关研究和探寻应对策略提供有益借鉴。

一、总体概况

美国的当代中国研究在 2021 年依旧延续近年来的繁荣发展态势，出版了大量的专著、智库报告、论文等研究成果，本部分从学术期刊、智库和专著三个维度对美国当代中国研究的概况进行梳理和介绍。

（一）主要期刊

美国经常刊载当代中国研究的刊物大致可分为三种：一是专门的中国研究刊物，例如，1992 年创刊、由美国现代中国研究中心资助发行的《当代中国》（*Journal of Contemporary China*），1995 年创刊、主要刊载中国国内政治和外交政策等相关研究成果的《中国政治学刊》（*Journal of Chinese Political Science*），1994 年创刊、主要刊载中国研究著作书评的《国际中国评论》（*China Review International*）；二是国际政治和外交研究杂志，例如美国外交关系委员会主办的《外交事务》(*Foreign Affairs*)、艾略特国际事务学院主办的《华盛顿季刊》（*Washington Quarterly*）等均会刊载当代中国研究的相关文章；三是地区研究杂志，例如加州大学伯克利分校东亚研究所主办的《亚洲研究》（*Asian Survey*）、美国亚洲研究协会主办的《亚洲研究杂志》（*The Journal of Asian Studies*）等均对当代中国的发展情况予以关注。这里简要介绍 2021 年这三类刊物中的代表性期刊对当代中国的研究成果。

在专门的中国研究刊物中，《当代中国》几乎每一期都推出不同的研究专题。2021 年先后推出“中国、美国和印太地区的大国竞争”“中国全球治理改革：战略叙事与治国方略”“中国的‘一带一路’倡议：全球影响以及内部动机”“中国的叙事话语和国际形象”“中国的司法改革和争端解决”“中国的‘一带一路’倡议：海上投资和拉丁美洲”“中国民主的未来及法治发展”“中国在非洲：经济维度和安全维度”“中美金融和贸易联系”“中国共产党领导中国在新冠肺炎疫情中的表现”等研究专题。

美国学者的文章主要有:《当代中国》杂志主编赵穗生的《新冠肺炎疫情背景下中国全球领导力的言论和现实：对美国领导的世界秩序和自由全球化的影响》、美国詹姆斯·麦迪逊大学政治学教授杨溢（Yi Edward Yang）的《新时代中国在全球治理改革中的战略叙事》、波士顿学院政治学教授罗伯特·罗斯（Robert S. Ross）的《中国崛起背景下的中越关系：力量、抵抗和海上冲突》、哈佛大学费正清东亚研究中心前主任傅高义（Ezra Vogel）的《习近平的领导：一个邓主义者的研究视角》、约翰·霍普金斯大学教授大卫·布尔曼（David J. Bulman）和美国圣母大学凯尔·雅罗斯（Kyle A. Jaros）的《地方主义的退却？新时代的中央和地方关系》等。

《中国政治学刊》在 2021 年仅推出了一期主题为“新冠肺炎疫情对全球秩序和世界政治的影响”专题研究，除此之外刊载的美国学者及其同其他国家学者联合撰写的文章主要有：美国国防大学国家战略研究院中国军事研究中心研究员吴志远（Joel Wuthnow）和暨南大学的陈丁丁撰写的《中国的新型民营智库：新型更好吗？》、堪萨斯大学政治学系的约翰·詹姆斯·肯尼迪（John James Kennedy）和黑泽春香（Haruka Nagao）合作的《投票仪式：中国的社区互动与基层选举的参与情况》等。

在国际关系和外交研究期刊中，《外交事务》2021 年出版的六期期刊中有两期是聚焦中国的研究专题。其中，第四期就“中国会一直保持崛起的态势吗”这一主题展开了探讨，分析中国崛起之路面临来自内部和外部的重重困难和挑战。第六期研究专题为“分裂的世界：美国的冷战”，旨在从历史和比较的视野看待中美关系的变化。此外，《外交事务》还就“美国对华外交政策是否变得过于敌对”这一主题对从事相关研究的 68 位知名专家学者的观点进行了调研。

《华盛顿季刊》2021 年共推出了两期与当代中国相关的研究专题，分别是“中国的新思想”和“中俄关系”。同时，刊发了多篇美国学者的文章，主要包括：卡内基国际和平基金会的研究员埃里克·布拉特伯格 (Erik Brattberg) 的《中美关系紧张背景下的中等大国外交》、斯坦福大学教授罗斯高（Scott Rozelle）和同事马修·博斯韦尔 (Matthew Boswell) 撰写的《中国崛起的复杂性：农村的不充分就业》、波士顿大学的蒂莫西·克劳福德（Timothy W. Crawford）撰写的《如何使俄国同中国疏远？》等。

在地区研究期刊中，《亚洲研究》2021 年刊载的美国学者的文章主要有：美国北德克萨斯大学政治学系教授格伦·比格莱瑟（Glen Biglaiser）与哥伦比亚南卡罗来纳大学政治学系副教授卢克兰（Kelan Lu）撰写的《中国和美国对发展中国家直接投资的政治属性》、宾夕法尼亚大学博士后金杰恩（Jieun Kim）和加州大学伯克利分校教授欧博文（Kevin J. O’ Brien）撰写的《理解中国的政策实验与实施：基于中国政府信息公开政策的案例研究》、加州大学伯克利分校朱尼厄斯·布朗（Junius F. Brown）博士的《“市长信箱”制度下公民意识的发展》、旧金山州立大学助理教授卞世远（See-Won Byun）的《相互依存、认同与中韩政治关系：亚洲的悖论》等。《亚洲研究杂志》2021 年刊发的美国学者关于当代中国研究的文章较少，在此不做介绍。

（二）主要智库

作为美国政府“外脑”的美国智库是学者与政府官员进行密切接触的重要平台，在政府决策和舆论导向方面扮演了重要角色。2021 年，在中美关系急剧变动的背景下，美国智库更加重视中国问题的研究，涉华报告数量明显增多、研究议题日趋多元广泛。美国智库按其政治倾向主要分为进步 / 自由左派（progressive）、保守派（conservative）和中间派（centrist）三类。但无论这些智库持何种政治倾向，总体上都为维护美国的国家利益服务。由于美国智库数量多达 2000 多家，无法逐一介绍，本部分参考美国宾夕法尼亚大学发布的 2020 年度全球智库报告的排名情况，选择排名靠前且涵盖三种不同政治倾向的代表性智库对当代中国的研究概况予以介绍。

1. 布鲁金斯学会（Brookings Institution）

位于美国华盛顿特区中心的布鲁金斯学会是美国著名的综合性政策研究机构，以“自由派”“开明的思想库”著称。2021 年布鲁金斯学会发布多项中国研究的报告和文章，重点对美国对华战略和美中关系等问题进行了分析。

在美国对华战略方面，该机构发布了《拜登的中国战略：联盟驱动式的竞争还是冷战式的对抗？》《重组美国的联盟以应对中国的挑战》《脆弱的新地缘政治：俄罗斯、中国以及和平建设面临的日益严峻的挑战》等报告。在美中关系方面，该机构发表了《中美关系的"新常态"：竞争加剧、相互依存加深》《过度妖魔化中国对美国没有好处》《美国和中国应该合作阻止疫情的10个理由》等文章。除此之外，该机构对中国内政也予以了关注，发表《评估中国的共同富裕运动》《中国下一步的减贫政策是什么？》《七国集团能从中国向气候智能型增长的转变中学到什么？》《中国的储蓄如何帮助拯救地球？》《中国政府如何动员公民社会抗击新冠肺炎疫情？》等研究成果。

2. 彼得森国际经济研究所（Peterson Institute for International Economics）

彼得森国际经济研究所是一个非营利的无党派智库，自1981年成立以来长期致力于国际经济政策研究。在该机构近期的优先研究事项中专门有一项针对中国经济的研究，主题为"中国增长模式的再平衡及其对世界经济的影响"。2021年该机构重点聚焦中国经济发展和美中关系发表一系列文章和研究报告。

在中国经济研究方面，该机构发表《中国能削弱美国新一轮经济制裁的影响吗？》《尽管全球经济紧张，外国对中国的投资仍在加速》《对于大多数全面与进步跨太平洋伙伴关系协定（CPTPP）成员国来说，中国是一个比美国更重要的贸易伙伴》《研究"一带一路"：中国的贷款实践及其对国际债务架构的影响》《中国正在走向数字货币领域的领导地位》等文章。在美中关系方面，该机构主要聚焦美中贸易战，发表的文章包括《进入2021年的美中关系》《美中贸易战关税：最新图表》《特朗普的贸易战时间表：最新指南》《为什么拜登要努力执行特朗普与中国的第一阶段贸易协议？》等。

3. 兰德公司（RAND）

创建于1948年的兰德公司是以军事为主的综合性战略研究机

构，被誉为现代智囊的“大脑集中营”“超级军事学院”。总体而言，兰德公司专家的政治立场属于中间偏右，2021 年对当代中国的研究议题主要集中于中国军事领域以及美国对华战略，发表了《中国和俄罗斯的国防采购》《认识同中国战略竞争中影响力的作用》《美国同中国的战略竞争：基于兰德公司的分析》《通过美日同盟战略赢得与中国的 5G 竞赛》《中俄关系及其对美国利益的风险》《印度对美中在印太地区竞争的反应》等一系列文章和研究报告。

4. 卡内基和平基金会（Carnegie Endowment for International Peace）

卡内基和平基金会创立于 1910 年，是卡内基家族的第二大基金会，主要致力于国际事务和美国外交政策的研究，旨在加强国与国之间的合作以及美国的国际交往。该机构在政治属性上属于中间派，2021 年就美国对华战略、中国的对外关系发布了一系列报告及相关研究成果。

在美国对华战略方面，卡内基和平基金会和日本国际关系论坛召集美国和日本的专家学者发布《美日同盟如何应对中国风险与中国机遇》的报告，重点探讨美日同盟在地区和国际秩序、贸易和技术、安全和外交关系等领域应如何有效应对中国的崛起。除此之外，还发布《平局还是赢局？在棋盘上重新评估美国的对华战略》《拜登如何让“四方安全对话”长久存在？》《从印太到阿拉斯加：中美大博弈》等文章。

在中国对外关系方面，卡耐基和平基金会在福特基金会的资助下启动一个创新研究机构，专门研究中国同非洲、中亚、拉丁美洲、中东和北非、太平洋、南亚和东南亚共七个地区交往情况，该项目将其称为“接触战略”。项目对包括中国公司如何适应拉丁美洲当地的劳动法，中国的银行和基金公司如何探索东南亚和中东地区传统的伊斯兰金融信贷产品，中国人如何帮助中亚当地工人提高技能等问题进行了研究。除此之外，还发表《影响与对冲：中国与南亚的接触》《欧洲对华“钢丝外交”》《价值观与制裁在欧美中三角中的作用》等文章，分析中国同其他国家的外交关系。

5. 战略与国际研究中心（Center for Strategic and International Studies）

战略与国际研究中心成立于1962年，素有“强硬路线者之家”和“冷战思想库”之称，是一家具有保守色彩的战略和政策研究机构。该中心2021年主要对中国的政治、军事以及外交予以重点关注，发布《从一个中国城镇的视角看中国共产党如何治理中国》《评估中俄军事演习：过去的进展和未来的趋势》《拉美对中国外交政策重要吗？》等研究报告和文章。

6. 传统基金会（Heritage Foundation）

传统基金会创立于1973年。近半个世纪以来，该基金会致力于制定并推行保守的公共政策，是美国规模最大、影响力最强的保守派思想库，也是美国新右派的主要政策研究机构。2021年，该机构聚焦美中关系、中国崛起及其世界影响，发表《美国需要一个大战略》《我们需要理解中国的国内政策》《不相信中国将意味着更多的全球灾难》《在中国问题上，应该采取气候现实主义了》《中国崛起如何使欧洲的未来复杂化？》《2021年中国在印太地区的崛起与平衡：2021年盘点》等文章和研究报告。

（三）主要著作

2021年美国学界出版的中国研究著述涵盖政治、经济、文化、外交等多个领域，但从总体上看，主题比较集中于中美战略竞争、中美关系以及中国崛起的世界影响。这里仅对其中一部分比较重要的著述进行简要介绍。

在中国政治研究方面，华盛顿大学教授狄忠蒲的《党和人民：21世纪的中国政治》（Bruce J. Dickson, *The Party and the People: Chinese Politics in the 21st Century*, Princeton University Press, 2021），采用二元管理范式分析中国共产党和人民的关系，试图揭示中国共产党能够长期执政的原因。美国波士顿大学教授傅士卓在新书《对中国政治的重新思考》（Joseph Fewsmith, *Rethinking Chinese Politics*, Cambridge University Press, 2021）中指出，当前加强对中国政治的认识比以往更加重要，并对从邓小平到习近平的四代领导精英集体的权力构建与交接进行了系统探讨。美国乔治·华盛顿大学教授沈大伟的《中国领导人：从毛泽东到现在》（David Shambaugh, *China's Leaders: From Mao to Now*, Polity Press，2021）从领导人研究的视角回顾新中国成立70多年来，毛泽东、邓小平、江泽民、胡锦涛、习近平五位最高领导人领导下的中国，从一个封闭的、不发达的国家到一个世界强国的非凡转变历程。

在中国经济研究方面，美国哥伦比亚大学法学院彼得罗斯·马弗鲁第斯教授和欧洲布鲁盖尔研究所高级研究员萨皮尔在合著的《中国和世贸组织：为什么多边主义仍然很重要》（Petros C. Mavroidis and André Sapir，*China and the WTO: Why Multilateralism Still Matters*，Princeton University Press，2021）一书中回顾中国加入世界贸易组织的艰辛历程，分析入世后在国有企业和技术转让等方面引发的冲突挑战，并阐明世贸组织应该如何通过改革解决这些矛盾和问题。作者指出，美国和其他国家单方面施加压力并不是解决问题的有效途径，应采取多边方式，例如通过新的世贸组织谈判来解决这些并非中国独有的贸易问题，为所有成员国建立明确的规则。

在中美战略竞争方面，拜登政府对华政策重要智囊、白宫国家安全委员会中国事务主任杜如松在《长期博弈：中国取代美国秩序的大战略》（Rush Doshi，*The Long Game: China's Grand Strategy to Displace American Order*，Oxford University Press，2021）一书中阐述了他对中国外交战略的认识，认为中国自20世纪80年代末期以来分三个不同阶段有计划地实施“取代战略”，以代替美国在地区和全球秩序中的地位。但杜如松并未为这一判断提供任何可靠依据，正如美国国家利益中心研究员保罗·海尔 (Paul Heer) 所说，尽管杜如松在介绍中国其他战略和目标时都引用了详尽的参考文献作为支撑，但关于中国试图取代美国成为全球霸主这一观点并未提供权威且有说服力的资料来源①。事实上，杜如松自己也曾坦言，他撰写此书的灵感“部分源自冷战时期美国大战略的研究”，尤其受到美国对苏联“遏制战略”的理论和实践的影响，进而推断冷战后中国对美国采取了“取代战略”。从书中的种种论断能够明显看出，杜如松对华认知的态度和价值立场充满对抗性，是典型的基于“冷战思维”看待中国的发展和中美关系。

布鲁金斯学会外交政策项目研究员何瑞恩的《更加强大：在相互竞争且相互依存的时代调整美国的中国战略》(Ryan Hass, *Stronger: Adapting America's China Strategy in an Age of Competitive Interdependence*, Brookings Institution Press, 2021) 一书，从合作的视角审视两国的战略竞争。作者指出，美中两国更应通过协商合作应对共同的挑战，诸如新冠肺炎疫情、全球经济发展、气候变化以及核不扩散等问题，因为无论哪个国家都无法单方面解决这些问题。如果美国更多地关注改善国内状况，而不是一味地试图阻止中国倡

① Paul Heer, “New Book Hints at Biden's Strategic Approach to China”, *National Interest*, 2021.

议，那么美国将在经济、治理等问题上超越中国，取得更大的成功。总之，在何瑞恩看来，美国当前面临的任务不是阻止中国，不能把一个正在崛起的大国变成敌人，而是应当重振美国在竞争中的优势。

美国乔治华盛顿大学政治学和国际关系学教授沈大伟的《美中争霸：两强相遇东南亚》(David Shambaugh, *Where Great Powers Meet: America and China in Southeast Asia*，Oxford University Press, 2021)，重点探讨了美中两国在东南亚地区的战略竞争。沈大伟在书中回顾了美国和中国与东南亚各国的接触历史，分析了两国如何在该地区扩展各自的影响力以及东南亚各国做出的回应。

在中美关系方面，宾夕法尼亚大学当代中国研究中心主任戴杰和政治学教授金骏远主编的《接触之后：美中安全关系中的困境》（Jacques DeLisle, Avery Goldstein, *After Engagement: Dilemmas in U.S.-China Security Relations*, Brookings Institution Press, 2021）一书，邀请美中关系和中国外交政策的相关专家学者针对美国近期在评估中国能力和意图方面发生的变化、美国国际安全方面的潜在风险、国际权力分配变化的重要性、美中两国间存在的误解以及可能发生冲突的风险进行了重点分析。除此之外，对中国的军事现代化、高新技术、“一带一路”倡议以及南海争端、中日关系、朝鲜半岛紧张局势等问题也予以特别关注。

布鲁金斯学会约翰·桑顿中国中心主任李成在新书《上海的中产阶级：重塑美中关系》（Cheng Li，*Middle Class Shanghai: Reshaping U.S.-China Engagement*，Brookings Institution Press，2021）中指出，在当前形势下美中交往寻找新的推动力量变得愈发重要，美国的政策制定者们不应忽视当今中国的多样性和生机活力。李成通过对上海中产阶级这一群体的深入分析后认为，中产阶级的发展有可能对缓和美中双边关系起到关键性作用，美国决策者既不应低估中国中产阶级的作用和力量，也不应排斥或疏远这一力量，而是应当通过“培养两国中产阶级群体的共同身份、拥抱民间外交、将注意力从华尔街转移到普通群体、培养稳定与和平的力量”等多个方面，发挥中产阶级在重塑美中关系方面的积极作用。

在中国的世界影响力方面，为了更好地评估中国在全球事务中的角色和作用，确保美国及时适应迅速变化的全球环境，布鲁金斯学会邀请专门研究中国和东亚问题以及安全、战略、区域研究、技术和经济发展等领域的专家学者，历时两年完成题为《全球中国：评估中国日益增长的世界影响力》的研究项目，并将研究成果结集出版 (Tarun Chhabra, Rush Doshi, Ryan Hass, and Emilie Kimball, *Global China: Assessing China's Growing Role in the World*, Brookings Institution Press)。报告指出，中国已经成为一个真正的全球参与者，对每个地区、每个关键领域都产生了重要影响。

二、热点议题

(一) 中美关系

中美关系是世界上最重要的双边关系之一。自 2018 年美国挑起中美经贸摩擦以来，中美关系经历诸多波折起伏，究竟应当如何看待当前的中美关系及其未来走势引发了美国各界的激烈讨论。

1. 中美关系的主旋律

美国学界对美中两国在诸多领域不断加剧的竞争态势进行分析时，一方面将中国定位为美国的战略竞争对手，另一方面又强调战略竞争对手之间存在着广阔的合作空间。不少研究者认为，美中关系的主旋律是在“战略竞争”之下深化“战略合作”。

何瑞恩在《美中关系的“新常态”：相互竞争、相互依存》一文中对美中关系呈现竞争加剧但同时相互依存加深的两大趋势进行了分析。他指出，即便在经济问题上有关“脱钩”的言论和行动备受关注，但两国之间的贸易和投资数据仍坚定地指向深度依存的方向，这些趋势将影响未来几年美中之间的关系走向。美国与中国之间由贸易、金融、科学和学术联系构成的密集网络，使一方很难在不伤及自身的情况下伤害另一方。因此，美中几十年来形成的相互依存关系不可能就此打破，在未来几年很有可能在竞争中合作，在合作中不断竞争①。美国哈佛大学教授约瑟夫·奈 (Joseph Nye) 也表达了类似的观点：“美国可以将华为等企业视作安全风险从而将它们从其 5G 电信网络中排斥出来，但其试图与中国的所有贸易脱钩的举动将付出惨重代价。即使假设我们有可能打破经济层面的相互依赖，但也无法摆脱生态层面的相互依赖，因为这种依赖遵循的是生物学和物理学定律，而非政治定律。”②他认为，美国与中国的竞争是一个三维棋局，涉及军事、经济和社会各个层面。美中经济有着深厚的相互依存关系，两国的社会结构也深深交织在一起。竞争和合作似乎是两个相互矛盾的事情，但是美国处于与中国的“合作竞争”中，需要寻求一种能够同时实现这两个发展目标的战略③。

美国兰德公司资深国际防务研究员蒂莫西·希思（Timothy R. Health）指出，美国与中国的竞争和合作均是必要的。美中两国都面临大流行病、恐怖组织威胁、大规模移民和气候变化影响等全球性

① Brookings Institution, “The ‘New Normal’ in US–China Relations: Hardening Competition and Deep Interdependence”.

② Joseph S.Nye, Jr., “America’s New Great–Power Strategy”, *Project Syndicate*, 2021.

③ 纽约时报中文网，《别再把中美竞争称为“冷战”》, https://cn.nytimes.com/opinion/20211103/biden–china–cold–war/。

挑战，应进一步开展研究以推动两国在竞争中建立合作机制①。在抗击新冠肺炎疫情方面，李成和麦瑞安 (Ryan McElveen) 列出了美中应该合作抗疫的 10 个理由，包括：恢复公共卫生合作的传统、医学专家保持紧密联系、提高疫情透明度和数据共享、建立全球性的变异病毒监视网、在疫苗研发方面开展互利竞争、提高全球疫苗生产能力、加强疫苗国际分配的公平性、在药物研发方面进行合作、协调跨境旅行并制定新的国际协议、增强面向未来的信心和能力②。在应对气候变化方面，布鲁金斯学会出版社出版的一份报告强调，如果没有美中两国的全面参与协作，就不可能在全球范围内遏制气候变化。恢复两国间的气候合作还需要双方作出足够的承诺，应对气候变化，实现经济脱碳，才能完成《巴黎协定》提出的目标，即将全球气温上升幅度控制在 15 摄氏度③。

2. 中美关系的未来走向

对于中美关系的未来走向，美国学界存在两种不同的观点：一种观点认为，中美两国在政治、经济、军事等诸多领域都面临全面的对峙和对抗；另一种观点认为，所谓“新冷战”，其实是危言耸听、言过其实，中国无意挑战或取代美国，未来中美关系还会回归正轨。

米尔斯海默认为，美国致力于阻止中国成为地区霸主，随着时

---

① RAND, “U.S.Strategic Competition with China: A RAND Research Primer”, https://www.rand.org/pubs/perspectives/PEA290-3.html.

② Brookings Institution, “10 Reasons the US and China Should Cooperate Now to Stop the Pandemic”, https://www.brookings.edu/blog/order-from-chaos/2021/03/02/10-reasons-the-us-and-china-should-cooperate-now-to-stop-the-pandemic/.

③ Tarun Chhabra, Rush Doshi, Ryan Hass and Emilie Kimball, *Global China: Assessing China's Growing Role in the World*, Washington, DC: Brookings Institution Press, 2021, p.20.

间的推移，这两个大国之间的竞争只会加剧[①]。美国卡内基国际和平基金会亚洲项目高级研究员黄育川（Yukon Huang）认为，尽管美国企业界呼吁缓和美中之间的紧张关系，但迄今为止加强反华同盟和追加制裁事实上扩展了前任总统的政策。在黄育川看来，现如今美中关系的紧张状态不再由经济现实所驱动，更多是由大国之间的竞争和民族主义所驱动——对彼此战略意图的互不信任加剧了这一紧张状态[②]。这种论调对美国民众产生了一定的影响，美国盖洛普咨询公司和美国皮尤研究中心最近的一项调查显示，“认为中国是美国最强对手的看法再创新高”。布鲁金斯学会的威廉·盖尔斯顿（William A. Galston）指出，美国民众和精英阶层对过去20多年来影响美国对华政策的乐观假设失去了信任，他们认为竞争和冲突是两国关系的主要特征[③]。

约瑟夫·奈对美国部分政界人士和决策者中流行的“新冷战”论调予以了批驳，认为这是一个糟糕的想法——对历史不利，对政治不利，对我们的未来也不利[④]。他指出，尽管一些分析人士援引修昔底德将伯罗奔尼撒战争归咎于斯巴达对雅典崛起的担忧，判定美中关系正进入一个冲突时期，但两国在经济和生态领域的相互依赖降低了冷战的可能性，更不用说热战了，因为两国在许多领域都有合作的动机。奈强调，美国的傲慢自大有可能造成危险，但过分夸

① “Is U.S.Foreign Policy too Hostile to China? Foreign Affairs Asks the Experts”, *Foreign Affairs*, https://www.foreignaffairs.com/ask-the-experts/2021-10-19/us-foreign-policy-too-hostile-china.

② Carnegie Endowment for International Peace, “The U.S.-China Trade War Has Become a Cold War”, https://carnegieendowment.org/2021/09/16/u.s.-china-trade-war-has-become-cold-war-pub-85352.

③ Brookings Institution, “The US Has very Little to Gain by Overdemonizing China”, https://www.brookings.edu/blog/order-from-chaos/2021/04/14/the-us-has-very-little-to-gain-by-overdemonizing-china/.

④ 纽约时报中文网,《别再把中美竞争称为“冷战”》, https://cn.nytimes.com/opinion/20211103/biden-china-cold-war/。

大恐惧亦是如此，很有可能导致反应过度，双方必须警惕误判。毕竟，美国面临的最大危险往往是美国自己犯下的错误①。中国人民大学国际关系学院副教授李晨与耶鲁大学伊莱休历史和国际事务讲席教授文安立（Odd Arne Westad）在合作撰写的文章中指出，美苏冷战至少为当前美中两国处理紧张关系提供了宝贵的经验教训，包括避免对对手的战略意图、实力以及国际局势的误解和误判，互相尊重，通过有效沟通加强危机管控，防止竞争升级等。他们认为，两国要从历史中汲取经验教训，以探寻共同前行的道路②。

美国智库昆西研究所东亚项目主任史文（Michael D. Swaine）指出，没有证据表明中国对美国构成了严重威胁；中国意识形态方面的威胁往往被夸大，事实上，中国政府对输出其治理模式并不感兴趣，更没有证据表明中国强迫或劝说其他国家效仿他们的发展经验；中国的经济影响力也并未强大到能够对美国价值观构成威胁，因此拒绝“中国给美国带来生存威胁”这一似是而非的说法将更有利于美国正确应对挑战③。正如何瑞恩所说，美国需要认真对待中国崛起带来的挑战，但在迎接挑战的过程中，应该避免夸大对手实力，因为这样会导致错误的认识，从而造成糟糕的政策选择④，而一旦制定并实施错误的政策，最终对美中两国都将产生极为不利的影响。

---

① Ryan Hass, “China is Not Ten Feet Tall: How Alarmism Undermines American Strategy”, *Foreign Affairs*, https://www.foreignaffairs.com/articles/china/2021-03-03/china-not-ten-feet-tall.

② Li Chen and Odd Arne Westad, “Can Cold War History Prevent U.S.-Chinese Calamity?”, *Foreign Affairs*, https://www.foreignaffairs.com/articles/china/2021-11-29/can-cold-war-history-prevent-us-china-calamity.

③ Michael D.Swaine, “China Doesn’t Pose an Existential Threat for America: Concerns over China’s Rise are Overblown”, *Foreign Policy*, https://foreignpolicy.com/2021/04/21/china-existential-threat-america/.

④ Ryan Hass, “China is Not Ten Feet Tall: How Alarmism Undermines American Strategy”, *Foreign Affairs*, https://www.foreignaffairs.com/articles/china/2021-03-03/china-not-ten-feet-tall.

此外，2021 年 11 月 16 日中美两国元首的视频会晤也被视作释放两国关系缓解的积极信号。沈大伟指出，通过双方首次直接面对面地举行“峰会”，拜登总统和习近平主席试图在紧张的美中关系中搭建一个平台，并设置某种“护栏”来处理竞争关系。双方都表示这是向前迈出的积极一步。“两位领导人直接对话，这个事实本身就被视为稳定因素。这是件好事，是走向稳定，是为继续讨论和有望管控分歧打下基础。”[①]

（二）美国对华战略

美国学界在探讨当前的中美关系及其未来走势的同时，也对美国对华战略予以重点关注，主要围绕中美战略竞争的重点领域、美国现行对华战略是否有效以及存在的问题进行了深入研究。

1. 中美战略竞争的重点领域

2021 年美国学界主要围绕中美两国在高科技、金融以及影响力等领域的竞争进行了重点分析。

（1）高科技及金融领域的竞争

美国学界对中美两国在高科技及金融领域的竞争予以重点关注，认为未来中美之间将在关键技术及数字经济等重点领域展开持续竞争。希思指出，技术领域领导权的竞争不仅提供了潜在的经济利益和企业利润，而且对军事现代化、军事形态等产生了重大影响。美国主导的技术生态系统与中国主导的技术生态系统之间潜在的数字鸿沟很可能对全球经济的发展产生深刻影响[②]。兰德公司亚洲政策高

① 沈大伟:《中美峰会：寻求某种稳定》，载《中美聚焦文摘》2021 年第 17 期。

② RAND,“U.S.Strategic Competition with China: A RAND Research Primer”, https://www.rand.org/pubs/perspectives/PEA290-3.html.

级专家斯科特·哈罗德（Scott W. Harold）等学者认为，美国和日本应该考虑通过切断中国企业获得关键市场、技术投入、人才和资本的渠道，来削弱中国企业的竞争优势，同时重塑全球竞争环境[①]。

美国外交政策研究所国家安全项目研究员鲍勃·默里（Bob Murray）指出，全球信息网络正在经历前所未有的创新，但不幸的是，对美国而言，未来互联网的另外两个关键但被低估的组成部分——区块链和数字货币——正面临着在很大程度上不受西方控制的风险。在他看来，中国推出的基于区块链的服务网络和数字人民币两项重大举措一旦成功，很可能会威胁到美国在这些领域的主导地位[②]。曾任白宫经济顾问委员会成员的马修·斯劳特（Matthew Slaughter）和桥水基金联合首席执行官大卫·麦考密克（David H. McCormick）指出，美国未来的繁荣发展和地缘政治实力将在很大程度上取决于能否掌握并管理数据访问的规则。在他们看来，当前，中国正在向国际公认的数据管理框架迈进，长期来看美国仍未掌握有效的数据治理模式，美国应尽快行动起来协同盟友及合作伙伴共同制定数字时代的新贸易规则[③]。

（2）全球影响力的竞争

尽管不少美国专家学者对中美两国在科技、经济等领域的战略竞争本身进行了研究，但他们发现中美战略竞争的最终指向是在全球范围内影响力的竞争。因此，他们对两国的地区影响力的分布、

① Scott W.Harold and Rika Kamijima-Tsunoda, “Winning the 5G Race with China: A U.S.-Japan Strategy to Trip the Competition, Run Faster, and Put the Fix In”, *Asia Policy*, Vol. 16, No. 3, 2021, pp. 75-103.

② Foreign Policy Research Institute, “How China Seized the Initiative on Blockchain and Digital Currency”, https://www.fpri.org/article/2021/05/how-china-seized-the-initiative-on-blockchain-and-digital-currency/.

③ Matthew J. Slaughter and David H. McCormick, “Data is Power: Washington Needs to Craft New Rules for the Digital Age”, *Foreign Affairs*, https://www.foreignaffairs.com/articles/united-states/2021-04-16/data-power-new-rules-digital-age.

影响力的变化等问题进行了重点研究。

兰德公司2021年6月发布由美国国防部长办公室资助的题为《认识同中国的战略竞争中影响力的作用》研究报告，通过对中国与20个国家交往的政策和情况展开案例与数据研究，试图弄清中国如何在世界范围内扩大影响力，并以此作为美国在制定同中国的竞争战略时重点考虑的因素[①]。兰德公司在同月发布的另外一份研究报告中指出，尽管美国的综合国力仍占上风，但中国正在缩小同美国的差距，尤其是在区域经济和外交影响力方面取得了显著进展，中国在联合国等国际多边组织中的影响力也在不断提升[②]。

美国大西洋理事会和丹佛大学2021年5月发表题为《美中竞争：评估两国的全球影响力》的报告。报告基于对“正式的双边影响力指数”（Formal Bilateral Influence Capacity）的分析，量化中美两国在全球范围内影响力的变化，重点关注了两国在东南亚地区的影响。报告指出，在过去30年间，美国的全球影响力停滞不前，欧洲的影响力有一定程度的减弱，但中国在全球范围内的影响力正随着其经济实力的增长逐步加强，而新冠肺炎疫情的暴发更是进一步提升了中国的影响力，各国对中国的依赖性均有所增加[③]。

2. 对美国现行对华战略的不同评价

对于美国现行的对华战略举措，美国学者重点围绕该战略是否符合美国的利益以及其实施效果究竟如何等两个议题展开激烈探讨。

针对第一个议题，一种观点认为，美国对华采取强硬战略符

① RAND, “Understanding Influence in the Strategic Competition with China”, https://www.rand.org/pubs/research_reports/RRA290-1.html.

② RAND, “U. S. Strategic Competition with China: A RAND Research Primer”, https://www.rand.org/pubs/perspectives/PEA290-3.html.

③ Atlantic Council, “China-US Competition Measuring Global Influence”, https://www.atlanticcouncil.org/wp-content/uploads/2021/06/China-US-Competition-Report-2021.pdf.

合美国利益。美国普林斯顿大学教授亚伦·弗里德伯格（Aaron L. Friedberg）认为，中国带来的挑战是巨大的，而且还在不断加剧。在这一点上，反应不足带来的风险仍然大于反应过度。黎安友指出，拜登政府的中国政策是要阻止中国在地区或世界上占据主导地位[①]。

但也有学者对上述观点进行了反驳，认为美国对中国崛起作出的过度反应以及采取的强硬姿态和妖魔化举措违背了美国利益。布鲁金斯学会高级研究员杰弗里·贝德（Jeffrey Bader）认为，将中国视为一个万能对手完全违背了美国的利益。史文进一步分析认为，美国将其对中国的道德谴责与其国家利益的务实盘算混为一谈。用缺乏证据的指控对中国予以不恰当的批评，对促进美国的利益毫无帮助，进而破坏了美国领导人与中国领导人达成一致的努力。相反，这些声明和政策加强了中国政府受支持的程度[②]。布鲁金斯学会高级研究员迈克尔·奥汉伦（Michael O' Hanlon）也表示，美国应采取安抚或缓和局势的努力，绝不应蓄意挑衅[③]。

针对美国对华战略的实施效果，一种观点认为，美国在对华政策方面缺乏细分，并未达到预期效果。前美国驻华大使、美国威尔逊研究中心研究员芮效俭（J. Stapleton Roy）指出："美国对中国的政策缺乏细分及区别对待，我们对中国崛起的反应过度，虽显示出强硬的姿态，但同时也削弱了亚洲各国对我们能够以符合他们利益的方式来处理对华关系的信心。"[④] 美国米勒研究中心高级研究员、弗

---

① "Is U. S. Foreign Policy too Hostile to China? Foreign Affairs Asks the Experts", *Foreign Affairs*, https://www.foreignaffairs.com/ask-the-experts/2021-10-19/us-foreign-policy-too-hostile-china.

② Ibid.

③ Brookings Institution, "The US Has very Little to Gain by Overdemonizing China", https://www.brookings.edu/blog/order-from-chaos/2021/04/14/the-us-has-very-little-to-gain-by-overdemonizing-china/.

④ "Is U. S. Foreign Policy too Hostile to China? Foreign Affairs Asks the Experts", *Foreign Affairs*, https://www.foreignaffairs.com/ask-the-experts/2021-10-19/us-foreign-policy-too-hostile-china.

吉尼亚大学副教授艾恩·科卡（Aynne Kokas）指出，尽管中国作为战略竞争对手给美国带来了风险，但美国仍然受益于在气候、教育和健康等重要领域同中国的合作。倘若泛泛地描绘“对华政策”，就会失去宝贵的合作机会①。

另一种观点认为，以意识形态划线的战略考量不利于美国的整体利益。美国密歇根大学教授丹·斯莱特（Dan Slater）对美国近期频频以民主为线来划分“民主阵营”的做法表示担忧。斯莱特认为，美国重新建立与亚洲盟友的关系是正确的，但将这些同盟者塑造成一个努力击败竞争对手的“民主俱乐部”则将付出惨重代价②。美国“国防重点”智库研究助理萨沙·格莱泽（Sascha Glaeser）指出，防止核武器扩散、打击跨国恐怖主义、应对大流行病、减轻气候变化的影响以及促进公平贸易等全球性问题均需要各国携手合作，而拜登政府决定在根据意识形态划分的“我们 VS. 他们”的基础上制定外交政策，而不是追求美国的核心利益，这注定会削弱美国的安全与繁荣③。

还有一种观点认为，美国应更加重视对盟友圈的重建。布鲁金斯学会 2021 年 1 月发布的报告建议，美国应将重点放在如下方面：建立新的多边论坛，加强同欧洲与印太盟国之间的联系；让美国的盟友重新关注并增强本国发展的韧性，同时加强各自所在地区的集体性防御；发挥联合创新的优势等④。美国卡内基和平基金会和日本

① Ibid.

② Dan Slater, “In a Polarised Asia Pacific, Democracy Should be a Goal, Not a Club”, *East Asia Forum*, https://www.eastasiaforum.org/2021/02/14/in-a-polarised-asia-pacific-democracy-should-be-a-goal-not-a-club/.

③ Sascha Glaeser, “Biden's ‘Summit for Democracy’ will not Make America Safer”, *The National Interest*, https://nationalinterest.org/feature/biden%E2%80%99s-%E2%80%98summit-democracy%E2%80%99-will-not-make-america-safer-197228.

④ Brookings Institution, “Retooling America's Alliances to Manage the China Challenge”, https://www.brookings.edu/research/retooling-americas-alliances-to-manage-the-china-challenge/.

国际关系论坛召集美国和日本的专家学者合作撰写的报告指出，美国和日本必须联合起来，为国际社会和发展中国家提供更多的发展机会以及更多可供选择的技术和融资平台。此外，加强美日同其他伙伴之间的合作关系，使“四方”和“四方 +”模式成为拓展美日同盟力量的框架①。

（三）中国的发展进程

除对中美关系和美国对华战略展开研究外，2021 年美国学界对中国国内经济社会的发展、中国的对外政策及其影响也予以高度关注。

1. 中国的发展政策及其成效

中国共产党在迎来百年华诞之际，团结带领全国各族人民胜利实现第一个百年奋斗目标，开启实现第二个百年奋斗目标新征程。美国学界对此予以关注，“脱贫攻坚”“共同富裕”“经济发展”“治国理政”等成了他们解读本年度中国国内发展的关键词。

布鲁金斯学会对中国过去 40 多年来在减贫方面取得的突出成效及其原因进行了分析，并总结出三大主要经验：一是 1980 年以来，中国之所以能够在减贫的速度和规模上取得如此显著的成效，离不开其较高的储蓄率、健康且受过一定教育的人口以及相对公平的土地分配；二是以市场为导向的改革推动了中国经济的迅速发展；三是政府实施的各项政策发挥了关键性作用，中国政府在扩大公共基础设施建设、提供大量的公共产品以及在减贫工作中协调利益相关

① Carnegie Endowment for International Peace, “China Risk and China Opportunity for the U.S.–Japan Alliance”, https://carnegieendowment.org/specialprojects/USJapanAlliance/ChinaRiskOpportunity.

方等方面展现出高效的行政能力。此外，中国公务员管理制度中以绩效为导向的激励举措以及更容易适应当地特点的制度安排，也在减贫中发挥了重要作用[①]。

与此同时，美国学界还对中国提出的“在高质量发展中促进共同富裕”的理念予以关注。《华尔街日报》8 月 18 日刊文称，在中国成功消除绝对贫困、实现全面建成小康社会的目标后，“共同富裕”这一词语频繁出现于中国的各大媒体。文章援引专家的分析称，中国从新冠肺炎疫情中迅速恢复并实现发展，这让中国政府“有能力追求长期发展目标”[②]。何瑞恩追溯了“共同富裕”这一思想的来源，认为这一理念深深根植于中国共产党的基因之中。对这一目标的追求也体现了中国共产党想要在社会资源配置方面发挥更大作用，以便更好地应对未来的挑战[③]。

对于中美经贸摩擦和新冠肺炎疫情双重影响下的中国经济发展态势，美国彼得森国际经济研究所高级研究员尼古拉斯·拉迪（Nicholas Lardy）指出，一些人所预测的全球经济与中国脱钩的情况并没有发生。事实上，尽管经济和金融局势紧张，外国对中国的技术转让面临着更大的限制，但在中国引领全球经济走出新冠肺炎疫情危机、外资企业在华营商环境持续改善的背景下，中国继续吸引了数量创纪录的外国直接投资和证券投资，这意味着在某些关键方

---

① Brookings Institution, “What’s Next for Poverty Reduction Policies in China?”, https://www.brookings.edu/blog/future-development/2021/09/24/whats-next-for-poverty-reduction-policies-in-china/.

② The Wall Street Journal, “Common Prosperity: Decoding China’s New Populism”, https://www.wsj.com/articles/common-prosperity-decoding-chinas-new-populism-11630159381.

③ Brookings Institution, “Assessing China’s ‘Common Prosperity’ Campaign”, https://www.brookings.edu/blog/order-from-chaos/2021/09/09/assessing-chinas-common-prosperity-campaign/.

面中国融入全球经济的程度正在持续加深[①]。

此外，中国共产党治国理政的方法和成效也受到了广泛关注。战略与国际研究中心对中国治理问题进行了系统研究，例如该中心推出的《从一个中国城镇的视角看中国共产党如何治理中国》一文，通过对娘子关这一城镇的个案研究，探讨中国共产党在地方治理方面的情况;《中国特色国企治理带来的新挑战》一文，重点探讨中国共产党的领导融入国有企业公司治理的情况及其可能对现有国际贸易和投资体系产生的影响。在环境治理方面，布鲁金斯学会发表的《七国集团能从中国向气候智能型增长的转变中学到什么》一文指出，尽管近年来中国的二氧化碳排放量大幅增加，但在产业结构调整、能源利用效率、能源结构、可再生能源、绿地产业和碳排放交易市场试点方面成效显著，尤其是在 2030 年实现碳达峰方面取得重大进展，有望在 2060 年之前实现碳中和的承诺[②]。美国国际战略研究中心研究员麦怡瑞（Ilaria Mazzocco）也称赞中国在气候治理方面作出的承诺以及支持发展中国家发展清洁能源的举措，认为这是全球气候治理中值得称道的进步[③]。

2. 中国的对外政策及世界影响

中国的对外政策及世界影响，是美国学界近年来持续关注的热点话题。在对中国外交关系的研究中，除中美关系外，中俄关系是

---

① PIIE, “Foreign Investments into China are Accelerating Despite Global Economic Tensions and Restrictions” , https://www.piie.com/blogs/china-economic-watch/foreign-investments-china-are-accelerating-despite-global-economic.

② Brookings Institution, “What Can the G7 Learn from China’s Transition to Climate-Smart Growth?” , https://www.brookings.edu/blog/future-development/2021/06/16/what-can-the-g-7-learn-from-chinas-transition-to-climate-smart-growth/.

③ CSIS, “China’s Commitment to Stop Overseas Financing of New Coal Plants in Perspective” , https://www.csis.org/analysis/chinas-commitment-stop-overseas-financing-new-coal-plants-perspective.

其关注的另一重点，美国智库就这一主题发表了多篇研究报告。兰德公司 2021 年 10 月发表报告《中俄合作的决定因素、未来轨迹以及对美国的启示》，回顾中俄两国合作的历史，分析推动及制约两国关系的因素，并对中俄未来的合作前景、中俄关系对美国未来发展及政策走向的影响进行了预判[①]。战略与国际研究中心发布的关于中俄关系的研究报告强调，美国需要从根本上重新评估并调整其同中国和俄罗斯展开竞争与合作的方式，制定更加有效的国家安全战略，要着眼于全球层面的竞争，而不能只考虑军事竞争[②]。除此之外，美国学界也对中印关系、中非关系、中欧关系、中日关系等双边关系进行了研究。

总的来看，美国学界研究中国内政外交政策的最终落脚点，还是在于分析中国发展对世界格局可能产生的影响，即崛起的中国究竟会不会取代美国而主导世界以及究竟会给世界带来什么影响。一种观点号称，中国正在挑战美国主导的国际秩序，试图成为新的世界霸主。兰德公司 2021 年 6 月发表的报告《中国对全球主导地位的追求：中国超越美国的国际和国防战略分析》，对“中国是如何与美国竞争的”“中国希望双边关系的最终状态是什么”“在竞争中获胜对中国意味着什么”等问题进行了探讨，认为中国的国际战略旨在确立其在亚太地区乃至全球的主导地位，提出中国在战略竞争中的成功可能对美国造成严重后果，包括经济前景萎缩、国际地位边缘化以及对全球事务的影响力下降等，并据此提出了应对中国崛起的

① RAND, “China–Russia Cooperation Determining Factors, Future Trajectories, Implications for the United States”, https://www.rand.org/pubs/research_reports/RR3067.html.

② CSIS, “The Biden Transition and U.S.Competition with China and Russia: The Crisis–Driven Need to Change U. S. Strategy”, https://www.csis.org/analysis/biden–transition–and–us–competition–china–and–russia–crisis–driven–need–change–us–strategy.

相应策略[①]。这些论断体现了部分美国学者、政客面对中国崛起的焦虑心态。

另一种观点认为，中国并没有像美国所说的那样蓄意挑战国际秩序，相反，中国的崛起给其他国家提供了相比单极时代更多的选择方案。哈佛大学教授斯蒂芬·沃尔特（Stephen M. Walt）指出，所谓美国信奉规则体系而中国意欲打破这一体系的说法极具误导性，它选择性地忽视了美国在认为规则不符合自身利益的时候无视、规避甚至改写规则的事实。哈佛大学教授江忆恩（Alastair Iain Johnston）认为，中国接受并捍卫了现有国际秩序的许多原则，尽管不是全部规则。事实上，没有任何一个大国能够制定和执行某一国际秩序的所有规则，就全球秩序和美中两国各自主导的局部秩序而言，两国均有较强的影响力为这些秩序书写规则[②]。江忆恩的评价较为客观，驳斥了那种认为"美国建立起来的国际秩序就是国际标准，不能发生任何改变，否则就被视为破坏所谓'基于规则的国际秩序'"的错误论断。世界上没有一成不变的游戏规则，因为所有的规则都要适应不断变化的现实。中国向来无意颠覆世界秩序、重塑国际规则，而是以积极的姿态参与国际秩序的构建，并对其中不合理的部分提出修改建议，使其更加适应变化了的现实，焕发新的生机与活力，绝不是什么"另起炉灶"，更不是推倒重来。

① RAND, "China's Quest for Global Primacy: An Analysis of Chinese International and Defense Strategies to Outcompete the United States", https://www.rand.org/pubs/research_reports/RRA447-1.html.

② "China Wants a 'Rules-Based International Order', Too", *Foreign Policy*, https://foreignpolicy.com/2021/03/31/china-wants-a-rules-based-international-order-too/.

三、研究特点

纵观2021年美国学界关于当代中国问题研究的诸多研究成果，结合近年来美国中国研究的总体情况，我们能够看到，无论在研究主体、研究议题，还是在对华认知方面，均呈现一些新特点和新变化。

（一）美国智库的舆论影响力更为显著

近年来，美国智库的涉华研究迅猛发展，各主要智库基本都设立了中国研究机构或中国研究项目，发表一大批有影响力的研究成果，越来越成为美国当代中国研究的主阵地。2021年，拜登政府上台使大量智库精英重返决策中心，各大智库更加重视对中国问题的研究，无论是研究投入还是研究成果都显著增加。在美国，智库和政府部门的交流互动更加频繁，有着深厚智库背景的杜如松、安东尼·布林肯（Antony Blinken）、杰克·沙利文（Jake Sullivan）、威廉·伯恩斯（William Joseph Burns）、库尔特·坎贝尔（Kurt M. Campbell）等资深智囊相继成为拜登政府外交和国家安全决策团队的主要成员，直接参与对华决策，很多智库也通过“旋转门”机制聘任前政府官员加入中国问题的研究，进一步提升美国智库在政府对华决策和舆论导向方面的影响力。

由于不同智库所服务的党派和代表的利益集团不同，其涉华研究的侧重点以及对华基调也存在着较大差异。诸如传统基金会、战略与国际研究中心、新美国安全中心等偏保守派智库，更加重视对中国政治、意识形态及军事领域的研究，其研究更多体现了对华竞争、防范、制衡的一面，对华认知带有明显的偏见，呈现一定的对抗性倾向。相较之下，诸如卡内基和平基金会和布鲁金斯学会等政治属性相对中立或者偏自由左派的智库，在响应美国政府对华总战略的基础上，对中国的认知和评价相对温和，更加侧重于研究美国对华战略和中美关系等问题，主张美中两国应在部分领域加强合作与对话，敦促美国政府理性看待美中关系，倡导有序竞争、风险管控，释放“竞争与合作共存”的政策导向。

（二）中美关系和美国对华战略：2021 年美国学界关于当代中国问题研究的两条主线

美国当代中国研究从一开始就被定位为区域研究，旨在为美国政府提供政策建议，这一功能性定位决定了它的研究主题会随着研究对象国中国的发展、研究实施国美国的利益关切以及国际环境的影响等多种复杂因素的变化而作出相应调整。近年来，中国的快速发展以及美国实力的相对衰落使得美国政府倍感焦虑，中美关系在特朗普时期经历了诸多波折动荡。随着拜登的上台，美国政府将如何对待特朗普的对华外交遗产、对华政策将作出怎样的调整、中美关系又会受到何种影响等问题引发美国学界的广泛关注和热议。在此背景下，美国对华战略和中美关系的走向成为贯穿 2021 年美国学界关于当代中国问题研究的两条主线。

基于美国对华战略和政策制定的基本出发点，美国学界既关注中美两国宏观层面的战略博弈，分析两国地缘战略的布局、地区影响力的变化，也着眼于具体领域的战略角逐，如在数字货币、5G 技术、太空等领域分别展开的“金融战”“科技战”“太空战”等，在此基础上判断中美关系的未来走向。除此之外，美国学界也对中国国内的发展进程予以重点关注，既有对中美经贸摩擦和新冠肺炎疫情双重影响下中国经济的发展态势以及中国减贫历程的经验启示的宏观分析，也有从公司治理、城镇化等视角观察中国共产党治国理政的具体实践及成效的微观探讨。总的来看，美国学界对于中国制定的政策及中国发展趋势的关注在很大程度上致力于解答中国的发展对美国到底意味着什么、中国究竟会不会以及能不能取代美国主导世界秩序等问题，并以此作为制定美国对华战略的重要参考。

（三）美国学界对中美关系和美国对华战略存在不同认知

美国学界在认识中美关系的走向以及评价美国对华战略和政策方面存在不同声音，总的来看主要包括两种不同的论调：一是以米尔斯海默、弗里德伯格为代表的强硬派，主张强化对抗性竞争；二是以奈、史文为代表的温和派，反对“新冷战”的论调，主张“竞争与合作共存”。

强硬派认为，美中关系面临着激烈竞争的紧张局面，造成这一局面的原因是美国过去无视现实主义逻辑，对华政策出现战略性失误，中国对美国的全球领导地位构成了严重威胁。因此，强硬派认为，对于中国可能带来的挑战，反应不足导致的风险大于反应过度。

温和派则认为，部分政客和决策者提出的“新冷战”论调和“脱钩”言论是极其不负责任的危言耸听，美国与中国深度交织、相互依存，试图与中国强行“脱钩”将付出惨重代价。与此同时，他们提醒过分夸大对中国的恐惧可能导致战略误判，而一旦因误判造成两国关系滑向对抗和冲突，将不符合任何一方的利益。美国与中国将长期处于“竞争与合作共存”的关系，需要制定能够同时实现竞争和合作这两个发展目标的战略，推动两国在竞争中建立合作机制，加强两国在应对全球气候变化、抗击新冠肺炎疫情、防止核武器扩散、打击跨国恐怖主义等领域的接触和合作。此外，温和派强调，美国应更多地将战略关注点转移到美国自身的发展，即“提升自身的竞争力”。

总的来看，尽管强硬派与温和派对中美关系的走向、美国对华战略的有效性各执己见，但他们在中美关系总体上处于竞争关系这一点上保持高度一致，分歧只是在于应采用何种战略和战术来保持美国在竞争中的优势地位，实现美国利益的最大化。

综上所述，在中美关系经历诸多波折的2021年，美国学界关于当代中国问题的研究依然呈现蓬勃发展的态势，有关中美关系、美国对华战略等问题的研究不断深入，其中有部分学者为改善中美关系、加强中美合作提出了真知灼见。及时跟踪这些最新研究成果和研究动态，准确把握美国学界尤其是美国智库对当代中国的认知与评价，有利于我们深刻认识美国对华战略思维的转变，以及拜登时期的对华政策，从而做好各种应对准备，同时也有利于我们采取相应举措，引导美国学界更全面、更客观地看待中国。

（付正：北京邮电大学马克思主义学院）

南　非

仵胜奇 李洪峰 / 文

作为非洲第二大经济体、金砖国家和二十国集团成员，南非在非洲的影响力不可小觑。南非拥有 92 家智库，是非洲智库数量最多、研究实力最强的国家[①]。南非知名智库，如非洲建设性解决争端研究中心（African Center for the Constructive Resolution of Disputes, ACCORD）、南非国际事务研究所（South African Institute of International Affairs, SAIIA）、南非粮食农业和自然资源政策分析网络（Food, Agriculture and Natural Resources Policy Analysis）、南非发展和企业中心（Center for Development and Enterprises, CDE）、南非安全研究所（Institute for Security Studies, ISS）、南非冲突解决中心（Center for Conflict Resolution, CCR）、南非自由市场基金会（Free Market Foundation, FMF）、南非非洲研究所（African Institute of South Africa, AISA）、南非族群关系研究所（South African Institute of Race Relations, IRR）、全球对话研究所（Institute for Global Dialogue,

① 周瑾艳:《非洲智库研究报告》，载荆林波主编:《全球智库评价研究报告 2019》，中国社会科学出版社 2020 年版，第 274 页。

IGD）等，其影响力在非洲智库中位列前 30 名[①]。

但是，南非中国研究起步较晚，设立中国研究或中非研究中心的智库数量不多[②]。目前，在专业智库中，仅有南非国际事务研究所一家设有中非研究项目，从事政策研究。在高校智库中，南非斯坦陵布什大学中国研究中心于 2004 年成立。2005 年至 2009 年期间承担斯坦陵布什大学孔子学院孵化工作。2010 年以来，一直致力于政治、经济、环境议题研究，同斯坦陵布什大学孔子学院有着密切的合作关系。中方合作伙伴有上海国际问题研究所、浙江大学非洲研究院和中国社会科学院中国非洲研究院[③]。南非约翰内斯堡大学中非研究中心于 2018 年成立，中心依托约翰内斯堡大学孔子学院，由约翰内斯堡大学和南京工业大学合办，研究聚焦中非经济关系、中非国际合作（如中非在联合国、非盟、金砖国家等国际论坛上的合作，议题包括环境变化、安全、移民等）、中非人文交流[④]。基于中国研究和中非关系研究的深度和广度，本文重点探讨南非国际事务研究所的中国问题研究。

---

① James G. McGann, *2020 Global Go To Think Tank Index Report*, University of Pennsylvania, pp.75–76, https://repository.upenn.edu/cgi/viewcontent.cgi?article=1019&context=think_tanks. 由于詹姆斯·麦甘先生于 2021 年 11 月 29 日突然去世，2022 年版《全球智库报告 2021》暂未发布 , https://www.gotothinktank.com/2021–ggtti。

② 事实上，整个非洲设立中国研究或中非关系研究的智库也为数不多。根据周瑾艳的研究统计，目前，在非洲设立中国 / 中非研究中心的非洲智库仅有 8 家，其中南非有 3 家，肯尼亚 2 家，津巴布韦 1 家，尼日利亚 2 家。周瑾艳:《非洲智库研究报告》，载荆林波主编:《全球智库评价研究报告 2019》，中国社会科学出版社 2020 年版，第 279—280 页。

③ The Centre for Chinese Studies (CCS), at Stellenbosch University, http://www0.sun.ac.za/ccs/?cat=17; https://www0.sun.ac.za/international/about/our–international–networks–and–affiliations/asia–africa–relations/centre–for–chinese–studies html.

④ UJ Centre for Africa–China Studies, A joint initiative of the University of Johannesburg and Nanjing Tech University, China, https://www.cacs.org.za/.

一、南非国际事务研究所简介

南非国际事务研究所是南非历史最悠久的智库，在美国宾夕法尼亚大学发布的《全球智库报告 2020》中排列第 85 位，在非洲乃至世界具有一定的影响力。研究所成立于 1934 年，总部坐落于豪登省约翰内斯堡市金山大学斯穆茨大楼，重点从事国际问题和公共政策研究，主张从南非乃至非洲的视角观察国际事务，促进非洲的善治、和平、经济可持续发展、积极参与全球事务[①]。

研究所成立之初，总部设在开普敦，1944 年迁至现址。在发展的过程中，研究所曾在德班（1939）、豪登省（1939）、东开普省（1945）、比勒陀利亚（1968）、斯坦陵布什（1971）、格雷厄姆斯敦（1976）、特兰斯凯（1976）、西南非洲 / 纳米比亚（1977）、彼得马里茨堡（1978) 及东伦敦（1983）等地设有分部。目前，开普敦、彼得马里茨堡及东伦敦三地分部仍在运行[②]。

研究所重点关注六大领域，如气候变化、发展问题、经济外交、外交政策、社会治理、自然资源。研究区域涵盖美洲、亚太、欧洲与中亚、撒哈拉沙漠以南非洲。研究对象包括安哥拉、博茨瓦纳、布隆迪、中国、刚果民主共和国、加纳、印度、肯尼亚、莱索托、马达加斯加、莫桑比克、塞舌尔、南非、坦桑尼亚、乌干达、美国、赞比亚、津巴布韦等国及欧盟。研究所还有八个特设项目，如“二十国集团研究”“中非关系研究”“全球经济治理（非洲）”“南南合作智库网络”“南部非洲发展共同体”“南部非洲价值链”“非洲同

① SAIIA: The Brochure, https://saiia.org.za/wp-content/uploads/2019/06/SAIIA-brochure_4June2019_FINAL.pdf.

② SAIIA: Our History, https://saiia.org.za/about/our-history/.

行评议机制”“非洲智库资源共享平台”等[①]。

研究所季刊《南非国际事务研究》是知名国际问题研究期刊，创刊于 1993 年，目的是探讨解除种族隔离后的南非在世界扮演的新角色，特别是南非的外交政策。1996 年至 2005 年，格雷·米尔斯（Greg Mills）博士担任南非国际事务研究所所长，研究所进入了快速发展时期，更加重视以南非乃至非洲视角看待国际事务。2005 年至今，研究所所长是伊丽莎白·西迪罗普洛斯（Elizabeth Sidiropoulos）。南非国际事务研究所的主要资金来源于德国阿登纳基金会和瑞典国际发展合作署。该研究所也同多家世界知名智库和机构保持紧密合作，许多项目得到了它们的资助，如英国国际发展部（Department for International Development）、英国剑桥大学布拉德洛基金会（Bradlow Foundation）、加拿大国际治理创新中心（Centre for International Governance Innovation）、美国国际开发署（United States Agency for International Development）、英国查塔姆研究所（Chatham House）、法国让·莫内基金会（Jean Monnet）、挪威外交部（Norwegian Foreign Ministry）等[②]。

二、南非国际事务研究的中非关系研究项目

南非国际事务研究所的中国研究项目始于 2006 年，资金主要来源于瑞典国际发展合作署，宗旨是考察中国对非政策的动因、理论基础、决策机制、中非关系发展及其战略影响，帮助非洲决策者更好地了解中国不断增长的实力和不断扩大的影响，提升他们应对双边关系及中非关系的能力，更好地服务于非洲的发展。中国研究项

① SAIIA: Programmes, https://saiia.org.za/programmes/.

② SAIIA: Funders, https://saiia.org.za/about/funders/.

目议题广泛，涉及中国对非关系中的诸多方面，如能源、资源、贸易、投资、援助、公共外交、农业、安全、移民、多边主义等[①]。

南非国际事务研究所中非关系研究项目第一份研究报告发表于2009年9月，题目是《中非工具箱：非洲决策者的可用资源》。报告认为，由于中国国际地位的提升、中非经济合作取得的重大成就以及中国在非洲事务中发挥着越来越重要的作用，中国成为非洲各界关注的焦点。但是，以往非洲各界主要探讨中国在非洲的存在对西方国家传统利益的影响，很少关注中国在促进非洲发展方面的潜在机遇。报告认为，中非经济合作持续快速发展，即使2008年国际金融危机对此也影响不大。金融危机结束后，双方经济合作进入新的发展阶段，这反映了中国积极参加非洲经济发展、促进双边合作的强烈愿望。在过去几年中，双方积极推动“中非合作论坛”等外事活动，充分证明了这一点[②]。

目前，南非国际事务研究所的中非关系研究项目有五位常驻研究人员，如伊丽莎白·西迪罗普洛斯（Elizabeth Sidiropoulos）、克里斯·奥尔登（Chris Alden）、西里尔·普林斯卢（Cyril Prinsloo）、吴御瑄（Yu-Shan Wu）、康巴斯·凡·斯塔登（Cobus van Staden）。同时，中非关系研究项目也不定期发表其他机构研究人员撰写的有关中非关系的署名文章或政策简报。

伊丽莎白·西迪罗普洛斯是南非国际事务研究所所长，外交政策项目研究员，研究领域包括南非的国际关系、新兴大国之间的国际发展合作、非洲与新兴国家（特别是金砖国家）和传统大国（欧洲和美国）的关系，聚焦中国、欧盟、印度、美国研究。她能流利地使用英语和希腊语，法语和南非荷兰语达到中等程度。西迪罗普

① China-Africa Toolkit, SAIIA, https://saiia.org.za/toolkits/china-africa-toolkit/.

② China in Africa Project, “The China-Africa Toolkit: A resource for African policymakers”, SAIIA, https://saiia.org.za/wp-content/uploads/2018/10/China-Africa_toolkit_200909.pdf.

洛斯从事南非外交政策研究及国际政治、国际关系研究 20 多年，2005 年以来一直担任南非国际事务研究所所长。西迪罗普洛斯著作颇丰，如《价值、利益和权利：不确定时代的南非外交政策》（合编，2020 年）、《发展合作与新兴大国：新伙伴还是旧模式？》（合编，2012 年）、《机构建设和发展：来自新兴大国的回应》（2015 年）、《发展合作手册：为实现 2030 年目标》（2021 年）等。她也是《南非国际事务研究》杂志主编。

克里斯·奥尔登是伦敦政治经济学院外交与国际研究中心主任、教授，南非国际事务研究所外交政策项目高级研究员，研究领域包括大国与非洲关系、中非关系及外交政策分析。他的葡萄牙语、法语达到中级水平，中文达到初级水平。从 2007 年 10 月 29 日到 2021 年 12 月 14 日，奥尔登在南非国际事务研究所中非研究项目框架下发表研究报告、政策评论 42 篇，议题涵盖中非关系、中非能源合作、中非金融合作、中南在金砖国家框架下的合作、中国同津巴布韦的关系、中非“一带一路”合作、中非安全合作、中国在非洲的港口建设等。

西里尔·普林斯卢是南非国际事务研究所经济外交项目高级研究员，研究领域包括基础设施融资与发展、非洲同美国、欧盟、中国及金砖国家之间的关系。他在南非斯坦陵布什大学获得国际关系研究硕士学位。2015 年 11 月 27 日到 2021 年 5 月 5 日，他在南非国际事务研究所中国项目框架下发表研究报告及政策评论 30 篇，议题涵盖新冠肺炎疫情对非洲宏观经济的影响、亚洲基础设施投资银行对非洲国家的利与弊、金砖国家之间合作与竞争、金砖国家与非洲的合作、成就与机遇、金砖合作与“一带一路”倡议等。

吴御瑄是南非国际事务研究所外交政策研究项目高级研究员，聚焦中国研究、南非研究。2010 年加入“中国在非洲项目”研究所，2011 年至 2015 年担任研究员，2016 年至 2017 年担任高级研究员。她是南非华裔，在南非金山大学获得国际关系硕士学位，有媒体工作背景，曾经在南非广播公司担任助理，参与加拿大广播公司“中国在南非”项目制作。目前，她在比勒陀利亚大学攻读国际关系博士学位。吴御瑄的研究领域涵盖新兴国家、公共外交、中非关系（包括媒体关系）等。从 2012 年 6 月 19 日到 2021 年 7 月 22 日，她在南非国际事务研究所中国项目框架下发表研究报告及政策评论 23 篇，议题涵盖疫苗援助与中国在非洲的形象构建、中非关系的复杂性、非洲参与“一带一路”合作、非盟机构改革对中非关系的影响、中国对非文化外交、南非“中国年”、南非与中国的关系：合作、协作与竞争、南非—中国伙伴关系、金砖国家的公共外交、中国媒体等。

康巴斯·凡·斯塔登是南非国际事务研究所外交政策项目高级研究员，研究领域是中非关系、亚非关系、公共外交。他掌握英语、日语、南非荷兰语及中文（初级水平）。2008 年，他在日本名古屋大学获得日本研究和媒体研究博士学位，此后在南非斯坦陵布什大学做博士后研究期间，从事中日比较研究，在约翰内斯堡大学担任非洲外交与外交政策研究项目主任。他于 2013 年加入金山大学新闻系。从 2017 年 12 月 8 日到 2021 年 12 月 15 日，他在南非国际事务研究所中非关系项目框架下发表研究报告及政策评论 28 篇，议题涵盖中国在非洲、亚洲的煤电、水电设施建设，疫苗援助，中国在非洲的形象建构，美国制裁华为对非洲的影响，中日在非洲的外交竞争，“一带一路”倡议对非洲的影响，中非关系的复杂性，习近平新时代中国特色社会主义思想对中非关系的影响等。

三、关注焦点

南非国际事务研究所2017年以来的研究议题有“一带一路”框架下的中非合作、中共十九大中国在非洲基础设施建设中面临的机遇与挑战（铁路建设、港口建设、水电煤电建设等）、抗疫援助、中非关系、中南关系等。

（一）中国共产党第十九次全国代表大会

中国共产党第十九次全国代表大会于2017年10月18日至10月24日在北京召开。十九大的召开，意义非凡，举世瞩目。学界、媒体、智库也纷纷发表评论。2018年3月，南非国际事务研究所中非研究项目发表斯塔登撰写的政策简报《“习近平思想”时代的中国：影响非洲的五大趋势》①。作者认为，习近平新时代中国特色社会主义思想将对中国的发展道路、全球角色、甚至中非关系等产生重要影响。作者表示，2009年到2018年，中国一直是非洲最大的贸易伙伴。2014年，中非贸易额达到2100亿美元，在2017年虽有下降，但也高达1800亿美元。2016年，中国对非投资超过1000亿美元，是2010年的50倍。中非贸易投资量如此之大，但是，自2017年10月中共十九大召开至2018年3月，非洲学界对于中共十九大将会如何影响中非关系的分析却较少。

作者认为，中共十九大主要对非洲未来发展产生以下几方面

① Cobus Van Staden, “China in the Era of ‘Xi Jinping Thought’: Five Key Trends for Africa”, *Policy Brief,* 171, SAIIA, https://saiia.org.za/research/china-era-xi-jinping-thought/.

影响：

第一，中国共产党执政理念对非在华交流和学习的政府官员、记者、学生等群体的影响。2011 年至 2015 年，中国每年培训 200 名非洲中层政府官员。从 2016 年起，每年增加到 1000 人。2003 年，在华学习的非洲学生不到 2000 人，2015 年增加到 50000 人，增长了 25 倍。中国的政治社会环境将对在华学习交流的非洲学生产生一定的影响。

第二，“一带一路”倡议对非洲发展的影响。参与“一带一路”给肯尼亚、埃及乃至东非、北非的发展和融资带来了重要机遇，降低了他们对西方国家的依赖。

第三，中国的国际影响力对非洲国际地位提升的影响。中国支持联合国发挥积极作用，支持扩大发展中国家在国际事务中的代表权和发言权。十九大报告的这一政策宣示表明，非洲国家希望增加联合国安理会席位代表权的努力也许能得到中国的支持。

第四，中非军事合作对非洲维护地区安全的影响。中国 2017 年在东非海岸吉布提建立了第一个海外补给基地。中国军队在利比里亚、马里、南苏丹的维和行动，在索马里亚丁湾参与护航行动。非洲地处环印度洋地区，战略位置非常重要，这为中国开展军事训练提供了重要场所。非洲肯定会从中国参与的维和行动和打击海盗行动中受益，但也要考虑中国军事存在带来的潜在影响。

第五，中国网络治理经验对非洲国家治理的影响。中西方采取了不同的网络治理方式，中国强调“网络主权”，而西方国家强调所谓“跨国空间”。金山大学媒体学讲师伊吉尼奥·嘉格利亚多妮（Iginio Gagliardone）的研究表明，没有证据显示中国在向非洲国家施压，要求他们加强互联网管理或者采用中国的管理模式。作者认为，非洲公民社会特别关注“网络主权”这个理念对非洲的影响。

为此，斯塔登提出四点建议：第一，提升非洲大学和智库的研究能力，追踪中国发生的变化，加强中国研究。第二，加强非洲各国政府同学界和智库的合作，将其对中国的了解有机融入国家和地区的发展和安全政策框架的制定之中。第三，加强非洲大学、智库与本国政府之间的对话，就“一带一路”倡议的进展及其对非洲的潜在影响建言献策。第四，建议非洲各国探索最适合自己的互联网管理模式。文章最后指出，非洲政府、学界、智库需要更好地了解中国共产党的运行机制，以便在处理中非关系时最大程度地维护非洲的利益①。

（二）“一带一路”框架下的中非合作

2021 年 6 月，南非国际事务研究所连续发布了两份报告，重点探讨非洲国家如何从中国“一带一路”合作倡议中获益。一篇是《评估中国“一带一路”投资对非洲的经济影响》②，另一篇是《中国的“一带一路”与“非洲大陆自由贸易区”：潜在的重叠、互补与挑战》③。

在《评估中国“一带一路”投资对非洲的经济影响》一文中，作者指出，作为“一带一路”合作倡议的重要组成部分，中国对非投资将有助于改善非洲大陆基础设施，促进非洲经济发展，扩大非洲对外贸易，改善非洲国家债务状况。例如，从 2000 年到 2018 年，

---

① Cobus Van Staden, “China in the Era of ‘Xi Jinping Thought’: Five Key Trends for Africa”, *Policy Brief,* 171, SAIIA, https://saiia.org.za/research/china-era-xi-jinping-thought/.

② Adedeji Adeniran, Mma Amara Ekeruche, Chukwuka Onyekwena & Thelma Obiakor, “Estimating the Economic Impact of Chinese BRI Investment in Africa”, https://saiia.org.za/research/estimating-the-economic-impact-of-chinese-bri-investment-in-africa/.

③ Yike Fu & Ovigwe Eguegu, “China's IBR and the AFCFTA: Potential Overlaps, Complementarities and Challenges”, https://saiia.org.za/research/chinas-bri-and-the-afcfta-potential-overlaps-complementarities-and-challenges/.

非洲国家从中国获取了1480亿美元贷款，绝大多数用在了大型基础设施建设上，改善了当地道路交通，促进了区域连通；增加了能源供应，促进了经济发展，改善了民生福祉；拓宽了贸易渠道，提高了区域竞争力。

作者也表达了一些担忧，如中国对非投资领域相对集中，结构相对单一，交通设施建设和能源矿产开发对环境的潜在影响，非洲国家债务可持续问题等。作者认为，中国对非投资给非洲国家带来收益的同时，也带来了债务风险。但是，对非洲国家而言，中国投资利大于弊。如果他们能够同中国谈判，获得合适的优惠贷款利率，避开以资源背书的融资模式，利用好基础设施开发带来的红利，是可以克服债务挑战、避免债务陷阱的。换言之，非洲国家完全可以从中国的投资帮助中更好地获益[①]。

作者以肯尼亚的蒙内铁路、欧卡里亚地热发电站，埃塞俄比亚的亚的斯亚贝巴轻轨、阿达玛二期风电场工程，尼日利亚阿布贾－卡杜纳铁路、尼日利亚通讯卫星为例，指出，中国对非投资，不仅有助于满足中国的能源需求，为中国产品开拓市场，也有助于非洲国家逐渐融入全球供应链，为丰富的能源经济拓宽出口市场[②]，真正实现双赢。

在《中国的"一带一路"合作倡议与非洲大陆自由贸易区：潜在的重叠、互补与挑战》一文中，作者详细介绍了"一带一路"合作倡议和非洲大陆自由贸易区的出台背景、政策目标、参与国家、运作机制、发展现状，分析了二者的各自优势、合作潜力以及面临的机遇和挑战。

作者指出，"一带一路"合作倡议是开放的，其目的在于促进政

① Adedeji Adeniran, Mma Amara Ekeruche, Chukwuka Onyekwena & Thelma Obiakor, "Estimating the Economic Impact of Chinese BRI Investment in Africa", 2021, pp. 12–30.

② Ibid., pp. 31–39.

策沟通、设施联通、贸易畅通、资金融通、民心相通。截至2021年1月30日，已经有140个国家和31个国际组织同中国签署了合作备忘录，其中有46个非洲国家。非洲大陆自由贸易区已经于2021年1月1日正式启动，目前已有54个国家签署了协议，其中36个国家正式批准了非洲自由贸易协定法律文书。在这36个国家中，有29个国家加入了“一带一路”合作倡议。这些国家可以利用其特殊的身份成为促进“一带一路”同非洲大陆自由贸易区建设的重要桥梁和纽带。

作者表示，非洲大陆自由贸易区的优势之一是拥有四大关税同盟，如东非共同体、南部非洲关税同盟、中部非洲国家经济与货币共同体、西非国家经济共同体。但是，如何加强非洲四大关税同盟同中国的深度合作，推动“一带一路”同非洲大陆自由贸易区深度对接，仍然需要制定具体政策并加以落实。同时，由于非洲大陆基础设施很不完善，有些国家政治仍不稳定，跨境贸易畅通仍需努力，所以，要真正实现非洲大陆自由贸易，尚需时日。尽管如此，中国正在通过“一带一路”合作项目为非洲国家基础设施建设提供资金。从长远来看，这些举措将有利于非洲减少冲突，打破跨境贸易壁垒。

（三）中国在非基础设施建设中面临的机遇与挑战

中国在非基础设施建设也是南非国际事务研究所密切关注的一个重要议题，特别涉及中国在非铁路建设、港口建设、水电煤电建设和通讯网络建设几个领域。

1. 中国在非铁路建设

以肯尼亚蒙内铁路为例，该线路是《东非铁路建设方案》的重要组成部分，目的在于连接肯尼亚、乌干达、卢旺达、布隆迪和刚果（金）等国家，形成贯通东非的铁路网。蒙内铁路于 2017 年 8 月前完工。作为蒙内铁路的延伸，内马铁路（内罗毕到马拉巴）第一期已经于 2019 年 8 月完工。蒙内铁路在建设过程中，环境方面面临的巨大挑战是，铁路要经过首都郊区的内罗毕国家公园。如何保护公园内野生动物成为铁路建设必须解决的重大课题。中国道路桥梁公司采取的做法是选择对园内野生动物影响最小的路线，穿过公园的 7 公里铁路段采取搭建高架桥的方案，动物可以自由地从桥下经过。为减少对当地社会经济民生的影响，施工公司在工程建设过程中，沿途修建了很多水井，帮助偏远地区的民众获取水源。他们也修建公路，促进铁路沿线村落畅通，方便民众出行。蒙内铁路是一条惠民之路，极大地促进了肯尼亚社会经济的发展，成为中非合作的典范。

2. 中国在非港口建设

2021 年 12 月，南非国际事务研究所发布政策简报《中国海外港口建设：以肯尼亚和马来西亚为例》①。简报指出，港口基础设施对于促进贸易发展至关重要。中国在港口建设方面的技术举世公认，中国也愿意通过国家银行和“一带一路”项目提供港口建设融资，因此，中国已然成为发展中国家港口建设的一支重要力量。简报从环境保护、社会经济影响以及社会治理三个方面对中国建设的肯尼亚拉姆港和马来西亚关丹港进行了评估。

肯尼亚拉姆港由中国交通建设集团承建，是拉姆港—南苏丹—埃塞俄比亚运输走廊项目的一部分。拉姆港建设项目计划在肯尼亚

① Chris Alden, Sérgio Chichava, Liu Jiang, Bradley Murg & Guanie Lim, “China-Driven Port Development: Lessons from Kenya and Malaysia” , *Policy Briefing*, 257, SAIIA, https://saiia.org.za/research/china-driven-port-development-lessons-from-kenya-and-malaysia/ https://media.africaportal.org/documents/Policy-Briefing-257-alden-et-al.pdf.

北部沿海城镇拉姆建设一套绿地港口设施、一个工业园、度假小镇、一座机场、一大片住宅区和服务办公区。作为大型港口，拉姆港建成后，将有助于形成连接肯尼亚、埃塞俄比亚和南苏丹油田的重要运输通道，从而有效促进三国经济的发展，也为肯尼亚当地创造大量的就业机会。简报也谈到，拉姆港的建设需要考虑避免或减少对当地的红树林、渔业、旅游业、海洋生物等造成负面影响[①]。

3. 中国在非电力建设

2021年12月，南非国际事务研究所发布政策简报《中国海外水电建设：以加纳和柬埔寨为例》[②]。简报指出，谈到大型基础设施建设时，大坝建设尤其会引起争议。简报从环境保护、社会经济影响和国家治理三个方面对比研究了中国在加纳和柬埔寨两国的水电项目建设情况，认为中国在加纳布维水电站建设中积累了宝贵经验，取得了良好的社会效益。

中国在非洲的煤电建设是南非国际事务研究所关注的另外一个重要话题。2021年12月15日研究所发表政策简报《中国海外煤电建设：以津巴布韦和印度尼西亚为例》[③]。简报指出，煤电建设在当今世界争议很大。煤电项目能否成功，关键在于有效应对煤电带来的环境问题。作者比较了中方建设的津巴布韦旺吉火力发电厂和印尼吉瓦火力发电厂两个项目，认为建设煤电项目之前，印尼政府较好地处理了煤电项目可能带来的环境影响，最大限度地减少了煤电建设过程中遇到的阻力，为电厂按时竣工和平稳运营提供了有力保障。

---

① Ibid., pp. 2–5.

② Bradley Murg, Cobus Van Staden & Wang Duanyong, “China–Driven hydropower: Lessons from Ghana and Cambodia”, *Policy Briefing*, 254, SAIIA, https://saiia.org.za/research/china–driven–hydropower–lessons–from–ghana–and–cambodia/.

③ Xue Gong & Cobus Van Staden, “China–Driven Coal Power: Lessons from Zimbabwe and Indonesia”, SAIIA, https://saiia.org.za/research/china–driven–coal–power–lessons–from–zimbabwe–and–indonesia/.

在社会治理方面，作为“一带一路”重点项目，吉瓦-7煤电项目得到了两国高层的坚定支持。加上印尼政治体系中的决策权力下放，当地政府也看到，支持煤电项目符合地方的利益。因此，地方政府也愿意发放煤电建设许可证，促进当地经济的发展。所以，煤电项目建设过程进展顺利。

4. 中国在非通讯网络建设

2021年12月15日南非国际事务研究所发表政策简报《中国海外信息通讯技术建设：以坦桑尼亚和柬埔寨为例》[①]。简报指出，在过去20年间，中国在世界基础设施投资领域居于领先地位。中国信息通讯技术领域发展尤其迅猛。从2000年到2020年，中国网民数量从2250万增长到9.89亿，其中有1.6亿人使用5G网络。截至2020年底，中国已经建成世界最大的光纤网络，建成了91.6万个5G基站。到2025年底，中国将建成500万个5G基站，在不到5年间增长25倍；到那时，中国5G网络、数据中心及其他基础设施建设投资将达到1.43万亿美元至2.51万亿美元。中国经济转型的焦点不仅是投资信息通讯技术，更着眼于发展数字经济。2005年，数字经济占中国国内生产总值的14.2%，到2020年底达到38.6%，到2025年，预计达到70%。

在这个背景下，中国将信息通讯技术发展列为全球战略优先方向。“数字丝绸之路”是中国“一带一路”的重要支柱，即通过建设跨国光缆，扩大通讯网络，发展电子商务，促进“一带一路”沿线国家相互连通。截至2019年，中国已经同16个国家签署“数字丝绸之路”谅解备忘录，同19个国家签署电子商务谅解备忘录。2010年至2020年间，在中国进出口银行、中国发展银行和中非发展基

① Motolani Agbebi, Gong Xue & Zheng Yu, “China-Powered Infrastructure: Lessons from Tanzania and Cambodia,” *Policy Briefing*, 252, SAIIA, https://saiia.org.za/research/china-powered-ict-infrastructure-lessons-from-tanzania-and-cambodia/.

金的资助下，中国在8个非洲国家（坦桑尼亚、喀麦隆、尼日利亚、肯尼亚、埃塞俄比亚、几内亚、科特迪瓦、塞拉利昂）建设了15个电信基础设施项目，促进了当地经济的发展，也确立了中国在非洲电信行业的主导地位。

（四）中国对非抗疫援助

中国对非洲疫苗援助是南非国际事务研究所“中非关系研究项目”关注的一个重要议题。2021年6月，斯塔登和吴御瑄共同发表了研究论文《疫苗援助：中国在非洲形象建构的新趋势》[①]。文章认为，新冠肺炎疫情暴发以来，面对非洲国家医疗物资严重短缺的困难形势，中国政府、国有企业、私营企业和商业团体积极协调，向非洲国家捐助了大量的医疗物资，开展了有效的疫苗援助；同时，中国充分利用分布在非洲大陆的媒体网络就中国对非医疗援助作了大量卓有成效的报道，收到了良好的效果。

文章指出，当世界许多国家都在争抢口罩、洗手液及其他重点医疗物资时，人们担心非洲将在国际市场上被边缘化。但是，当人们看到装载着来自中国援助医疗物资的飞机一架架降落在非洲的许多城市时，再对比其他一些世界大国自顾抢购、囤积医疗物资，两者之间的反差不言自明[②]。

（五）中国与非洲关系

2021年11月12日，南非国际事务研究所发布了中非研究报告

---

① Cobus Van Staden & Yu Shan Wu, “Vaccine Diplomacy and Beyond: New Trends in Chinese Image Building in Africa”, SAIIA, 2021.

② Ibid., pp. 11–13.

《描绘中非关系的未来：非洲大陆如何从中受益》①。报告指出，中国是非洲最大的贸易伙伴，中非关系的深入发展可以改善非洲大陆的贸易现状。非洲许多基础设施发展项目已经在“一带一路”倡议框架下推进，这为中非贸易不断增长提供了坚实的基础。但是，中非合作仍然缺乏长远规划和系统协调，所以，其影响和收益目前仍难以确定。

报告分析了非洲大陆自由贸易区与“一带一路”倡议之间紧密协调的潜力以及四种可能的合作形式：一是“一切如常”或者“维持现状”，即中非贸易将以临时规划的方式进行；二是加强非洲大陆自由贸易区与“一带一路”倡议的紧密协调，中国的直接投资以建立经济特区的方式进入非洲优先发展的国家和领域；三是加强非洲大陆自由贸易区与“一带一路”倡议的经济融合，建立优先发展贸易框架；四是签署中非自由贸易协议。为此，报告建议：

第一，非盟和非洲大陆贸易自由区秘书处应考虑制定清晰的沟通战略，直接向非洲国家提供准确的信息，指导他们应对非洲大陆面临的挑战，如贸易壁垒、基础设施鸿沟。非盟也可以借此对外招商引资，推动非洲经济强劲、持久增长。中国的“一带一路”领导小组和非盟秘书处考虑制订具体行动计划，有效追踪“一带一路”倡议和非洲大陆自由贸易区合作情况。为了鼓励更多私营企业参与，非盟和非洲大陆自由贸易区秘书处可以牵头成立“一带一路”倡议和非洲大陆自由贸易区合作促进小组，同中方利益攸关方定期深入交换意见。非洲参与人员可借此平台向中方提出非洲国家亟待开发的领域和实施的项目，把中非合作纳入非洲基础设施发展等规划中。

第二，非洲国家政府应预先制订详细方案，阐明自身需求，对

① Yike Fu and Ovigwe Eguegu, “Mapping the Future of China-Africa Relations: How the Continent Can Benefit”, *Occasional Paper,* 333, SAIIA, https://saiia.org.za/research/mapping-the-future-of-china-africa-relations-how-the-continent-can-benefit/.

接中方投资项目。例如，他们可以同中国的省级或市级政府一起制订行动方案，确保双方在“一带一路”倡议和非洲大陆自由贸易区框架下有效开展合作。报告指出，中国“一带一路”项目涉及18个重点省份，每个省份都有自己的“一带一路”促进团队。非洲国家应该认真思考中国在哪些领域最具优势，寻找合作机会。例如，浙江省是制造业中心，可以通过有效的制造业规划把浙江省同非洲国家联系起来。海南自由贸易港的优势是贸易和投资自由化，是中国深度融入全球经济体系的前沿地带。非洲国家可以借此加强同海南在贸易、物流、投资方面的合作。

第三，非洲公民社会和智库在促进“一带一路”与非洲大陆自由贸易区合作方面无疑会发挥重要作用。例如，非政府组织可以与当地政府密切合作，监督、评估中国在非项目投资，促进项目建设过程中的环境保护、社会保障、劳工权益保护等标准的有效执行。智库也可发挥其优势，开展项目研究，挖掘中国在非市场潜力，探索在“一带一路”框架下双方可以深化合作的领域等。

2021年11月12日，南非国际事务研究所还发布了中非研究报告《描绘中非关系的未来：西非视角》①。报告对西非国家外交官、决策者、商界人士等进行了访谈，就西非国家在制定对华政策时关切的议题作了详细梳理，认为西非国家在发展对华关系时关心的优先议题不完全相同，但总体来说，健康合作、经济恢复与区域融合、债务协商三大议题最受关注②。

第一，中非健康合作是一个优先议题，但健康合作不能仅限于中国对非疫苗援助或疫苗合作，更重要的是，要采取具体措施，在

① Folashadé Soulé, “Mapping the Future of Africa–China Relations: Insights from West Africa,” *Occasional Paper*, 330, https://saiia.org.za/research/mapping-the-future-of-africa-china-relations-insights-from-west-africa/.

② Ibid.

非洲建立强有力、可持续的健康卫生基础设施，增加对非制药投资，培训医疗人员，探索医疗合作新机遇。例如，除了疫苗捐助以外，中国在 2020 年 4 月向塞内加尔、布基纳法索派出了医疗专家，分享抗疫经验、防疫知识，让两国受益匪浅。再如，中国在布基纳法索第一大城市瓦加杜古重建当地一所大学医学中心的部分设施，在布基纳法索第二大城市博博迪乌拉索建立大学医学中心等。

第二，由于新冠肺炎疫情的影响，非洲目前面临严峻的经济衰退。2020 年，非洲经济增长缩减了 2%，直接导致 4000 万人陷入赤贫。非洲国家正采取措施应对这场危机。但是，由于疫情蔓延，一些国家已经封锁边境或者限制跨境生产和流通。因此，要恢复经济，就要扩大贸易，推动区域贸易融合。西非国家认为，自由贸易是推动地区融合的关键。中国是非洲主要贸易伙伴，中国已经表示通过促进贸易便利化、兴建基础设施等方式支持非洲大陆自由贸易区建设。目前，西非国家正在同中国承包商和出资单位讨论兴建贝宁—尼日尔跨境铁路项目。

第三，中国是非洲最大的债权国。面对一些非洲国家债务居高不下、财务状况因疫情影响逐渐恶化的局面，中国可能会在提供贷款方面趋于谨慎。与欧洲国家相比，在非洲国家中，同中国发生债务问题的国家仍占少数。在 2010 年到 2019 年间，中国给非洲国家的贷款主要集中在公共工程领域，至少有 80% 的债务集中在经济和社会基础设施建设项目上，如交通、电力、通讯、饮用水等。2019 年，从中国贷款最多的三个国家集中在西非：加纳、尼日利亚和科特迪瓦。

（六）中国与南非关系

中国与南非的关系是南非国际事务研究所关注的重要议题。奥尔登和吴御瑄在2021年1月23日主编出版了《中南关系：复杂的伙伴关系》一书[1]。书中阐述了中南关系的基础，特别是过去70年间影响南非对华政策的国内因素；分析了中南经贸关系的发展和现状，特别是中国制造业对南非的影响以及中国媒体中的南非形象；剖析了中国对南非投资的动因、给南非带来的机遇、在南非面临的挑战以及文化教育在中南关系中扮演的角色；讲述了南非华人社区现状，特别是他们在南非的奋斗故事以及在中南关系中发挥的桥梁纽带作用。

该书从新冠肺炎疫情暴发初期，中国政府成功阻断病毒蔓延、悉心照顾滞留武汉54天的近200位南非人、在武汉解封之后帮助他们健康平安地返回南非讲起。南非总统西里尔·拉马福萨就中国政府对南非公民的细心照顾表达了诚挚的感谢，也对中国在成功阻断病毒蔓延方面所作的努力深表钦佩。2020年3月，南非采取了同样果断的措施，宣布全国封锁。在中国和南非的企业也在第一时间行动起来，在危机时刻展现了同样的慷慨和智慧。

四、特点与趋势

综上所述，南非国际事务研究所对中国的关注呈现以下四个特点：

第一，关注中国国内政治对非洲的影响。中国共产党第十九次全国代表大会绘制了中国发展蓝图，确定了发展方向，谋划了发展战略，特别是把推动“一带一路”建设作为中国外交的重要支柱，对世界格局产生了深远的影响。因此，南非智库关注中共十九大、

① Christ Alden and Yu-Shan Wu (eds.), *South Africa-China Relations: A Partnership of Paradoxes*, Palgrave Macmillan, 2021.

关注“一带一路”合作倡议及其对中非关系的影响，实属必然。

第二，对中国在非基础设施建设、中国对非抗疫援助以及宏观的中非关系和微观的中南关系等议题的考察，都是置于“一带一路”框架下进行的。这说明，南非智库观察中国及中非关系，出发点主要在于思考如何抓住“一带一路”项目合作提供的重要机遇，推动非洲基础设施建设，促进内部连通，拓宽发展路径，加强能力建设，促进经济发展，扩大贸易，改善民生，促进中非合作双赢。

第三，对中国“一带一路”倡议及中国在非开展投资、扩大贸易、加强人员往来等基本上持正面、积极的态度。虽有研究成果指出中国在非基础设施建设中面临困难、中非关系面临一定挑战，但整体上对中国在非洲投资持肯定态度，表示中非关系中面临的挑战是可以克服的，中国在非投资贸易对非洲而言利大于弊。

第四，对中国的研究议题主要以经济议题为主，即使涉及政治议题，也是侧重关注中国政治发展可能会对非洲经济发展带来的影响。由于中非有着深厚的传统友谊，双方在重大国际问题上有着共同的利益和相似的立场，中非关系互补性强，不存在核心利益冲突，不存在地缘政治竞争，所以，在涉及中国核心利益的问题上，南非智库远比美国智库理性得多。

可以预计，今后南非智库会持续关注中国在非投资、贸易，会持续关注中国在促进非洲大陆投资便利化、贸易自由化、区域一体化过程中发挥的积极作用，同时，也会持续关注中国在非投资面临的困难和挑战。

（仵胜奇：北京外国语大学专用英语学院；李洪峰：北京外国语大学非洲学院）

日　本

张利军　史佳可 / 文

在日本，中国研究是最重要的区域研究之一。从世界范围来看，就一个国家对另一国家的研究而言，日本对中国研究的历史之悠久、范围之广泛、内容之深刻、成果之丰硕，或许是绝无仅有的。

2021 年对日本来说，无论是政治、经济、社会还是对外关系方面都有一些新的变化。就政治领域而言，日本政府再次更迭，9 月 29 日岸田文雄成为自民党第 27 任总裁，并于 10 月 4 日正式担任政府首相。之后不久举行的第 49 回众议院大选中，自民党获得 261 席，公明党获得 32 席，两党继续联合执政。从经济方面来看，虽然新冠肺炎疫情的反复为经济发展带来一定的不确定性，但 2021 年日本经济仍实现了一定的增长。内阁府公布的数据显示，2021 年日本国内生产总值为 49374.22 亿美元，同比增长 2.1%。中日贸易总额增长 15.1%，达到 2011 年以来的最高值 3914 亿美元。中国已连续多年成为日本第一大贸易伙伴。在对外关系上，日本继续强化日美同盟。由于近年来中美关系发生重大变化，日本改变了在中美间采取的平衡外交战略，逐渐偏向美国。2021 年日本的中国研究就是在这种背景下展开的。

一、学术成果、刊物和活动

（一）学术成果

检索日本国立国会图书馆以及日本国内主要刊物、学会学术活动等可以发现，2021 年日本有关中国的著作和论文出现两方面的倾向性特点。一方面，研究者主体来自各个领域，参与中国研究的主体包括一般社团法人科研机构、非营利研究团体、高校及其下设的科研机构、大企业旗下智库以及独立学者等。另一方面，研究议题更具现实意义。随着中国国内实现平稳控制疫情、取得消除绝对贫困和全面建成小康社会等一系列成就，日本越来越关注中国经验和中国道路。中国社会应对新冠肺炎疫情的经验、中国的市场经济道路、中国特色的政党和政体等，都是日本学术界高度重视的研究议题。可以看出，日本作为中国的邻国，希望通过研究这些领域进一步加深对中国的了解，为本国对华政策的制定以及社会治理提供参考。

（二）学术刊物

日本关于中国方面的研究杂志主要有《东亚》《中国研究月报》《亚洲经济》等。

《东亚》杂志由日本霞山会创办于 1978 年，是日本专门研究东亚地区特别是中国的专业性刊物。《东亚》邀请长期活跃在一线的资深中国问题专家、记者、研究员等，运用全球化的视角，从宏观和微观两个层面，在分析事实的基础上探究深层原因，提出对未来的科学预测。该杂志涵盖政治、经济、安全、国际关系、现实动向等多个方面，是一本了解中国和亚洲地区当代信息的重要刊物。2021年，《东亚》主要聚焦的年度热点问题包括：拜登就任后的中美关系、中国共产党建党百年的历史、新冠肺炎疫情下的中国经济发展与社会治理、脱贫攻坚、航空航天事业和宇宙开发等。长期关注的重点领域包括台湾问题、朝鲜问题、中日关系、中国及东亚经济、中国的民族和宗教问题、人口问题、环境政策与新能源、外交以及科技发展等。

《中国研究月报》杂志前身为《中国资料月报》。《中国资料月报》于1946年11月由中国研究所创办，1947年3月更名为《中国研究所所报》，1949年10月改回《中国资料月报》，1960年5月更名为《中国研究月报》。该杂志主要刊登研究中国问题的学者在近现代中国的社会、政治、经济、文学等相关领域的研究成果。2021年，《中国研究月报》刊载的文章主要涉及中国共产党历史研究、中国教育政策、中国经济改革、中日经济合作、香港问题等几个重点领域。

《亚洲经济》杂志由日本贸易振兴机构所属的亚洲经济研究所创办于1960年，是以亚洲尤其是东亚为主要研究对象的专业性杂志。刊载内容包括论文、研究笔记、资料、当地报告、书评等几个板块。2021年，《亚洲经济》关注的涉华议题包括台湾问题的历史由来、“一带一路”倡议、中国的改革开放、农村基层管理、环境政策等。

《中国年鉴2021》特辑由中国研究所编写，聚焦“新冠肺炎疫情与中美关系”这一话题。年鉴以中西方模式的竞争和共存为主线，具体从疫情与中美关系、疫情与中国社会、疫情与中国宏观经济政策、疫情下的国际形势、疫情下的中日关系、香港问题、疫情与中国基层社会治理等几个维度进行了分析。中国问题研究学者天儿慧、川岛真等参与了该年鉴的编写。

除了这些影响较大的刊物外，有关中国研究的大量成果还被刊登在《中央公论》《世界》《国际政治》等知名刊物上。另外，各大学和研究机构也多设会刊、学报等定期刊物，以及论文集、论丛、专辑等不定期刊物，刊载本机构的中国研究成果。

（三）学术活动

日本有关中国的学术机构会定期组织学术研讨会，邀请国内外学者共同交流，促进学术进步。学术界对于中国的密切关注，体现在举办学术活动的密度之大与议题覆盖之广上。规模较大的学会每年举办一至两次年会，以及多场小型研讨会。大型会议往往采取共同体会议的形式，除了设置共同议题外，还设置多场次的分论坛，会上进行专题演讲的专家学者可达数十人，主题涵盖中国的政治、经济、文学、历史、社会、艺术、宗教等几乎所有领域。影响力较大学术活动如下：

1. 日本现代中国学会

日本现代中国学会是日本的中国研究学者最大的学会组织，2021 年是其成立 70 周年。10 月 23—24 日，该学会第 71 届年会以线上会议形式举行，主题为“建党 100 周年与‘社会主义’中国的前途”，可见对于日本学术界来说，中国共产党建党百年是本年度不可回避的热点话题。年会围绕政治、经济、文学、历史、社会等多个核心领域展开，回顾中国共产党的历史，研究社会主义中国的现状，展望中国未来的发展。大会第二天设置“学会创立 70 周年纪念特别分会场”，主题为“如何研究日新月异的中国”，重点聚焦中国发生的巨变，具体讨论中国20世纪80年代以来的市场经济道路，展望中国的信息化道路。除年会外，日本现代中国学会还多次举行地方分会。其中，关西分会重点关注了中国的环境保护与恢复联合国合法席位50周年两大热点话题。

2. 亚洲政经学会

亚洲政经学会以线上会议形式分别于2021年6月19日至20日、11月20日举办了年度春季大会和秋季大会。春季大会自由讨论环节设置“中国的政治与政策制定”“亚洲的宏观金融”“亚洲的职业训练”“新冠肺炎疫情的变化”“身份认同与民主化”“农村的收入活动”“全球价值链的经济学与政治学”七大议题，集中讨论环节的议题为“崛起的中国‘周边’正在发生什么——来自蒙古、乌兹别克斯坦、老挝的报告”。秋季大会下设一个分会场“崛起的中国与国际秩序的变化：综合运用历史学和认识论手法分析”，集中讨论环节的议题为“中国共产党的100年与亚洲国际关系”。两次集中讨论的议题都围绕中国设置，体现了日本学术界对中国与周边国家以及国际社会的关系的高度重视。国分良成、川岛真等著名的中国问题研究学者参会。

3. 爱知大学国际中国学中心

2021年，爱知大学国际中国学中心以线上会议形式举办了三次公开研讨会。1月23日座谈会主题为“新冠下的世界与中国——日中关系的重启”，与会者分别就中国经济、中日关系、新能源汽车等话题发言。4月17日第42届日中农业问题研究会的两个主旨演讲主题，分别为“内蒙古自治区农村地区人口外迁的增长及其原因”和“中国粮食自给率的推算结果”。爱知大学国际中国学中心举办的学术活动的特点之一是与会嘉宾的国籍以及分析视角的多元化。10月

9 日座谈会主题为“从美国视角看日美中关系”，会议邀请哈佛大学与加利福尼亚大学学者从美国立场出发，就东亚贸易政策和中日美三国的市场治理进行解读。

4. 庆应义塾大学东亚研究所现代中国研究中心

2021 年，庆应义塾大学东亚研究所现代中国研究中心以线上会议形式举办了三次公开研究会。其中，7 月 2 日研究会与日中关系论坛共同举办，主题为“中国社会的研究手法——以《现代中国的社会和活动原理：关系・面子・权力》为题材”。9 月 17 日研究会主题为“社会生活资料与中国社会：关于书信资料的使用”。10 月 1 日研究会主题为“中国共产党的历史座谈会”。可以看出，日本学术界对中国社会问题持续保持关注。在此基础上，在中国共产党建党 100 周年的关键节点，中国共产党的发展史成为日本学者关心的一大年度热点话题。

5. 早稻田大学现代中国研究中心

2021 年，早稻田大学现代中国研究中心以线上会议形式举办了两次公开研究会。1 月 27 日研究会主题为“中国与太平洋地区的关系进展——同所罗门群岛外交关系的确立”，主讲人为前日本驻青岛总领事远山茂。9 月 17 日研究会的主题为“文化定位的设置与中国的宣传”。议题集中在中国外交与对外宣传方面，可见日本学术界一如既往地关注对中国的对外政策。

除了这些学会和高校举办的各种有关中国问题的研讨会外，日本政府机关、经济组织、大企业和研究院所等每年组织的关于中国问题的研讨会次数频繁、覆盖领域较广，不再一一赘述。

二、关注热点

在中国共产党成立100周年这一重要的历史年份，中国共产党百年的奋斗历程成为日本学术界2021年关注的热点。与此同时，日本学术界还比较关注对中国的整体认识，重新提出应如何认识中国这个传统问题。在近年来中美关系发生重大变化的背景下，学术界关于日本是否应该选边站队的讨论也很多。同时，日本对中国经济的发展持续关注，尤其关注新经济发展格局等问题。

（一）更加重视对中国的整体认识

日本现代中国学会年会的主题在很大程度上代表了日本中国研究的年度关注热点问题。如上文所述，学会2021年年会的主题是"建党100周年与'社会主义'中国的前途"。同时，学会设了一个特别讨论，主题为"如何研究剧烈变化中的中国"。可见，对中国的整体认识以及研究中国的理论与方法，仍是日本学术界的关注点之一。这是日本研究中国的出发点和基础，大多数中国问题研究学者基本都在这些理论和方法下开展相关研究，弄明白这一点对于了解日本学者研究中国问题的观点具有重要帮助。改革开放以来，中国的经济社会发生了巨大变化，中国的国内生产总值从1978年仅为日本的14.8%，到2010年首次超过日本，再到2021年为日本的3.54倍。不仅普通的日本国民对中国的巨大变化表示惊讶，甚至连日本的中国问题研究者对研究对象发生的翻天覆地的变化也感到不可思议。中国的巨大变化促使日本学者从理论和方法论的角度深入思考中国是否与其他国家有所不同、是否只是普通的后发追赶型国家等问题。

随着中国的综合国力和国际地位的极大提高，包括日本在内的海外学者对中国的发展成就表示出浓厚兴趣，并力求从理论角度进行阐释。日本的中国研究学者大多从比较政治经济学的理论视角出发，认为中国是二战以来后发追赶型国家中的一员。著名中国问题专家、早稻田大学教授毛里和子曾多次呼吁要重视对中国研究的理论和方法问题。她在认同美国的中国问题专家迈克尔·奥克森伯格(Michel Oksenberg)关于中国研究方法的基础上，提出了政治社会学与政治经济学研究方法，以及比较体制论和体制过渡论。中国思想史专家沟口雄三在《作为方法的中国》一书中提出要从亚洲出发思考，确立一个和欧洲不一样的、可以作为欧洲的“他者”同欧洲进行对比研究的亚洲。打破传统学术中“世界就等于西方”的潜意识，而中国研究本身正是可以实践这样一种方法论。加藤弘之也指出用盎格鲁-萨克逊模式或者东南亚模式都无法解释“具有中国特色的市场经济体系”。马克思主义学者仍从社会主义的角度关注中国特色社会主义理论，但是对中国特色社会主义缺乏了解和理解。一部分马克思主义学者对中国特色社会主义理论表示认同和支持。东京大学教授伊藤诚认为，中国特色社会主义理论的构成要素主要包括“土地国有”“以公有制为主体与经营管理的多样化”“协商型的劳资关系”。“中国特色社会主义理论未来发展的经济基础是坚持以公有制为主体，多种所有制经济共同发展，中国的经济体制将在21世纪史上具有重要的意义”。日本共产党中央委员会前委员长不破哲三在《21世纪的世界与社会主义》一书中指出：“21世纪是资本主义制度与社会主义制度真正决出胜负的一个世纪，资本主义还会有一定的自我调节能力，但会越来越徒劳。”他对中国的社会主义建设寄予厚望，认为“作为社会主义的尝试，苏联的霸权主义以及僵化的计划经济体制已经失败，中国引入市场经济体制是社会主义的巨大实验”。

可见日本学术界不仅越来越重视对中国的理论解释，而且关注中国不同于其他国家的特点。这些动向为中国特色社会主义理论在日本的传播提供了良好的机遇。

（二）中国共产党成立100周年

2021年，中国共产党成立100周年，这引起国内外学术界对中国共产党历史的研究兴趣，日本也不例外。日本学术界举办了各种以中国共产党成立100周年为主题的学术会议，出版了不少关于该主题的研究成果。

除了上文中国研究的专门机构举办的有关中国共产党成立100周年的研讨会外，日本的许多独立研究机构也举办了各种相关主题的研讨会。2021年9月6日，和平安全保障研究所举办了第五次线上研讨会，邀请了前日本驻华大使横井裕作了题为“中国共产党成立100周年——中国的今后与日本的安全保障”的发言。7月9日，中曾根和平研究会举办了“成立100周年的中国共产党及其未来”，对中国的对外政策、美国对华政策、中国未来发展趋势等问题进行了探讨。二战后最早成立的中国研究机构中国研究所，是一家专门进行中国研究的独立机构，以从1955年起每年编著《中国年鉴》而闻名。7月18日，该机构举办了题为“思考中国共产党的百年”的线上学术研讨会，分别对新中国成立前、“文革”时期、改革开放后和当今等不同阶段进行了讨论。21世纪政策研究所于7月22日召开“中国共产党成立100周年与现状”的学术研讨会，邀请东京大学的川岛真、庆应义塾大学的小岛华津子、法政大学的弓野正宏等中国问题专家，就中国的法治、疫情管理、疫情后的中国进行了展望。以中国共产党成立100周年为主题的各种形式的研讨会还有很多，在此不一一列举。

中国共产党历史研究的著名学者、京都大学人文科学研究所研究员石川祯浩（曾因出版《中国共产党成立史》一书而备受关注）于2021年6月出版了新书《中国共产党及其百年》。该书获得了“第25届（2021年度）司马辽太郎奖”，该奖以日本著名作家司马辽太郎命名，被誉为日本的诺贝尔文学奖，自1998年起每年评选一次，每次只选出一项。该奖项主办方每年向有关作家、学者和文化人士发出调查问卷，对文学、艺术、新闻等领域具有创造性的成果进行推荐。石川祯浩能够获得该奖，这在学者中并不多见。一方面，这表明评选委员会对石川祯浩本人的高度肯定。正如评选委员会解释该书获奖的原因时提到：“这是一部从多角度阐释鲜为人知的中国故事的著作，这是日本与中国交往的新指南针。”另一方面，这也足以说明日本对中国越来越感兴趣，对中国共产党更加重视。同时，该书也获得了亚洲调查会的“亚洲・太平洋特别奖”，该奖是授予为亚洲和太平洋地区研究作出重要贡献的研究者和社会实践者，从1989年开始评选，每年一次，通常每次设立“优秀奖”一项，特别奖三项。该书能获得该奖也充分体现了日本学术界对中国研究的关注。

也有日本学者从日本对中国共产党成立的作用角度来探讨中国共产党的百年历程，指出在一大代表中有四人具有留学日本的经历，在当时全国57名党员中，像陈独秀和李大钊一样，有三分之一的中共党员具有留学日本的经历。很多人从日本了解了欧洲，在日本受到了马克思主义的影响和熏陶，接受了马克思主义，走上了马克思主义的道路，并为之奋斗，为中国共产党的成立发挥了一定的作用。另外，许多马克思主义词汇来自于日语，陈望道翻译的《共产党宣言》也参照了日译本。这些日本学者意在强调日本为中国共产党的成立提供了重要的知识力量。

（三）中日外交关系

对华关系是各国对华研究的重点之一，日本也不例外。长期以来，在日本的中国问题研究者中，从事中日关系研究的人数最多，他们广泛分布在政府、科研院所、大企业、经济组织等。2021 年，日本对日中关系的研究聚焦在中美竞争加剧的背景下，日本如何在中美间取得战略平衡这一问题上。

（四）中国经济的新发展理念与加强中日经济合作

改革开放以来，日本一直是中国经济发展的深度参与国。在 20 世纪 80 年代末日本出现经济泡沫后，中国反而开始了经济高速增长。“中国特需”成为拉动日本经济复苏的重要外部力量，对日本经济的复苏和增长具有重要的推动作用。如今，中国连续多年保持日本最大的贸易伙伴地位，因此，中国的经济发展现状、理念和政策一直是日本政府和跨国企业研究的热点。本年度，日本主要关注中国构建新发展理念的有关情况。

总体而言，对于中国构建以国内大循环为主体、国内国际双循环相互促进的新发展格局，日本很多学者表示肯定，对中国市场前景充满信心，建议日本积极参与，同时也对如何构建新发展格局提出一些建议。

对中国经济发展的前景，日本学者总体表示肯定。财务省财务综合政策研究所田中修认为，新冠病毒疫苗接种普及带来的全球经济复苏以及以新冠肺炎疫情为契机加速发展的新型经济，将继续作为利好因素带动中国经济的增长。日本国际问题研究所曾在《战略年度报告 2020》中指出，2020 年中国是全球唯一实现经济正增长的主要经济体，世界对中国经济的依赖程度会进一步提高。

中国庞大的人口、巨大的市场、完善的产业体系和强大的农产品生产供给能力，被日本学者视为畅通国内大循环的基础。经济产业研究所关志雄指出，庞大的国内市场不仅有利于实现大规模专业化生产，提高劳动熟练程度和生产效率，还有利于大企业发展和推进创新。东京财团政策研究所柯隆认为，中国国内储蓄率高达44%，有利于内需主导型经济发展。新发展格局被认为是顺应形势变化的战略性选择。三菱东京日联银行（MUFG）中国调查室认为，中美贸易摩擦加剧了逆全球化和贸易保护主义倾向，加上新冠肺炎疫情导致国际供应链断裂，中国发展的海外环境不确定性增加。在此背景下，中国提出“双循环”，有利于为经济发展增添新动力。

也有学者对新发展格局的构建提出了建议。中国国内发展不均衡可能会影响消费潜力，制约国内循环空间。有学者指出，构建新发展格局，关键是提振消费、扩大内需，而社会保障制度不完善、房价高涨导致家庭债务负担加重、人口老龄化和生育率下降等问题将会对新发展理念有所影响。有学者指出，目前中国社会结构是“工字型”，即上面的横杠有四亿人，是富裕阶层和中产阶级；中间的竖杠有一亿人，收入在中产阶级和低收入阶级之间；最下面的横杠包括九亿人，收入水平很低，解决这一阶层的消费能力问题将为中国经济的国内循环带来巨大的增长空间。

当前，日本人口萎缩、土地和劳动力成本上升、市场低迷、经济增长率长期走低，谋求在对外合作中寻找经济增长点的愿望比较强烈。即使其盟友美国劝诱日本加入对华“脱钩”行列，日本不愿也不能失去中国这一最大贸易伙伴国。无论是日本政界还是经济界，都认识到中国庞大市场的潜力，极力主张日本企业抓住新发展格局带来的巨大商机，认为新发展格局对日本经济发展有积极影响，呼吁日本企业应主动抓住商机。帝京大学经济学部教授露口洋介认为，

“双循环”将促进日本对华出口增加、在华日企利润提高、金融市场功能增强，由此对日本经济产生积极影响。日本贸易振兴机构北京代表处高岛龙祐指出，日本企业越来越倾向于在中国采购原材料和零部件进行生产并将产品销往中国市场，新发展格局对于这些企业来说是一个重大机遇。佳能全球战略研究所濑口清之直言不讳地表示，主张“脱中国”的都是不懂经济的人，说要“离开中国”的都是没有竞争力的企业。即使在新冠肺炎疫情蔓延的情况下，响应日本政府“海外生产基地回归国内”补贴政策而回归日本的企业也仅占在华日本企业的5%左右。日本企业要努力维持在中国的生产线和市场份额。

三、特点

中国是日本最重要的邻国，两国地理位置接近、历史渊源较深、文化背景相似。自古以来中国研究就是日本非常重要的区域研究之一。虽然二战后，由于日美建立了同盟关系，日本学者总体更重视美国研究，但是自中国实行改革开放政策之后，尤其是近些年来，中国研究与美国研究并驾齐驱，越来越被重视，从事中国研究的学者也越来越活跃。当前，日本的中国研究表现为以下特点：

第一，对中国特色社会主义理论缺乏了解。苏东剧变不仅改变了世界政治格局，而且对日本学术界的社会主义研究和马克思主义研究产生了深远的影响。对原社会主义国家的反省和对马克思主义的再思考在日本马克思主义研究中成为主流，研究者对包括中国在内仅有的几个社会主义国家的认识也发生了变化。这成为主流学者对中国特色社会主义理论缺乏了解的重要原因。日本社会结构的变化是日本学术界对中国特色社会主义理论缺乏了解的另一重要原因。

二战结束后，日本社会由于各种原因不断右倾化。自 20 世纪 90 年代以来，日本社会意识形态右倾化更加明显。在政界，执政党通过各种相关法案架空战后和平宪法，如今更是欲将修宪付诸实践。日本社会党的力量不断萎缩，濒临消亡，左翼政治力量的影响力逐步削弱。如今日本共产党成为左翼力量的代表，但其影响也在缩小，左翼学者的力量和声音也越来越弱化。总之，由于日本民族主义的抬头，社会意识形态和政界的右倾化，在学术界关注中国特色社会主义理论的学者也大幅减少。

第二，中国问题研究者的心态不断发生变化。日本学者对中国传统思想、哲学、历史、文化等问题的研究较为理性，但对中国当代问题尤其是现实问题的研究则表现出担心、警惕甚至是恐惧，其表达的观点往往缺乏客观公正的态度，情绪化、带有偏见和感情色彩的研究比较普遍。自古代以来，中日两国关系经历了强弱、弱强到如今强强并列的变化，这种变化也促使日本学术界对中国研究出现心态失衡，亟须调整。从古代至甲午战争爆发前，中国整体强于日本，因此一直被日本视为学习和效仿的对象。他们从中国汲取了文化和社会制度等方面的营养。自甲午战争清政府战败以来，日本对华一直保持了优越感。直到 2010 年，中日两国经济总量发生逆转，中国的国内生产总值首次超过日本。中国的国内生产总值从 30 年前仅占日本的一成多，到现如今已经达到日本的三倍之多。中日两国的经济实力从强弱差距甚大转变为强强并列，这导致日本在看待中国时出现失衡心态。两国的历史问题和意识形态问题也加重了日本对中国的疑虑和警惕。这一背景也深刻影响了日本学术界对中国研究的态度，尤其是对中国的军事、安全和外交方面的研究，他们的各种评论、观点及对有关决策机构的建议在很大程度上也引导了日本国民的对华认识，影响了日本政府的对华决策。

第三，中国研究在日本越来越受重视，从事中国研究的学者越来越活跃，社会地位相对提高。如今，日本的电视、互联网、报纸等各种媒体对中国报道的频率和篇幅都远大于中国对日本的报道。有关中国的政治、经济、外交、军事、安全等各种社会热点充斥着日本的媒体。由日本政界、经济界、学术界组织的各种关于中国问题的讨论会层出不穷。此外，中国问题研究专家的社会地位得到提升，如庆应义塾大学的中国政治外交专家国分良成于2012年至2021年出任防卫大学校长。中国问题专家被任命为日本军事领域最高学府的掌舵人，足见日本政府对中国的重视。该校另一位中国政治外交方面的研究专家加茂具树在2016年至2018年间被外务省任命为日本驻香港总领事。中国问题专家进入日本对华决策机构，这反映出中国的发展壮大在客观上提升了日本中国问题专家的知名度和社会地位。

2022年是中日邦交正常化50周年。50年来，中日关系经历了友好与合作、友好与摩擦、对抗合作等阶段，未来中日关系的发展趋势对两国都很重要。无论是中国的日本问题研究者，还是日本的中国问题研究者，对两国国民相互的印象和政府决策都具有重要影响。今后，我们仍需继续加强与日本的中国问题研究者的交流和合作，推动他们对中国的了解、理解和善意的支持。

（张利军、史佳可：中央党史和文献研究院信息资料馆）

西班牙语国家

陈岚　靳呈伟 / 文

2021 年 7 月 1 日，习近平庄严宣告："经过全党全国各族人民持续奋斗，我们实现了第一个百年奋斗目标，在中华大地上全面建成了小康社会，历史性地解决了绝对贫困问题，正在意气风发向着全面建成社会主义现代化强国的第二个百年奋斗目标迈进。"这引发了拉美国家和西班牙社会各界对中国共产党百年奋斗重大成就和历史经验的热议。在学术研究领域，关于中国问题的研究成果大量涌现，除了一直以来备受关注的传统汉学研究以及双边经贸关系的研究之外，关于中国内政外交政策的研究日益增多。从中可见，西语学者当前更倾向于探究中国经济奇迹背后的制度因素、思想因素和战略因素，以及中国推动的国际秩序变革为他们带来的机遇和挑战。本文立足一手西语文献，通过对 2021 年中国研究学者在主流西班牙语媒体上发表的评论文章、拉美国家智库和西班牙智库发布的中国研究报告以及伊比利亚美洲书刊网络（REDIB）中收录的中国研究相关主题的学术论文和著作进行整理和分析，总结 2021 年西语国家关于中国研究的热点议题和主流观点，力求勾勒出西语学者关于中国研究的脉络。

一、西语国家关注的热点议题及主要观点

2021 年，西语国家中国研究关注的主题较为多元。整体来看，关于习近平新时代中国特色社会主义思想、中国共产党百年奋斗的重大成就和历史经验、中国的全球战略、中国的抗疫经验等主题的研究相对较为集中。

（一）习近平新时代中国特色社会主义思想

不少西语学者用“第三次飞跃”“第三段历史”等表述概括习近平开启的中国新时代。前古巴驻华外交官何塞·路易斯·罗瓦伊纳（José Luis Robaina）认为，习近平时代是中国在继毛泽东时代和邓小平时代之后实现的第三次飞跃[①]。无独有偶，西班牙中国政策观察网主任胡里奥·里奥斯（Xulio Ríos）、阿根廷萨尔瓦多大学中国研究系主任马豪恩（Jorge Malena）等也将新中国历史分为三个时期。他们认为，新中国的第一段历史是由毛泽东开启的，他领导了社会主义革命和建设；第二段历史是由邓小平开启的，他开启了改革开放和社会主义现代化建设新时期，引导中国迈出了走向经济强国的第一步；第三段历史由习近平开启，他打击腐败、刺激国内消费、引领技术创新，领导中国发展成为具有重要国际影响力的大国[②]。

① José Luís Robaina García, “China, Tercer Gran Salto Adelante” , https://rebelion.org/china-tercer-gran-salto-adelante/.

② Xulio Ríos, “ La Tercera Historia del PCCh” , https://politica-china.org/areas/sistema-politico/la-tercera-historia-del-pcch; Jorge E.Malena, “Mirada Retrospectiva y Prospectiva en el Centenario del PCCh” , https://eleconomista.com.ar/internacional/mirada-retrospectiva-prospectiva-centenario-pcch-n44502.

一些西语学者非常关注习近平新时代中国特色社会主义思想对中华优秀传统文化的继承和发扬。古巴国际政治研究中心亚洲大洋洲室主任卢维斯雷·冈萨雷斯·塞斯（Ruvislei González Saez）认为，“不忘初心”的提出与重新定义中国人身份的愿望密切相关。在引入马克思列宁主义来寻求现代化的一个世纪后，中国共产党领导层认为需要重新保护其传统、文化、哲学、习俗，以及几个世纪以来确立中国人身份的价值观[①]。里奥斯则对中国的东西文化融合和平衡给予很高评价——习近平新时代中国特色社会主义思想深入挖掘中华优秀传统文化精髓，突出了中华民族要素的重要性。“不忘初心”的倡议并没有跌入狭隘、孤立、保守的民族主义窠臼，它既强调古典思想的重要性，重申马克思主义和毛泽东思想，又兼顾西方理论中的主导概念。在一定程度上，习近平新时代中国特色社会主义思想是通过历史传统与当代意识形态的融合体现中国式的解读，取得了更好的效果[②]。

（二）中国共产党百年奋斗的重大成就和历史经验

2021 年，中国共产党迎来百年华诞。古巴《格拉玛报》、阿根廷《时代报》、智利《三点钟报》等拉美主流报纸纷纷策划刊发关于中国共产党百年辉煌历程的专题文章。致力于中国研究的西语国家智库和学者发表大量相关主题的评论文章和专著，其中比较有影响

① Ruvislei González Sáez, “100 Años del Rol del Partido Comunista en la Proyección Externa de China y Sus Relaciones con Otros Partidos” , en María Francesca Staiano y Norbert Molina–Medina(eds.), El Centenario del PCCh 1921–2021, Asociación Venezolana de Estudios sobre China (AVECH), 2021, p. 129.

② Xuio Ríos, “Es la Democracia Liberal un Tigre de Papel? El Partido Comunista de China, la Democracia y la Reforma Política: de Mao a Xi Jinping” , en María Francesca Staiano y Norbert Molina–Medina(eds.), *El Centenario del PCCh 1921-2021*, Asociación Venezolana de Estudios sobre China (AVECH), 2021, p. 108.

力和代表性的作品包括：里奥斯的《共产主义在中国的巨变：中国共产党历史 1921—2021》（*La Metamorfosis del Comunismo en China. Una Historia del PCCh: 1921-2021*）一书以及《中国共产党：不断适应的一个世纪》《中国共产党的世纪》等系列文章；安第斯大学委内瑞拉中国研究会出版的《中国共产党百年（1921—2021）》（*El Centenario del PCCh 1921-2021*）一书；古巴外交部国际政治研究中心发表的文章《中华百年大业》；阿根廷国会大学国际研究系学者胡安·克鲁斯·坎帕格纳（Juan Cruz Campagna）主编的《中国：民主、政治代表和社会合法性——中国共产党百年历程研究》（*China: Democracia, Representación Política y Legitimidad Social. Balance a 100 años de la Fundación del PCCh*）一书；阿根廷共产党中央政治局委员、阿根廷《马克思主义研究》期刊主编马塞洛·法比安·罗德里格斯（Marcelo Fabián Rodríguez）主编的《面向未来以史为鉴：中国共产党的百年历程》（*La Apertura del Futuro con la Historia como Espejo. Un Siglo del Partido Comunista de China*）一书等。

里奥斯总结道，中国共产党是一系列加法的总和。一直以来，中国共产党都没有放弃自己的初心[①]。中国共产党的历史在很大程度上就是中国近百年来的历史。不研究中国共产党的历史，就不可能认识和理解今天的中国[②]。专注于中国问题报道的《加泰罗尼亚日报》驻华记者阿德里安·丰西亚斯（Adrián Foncillas）认为，中国共产党的百年历史超出了西方人的一般认知。在这部分人看来，源自德国的马克思主义似乎很难在农业化的中国大地上扎根。然而百年来，中国共产党经受住了各种重大挑战，在长期艰苦的斗争中变

① Xulio Ríos, La Metamorfosis del Comunismo en China. Una Historia del PCCh: 1921–2021”, Editorial Kalandraka, 2021, p. 1.

② Xulio Ríos, “Ocho Tesis sobre el Centenario del PCCh”, https://politica–china.org/areas/sistema–politico/ocho–tesis–sobre–el–centenario–del–pcch.

得日益强大，至今依然生机勃勃[①]。西班牙 IE 大学中国研究中心主任唐梦龙（Felix Valdivieso）则将中国共产党的历史比喻为一段史诗，认为在中国共产党的领导下，中国已成为一个焕然一新的中国，完成了自我重塑[②]。阿根廷《当代》杂志主编、国会大学研究员伍志伟（Gustavo Ng）认为，中国共产党最重要的执政基础就是让中国人民重新团结起来，战胜 19 世纪中叶以来的长时段危机，并领导中国发展成为受到国际社会尊重的强国。百年来，中国共产党领导了三次解放斗争：通过反帝斗争，将中国人民从欧洲列强和日本的手中解放出来，增强了中国人民的民族自豪感；通过土地改革，将中国人民从封建势力手中解放出来；如今，将中国人民从贫困中解放出来，是中国共产党领导的第三次解放[③]。

习近平在庆祝中国共产党成立 100 周年大会上的讲话中提到："中华民族任人宰割、饱受欺凌的时代一去不复返了。"这句话在曾经长期遭受殖民的拉美国家中产生了强烈共鸣。一些西语国家的学者对中西方进行了对比研究。阿根廷国会大学国际研究系学者坎帕格纳强调，中国是唯一一个没有通过侵略、殖民、发动对外战争而成为世界强国的国家[④]。阿根廷地缘政治研究所所长鲁文·达里奥·古塞蒂（Rubén Darío Guzzetti）指出，放眼世界，西方大国陷

---

① Adrián Foncillas, "El Partido Comunista Chino Cumple 100 años", https://www.elperiodico.com/es/internacional/20210701/partido-comunista-chino-cumple-100-11869922.

② Felix Valdivieso, "La épica del Centenario: el Partido Comunista de China", https://www.eluniverso.com/opinion/columnistas/la-epica-del-centenario-el-partido-comunista-de-china-nota/.

③ Gustavo Ng, A 100 años de Su Fundación, No Hay China sin el PCCh, https://www.tiempoar.com.ar/mundo/a-100-anos-de-su-fundacion-no-hay-china-sin-el-pcch/.

④ Juan Cruz Campagna, "Partido Cominista de China: Balance a Cien Años de su Fundación. Un Análisis desde la Ciencia Politica y las Relaciones Internacionales", en Juan Cruz Campagna (ed.), *China: Democracia, Representación Política y Legitimidad Social*, Mendoza: Ediciones Universidad de Congreso, 2021, pp. 91-92.

入一片混乱，中国却如嘈杂中的清音，示人以希望与美好。在当前的国际形势下，以发达国家为主的反人类行为与中国共产党领导中国所取得的巨大成就形成了鲜明的对比[①]。

阿根廷拉普拉塔国立大学国际关系学院中国研究中心主任司芙兰（María Francesca Staiano）也分析了中国的现实与西方世界的鲜明对比。她指出，中国共产党牢记中国人民曾经的苦难，不断地工作、学习、进步，永不停息，努力实现崇高目标和国际社会普遍认可的共同价值观——平等、消除贫困、完善社会权利、小康国家、环境保护、社会可达性和流动性。相反，当今西方沉迷于单极或双极的静态体系中，病态地理解新自由主义、财富的过度积累、财富的金融化、工作剥削、长期失业等概念，以解释西方国家国内、国际政治面临的问题，包括公民受自由秩序主义势力的奴役、公民仅仅是消费者、公民变成政治的旁观者、傀儡民主、人民在思想窒息的情况下缺乏任何改革的动力等[②]。

许多西语学者在充分肯定中国共产党百年辉煌成就的同时，还试图分析中国共产党取得成功的经验，主要可以归纳为以下几点。

第一，中国共产党不断推动马克思主义中国化，在保持意识形态连续性的基础上进行理论创新。鉴于拉美国家政治常常陷入“钟摆式”波动，拉美学者对中国意识形态的连续性给予高度评价。阿根廷阿中战略合作观察网执行主任帕特里西奥·朱斯托（Patricio Giusto）提出，毛泽东思想、邓小平理论以及习近平新时代中国特色

① Juan Cruz Campagna, “Partido Cominista de China: Balance a Cien Años de su Fundación. Un Análisis desde la Ciencia Politica y las Relaciones Internacionales” , en Juan Cruz Campagna (ed.), *China: Democracia, Representación Política y Legitimidad Social*, Mendoza: Ediciones Universidad de Congreso, 2021, pp. 91–92.

② María Francesca Staiano, “100 Años del Partido Comunista de China: Una Revolución” , https://www.iri.edu.ar/index.php/2021/06/29/100–anos–del–partido–comunista–de–china–una–revolucion/.

社会主义思想都是中国共产党领导人在忠实捍卫从前人那里获得的遗产的基础上，通过自己的贡献和经验不断进步取得的成果①。里奥斯将中国共产党走过的百年比喻成一条清晰的连续线，它引领中华民族的理想贯穿其中，为中国发展提供了主要推动力②。西班牙胡安卡洛斯国王大学当代史教授劳尔·拉米雷斯（Raúl Ramírez）强调，中国共产党努力让马克思主义不断适应中国国情，推动马克思主义中国化，使马克思主义理论适应中国国情③。塞斯也高度肯定了基于马克思主义的中国特色社会主义理论④。

第二，中国共产党具有很强的调适能力。20 世纪 60 年代，西语学者研究毛泽东思想时，试图从“乌托邦主义论”探索毛泽东思想的起源。墨西哥学院亚非研究中心中国当代史教授罗梅尔·科尔内霍（Romer Cornejo）曾在《中国的乌托邦及其边界》一文中指出，中国共产党吸收了马克思主义中关于共产主义乌托邦的观念⑤。然而，历史证明，正是中国共产党的务实性和调适性使得拉美学者曾经怀疑的“乌托邦”变成了现实。正如拉米雷斯所言，中国共产党已经变成一个以人民福祉为中心的管理型政党，而不是仅有乌托邦理想

---

① Patricio Giusto, “Las Claves del Exito del Partido Comunista Chino en Su Camino al Centenario”, https://eleconomista.com.ar/2021-06-las-claves-del-exito-del-partido-comunista-chino-en-su-camino-al-centenario/.

② Xulio Ríos, “Ocho Tesis sobre el Centenario del PCCh”, https://politica-china.org/areas/sistema-politico/ocho-tesis-sobre-el-centenario-del-pcch.

③ Fundación Consejo España China, “El Centenario:100 Años del Partido Comunista Chino”, https://spain-china-foundation.org/100-anos-pcc/.

④ Ruvislei González Saez, “Significación del Centenario del Partido Comunista de China en el 2021”, en Gabriel Merino; Lourdes María Regueiro Bello, Wagner Tadeu Iglecia (eds), *Transiciones del Siglo XXI y China: China y Perspectivas Post Pandemia III*, Buenos Aires: CLACSO, 2021, p. 31.

⑤ Romer Cornejo Bustamante, “De la Utopía y Sus Límites en China”, Estudios de Asia y África, Vol.67, No.1, 1986, p. 53.

的意识形态政党[①]。塞斯认为，在其百年历史中，中国共产党一直在适应每一刻的历史现实，知道如何进行必要的转变，适时调整方向，这既需要改变心态，还必须付诸具体行动。在此过程中，中国共产党人不乏面临巨大挑战，但是始终向着中长期远景规划的方向努力。这既体现了中国共产党领导层的战略聚焦，也展现了他们不畏挑战和矛盾，坚定拥抱机遇的信心[②]。中国共产党反复强调，任何国家的社会经济发展模式不应一成不变，必须根据其所处的历史时刻的实际情况进行调整。因此，中国共产党通过制定和实施一系列政策，坚定发展生产力，推动建立现代产业体系，优化经济模式[③]。聚焦于当代，里奥斯则认为，在建党百年后的今天，中国共产党依然在推动重大转变：一方面，在内省思维的影响下，将法治精神重新融入政治生活中，推动制度的不断更新和完善；另一方面，突出马克思主义意识形态的重要性，强调建党的初心和使命[④]。

第三，中国共产党拥有标准严格的选贤制度。中国共产党汲取古代科举制度的精华，推动形成符合时代要求的精英公务员制度。拉米雷斯高度评价中国的公务员制度。他指出，中国不是贵族治国，而是建立了一套考试制度，通过竞争性考试招募最有能力的人[⑤]。坎帕格纳则认为，中国共产党党员有一系列选拔标准，可能是世界上最苛刻的条件。党的领导人的晋升阶梯同样非常严格，需要

① Fundación Consejo España China, "El Centenario:100 Años del Partido Comunista Chino", https://spain-china-foundation.org/100-anos-pcc/.

② Ruvislei González Saez, "Significación del Centenario del Partido Comunista de China en el 2021", en Gabriel Merino, Lourdes María Regueiro Bello, Wagner Tadeu Iglecia (eds), *Transiciones del siglo XXI y China: China y Perspectivas Post Pandemia III*, Buenos Aires: CLACSO, 2021, p. 32.

③ Ibid., p. 29.

④ Xulio Ríos, "Partido Comunista Chino: un Siglo de Adaptación", https://politica-china.org/areas/sistema-politico/partido-comunista-chino-un-siglo-de-adaptacion.

⑤ Fundación Consejo España China, "El Centenario:100 Años del Partido Comunista Chino", https://spain-china-foundation.org/100-anos-pcc/.

拥有丰富的管理经验，参与过一系列培训，还要具备很强的个人能力，既要有理论水平也要有实操经验，更要有强大的适应能力和应对能力[①]。朱斯托强调，在中国，人民很看重绩效和集体努力，这是西方人难以理解的。当无法在规定期限内完成任务目标时，负责的官员会受到惩罚；而工作业绩突出的官员往往会脱颖而出，得到重用[②]。曾任西班牙《先锋报》驻华记者的伊西德雷·安布罗斯（Isidre Ambrós）经过观察得出结论，在新时代，中国青年看到自己国家的全球影响力不断提升时，会产生强烈的民族自豪感，更加积极地争取加入中国共产党这个让国家变得伟大的政治团体[③]。

第四，中国共产党具有超高的治理效率。朱斯托认为，中国共产党有条不紊地制定严谨的五年规划，包括具有可行性的具体目标以及非常详细的期限，并且通常会严格执行[④]，这是中国共产党实现治理效率的根本保障。里奥斯提出，中共十八大以来，中国共产党进一步加强对各个领域的领导，特别是经济领域。以数字治理为例，中国共产党处罚了垄断市场并掌控用户数据的公司滥用职权和腐败行为，取得了积极成效。企业垄断是世界各国政府面临的共同问题，一些西方政府也曾尝试进行整治，比如美国和欧盟都曾表现出惩戒谷歌、亚马逊、脸书等巨头的意愿，但都没有成功。相比之下，中

① Juan Cruz Campagna, “Partido Cominista de China: Balance a Cien Años de Su Fundación. Un Análisis desde la Ciencia Politica y las Relaciones Internacionales”, en Juan Cruz Campagna (eds), *China: Democracia, Representación Política y Legitimidad social*, Mendoza: Ediciones Universidad de Congreso, 2021, pp. 63–75.

② Patricio Giusto, “Las 8 Lecciones de China para Luchar contra la Pobreza”, https://eleconomista.com.ar/2021-03-las-8-lecciones-de-china-ara-luchar-contra-la-pobreza/.

③ Fundación Consejo España China, “El Centenario:100 Años del Partido Comunista Chino”, https://spain-china-foundation.org/100-anos-pcc/.

④ Patricio Giusto, “Las 8 Lecciones de China para Luchar contra la Pobreza”, https://eleconomista.com.ar/2021-03-las-8-lecciones-de-china-ara-luchar-contra-la-pobreza/.

国再一次展示了其超高的治理效率[①]。

第五，中国共产党以发展为导向实施社会凝聚政策，建构无形但牢固的党、国家与人民的三角关系。塞斯认为，虽然并非所有中国人都是中国共产党党员，但是中国共产党是中国社会的主导力量，有能力在经济和文化层面整合社会[②]。除敌对分子和破坏分子外，团结一切可以团结的力量是中国共产党的光荣传统。党不仅仅是国家政策的制定者，更是维系社会团结的中坚力量，是团结国内外一切可以团结的力量、为建设伟大的社会主义中国而奋斗的领导力量[③]。唐梦龙认为，正是中国传统文化蕴含的力量，使得中国共产党不断调和各方利益，将市场利益与公共利益结合起来，并将其转化为向心力，加快发展步伐。这种公共利益与个人利益相结合的社会政策反过来又与国家长期规划和目标相协调，使国家能够朝着一个方向前进[④]。

（三）中国的抗疫经验

2021 年，拉美学者更加关注和肯定中国的抗疫表现。正如罗德里格斯所说，当全球陷入新冠肺炎疫情公共卫生危机之际，正是社会主义价值观得到充分彰显之时。中国出色的抗疫工作使其成为反

---

① Xulio Ríos, "Xi Jinping y el Riesgo Digital", https://politica-china.org/areas/sistema-politico/xi-jinping-y-el-riesgo-digital.

② Ruvislei González Saez, "Significación del Centenario del Partido Comunista de China en el 2021", en Gabriel Merino, Lourdes María Regueiro Bello, Wagner Tadeu Iglecia (eds), *Transiciones del Siglo XXI y China: China y Perspectivas Post Pandemia III*, Buenos Aires: CLACSO, 2021, p. 29.

③ 贺钦：《中国共产党百年历程及其历史意义——访古巴外交部国际政治研究中心亚太部主任卢维斯雷·冈萨雷斯·塞斯》，载《马克思主义研究》2021 年第 3 期。

④ Felix Valdivieso, "La épica del Centenario: el Partido Comunista de China", https://www.eluniverso.com/opinion/columnistas/la-epica-del-centenario-el-partido-comunista-de-china-nota/.

应迅速、组织有力和团结协作的典范。中国取得的抗疫成效以及对人民群众的关心和重视，向全世界展示了人道主义精神和社会主义价值观[①]。

不少西语学者认为，疫情发生后，中国向许多发展中国家援助疫苗，充分体现了中国的责任担当意识，进一步巩固和扩大了中国的国际影响力。西班牙国立罗萨里奥大学国际政治和经济研究中心教授、阿根廷中国研究小组协调员卡拉·奥利瓦（Carla Oliva）表示，中国是世界上为数不多的具有先进实验室水平的国家，疫苗援助充分展现了中国在生物医药技术领域的科研能力[②]。中国也由此成功地扩大其对美国和欧洲援助范围之外的国家的影响力。墨西哥总统洛佩斯向美国政府寻求疫苗支持，以促进北美地区健康稳定和安全时，美国拒绝与墨西哥或其他邻国共享疫苗。然而，当墨西哥向中国政府求助时，中国政府迅速答应，并及时将疫苗交付墨西哥政府。与此同时，随着无人陪伴的墨西哥未成年人抵达美国边境，移民危机达到了新高度，美国不得不批准向墨西哥运送阿斯利康疫苗。此外，中国还向多米尼加共和国、萨尔瓦多等国捐赠医疗设备、现金和疫苗，促成拉美各国对中国负责任行为体的身份认定。墨西哥蒙特雷理工学院教授丹尼尔·莱穆斯–德尔加多（Daniel Lemus-Delgado）分析指出，虽然疫情的暴发推动了中国外交政策向更为积极进取的方向转变，但中国的疫苗援助并不是出于称霸世界的目的。当前，中国的外交政策具有更广泛的维度，更侧重于巩固中华民族伟大复兴的愿景[③]。

① 马塞洛·法比安·罗德里格斯、楼宇:《阿中两党关系的历史和中国共产党的百年辉煌》，载《世界社会主义研究》2020 年第 9 期。

② Carla Oliva, “China y Diplomacia de Vacuna, el Rol de la Ciencia y la Tecnologia en el Actual Contexto Internacional”, *Análisis CIPEI*, No. 8, 2021, p. 2.

③ Daniel Lemus-Delgado, “La Diplomacia China y la Batalla por la Verdad durante la Pandemia de COVID-19”, *Estudios Internacionales*, Vol. 53, No. 199, 2021, pp. 91-114.

（四）中美关系与国际格局的重构

中美关系与国际格局的变化无疑是当今世界关注的焦点，也受到西语学者的广泛关注。西语国家的学者普遍认为美中进入了全面战略竞争的时代。整体而言，他们认为美国和中国是当今全球地缘战略的主要参与者，拥有最强大的综合实力，可以超越国界行使权力并改变地缘政治的现状，因此美中关系的走向将直接影响国际秩序的变化方向。

一些学者从文化和制度层面阐释国际格局的重构问题。哥伦比亚战争高级学院教授卡洛斯·拉斐尔·布里托·隆多尼奥（Carlos Rafael Britto Londoño）表示，同以往不同，当前国际体系的转型是西方道路遭遇文明危机的体现[①]。阿根廷二月三日国立大学教授法比安·博索尔（Fabián Bosoer）认为，在由亨廷顿定义的第三波民主化浪潮（1974—1990 年）以及以争取权利的社会动员为标志的第四波民主化浪潮（21 世纪前 20 年）之后，很多指标显示西方民主已经进入倒退或衰退的周期，这不仅反映在成熟的民主国家，也影响到初建民主体制的新兴国家。以自由主义为主导的国际秩序正在陷入不可逆转的深刻危机。中国已成为寻求重塑世界的力量。中国作为世界强国的定位不仅体现在经济和地缘政治方面，在意识形态、软实力和文化方面也是如此[②]。不少学者探讨中国在国际格局重构过程中发挥的作用能够达到何种程度，他们的意见并不统一。墨西哥中国问题研究专家、前驻华大使欧亨尼奥·安吉亚诺·罗奇（Eugenio Anguiano

① Carlos Rafael Britto Londoño, "Colombia en la Era de las Transiciones: Lineamientos Geoestratégicos para el Siglo XXI desde un Neorrealismo Ecológico", *Estudios en Seguridad y Defensa*, Vol. 16, No. 31, 2021, p. 167.

② Fabián Bosoer, "China en América Latina: el Partido y los Partidos", https://www.elmostrador.cl/dia/2021/07/31/china-en-america-latina-el-partido-y-los-partidos/.

Roch）从地缘政治的角度出发，提出在中国和美国的分别推动下，世界格局正在重组。美国除了想要重新夺回在拉美、东亚、东南亚以及非洲的影响力之外，还会加强对北约的领导。中国则以上海合作组织为基础，有可能与俄罗斯和中亚国家加强联系。如果这些向心力得到巩固，世界经济和政治秩序将进入新的两极时代[①]。西班牙庞贝法布拉大学教授巴布洛·帕雷哈·阿尔卡拉斯（Pablo Pareja Alcaraz）则持不同观点，认为受不确定因素的影响，未来的发展趋势尚不明确。他指出，现在为自由主义国际秩序的演变趋势下论断为时过早。同其他国际行为体一样，中国也在这片不确定的海洋中航行。然而，同许多国家不同的是，中国必须决定是否要掌舵，或者相反，是否更愿意将这个决定推迟到未来的某个时刻，等待更多顺风吹来[②]。

尽管对某些方面的判断存在意见分歧，但许多学者都认为，中美之间的竞争和摩擦短期内很难结束。正如联合国拉丁美洲经济委员会国际贸易和一体化部主任奥斯瓦尔多·罗萨莱斯（Osvaldo Rosales）所述，拜登的产业政策立法堪比“登月之旅”，被美国媒体称为“中国工程”，是数几十年来美国历史上最大的投入。它将千方百计阻止中国在5G网络、人工智能、机器人技术等高技术方面的进步。中国以“构建以国内大循环为主体、国内国际双循环相互促进的新发展格局”作为回应，进一步强调国内的创新发展[③]。阿根廷萨米恩托将军国立大学教授马里亚诺·特里西（Mariano Treacy）认为，五年规划是由中国共产党领导的具有连贯性和延续性的长期规

① Eugenio Anguiano Roch, “Confrontación entre Estados Unidos y la República Popular China”, *Cuadernos de Trabajo del Cechimex, Revista bimestral*, No. 1, 2021, p. 15.

② Pablo Pareja Alcaraz, “Cómo Entender China en un Contexto de Transición? Algunas Claves para Analizar el Papel de una Superpotencia Global ya Consolidada”, https://revistaidees.cat/es/como-entender-china-en-un-contexto-de-transicion/.

③ Osvaldo Rosales, “El bloqueo a Huawei y el 5G Golpea en la Línea de Flotación del Modelo Chino”, https://www.lapoliticaonline.com.ar/nota/135094-el-bloqueo-a-huawei-y-el-5g-golpea-en-la-linea-de-flotacion-del-modelo-chino/.

划，中国还将一如既往地保持政策的稳定性，继续保持对外开放的务实经济政策，在国际舞台上发挥越来越大的作用①。

面对中美关系变化与国际格局重构的新形势，部分学者更多地看到了中国为发展中国家带来的机遇。塞斯认为，中国创建的亚洲基础设施投资银行不同于世界银行、国际货币基金组织等传统国际金融机构，为构建新型金融关系提供了新选择。中国方案不同于西方大国实行的传统金融和经济政策，专注于优势共享的合作，这会令各方从中受益②。巴西米纳斯吉拉斯天主教大学国际关系教授雅维耶·巴德利（Javier Vadell）也认为，对越来越多的发展中国家而言，中国已经成为最大的贸易伙伴、债务持有者和投资者。中国可以成为拉美和加勒比地区一个前所未有的、长期性的、包容性的发展战略合作伙伴③。

二、西语国家中国研究的特点和成因分析

通过对 2021 年西语学者的中国研究议题和观点的梳理可以看出，西语学者整体对中国的执政理念和政策实践持相对积极的态度，对中国道路和中国方案表现出极大兴趣和热情，这一研究特点在拉

① Mariano Treacy, “La Política Exterior Argentina frente al Volátil Escenario Internacional de la Postpandemia y la Competencia entre China y Estados Unidos: *Aquiescencia, Pragmatismo o Autonomía?”*, *Revista Aportes para la Integración Latinoamericana*, Vol. 44, No. 35, 2021, p. 13.

② Ruvislei González Saez, “Significación del Centenario del Partido Comunista de China en el 2021”, en Gabriel Merino, Lourdes María Regueiro Bello,Wagner Tadeu Iglecia (eds), *Transiciones del Siglo XXI y China: China y Perspectivas Post Pandemia III*, Buenos Aires: CLACSO, 2021, p. 34.

③ Javier Vadell, Florencia Rubiolo, “China y la Economía Política de la Pandemia en América Latina y el Caribe en la Conturbada Geopolítica del Siglo XXI”, *Revista Temas y Debates*, Vol. 24, Número especial, 2020, pp. 43–50.

丁美洲左翼进步学者的身上体现得尤其明显。究其原因，主要可以从以下几个方面进行分析。

（一）一些西语国家陷入了民主政治危机

在新冠肺炎疫情暴发之前，拉美多国已经发生了大规模的社会动荡，政治生态恶化。新冠肺炎疫情暴发之后，百年变局与世纪疫情效应叠加，更是对拉美国家形成全方位的冲击和影响。拉美国家的民主体制缺乏化解政治和社会难题的能力，导致政党碎片化、恶性竞争、议会高度极化，难以达成共识推行国家治理政策。因此，民众对当前民主体制的不满增加，不信任危机蔓延。根据2021年拉美晴雨表的调查，只有25%的拉美民众对民主制度感到满意[①]。从2010年到2020年，支持民主制度的人数比例减少了14个百分点[②]。其中，60%的阿根廷民众认为本国民主体制存在巨大问题，秘鲁、厄瓜多尔、智利和哥伦比亚等国的统计数据也超过了50%[③]。可以说，拉美已成为民众对民主制度最不满意的地区之一。因此，拉美学者开始探讨“非西方道路”的可能性，他们急迫需要通过研究中国共产党执政的成功经验，寻找中国制度和道路的密钥以反思西方代议制民主制度面临的危机，寻找解决当下危机的方案。

（二）西语左翼学者长期深入思考国际秩序的替代方案

社会主义思想在拉美地区源远流长，是拉美的主要政治思潮之

---

① Corporación Latinobarómetro, *Informe Latinobarómetro 2021*, Santiago de Chile: Latinobarómetro, 2021, p. 38.

② Ibid., p. 19.

③ Ibid., p. 30.

一，也对其他西语国家产生了辐射性影响[①]。拉美国家长期财富收入分配不均，社会矛盾比较尖锐。作为一种价值理念和政策选择，社会主义所倡导的社会公平主张对广大中下社会阶层有较大的号召力和影响力，在拉美有深厚的社会基础。对一直致力于批判资本主义的拉美社会主义者和马克思主义者来说，社会主义中国的成功经验恰好为他们提供了有力论据。中国方案受到了拉美进步学者和民众的广泛关注。

此外，拉美国家长期受到美国的威慑和干涉，深受门罗主义的影响。拉美学者发展了依附论、中心—外围理论等，深刻揭露西方主导的国际秩序的不公正和非正义性，为建立替代弱肉强食的国际新秩序寻求理论和实践方案。因此，面对中国提出的命运共同体理念和“一带一路”倡议，拉美学者给予了积极响应，将其视为拉美国家对国际合作新模式的有益探索。正如现任职于阿根廷科技与创新部的玛利亚·何塞·哈罗·斯莱（María José Haro Sly）所述，中国和拉丁美洲都属于发展中国家或地区，都寻求在当前的世界体系中发出自己的声音。目前，国际关系理论基本是由美国主导的，西方知识成为全球学术界的标杆，这些知识提供的基本前提是西方的世界观。很多时候，这些概念被认为是非历史性和普世性的，占主导地位的国家盗用了民主、发展等概念的内涵，歧视和妖魔化可以对抗普世主义概念的替代选择，旨在为特权地位和干涉周边国家内政的行为辩护。长期以来，发展中国家被迫接受西方发达国家提出的理论。现在，必须思考发展中国家的具体经验，解构并改革后威斯特伐利亚秩序，采用面向未来的宇宙观的新视角来构建更加公正

---

① 袁东振:《拉美社会主义思想和运动：基本特征与主要趋势》，载《拉丁美洲研究》2009 年第 3 期。

和谐的世界[①]。在实践层面，中国在拉美地区日益增长的影响力则被视为一种积极的发展趋势，中拉合作有助于缓解该地区面对美国干涉的脆弱性。

（三）中国政策在比较视野中得到西语学者的共鸣

在具体政策层面，中国的政策经验得到了西语国家学者的共鸣。西语学者结合本国所面临的实际问题，对中国解决相似问题的做法进行分析，尝试为本国提供可借鉴的对策建议。例如，由于大量古巴裔移民在美国定居生活，古巴学者比较关注中国共产党团结海外华人华侨的政策。塞斯特别提到，中国共产党对国家和社会的领导，推动包括华侨在内的各族人民的社会凝聚力具有重要意义，这一点为在海外拥有大量移民的古巴提供了典范[②]。缺乏群众基础是制约拉美共产党发展的决定性因素之一，而中国共产党则视党群关系为鱼水关系，这一点引起拉美共产党的关注和学习[③]。此外，由于中国成功实现了脱贫攻坚的目标，中国的社会政策也成为西语学者关注的焦点。正如朱斯托所述，中国政府制定社会政策，专注于扩大和改善公共服务，让所有公民都有获得高质量公共服务的机会。在中国，很难想象一家私人公司或私人组织可以充当国家与穷人之间谈判的

---

① Maria José Haro Sly, Nicolás Canosa y Ricardo Lópes Korz, “Aportes desde el Sur Global a la Teoría y Práctica de las Relaciones Internacionales: la Política Exterior de PCCh” , en Juan Cruz Campagna (ed.), *China. Democracia, Representación Política y Legitimidad Social. Balance a 100 años de la fundación del PCCh*, Mendoza: Ediciones Universidad de Congreso, pp. 110–111.

② Ruvislei González Saez, “Significación del Centenario del Partido Comunista de China en el 2021” , en Gabriel Merino, Lourdes María Regueiro Bello, Wagner Tadeu Iglecia (eds), *Transiciones del Siglo XXI y China: China y Perspectivas Post Pandemia III*, Buenos Aires: CLACSO, 2021, p. 32.

③ 贺钦：《中国共产党百年历程及其历史意义——访古巴外交部国际政治研究中心亚太部主任卢维斯雷・冈萨雷斯・塞斯》，载《马克思主义研究》2021 年第 3 期。

中介，然而不少拉美国家却经常发生这种情况[①]。阿根廷《十二页报》（Página/12）发表的一篇文章《中国，终结极端贫困和促进创业》引起了阿根廷读者的热议。有人将中国当前的扶贫政策与1945—1955年间实行的庇隆主义政策进行类比，认为二者有一定的相似性[②]。

（四）对华友好人士成为西语中国研究学者的中坚力量

通过对西语国家的中国研究者的群体画像分析可以发现，许多研究中国问题的学者都拥有在中国留学或工作的经历，具备一定的中文能力，对中国的政治制度有一定了解，因此他们对中国共产党治国理政中的新提法、新举措、新变化敏锐度较高，能够把握时政热点议题并拓展新的研究领域。几年前，西语国家特别是拉美的中国研究，在机构发展、研究资源和人才建设等方面还面临重重限制[③]。但是近年来，这种情况有了极大的改善，越来越多的拉美和西班牙学者获得进入中国开展田野调查、学术交流和留学工作的机会。他们回国之后成为当地中国研究的中坚力量，推动中国研究智库逐渐走向机制化，推出更多结构化、学术化、规范化的研究成果，在学术领域的影响力不断扩大。例如，智利大学国际问题研究所中国研究项目协调员安德莱斯·博尔克斯（Andrés Bórquez）曾获复旦大学国际政治专业博士学位，阿中战略合作观察网的执行主任朱斯托曾经在浙江大学获得中国研究硕士学位，阿根廷二月三日国立大学

① Patricio Giusto, "Las 8 Lecciones de China para Luchar contra la Pobreza", https://eleconomista.com.ar/2021-03-las-8-lecciones-de-china-ara-luchar-contra-la-pobreza/.

② Diego Mazzoccone, "China, el Fin de la Pobreza Extrema y el Fomento del Emprendedorismo", https://www.pagina12.com.ar/317933-china-el-fin-de-la-pobreza-extrema-y-el-fomento-del-emprende.

③ 郭存海：《拉丁美洲的中国研究：回顾与展望》，载《西南科技大学学报（哲学社会科学版）》2020年第5期。

亚太和印度研究中心主任塞尔吉奥·M. 塞萨林（Sergio M.Cesarín）曾获得北京大学硕士学位。此外，《中国：民主、政治代表和社会合法性——中国共产党百年历程研究》一书的多名撰稿人也有中国留学经历。离任的驻华大使也成为中国研究的重要力量，如前智利驻华大使费尔南多·雷耶斯·马塔（Fernando Reyes Matta）目前为智利安德烈斯·贝略大学的中国研究中心主任。他们在离任之后，转入高校和智库著书立论，接受政府咨询和媒体采访或受邀进行公共演讲，成为“1.5 轨外交圈”中的中国研究专家。在他们的推动下，拉丁美洲社会科学理事会的“中国与世界权力版图”研究小组从 2020 年起定期发布研究报告。2021 年，他们发布了第三份研究报告——《中国和后疫情展望》，汇集了拉美地区一些研究中国问题的专家学者的论文成果，如《2022 年中国社会经济变迁及 2021 年展望》《中国共产党百年华诞的意义》《中智关系 50 年》等，对中国的内政外交进行了较为深入的研究分析。

三、结语

综上所述，许多西语学者已经意识到，中国经济发展取得的成功与综合国力的大幅提升得益于始终坚持中国特色社会主义道路和中国共产党的领导。不少西语学者面对西方民主制度危机，开始反思资本主义制度的种种弊端，探索西方模式的替代方案。然而，一些西语学者特别是西班牙的中国问题研究者，仍然受到西方理论方法和民主价值观的禁锢，在看待中国问题时难免有曲解、误判甚至无知的遗憾。里奥斯曾经说过，西班牙学界和媒体对中国的了解还很薄弱，这是在基本问题上屡屡出现严重错误的原因[①]。未来，我们应该继续深入开展学术领域的人文交流，让西语学者从观念和制度层面更深入地了解中国的国情，同时，积极与西语学者在其关切的问题上进行坦诚的对话和沟通，帮助他们消除对中国的误解。

〔陈岚：浙江外国语学院拉丁美洲研究所、浙江省习近平新时代中国特色社会主义思想研究中心（浙江外国语学院）基地研究院；
靳呈伟：中央党史和文献研究院第一研究部〕

① Xulio Rios, "China desde Aquí", https://revistaidees.cat/es/china-desde-aqui/.

英 国

张壹铭 / 文

中国与英国的关系在近些年内屡有起伏。2015 年习近平主席访问英国后，中英关系进入一段“黄金时期”，政治与经贸关系都有较大发展。2016 年英国公投脱离欧盟后，中国与英国的关系进入一段需要重新审视的阶段。之后的几年间，英国政府对中国事务的不当表态，以及对中国企业在英国投资的干涉，都对中英关系造成了消极影响。在这种背景下，中英关系有两个方面的表现：一方面，部分英国政客、媒体发表不当涉华言论，同时英国与美国、澳大利亚组成的军事联盟对中国安全构成威胁；另一方面，英国政府仍然强调维持中英经贸关系发展的重要性，并声称欢迎中国企业在英国“非战略”领域的投资[①]。时任英国首相鲍里斯·约翰逊也曾在同习近平主席的电话会谈中表达了愿同中国在多领域合作，并且“欢迎中国企业赴英投资合作，愿为中方企业提供开放的营商环境”的态度[②]。在这样的大环境下，2021 年英国当代中国研究的内容呈现多元

---

① Kitty Donaldson, “Boris Johnson Says U.K. Doesn’t Want to Turn Away Chinese Investment”, *Bloomberg*, 2021, https://www.bloomberg.com/news/articles/2021-10-18/johnson-says-u-k-doesn-t-want-to-turn-away-chinese-investment.

②《习近平同英国首相约翰逊通电话》，http://www.xinhuanet.com/politics/leaders/ 2021-10/29/c_1128011146.htm。

化的特点。

本文分为三个部分，对应回答三个问题：谁在进行当代中国研究？研究内容有哪些？研究特点是什么？文章首先介绍英国当代中国研究的现状，通过对研究机构和期刊的介绍，使读者了解当代中国研究的“硬件基础”；接下来从三个角度概述并分析当代中国研究的内容，分别包括中国与英国的关系、中国国际影响、中国国内治理；最后总结英国当代中国研究的三个特点，并对未来研究进行展望。

一、研究现状

为了综合分析英国的当代中国研究，有必要首先梳理当前英国国内的中国研究现状。广义上，中国研究包括汉语语言及文学研究、东方哲学及艺术研究、中国历史研究等汉学研究范畴，这在英国高校的研究及教学机构中也有体现，很多高校的中国研究机构都由一个专业涵盖甚广的跨学科体系构成；狭义上，当代中国研究指的是对当代中国的政治、经济、国际关系及社会等方面的研究，这类研究聚焦当前中国国内与国际形势的动态发展，对现实有较直接的反映和较强的指导意义，也是本文重点关注的范畴。

进行当代中国研究的主体包含高校研究机构和智库。随着中国的发展，高校与智库里的中国研究项目愈加丰富，参与中国研究的人员也愈发增多，本文主要聚焦于2021年有研究成果的机构和学者，并对当代中国研究相关的期刊进行简要介绍。

（一）高校研究机构

随着中国在国际上影响力的提升，当代中国研究在英国高校逐渐获得更多的关注，也有更多的职位向从事当代中国研究的学者开放。关于当代中国研究机构在英国高校中的分布，英国汉学协会（British Association for Chinese Studies）每年都会发布《英国中国研究现状报告》[①]，列举哪些英国高校中有这类研究机构。但由于信息更新速度跟不上实际变化，而且有些从事当代中国研究的学者并不在这类机构，或其所在高校没有中国研究机构，所以该报告并不能完全准确地反映英国高校机构的当代中国研究现状。下文会选取有代表性的机构进行介绍，以作为对该报告的补充。

1. 牛津大学（University of Oxford）

牛津大学中国中心（University of Oxford China Centre）成立于2008年，人员构成涵盖牛津大学所有的四个学部（人文学部，社会科学学部，数学、物理与生命科学学部，医学部），综合了与中国相关的各领域研究，其中尤以人文学部的东方学院（Faculty of Oriental Studies）和社会科学学部的全球与区域研究学院（Oxford School of Global and Area Studies）的学者最多。东方学院主要研究中国文学、语言、哲学、艺术等方面；全球与区域研究学院自2002年起创立当代中国研究项目（Contemporary China Studies Programme），主要研究中国政治、国际关系、经济、社会现象等话题。2021年该项目发表的文章有：瑞秋·墨菲（Rachel Murphy）的《关于中国外出务工村落中的留守及其性别的思考》，丹妮斯·范德坎普（Denise van der

① Tracey Fallon, “Report on the Present State of China Related Studies in the UK”, British Association for Chinese Studies, http://bacsuk.org.uk/state-of-the-field/bacs-report-on-china-related-studies-in-the-uk.

Kamp）的《蛮力管理与官僚控制：理解中国污染治理之战》。帕特丽夏·索顿（Patricia Thornton）在《中国季刊》（*China Quarterly*）关于中国共产党建党百年的特刊中发表了三篇文章，回顾中国共产党的发展历程和领导制度，它们分别是《党一直都在：比较和历史视角的中国共产党》《宪法、运动和委员会：中国共产党民主集中制领导下的一个世纪》《回望中国共产党历史之镜：四个方面》。牛津大学政治与国际关系学院（Department of Politics and International Relations）也有侧重于研究冷战时期中国历史的学者，如拉纳·米特（Rana Mitter）和戈登·巴莱特（Gordon Barrett），但二人在 2021 年并无学术文章发表，故不多做介绍。

2. 伦敦国王学院（King' s College London）

伦敦国王学院中国研究所（Lau China Institute）创立于 2011 年，属于全球事务学院，是一个跨专业的中国研究平台，其成员来自多个学部，研究内容涵盖中国艺术、经济、法律、政治与国际关系等诸多领域。2021 年该研究所人员发表的文章较多，研究所主任凯瑞·布朗（Kerry Brown）着重研究中国政府和领导人的政治叙事方式，其论文包括：《新时代的中国正确传达信息：宣传、讲故事和如何深入人心的挑战》《习近平的演讲方式：现代中国的词句、情感和叙事》《中国概念中的“胜利”》《最终的胜利：中国的战争经验及其在当今时代扮演的角色》《欧盟、美国和中国：混合多边主义和强调价值观的局限》。扬·克诺里奇（Jan Knoerich）主要研究政治经济问题，其论文包括《中国以经济特区为主导的发展模式是否可行？——想模仿需要更多智慧》《中国新的数字货币：对人民币国际化和美元的意义》等，夏洛特·古德伯恩（Charlotte Goodburn）与克诺里奇合作发表了《引进出口型特区：在印度南方农村复制中国城市化模式的过程与影响》。此外还包括康斯坦丁诺斯·齐莫尼斯

（Konstantinos Tsimonis）的《中国共产主义青年团：党的青年组织中的少年力量和响应性》。

3. 伦敦大学亚非学院（School of Oriental and African Studies, University of London）

伦敦大学亚非学院是英国著名的当代中国研究机构，也是最早开始中国研究的英国学术机构之一，同时还是当代中国研究领域重要期刊《中国季刊》的主编单位。其内部的中国研究院（SOAS China Institute）是一个综合性的研究机构，成员来自该校众多部门，研究领域涵盖多个学科。中国研究院在其网站上开设了博客专栏，供中国问题研究学者发表观点，相比学术期刊，这种专栏文章更像是智库作品，具有更高的时效性和简洁性，可以对即时发生的事件进行分析和评论。此外，2021 年该研究院与中国研究相关的学术成果数量不显著，最具代表性的成果有：中国研究院院长史蒂夫·曾（Steve Tsang）和同事共同发表的《不间断的崛起：基于习近平思想的中国全球战略》，副院长刘捷玉的《中国城市中的童年：三代人的肖像》，茱莉亚·施特劳斯（Julia C. Strauss）的《矛盾的成功、辉煌的失败和历史的余生：马克思和列宁在非洲和亚洲的后记》。

4. 伦敦政治经济学院（London School of Economics and Political Science）

伦敦政治经济学院没有一个专门的中国研究机构，不过在其校属外交政策智库——外交与国际战略中心（IDEAS）[①] 里，运行一个名为“预见中国”（China Foresight）的项目，由该中心主任克里斯·阿尔登（Chris Alden）负责。与亚非学院相似，该项目同样开

---

① 中文名称来源参见 Aaron McKeil, “A Short History of IDEAS”, 2018, https://www.lse.ac.uk/ideas/about.

设了名为“中国对话”（China Dialogues）的博客，为中国研究学者提供讨论的平台，并于 2021 年发表了 31 篇博文。此外，该项目在 2021 年还发表了 5 篇智库报告，包括《中非合作论坛 21 岁：中非关系的未来轨迹》《巨龙降临贝尔格莱德：中国—塞尔维亚伙伴关系的驱动力》《推特与数字外交：中国与新冠肺炎疫情》《协调失败：中美太空竞争的风险》《保护、约束、竞争：跨大西洋经济协调及与中国技术竞争的途径》。该校涉及中国研究的学者主要有三位：克里斯·阿尔登、威廉姆·卡拉翰（William Callahan）和已退休的教授巴里·布赞（Barry Buzan）。阿尔登主要关注中国与第三世界国家的关系，2021 年发表的相关文章有《巴拿马与中国的新外交关系：地缘政治和社会经济影响》《哥斯达黎加、阿根廷、马来西亚、吉布提及其与中国的复杂关系的比较研究：优势、劣势和经验教训》《中国外交政策中的北极和非洲：它们有何不同，这告诉我们什么？》。卡拉翰主要研究中国的全球政治，2021 年无新作发表。布赞是国际关系理论英国学派的代表人物，2021 年发表论文《中国与气候变化治理：一个黄金机会》。

5. 曼彻斯特大学（University of Manchester）

曼彻斯特大学中国研究院（Manchester China Institute）成立于 2018 年[①]，目前尚处于发展阶段，其成员的研究范围包括中国政治、经济、历史和社会现象。该院 2021 年的学术成果有：院长葛小伟（Peter Gries）的《禁止“精日分子”》，李可嘉（Katja Levy）的《没有共同立场：一种空间相关的中欧关系分析》《中国与德国政治合作服务观察》等。在该研究院以外的其他学者，比如社会科学学院的

① 该研究机构区别于由曼彻斯特大学商学院于上海成立的曼彻斯特大学中国中心，也非英国汉学协会报告中的“Centre for Chinese Studies”。前者侧重于 MBA 教学，后者侧重于语言和人文学科的教学。

铃木彰吾（Shogo Suzuki）长期以来也做中国研究，他在2021年发表的论文是《经济治国方略、相互依存和中日“竞争”》。

除了上述五个有代表性的高校研究机构，还有其他一些高校也有中国研究相关的机构，例如杜伦大学的当代中国研究所（Centre for Contemporary Chinese Studies, Durham University）、兰卡斯特大学的中国研究中心（Lancaster University China Centre）、威斯敏斯特大学的当代中国中心（Contemporary China Centre, University of Westminster）、格拉斯哥大学的苏格兰中国研究中心（Scottish Centre for China Research, University of Glasgow）、剑桥大学的亚洲与中东研究院（Faculty of Asian and Middle Eastern Studies, University of Cambridge）等。

另外，还有一些英国学者，尽管他们所在高校没有中国研究机构，但他们本身作为知名中国研究的学者，具有一定影响力。基于2021年的学术成果，下面介绍两位学者。一位是华威大学(University of Warwick)的教授肖恩·布莱斯林（Shaun Breslin），作为英国社会科学院院士，他同时也是亚太研究期刊《太平洋评论》(*The Pacific Review*)的主编之一。布莱斯林今年出版的专著题为《中国已然崛起？中国全球力量研究》，主要讨论中国国际影响力的性质及其对世界秩序的作用。另一位是伦敦大学玛丽王后学院（Queen Mary University of London）的教授李·琼斯（Lee Jones），在已发表的数十篇中国研究著作的基础上，他在2021年与澳大利亚学者沙哈尔·哈梅里（Shahar Hameiri）合作出版《多元中国：国家转型如何塑造中国的崛起》，从国内决策机制的视角分析中国的对外政策。在英国众多的学术机构里，还有一定数量、且具影响力的独立研究中国的学者，在考察英国对华研究时也应注意到这一类学者。

（二）智库机构

智库是英国决策体系中重要的一环，作为学界和政策制定部门之间的“中间人”，可以将实证分析和学术观点糅合成有政策导向的观点和信息，从而影响政策制定过程[①]；作为一种媒介，它可以在公众和政府之间进行民意和政策的双向传递[②]。在实际运作的过程中，智库可以通过承接研究项目、参与专题会议及“旋转门”机制影响英国的政策制定[③]。

根据美国宾夕法尼亚大学发布的《全球智库报告 2020》，英国目前有 515 个智库[④]，其中一些智库有比较明显的政党倾向，例如政治立场偏右，与保守党比较接近的政策研究中心（Centre for Policy Studies）、经济事务研究所（Institute of Economic Affairs）、亚当·斯密研究所（Adam Smith Institute）等，以及政治立场偏左，与工党关系比较密切的费边社（Fabian Society）、公共政策研究所（Institute for Public Policy Research）、外交政策中心（Foreign Policy Centre）等[⑤]。但这类智库重点关注英国国内公共政策和政治经济政策，除了外交政策中心之外，研究国际事务的智库并不多，但就连外交政策

---

① Gregor McLennan and Thomas Osborne, “Contemporary ‘Vehicularity’ and ‘Romanticism’: Debating the Status of Ideas and Intellectuals”, *Critical Review of International Social and Political Philosophy,* Vol. 6, No. 4, 2003, pp. 51–66; Matthew Taylor, “Think Tanks, Public Policy and Academia”, *Public Money & Management*, Vol. 31, Issue. 1, 2011, pp. 10–11.

② Andrew Denham and Mark Garnett, “The Nature and Impact of Think tanks in Contemporary Britain”, *Contemporary British History*, Vol. 10, No. 1, 1996, pp. 43–61.

③ 忻华、杨海峰:《英国智库对英国对华决策的影响机制：以皇家国际事务学会为例》，载《外交评论》2014 年第 4 期。

④ James McGann, “2020 Global Go To Think Tank Index Report”, *TTCSP Global Go To Think Tank Index Reports*, 2021.

⑤ Hartwig Pautz, “British Think-tanks and Their Collaborative and Communicative Networks”, *Politics*, Vol. 34, No. 4, 2014, pp. 345–361.

中心 2021 年也未发表与中国相关的文章。

相比之下，一些专门研究国际事务和国际战略的智库推出的中国研究成果较多。它们大多属于无党派或跨党派类别，其中有些世界排名比较靠前。下面主要介绍这类智库在 2021 年的中国研究情况。

1. 查塔姆研究所（Chatham House）

该智库又名皇家国际事务研究所（The Royal Institute of International Affairs），主要研究国际关系、全球议题及世界不同区域的局势，在全球排名中位居英国智库之首，也是知名期刊《国际事务》(*International Affairs*) 的主办机构。查塔姆研究所拥有英国智库中最庞大的中国研究队伍，常年从事中国研究的人员有 20 位左右，研究内容主要涉及中国的内外政策。

2021 年该智库发表的成果包括《谁决定中国外交政策？》《中国的共产主义世纪：持续的平衡行动》《中国在加速全球绿色转型中的角色》《中国参与全球经济治理的方式》《北京的“疫苗外交”超越了政治对抗》《中国、欧盟、美国在气候与能源上的合作》《印太战略是对中国外交政策的严峻考验》《中美关系：转危为机？》《中国重新拉拢美国盟友的战略》等文章，还有的报告在中美竞争的背景下分析欧洲对华政策的走向，如《欧盟不可持续的中国战略》《重新思考德国的对华政策》等。

2. 国际战略研究所（International Institute for Strategic Studies）

国际战略研究所主要研究全球安全、政治风险与军事冲突，在全球排名中位居英国智库第二位，并且在防务与国家安全领域的全球智库中排名第四位。该智库每年发布名为《军事平衡》(*The Military Balance*) 的年度报告，评估全球 171 个国家的军事实力和国防经济，是研究军事与国防安全的重要刊物。此外，该智库还承办《生存：全球政治与战略》(*Survival: Global Politics and Strategy*)、《战略评论》(*Strategic Comments*)等期刊，探讨国际局势和战略态势。

2021年该智库主要从国家间战略关系、军事能力等角度讨论了中国相关议题，在战略关系方面，其成果包括《中国与阿拉伯海湾国家间关系》《走向核电的中国绿色丝绸之路》《中国在太平洋岛国的战略竞争》等；在军事议题上，相关文章包括《中国在北约议程上的位置》《探索〈中导条约〉之后亚太地区的军备控制：中国在未来挑战中的角色》等。

3. 皇家联合研究所（Royal United Services Institute）

皇家联合研究所是一家研究防务与安全的智库，在防务与国家安全领域排名全球第二，仅次于兰德公司。该智库有较深的英国王室背景，并且现任管理层成员多数为前政府要员，包括前外交大臣威廉·黑格（William Hague）、美国前中情局局长大卫·彼得雷乌斯（David Petraeus）、英国前内阁办公厅大臣戴维·利丁顿（David Lidington）等，因此与政府关系密切。该智库与查塔姆研究所合作的研究项目为“关于中国的跨大西洋对话”（Transatlantic Dialogue on China），讨论中国发展给英美两国带来的压力及应对措施。尽管皇家联合研究所是一个以军事安全见长的智库，但是在该项目中它着重关注的是四个非传统安全问题：电子科技、贸易投资、全球公域、气候变化及能源。

2021年该项目发布的成果包括《欧盟、中国和WTO：评估欧盟的战略和跨大西洋合作的潜力》《关于制定标准的地缘政治》《对于半导体问题布鲁塞尔和华盛顿到底能做什么？》《中国科技的挑战》《限流：数据立法及欧美中三角》《欧洲如何看待与中国的科技接触》等。该智库每年还会以类似期刊的形式发表2—3部接近书籍篇幅的《白厅报告》（*Whitehall Papers*），2021年发表的《中国海外政治行动：风险、反应及澳大利亚的例子》，作者是兰卡斯特大学中国研究中心的代理主任朱波（Andrew Chubb）博士。

（三）学术期刊

从研究视角出发，英国刊载当代中国研究的期刊主要分为三类：一是专门研究中国的刊物，其中最具代表性的是伦敦大学亚非学院主办的《中国季刊》(*The China Quarterly*)；二是地区研究期刊，因其关注范围涉及中国，所以会刊登当代中国研究的论文，这类期刊包括主要刊载第三世界国家、新兴国家及国际发展相关研究的《第三世界季刊》(*Third World Quarterly*)，由华威大学主办、关注亚太地区国家间互动的《太平洋评论》(*The Pacific Review*)，以及由杜伦大学当代中国研究所主办、研究东亚及环太平洋国家的《东亚：国际季刊》（*East Asia: An International Quarterly*）；三是国际关系研究期刊，会将当代中国研究置于国际政治的背景进行讨论，其中包括由查塔姆研究所主办的《国际事务》(*International Affairs*) 和由利兹大学主办的《英国政治与国际关系学刊》(*The British Journal of Politics and International Relations*) 等。下面简要介绍这些期刊2021年关于当代中国研究的发表情况。

在中国研究的期刊中，《中国季刊》涵盖当代中国研究的各个领域，涉及人类学、语言、艺术、经济、地理、历史、国际关系、法律、政治等，其编委会成员来自人文社会科学的各个领域。该期刊的论文来源也很广泛，主要包括中国、美国、加拿大、英国等。2021年英国学者及其他国家合作者联合发表的文章包括密歇根大学教授玛丽·加拉格（Mary Gallagher）和伦敦政治经济学院学者布雷克·米勒（Blake Miller）合写的《是谁而不是说了什么：中国信息管理战略的逻辑》、诺丁汉大学学者阿曼达·温特（Amanda K. Winter）及其同事联合发表的《从雾霾天到蓝天：市民社会对上海空气污染的认知》等。此外，《中国季刊》在2021年11月还推出了一期主题为"中国共产党建党百年：党的新长征"的特刊，专门讨论中国共产党建党一百年以来的制度演进、治理模式和创造性实践。

在地区研究期刊中，《第三世界季刊》因其关注领域涵盖新兴国家及发展中国家之间的互动，所以与中国相关的研究成果也经常出现在该期刊中。该刊物虽然名为季刊，实际上为月刊，每年12期，2021年英国学者的文章主要有：剑桥大学亚洲与中东研究院的学者罗伯特·魏特利（Robert Weatherley）及其同事撰写的《中国的新现代性？生态文明理论及其在"一带一路"倡议中的应用》、布里斯托大学教授张勇进的《在美国贸易战话语中"野蛮化"中国：对华为的攻击》、牛津大学中非关系研究项目负责人哈里·范霍文（Harry Verhoeven）的《非洲解放、亚洲的同志和社会主义者的政治技术》等。

《太平洋评论》着眼于亚太地区尤其是太平洋西岸国家以及国家间的互动。该期刊在2021年刊登了40篇学术论文，其中20篇与中国相关。这些论文来自世界各地，诸如中国、美国、新西兰等。其中由英国学者撰写的文章包括查塔姆研究所副研究员、香港中文大学学者蒂姆·萨摩斯（Tim Summers）的《"一带一路"倡议在中国西南地区：来自云南省的反应》、荷兰莱顿大学的学者迈克尔·桑普森（Michael Sampson）的《中国区域贸易协定的演变：权力动态与亚太地区的未来》、香港城市大学学者贾斯汀·罗伯森（Justin Robertson）的《全球金融网络面临逆风：中国与英属维尔京群岛离岸关系的转变》等。

《东亚：国际季刊》主要研究东亚、东南亚及大洋洲国家的政治、经济与社会问题。该期刊每期只有 5 篇论文，2021 年发表的 20 篇文章中有 12 篇与中国相关，但没有英国学者的著作。尽管如此，本文认为有必要将其作为英国大学主办的期刊列出，以供日后长期观察和参考。

在国际关系研究期刊中，《英国政治与国际关系学刊》一般重点关注英国政治与欧洲研究，但在 2021 年 5 月推出了一期特刊，主题为“中国的外交政策：新时代的变化”，专门讨论新时代中国外交策略及其对国际关系的影响。《国际事务》在 2021 年刊登了 91 篇学术论文，其中 25 篇与中国相关，但没有英国学者的论文。

二、热点议题

（一）关于中国与英国关系的研究

近年来，英国智库越来越多从事政策研究的人员主张英国应该改变对华战略，认为卡梅伦政府时期的“中英黄金时代”的定位已经不再适应当前形势，中英在价值观和对国际秩序的理解上存在越来越大的差异。基于这种认知，多家智库的报告鼓动英国政府重新设计对华战略。比如奥利弗·耶鲁－史密斯（Oliver Yule-Smith）在英国皇家联合研究所撰文称，在中英经贸关系之外，英美特殊关系、东亚地区局势等同样对英国具有重要的利益，用“黄金时代”定义中英关系是卡梅伦政府一种不稳定的策略，在后来继任的政府中，当经贸利益与上述其他利益冲突时，这种关系就会走向终结[①]。

英国外交政策小组（British Foreign Policy Group）于2020年7月发布了《黄金时代之后：重置中英关系》，该报告认为英国在很多问题，尤其是价值观问题上与中国存在根本性的差异。面对这些分歧，该报告建议英国应该一边与中国进行交易和接触，一边增强战略领域的韧性，减少对中国贸易和投资的依赖。同时在一些关键问题上捍卫英国的价值观和利益。

2021年9月，英国外交政策小组又发表了一份基于上述报告的跟踪报告。该报告重申保持接触与强调分歧的观点，同时增加两个新的观点：一个是要增强与世界其他持有相似价值观的伙伴之间的关系，特别是要在西方核心盟友之外，在印太地区寻求发展新的伙伴关系；另一个是当英国与中国发生地缘政治争执时，不能波及华人群体[②]。"华人群体"的概念在2020年的报告中也曾提到过。一方面指的是中国国内的民众，另一方面指的是移民英国的华裔群体。随着这个群体数量的增长，他们将对英国的国内政治产生影响，也将成为英国政府施加软实力影响的对象。

总体来说，英国对英中关系的态度具有两面性，既不舍与中国之间的经贸利益，又强调其与中国之间存在分歧，忌惮中国的政治影响力。英国资深媒体人约翰·汉弗莱（John Humphrys）指出，多年来英国受益于它与中国的贸易往来。进口中国产品使英国物价处于较低的水平，有助于其保持极低的通货膨胀率。中国也为英国提

① Oliver Yule-Smith, "The Gambler's Code: Reassessing the UK-China Golden Age", RUSI, 2020, https://rusi.org/explore-our-research/publications/commentary/gamblers-code-reassessing-uk-china-golden-age .

② Sophia Gaston and Rana Mitter, "Resetting UKChina Engagement: 2021 Update The UK's Evolving Priorities, Geopolitical Developments, and China's New Strategic Framework", British Foreign Policy Group, 2021, https://bfpg.co.uk/wp-content/uploads/2021/09/Resetting-UK-China-Engagement-2021.pdf.

供了巨大的出口市场，尤其在脱欧后，“全球英国”（Global Britain）战略促使其寻求欧洲以外的国际市场，因此维持乃至加深与中国的经贸关系对英国政府的战略非常重要。但另一方面，英国对人权、网络安全、区域安全的重视程度越来越高，这对中英双方能否保持经贸关系平稳发展构成了很大的挑战[①]。这也反映了近年来的一个趋势，即英国的政策研究者对中英关系的态度发生改变。他们认为中英依靠经贸往来保持良好关系的时代已经过去，英国需要重新定位其对华战略。而这种趋势的背后有三个重要因素：第一，中美博弈的大背景下，英国面临越来越大的选边站的压力，而英美之间的特殊关系意味着其与美国的合作面要更大一些，即使在贸易领域，美国也是英国最大的贸易伙伴，中国则排名第六[②]；第二，疫情的持续对全球贸易造成了影响，也使英国愈发意识到依赖中国进口产品会加重其经济的依赖性和脆弱性；第三，英国在价值观问题上与中国的摩擦逐渐加大，导致双边关系受到意识形态干扰的可能性增加。

（二）关于中国国际影响的研究

在英国脱离欧盟之后，英国提出了“全球英国”战略，试图重新构建英国与世界的关系。基于此，英国社会不仅关心与中国的关系，也对中国与世界其他行为体的关系非常关切。英国社会对中国海外关系的观察主要涉及三个方面：中国的外交政策和国际影响力，中国与第三世界国家的关系，以及中国的大国关系。

① John Humphrys, “Britain and China: a Two-Faced New Policy?” , YouGov, 2021, https://yougov.co.uk/topics/politics/articles-reports/2021/03/19/john-humphrys-britain-and-china-two-faced-new-poli .

② Chris Goldsworthy, “UK trading partners and trade relationships: 2020” , Office for National Statistics, 2020, https://www.ons.gov.uk/businessindustryandtrade/internationaltrade/articles/uktradingpartnersananalysisoftraderelationships/2020#uk-trade-with-partner-countries.

1. 中国的外交政策和国际影响力

随着近几十年的发展，“中国崛起”在相当长一段时间里成为形容中国国际影响力的关键词。相对于描述“崛起”的过程，英国华威大学的肖恩·布莱斯林认为现在也许应该讨论“崛起”的状态，即中国是否已经崛起了。在他2021年的著作《中国已然崛起？中国全球力量研究》中，布莱斯林认为，在过去发展的基础上，中国具备了能够影响世界的经济实力，而近十年的发展显示，中国又逐渐明确了试图影响他国甚至改变世界的战略意图。如果说中国之前的国际战略需求是创造一个独立自主的发展空间，那么现在中国想要寻求全球治理模式的改变：通过经济贸易的影响力和治理理念的吸引力，追求治理结构和国际关系的民主化。通过多边机制和“一带一路”倡议，中国在许多发展中国家收获了支持者。中国究竟是已经崛起，还是会继续崛起，一方面取决于中国自身的发展，另一方面取决于国际社会如何认识和理解中国，即它们认知里的未来的中国会是怎样的，这对中国是否能够取得全球治理的领导权至关重要①。

这种对中国新时代国际影响力的探讨也体现在《英国政治与国际关系学刊》中，在其主题为“中国外交政策：新时代的变化”的特刊里，学者们从外交决策的机制和理念、“一带一路”建设、地区危机管理、提供全球性公共物品等方面，讨论了中国新时代外交政策的特点及其对国际社会的影响。其中，牛津大学的罗丝玛丽·福特（Rosemary Foot）及其合作者从发展理念、安全伙伴和主权平等三个角度出发，探讨了美国、俄罗斯、日本在这三个观念上与中国的异同。结论显示，美国与中国差异度最大，俄罗斯最小，而日

① Shaun Breslin, *China Risen? Studying Chinese Global Power*, Bristol：Bristol University Press, 2021.

本则处于美俄立场的中间，作者由此认为当前流行于西方话语中的“新冷战”是一种过分简化的二元对立论，它忽略了一个重要的事实，即两种不同观念之间还有广大的中间派①。

布莱斯林和潘忠岐在特刊的引言中指出，中国的外交政策在新时代确实发生了许多变化。中国不仅想要改变世界、使其更符合中国的外交理念和利益，还具备比之前更多的手段和更强的执行力，来实践上述外交战略。但是，这并不意味着中国所有的海外行为都来自于某个单一部门的决策系统，只有意识到中国海外行为体的多元性和自主性，才能避免在“谁为何做了什么”这个问题上产生误判②。

李·琼斯的《多元中国：国家转型如何塑造中国的崛起》也对中国外交决策系统给予关注。他认为，中国 40 多年的改革开放推动了中国去中心化和国际化的转型，使得国家内部的许多行为体都参与到国际事务中，其中包括不同部委、地方政府和国有企业等③。

2. 中国与第三世界国家的关系

在具体研究对象上，中国与非洲国家的合作是中国对外关系中的重点。2021 年 11 月 29 日举行了中非合作论坛第八届部长级会议，习近平主席在主旨演讲中称赞中非友好合作精神，主张构建新时代中非命运共同体，并具体提出了九项合作工程④。此次会议也引起英国学界的讨论。

---

① Rosemary Foot and Amy King, “China’s World View in the Xi Jinping Era: Where do Japan, Russia and the USA Fit?”, *The British Journal of Politics and International Relations*, Vol. 23, No. 2, 2021, pp. 210–227.

② Shaun Breslin and Pan Zhongqi, “Introduction: A Xi Change in Policy?”, *The British Journal of Politics and International Relations*, Vol. 23, No. 2, 2021, pp. 197–209.

③ Lee Jones and Shahar Hameiri, *Fractured China: How State Transformation Is Shaping China's Rise*, Cambridge：Cambridge University Press, 2021.

④ 外交部，《习近平出席中非合作论坛第八届部长级会议开幕式并发表主旨演讲》，中非合作论坛，http://www.focac.org/chn/ttxxsy/202111/t20211130_10458630.htm。

伦敦大学亚非学院的劳伦·约翰斯通（Lauren Johnston）表示，中国与中非合作论坛成员国的良好关系在飞速发展，今年的东道国塞内加尔尤其如此，以它为代表的非洲国家在“一带一路”倡议中的合作前景非常广阔。尽管今年习近平主席不能现场参会，也不会影响中非合作的推进和发展[①]。伦敦政治经济学院在2021年10月发表一份关于2021年中非合作论坛的报告，指出中非关系在过去20年为非洲的经济增长作出了许多贡献。过去10年间，中国在非洲的基础设施建设大大改变了非洲的状况。新冠肺炎疫情期间中国对非洲国家的疫苗援助也提升了中国的形象。非洲当前面临着疫情、内乱和经济亟待复苏的压力，因此本次中非合作论坛对中非关系的未来发展至关重要[②]。

谈到中国与发展中国家的关系，以美国为首的西方社会热衷于散播所谓的“债务陷阱外交论”。对此，李·琼斯在查塔姆研究所网站撰文驳斥。文章认为，“债务陷阱外交”是一种错误的说法，因为没有什么证据可以证实它。相反，有三点原因可以反驳这一说法：第一，“一带一路”是一个以经济为主的倡议，首先考虑的是经济效益，而让合作国家陷入债务困境显然不符合经济效益；第二，中国的项目并不是用一个框架集中管理的，不同国有公司的利益取向对项目的开发有很大影响，因此很难形成一个统一的所谓“陷阱策略”；第三，贷款的需求来自于接受国本身，是由它们主动提出的需求，中国并没有强迫任何发展中国家借贷。因此把中国与其他国家

① Lauren A. Johnston, “FOCAC 2021 As Ministerial Does Not Signal a China-Africa Downgrade”, China Institute, SOAS, University of London, https://blogs.soas.ac.uk/china-institute/2021/11/26/focac-2021-as-ministerial-does-not-signal-a-china-africa-downgrade/.

② Chris Alden, “Introduction: FOCAC in a Time of COVID-19”, in *FOCAC at 21: Future Trajectories of China-Africa Relations*, China Foresight, 2021, p. 6.

在“一带一路”中的合作称为“债务陷阱”是不成立的[①]。《第三世界季刊》也在 2021 年第 2 期刊登一篇题为《“债务陷阱外交”的谬论与中国发展资金的真相》的文章。作者研究证明，中国的贷款并不是许多非洲国家陷入债务困境的主要原因，大多数此类国家的贷款来自世界银行等多边机构。另外，中国也没有对贷款国家的战略资源和自然资源进行掠夺，中国的贷款主要用在贷款国家急需的基础设施建设上。事实上，中国不干涉内政的援助方式为更多的发展中国家拓展了国际生存空间[②]。

此外，阿尔登指出，中国已经开始致力于实现债务可持续性发展，包括债务可持续性分析框架、针对海外贷款国的债务重组统一机制等，试图构建更高质量的融资政策。这些工作还需要进一步的落实，但中国的政策应该受到欢迎[③]。事实上，中国是落实全球缓债倡议金额最大的国家。根据英国路透社的报道，中国为世界最贫困国家提供了 21 亿美元的债务减缓协议[④]。

尽管中国与非洲国家的合作关系良好，在具体执行的过程中也存在一些问题。牛津大学学者米拉姆·德莱森（Miriam Driessen）指出，一些中国公司的政策不能很好地适应当地法律，比如在埃塞俄比亚因为合同内容不明确、工时和工资不清晰等问题，中国公司

---

① Lee Jones, Shahar Hameiri, “Debunking the Myth of ‘Debt-trap Diplomacy’: How Recipient Countries Shape China’s Belt and Road Initiative”, Chatham House, https://www.chathamhouse.org/2020/08/debunking-myth-debt-trap-diplomacy/1-introduction#block-mainnavigation.

② Ajit Singh, “The Myth of ‘Debt-trap Diplomacy’ and Realities of Chinese Development Finance”, *Third World Quarterly*, Vol. 42, Issue 2, 2021, pp. 239-253.

③ Christopher Alden, *Understanding Debt and Diplomacy: China, ‘Debt Traps’ and Development in the Global South*, LSE IDEAS, London School of Economics and Political Science, London, UK, 2020.

④ Reuters Staff, “China Says Has Given $2.1 Billion of Debt Relief to Poor Countries”, *Reuters*, 20 November 2020, https://www.reuters.com/article/us-china-debt-g20-idUSKBN28009A.

与当地工人存在一些法律上的争议。这些争议或是由于语言、文化和宗教习俗上的差异，或是由于承包商的管理问题，或是由于当地工人和承包商沟通上存在问题。不过德莱森也指出，为了在非洲的长期发展，中国公司正在努力改善上述情况①。国际社会时常对一些中国企业在非洲的经营进行指责，比如“中国企业倾向于雇用中国籍工人、中国企业的工作条件恶劣、中国企业提供的技能培训很有限”等。针对这些论调，伦敦大学亚非学院的卡洛斯·奥亚（Carlos Oya）和弗洛林·薛弗（Florian Schaefer）进行了大规模的人工调查和比较分析，得出的结论表明上述观点并不属实，原因在于：第一，中国企业平均属地化率（雇佣当地工人的比例）为85%，处于正常范围（80%~90%）；第二，虽然受雇于中国企业的员工的工资和福利相对较低，但很多因素包括企业所处的国家环境、行业最低工资水平、企业需要的人才类型、员工所从事的工种等都对工资和福利产生影响，不衡量这些因素而只关注企业的属国是一种错误的定性方法；第三，大量文献显示，中国企业为当地工人提供了培训，在专业技能非常重要的建筑业和制造业，工人接受培训的比例会更高，而这些基本职业技能的获取对非洲未来的发展和经济转型都有帮助。因此，作者认为，中国企业过去十多年间为非洲就业作出了持续性、实质性的贡献②。

另外一个值得关注的话题是中国对许多国家，尤其是对低收入国家的疫苗援助，当它与中国的国际影响力联系起来时，国外媒体倾向于使用“疫苗外交”这种语言叙事。英国观察人士也不例外，他们习惯性地将中国的援助行为与中国扩大国际影响力关联起来。

---

① Miriam Driessen, “Labour Law Compliance among Chinese Enterprises in Ethiopia”, *China, Law and Development Research Brief*, https://cld.web.ox.ac.uk/files/driessenrbformattedfinalpdf.

② Carlos Oya, Florian Schaefer, “Chinese Firms and Employment Dynamics in Africa: A Comparative Analysis”, *China Journal of Political Economy*, Vol. 18, 2020, pp. 63–134.

实际上，提供帮助自然会获得影响力，但看待这个问题时，究竟是关注援助本身所带来的实际贡献，还是把收获影响力说成是提供援助的初始目的，这在英国内部存在不同看法。

英国智库欧洲政治研究联合会（European Consortium for Political Research）在其政治博客（The Loop）上刊登了艾蕾娜·科苏（Elena Cossu）的文章，提到中国为世界提供了2.5亿剂的疫苗，占中国疫苗制造总量的42%，其中很大一部分疫苗被分配到拉丁美洲国家，因此拉丁美洲的民众对中国的疫苗援助非常感激。相比之下，美国仅出口了其1%的疫苗，而且目标几乎仅限于加拿大和墨西哥。即使美国在2021年底实现其捐助1亿剂疫苗的承诺，也不及中国的一半。中美之间这样的行事差别使得中国在拉丁美洲的影响力上升，并开始挑战美国在该地区的权威[①]。

查塔姆研究所的报告显示，中东和北非地区的国家把中国疫苗看作解决本国接种需求的出路。这些国家认为西方国家不顾发展中国家的状况，只顾自己囤积疫苗是一种自私的行径。新冠肺炎疫苗实施计划（COVAX）中，西方所承诺的部分也只能覆盖20%有需求的国家。相比之下，中国提供的疫苗填补了西方国家留下的空白。同时，中国疫苗是灭活疫苗，易于储存和分发，对没有条件使用高端储存设施的发展中国家来说是一种更好的选择。中国的疫苗援助是中国在“全球南方（Global South）”阵营中树立负责任大国形象的一种传承[②]。

在伦敦政治经济学院的“中国对话”论坛上，几位学者讨论中

① Elena Cossu, “Chinese Vaccine Diplomacy in Latin America Could Change the International Order”, *The Loop*, https://theloop.ecpr.eu/chinese-vaccine-diplomacy-in-latin-america-could-change-the-international-order/.

② Tin Hinane El Kadi, Sophie Zinser, “Beijing’s Vaccine Diplomacy Goes Beyond Political Rivalry”, Chatham House, https://www.chathamhouse.org/2021/02/beijings-vaccine-diplomacy-goes-beyond-political-rivalry.

国在提供全球健康公共物品方面的领导力。玛德莱娜·普罗科皮奥（Maddalena Procopio）指出，中国除了提供个人防护设备等医用物资、派遣医疗救援队、援助疫苗等行为，还与拉丁美洲、非洲等国家合作，在当地生产疫苗，这表明中国不仅是全球医疗援助的提供者，还是危机管理的规划者，帮助发展中国家应对健康危机并推动当地相关工业的发展。阿尔登指出，中国对外的医疗援助早已有之，特别是在2014年西非暴发埃博拉病毒时期，中国提供的医疗援助得到了当地和国际社会的称赞。2020年2月起，当西方国家还面临严峻的国内疫情无暇他顾时，中国国内的疫情开始稳定下来，并且着手向世界其他受忽视的地区，如非洲、拉丁美洲和亚洲部分地区提供医疗设备和疫苗。中国的上述行为证明了它比2014年时更具备健康卫生领域的国际领导力[①]。

3. 中国的大国关系

中国与世界其他大国的关系是英国学者关注的另一个焦点。对于英国自身所处的国际环境来说，英国与欧盟的关系若即若离，与俄罗斯的关系日趋恶化，与美国尚保持紧密的关系，这些都是英国对外关系的重要方面，英国观察人士在研究国际关系时，也着重关注中国与这三个国际行为体之间的关系。

（1）中国与欧盟的关系

中国市场对于渴望重塑全球经济地位的英国来说不可忽视，从脱欧后的英国视角来看，欧盟与中国的经贸关系有非常重要的借鉴

---

① Maddalena Procopio, Hannah Bretherton, Chris Alden, "Ask the Experts: Has China Successfully Employed 'Health Diplomacy' to Promote Its Leadership Role as a Purveyor of Global Public Goods?", *China Dialogues*, The London School of Economics and Political Science, https://blogs.lse.ac.uk/cff/2021/03/18/ask-the-experts-has-china-successfully-employed-health-diplomacy-to-promote-its-leadership-role-as-a-purveyor-of-global-public-goods/.

价值，因此英国十分关注中欧贸易关系的发展。中国与欧盟之间的《全面投资协定》在 2020 年 12 月 30 日完成谈判，但于 2021 年 5 月 20 日被欧方暂停批准。这份协定对中欧经贸关系有重要的价值，威斯敏斯特大学的凯伦·杰克逊（Karen Jackson）及其同事认为，《全面投资协定》可以使中欧之间的运输成本减少 15%—20%，在“一带一路”互联互通功能的加持下，中国和欧盟都可以从中获得巨大经济利益[①]。

然而在英国，观察人士对协定的谈判和签署存在不同意见。有的学者在协定被暂停前就指出，该协定的签署条件尚未成熟，因为经济谈判越来越多地受到价值观分歧的影响，一些欧洲国家在人权等问题上变得愈加强硬[②]。但是，也有英国国际战略研究所的分析人士从中美欧三方战略竞争的视角出发，认为这个投资谈判的时间点能够满足中欧双方的战略需求：趁美国政府权力交接之际，欧盟既可以达成协议实现经贸利益，又不必招致美国的强烈反应；而中国可以趁拜登政府实质上重塑跨大西洋关系之前，与欧盟达成协议。但是，作者也承认，完成谈判不意味着结束，在内部批准程序走完之前还有很多障碍，包括美国的压力和欧盟内部的反对声音[③]。事实证明，《全面投资协定》的后续工作的确因为受到了阻力而暂停。

欧盟内部的阻力反映其成员国和机构之间的不一致。对此，圣

① Karen Jackson and Oleksandr Shepotylo, “Belt and Road: The China Dream?”, *China Economic Review*, Vol. 67, 2021.

② Alicja Bachulska, “EU–China Comprehensive Agreement on Investments (CAI): Europe’s Strategic Mistake Rationalised as Policy Compartmentalization”, China Institute, SOAS, University of London, https://blogs.soas.ac.uk/china-institute/2021/02/14/eu-china-comprehensive-agreement-on-investments-cai/.

③ Sarah Raine, “The EU–China Deal: Geostrategic Naivety or Calculated Opportunism?”, International Institute for Strategic Studies, https://www.iiss.org/blogs/analysis/2021/01/eu-china-deal.

安德鲁斯大学的学者凯瑟琳·琼斯（Catherine Jones）指出，欧盟没有一个统一而明确的对华战略，欧盟机构以及成员国之间缺乏对华政策的一致性。尤其在对待“一带一路”倡议的态度上，欧盟内部存在不同的态度和看法。相比之下，中国有着整体的国际战略规划，这造成了中欧关系中的不对称性①。对于欧盟缺乏统一对华政策的现象，曼彻斯特大学的学者李可嘉用“核心—边缘”理论作出了解释。她认为，一个成员国的地理位置离欧盟核心越远，它对其在欧盟内部的政治地位越不满，就会更倾向于采取与欧盟核心国家不同的对外政策，使得欧盟内部难以达成一致。要想实现对华政策一致，欧盟首先需要解决其内部问题②。

除了欧盟自己的内部分歧之外，英国的脱欧对中欧关系也造成了一定的影响。苏格兰邓迪大学的学者斯科特·布朗（Scott Brown）认为，英国脱欧从四个方面减弱了欧盟与中国交往的能力。其一，失去了英国对中国的情报和研究，欧盟对中国的了解会不如以往全面；其二，英国的退出削减了欧盟的经济实力和谈判时的议价能力；其三，作为“一带一路”倡议和亚洲基础设施投资银行中的一员，英国和欧盟的分家降低了欧盟国家在该项目和机构中的影响力；其四，欧盟曾表达过想要成为地缘政治力量的雄心，失去英国的帮助，其在该领域与中国打交道的能力会被削弱③。

过去在地缘政治领域，学界普遍认为欧盟与中国没有多少利益摩擦。但这个情况在近些年发生着改变，欧盟委员会主席冯德莱恩

---

① Catherine Jones, “Understanding the Belt and Road in EU–China Relations”, *Journal of European Integration*, Vol. 43, No. 7, 2021, pp. 915–921.

② Katja Levy and Ágota Révész, “No Common Ground: A Spatial–Relational Analysis of EU–China Relations”, *Journal of Chinese Political Science*, Vol. 26, Issue. 4, 2021, pp.1–35.

③ Scott Brown, “The EU’s ‘Strategic Partnership’ with China in a Post–Brexit World: Recalibrating Internal Dynamics and Facing up to External Challenges”, *Europe and the World: A Law Review*, Vol. 4, No. 1, 2020, pp.1–30.

于2019年9月表示自己力图打造一个“地缘政治委员会”[①]，两年后，欧盟委员会和外交事务高级代表发布了欧盟的“印太”战略文件，表明欧盟进入该区域的意向和计划[②]。随着欧盟将自己的地缘战略扩展到“印太”地区，欧盟与中国在该区域将有更多的接触，也意味着可能出现更多的摩擦。安娜·米哈尔斯基（Anna Michalski）在伦敦政治经济学院的“中国对话”论坛上撰文称，中国与欧盟的角色关系视问题而定。在应对气候变化方面，中国是广受欢迎的伙伴；但在价值观方面，中国是一个对手。欧盟需要谨慎地处理这一复杂关系，尤其是进入“印太”地区后，在中美博弈中即便更倾向于美国，也不能把这种立场表现得过于明显[③]。至于欧盟有多倾向于美国这个问题，有学者反而认为欧盟没有展现出太多与美国联手应对中国的意愿。查塔姆研究所的佩平·伯格森（Pepijn Bergsen）指出，欧盟事实上想要追求战略自主，试图在中美支配的世界秩序中成为一个中立（但不等距）的第三极，只是这种想法风险很高且不可持续。如果欧盟不能保持极强的坚定立场，它不仅难以真正实现战略自主，也很难有效获取经济利益[④]。

（2）中国与俄罗斯的关系

2021年是《中俄睦邻友好合作条约》签署20周年，中俄双方元首在这一年也曾两次视频会晤，同意条约延期，并且进一步增进了中俄高水平互信，推动了“背靠背”战略协作和全方位务实合作

① Press Corner, “The von der Leyen Commission: For a Union that Strives for More”, European Commission, https://ec.europa.eu/commission/presscorner/detail/en/IP_19_5542.

② EEAS Press Team, “Joint Communication on the Indo-Pacific”, European Union External Action Service, https://eeas.europa.eu/headquarters/headquarters-homepage/104126/joint-communication-indo-pacific_en.

③ Anna Michalski, “Are EU Relations with China Taking a Geopolitical Turn?”, *China Dialogues*, The London School of Economics and Political Science, https://blogs.lse.ac.uk/cff/2021/12/15/are-eu-relations-with-china-taking-a-geopolitical-turn/.

④ Pepijn Bergsen, “The EU’s Unsustainable China Strategy”, Chatham House, https://www.chathamhouse.org/2021/07/eus-unsustainable-china-strategy.

蓬勃发展。相比之下，俄英关系从2014年克里米亚事件后开始恶化；2018年受“斯克里帕尔中毒事件”影响进一步恶化；2021年甚至发生了在黑海对峙的事件，俄英关系跌入低谷。在俄英交恶的背景下，英国学界试图寻找中俄交好的解释与答案。

对此，伦敦政治经济学院的迈克尔·考克斯（Michael Cox）表示，中国和俄罗斯的关系早就超越了过去所谓的“便利之轴（Axis of Convenience）”，已经是战略伙伴关系了。长期以来，西方试图离间中俄的手段并没有奏效，反而起到了反效果，把二者推向更加紧密的合作①。至于为什么中俄的合作越来越紧密，该学院另一位学者比约恩·亚历山大·杜本（Björn Alexander Düben）解释说，中俄之间的经贸关系并不是最重要的，因为俄罗斯并不是中国重要的贸易伙伴；在技术转移层面，其对中国的吸引力也在下降；甚至在军事技术领域，中国也在超越俄罗斯。对于双方来说，保持紧密的合作更多是政治性的，是为了双方的政治体制安全。中俄双方在政治制度上都面临西方的压力，因此双方的合作是对抗西方压力的一种战略选择②。

在英国2021年发布的《竞争时代的“全球化英国”：安全、国防、发展和外交政策整合评估》的报告中，俄罗斯被称作对英国安全“最严重的威胁”，而中国则是“系统性竞争对手”。伦敦国王学院的学者娜塔莎·库尔特（Natasha Kuhrt）进一步解释说，英国政

① Michael Cox, “Comrades Putin and Xi”, *China Dialogues*, The London School of Economics and Political Science, https://blogs.lse.ac.uk/cff/2021/04/13/comrades-putin-and-xi/#_ftn16.

② Björn Alexander Düben, “Entente of the Autocrats: Examining the Domestic Drivers of China-Russia Alignment”, *China Dialogues*, The London School of Economics and Political Science, https://blogs.lse.ac.uk/cff/2021/06/03/entente-of-the-autocrats-examining-the-domestic-drivers-of-china-russia-alignment/; https://blogs.lse.ac.uk/cff/2021/06/15/entente-of-the-autocrats-examining-the-domestic-drivers-of-china-russia-alignment-part-2-the-centrality-of-regime-security/.

府对中俄的态度明显不同，因为中国可以提供一些俄罗斯无法提供的东西：中国被看作是国际公共物品的提供者，也是解决全球挑战的重要伙伴，英国希望与中国发展积极的经济关系，包括更深的贸易联系和更多的中国投资[①]。

（3）中国与美国的关系

中美关系对于英国来说很重要，但英国学者对该话题的研究并不多，尤其是与中美学者的研究数量相比。在国际关系领域颇具影响力的英国期刊中，涉及中美关系的论文大多出自中美学者之手。可能因为这个话题已经被中美两国学者研究得比较透彻，英国方面选择避开这一热门研究话题。不过在智库领域，还是有一些相关研究。

鲁艾里德·布朗（Ruairidh Brown）在欧洲政治研究联合会政治博客上发文表示，现在中美双方有逐渐对立的意识形态，而美国以价值观为导向的外交策略加上联合盟友的行为，会进一步把中美关系往对抗的方向塑造[②]。也有学者指出，中美之间的对立不仅存在于意识形态领域，也上升到了制度和体系层面[③]。查塔姆研究所的克莱奥·帕斯卡尔（Cleo Paskal）认为，2019 年，美国内部对如何与中国接触还有很多疑问和不确定性，但进入 2020 年后，这些不确定的声音逐渐消失，对华强硬逐渐成为共识。而且这种共识不受美国政

---

① Natasha Kuhrt, “Why the Integrated Review treats Russia and China differently”, News Centre, King’s College London, https://www.kcl.ac.uk/news/why-the-integrated-review-treats-russia-and-china-differently.

② Ruairidh Brown, “Is a New Cold War Between the USA and China Now More Likely with Joe Biden in the White House?”, *The Loop*, https://theloop.ecpr.eu/is-a-new-cold-war-between-the-usa-and-china-now-more-likely-with-joe-biden-in-the-white-house/.

③ George Magnus, “China Is Officially the Number One Threat to America. So What Should We Do About It?”, The Article, https://www.thearticle.com/china-is-officially-the-number-one-threat-to-america-so-what-should-we-do-about-it; Duncan Bartlett, “Drama in Alaska – The US and China had star roles in the Anchorage showdown but Japan and South Korea are crucial to the story”, China Institute, SOAS, University of London, https://blogs.soas.ac.uk/china-institute/2021/03/26/drama-in-alaska-the-us-and-china-in-anchorage-showdown/.

府更迭的影响，不管谁任总统，都将把这种战略继续下去[①]。

现在“印太”地区是美国联合盟友制衡中国的主要区域，2021年9月成立的澳英美三边安全伙伴关系对中国安全和地区稳定都构成了威胁，尽管美方表示该联盟不针对任何国家，但英国分析人士认为此举就是为了应对中国日益增长的硬实力，特别是海军实力[②]。也有学者认为该联盟并不能真正遏制中国，这只是西方国家展示立场和军力的象征性举动，但中国政府可能会认为这是霸权主义国家第一次出于慌乱而结盟自保的行为[③]。对于中美之间日益紧张的关系，英国《卫报》长期报道中国的专栏作家约翰·吉汀斯（John Gittings）援引中国前驻美国大使崔天凯的话说，“中庸之道是最好的”，他认为中美之间应该找到一条“中间道路”，共同抵制彼此之间的敌视态度，在批评与合作共存的基础上改善两国关系，“正如《中庸》中所言：‘和也者，天下之达道也’”[④]。

（三）关于中国国内治理的研究

1. 政治发展

2021年是中国共产党建党100周年，英国学界对此颇为关注。

---

① Cleo Paskal, “Indo-Pacific Strategies, Perceptions and Partnerships”, Chatham House, https://www.chathamhouse.org/2021/03/indo-pacific-strategies-perceptions-and-partnerships/02-us-and-indo-pacific#block-mainnavigation.

② Robin Niblett, “AUKUS Reveals Much about the New Global Strategic Context”, Chatham House, https://www.chathamhouse.org/2021/09/aukus-reveals-much-about-new-global-strategic-context.

③ Kerry Brown, “The UK’s Global Role and China”, in “Is the AUKUS Alliance Meaningful or Merely Provocation?”, Chatham House, https://www.chathamhouse.org/2021/09/aukus-alliance-meaningful-or-merely-provocation.

④ John Gittings, “Is There Still a Middle Way?”, China Institute, SOAS, University of London, https://blogs.soas.ac.uk/china-institute/2021/05/13/is-there-still-a-middle-way/.

《中国季刊》推出一期题为“中国共产党建党百年：党的新长征”的特刊，专门讨论中国共产党建党100年以来的制度演进、治理模式和创造性实践。

其中，有学者着眼于中国共产党的组织原则。索顿探讨了民主集中制，指出它既是宪法规定的原则，又是一种既定的政治实践和整顿党纪的工具。民主集中制的内涵被一次次地重塑，这体现了中国共产党的制度可塑性以及富有适应性的治理模式，并对于理解当代中国由党推动的宪政起到了至关重要的作用[①]。

也有学者从治理方式的视角出发，研究党对基层工作的领导模式。裴宜理（Elizabeth Perry）指出，部署工作队（组）来推行运动、落实政策和管控危机是中国共产党最具特色的治理手段之一。其中，工作队（组）中的知识分子是联结中央领导与基层社会的关键中间人，他们的工作热情和专业知识使基层工作与党的政策保持一致。同时，参与这些工作的经历使这些知识分子本身也受到了影响，让他们在思想上与党的意识形态相融合，增强认同感[②]。

在中央与基层党组织关系的视域下，有的学者收集并研究了北京市基层党支部开展的1408个“主题党日活动”的信息，基于此来研究党如何管理基层党员。该研究发现“主题党日活动”既统一又多样：一方面这些活动是在党的思想的统一领导之下开展的，另一方面各党支部可以根据实际情况自主选择活动主题。这反映了中国共产党如何将基层党员与党中央和党的意识形态有机联系起来[③]。

---

① Patricia Thornton, “Of Constitutions, Campaigns and Commissions: A Century of Democratic Centralism under the CCP”, *The China Quarterly,* Vol. 248, No. S1, 2021, pp. 52–72.

② Elizabeth Perry, “Missionaries of the Party: Work-team Participation and Intellectual Incorporation”, *The China Quarterly*, Vol. 248, No. S1, 2021, pp. 73–94.

③ Jean Christopher Mittelstaedt, “Rebuilding Authority: The Party’s Relationship with Its Grassroots Organizations”, *The China Quarterly*, Vol. 248, No. S1, 2021, pp. 244–264.

该期特刊总体认为，中国共产党经过 100 年的发展达到今天的规模，其独特的历史轨迹和面对数次挑战时的管理能力，使其成为历史上最成功的政党之一。这种成功的关键归结于其制度的适应性、行动的韧性以及创新的能力[①]。

关于中国共产党建党百年的话题，还有学者在其他平台上从历史的视角表达了看法。布朗指出，中国共产党的目标不像西方政党那样只着眼于几年内提高生活水平，其所承诺的民族复兴有着上百年的时间跨度，引领这个国家从清末积贫积弱的状态发展成为如今世界第二大经济体。将今天的成就与一百年前受到不公与屈辱的历史放在一起，这种时空上的对比也增强了未来蓝图的可信度，让中国民众相信中国共产党能够继续领导中国实现国家富强[②]。英中贸易协会（The China–Britain Business Council）的报告从三个方面说明了过去十年来中国的进步：政治上，根据世界银行的政府行政效率指数，中国政府的效率从 2010 年不到 0.1 增长到了 2019 年的 0.5，这要归因于近年来实施的一系列改革政策，比如社会信用体系的建立、第一部民法典的出台、国家市场监督管理总局和银行保险监督管理委员会的组建等，都提升了中国的国家能力（State Capacity）；经济上，中国开放金融市场和债券市场，使其成为吸引外国投资的重要领域，也极大地影响着世界范围的资本市场；在对外贸易上，中国的对外投资在过去十年翻了一番，并且私有企业所占比例大幅增加，尤其是科技创新企业在诸如电力储能技术、5G 技术等领域已具备领先世界的能力。此外，该报告也表达了对网络上的极端民族主义情绪上升的担忧，认为这些声音不仅针对外国企业，也开始攻

---

① Patricia Thornton, “Party All the Time: The CCP in Comparative and Historical Perspective”, *The China Quarterly*, Vol. 248, No. S1, 2021, pp. 1–15.

② Kerry Brown, “China’s Ruling Creed at 100: The Party Never Stops”, Engelsberg Ideas, https://engelsbergideas.com/essays/chinas–ruling–creed–at–100–the–party–never–stops/.

击一些国内被视为“不爱国”的对象，这可能会造成社会意见的对立甚至极化[①]。

2. 经济发展

中国经济在 2021 年虽然不时受到疫情、汛情的冲击，同时面临经济转型的压力，但仍然强势反弹，展现出较好的恢复态势和强劲韧性，最终全年国内生产总值增长 8.1%，在“十四五”规划实施的第一年取得良好的开局。中国经济与世界的发展息息相关，与中国有紧密经贸关系的英国对此尤其关注。

英国经济分析人士对中国的经济发展态势整体持乐观的看法。独立经济评论人士乔治·马格纳斯（George Magnus）指出，中国是 2020 年唯一实现经济正增长的大国，在此期间，中国降低了金融体系的风险、改善了地方银行和资本市场的运作、成功吸引外资并鼓励创新，这些做法都有助于经济生产的恢复和发展[②]。英中贸易协会的跟踪报告指出，中国经济的恢复有几个方面的助力：世界经济回暖后出口的增长、城镇化建设和基础设施建设方面的重启、以及国内消费拉动的零售业复苏[③]。

除了讨论经济的整体增长，一些观察人士也在关注中国如何应对经济增长中的公平问题，比如共同富裕的概念及其相应措施。在

---

① Torsten Weller, “The CCP at 100: Four Trends that Will Define the Next Decade”, FOCUS, China-Britain Business Council, https://focus.cbbc.org/the-ccp-at-100-four-trends-that-will-define-the-next-decade/#.YeWYTv5ByUk.

② George Magnus, “China's Bittersweet Recovery From COVID-19”, *China Dialogues*, The London School of Economics and Political Science, https://blogs.lse.ac.uk/cff/2021/01/25/chinas-bittersweet-recovery-from-covid-19/.

③ Robynne Tindall, “China's Economy Records 18.3% Growth in the First Quarter of 2021”, FOCUS, China-Britain Business Council, https://focus.cbbc.org/chinas-economy-records-18-3-growth-in-the-first-quarter-of-2021/#.Yepue_5ByUk; Torsten Weller, “China's Q2 GDP data shows steady growth”, FOCUS, China-Britain Business Council, https://focus.cbbc.org/chinas-q2-gdp-data-shows-steady-growth/#.YepuFf5ByUk.

2021年，这些讨论主要来自媒体和智库，还处于揣测和观望阶段。

有的媒体似乎把共同富裕政策当成包罗万象的篮子，路透社的文章把2021年推出的社会政策都划归到共同富裕的范围内，包括对加班工作模式的整顿，对未成年人玩电子游戏时长的限制，甚至对粉丝文化的规范等①。当然也有智库对共同富裕的内容介绍得比较具体，并且对可能实施的政策进行了推测，比如推动税制改革，引入房产税、遗产税，鼓励私营企业捐款等②。同时也表达了一些担忧，比如英国广播公司的文章指出，共同富裕可能意味着中产阶级的扩大，同时促进消费，有利于商业的发展；但共同富裕政策会带来更多监管，造成更多不确定性，使得英国企业在投资时产生疑虑③。

还有分析人士认为依靠第三次分配带来的改变是有限的，要实现共同富裕还是要依赖市场调节的初次分配和由政府管理的再分配，实现收入的直接增长④。实际上，这是他们的一种误解，共同富裕的概念包含所有三次分配过程，在稳定增长和保证公平之间寻求一个辩证的平衡。稳定增长是中国的政策重心，保证公平则是社会主义的基本要求。正如习近平主席在2022年世界经济论坛视频会议上所说："中国要实现共同富裕，但不是搞平均主义，而是要先把蛋糕做大，然后通过合理的制度安排把蛋糕分好，水涨船高、各得其所，让发展成果更多更公平惠及全体人民。"做大蛋糕为分蛋

---

① Kevin Yao, "Explainer: What is China's 'Common Prosperity' Drive and Why Does It Matter?", *Reuters*, https://www.reuters.com/world/china/what-is-chinas-common-prosperity-drive-why-does-it-matter-2021-09-02/.

② CBBC Staff, "What is China's new 'Common Prosperity' Policy?", FOCUS, China-Britain Business Council, https://focus.cbbc.org/what-is-chinas-new-common-prosperity-policy/#.YixYxHpByUk.

③ Karishma Vaswani, "Changing China: How Xi's 'Common Prosperity' May Impact the World", BBC, https://www.bbc.com/news/business-58784315.

④ Stephen Paduano, "Why China Needs to Rebalance Its Economy – and Why It Won't", *China Dialogues*, The London School of Economics and Political Science, https://blogs.lse.ac.uk/cff/2021/11/08/why-china-needs-to-rebalance-its-economy-and-why-it-wont/.

糕提供更多的物质和财富基础，而分蛋糕为继续做大蛋糕注入新的动力[①]。

除了中国经济发展的现状，中国经济的前景也受到关注，其中“十四五”规划成为商界研究的焦点。2020年10月，中共十九届五中全会提出《中共中央关于制定国民经济和社会发展第十四个五年规划和二〇三五年远景目标的建议》，2021年3月11日，十三届全国人大四次会议表决通过《中华人民共和国国民经济和社会发展第十四个五年规划和2035年远景目标纲要》。“十四五”规划对国际社会了解中国经济未来发展动向具有指导性意义，对此，英国著名会计师事务所普华永道、德勤和安永都进行了详细解读。普华永道和德勤的报告都提到构建双循环新发展格局的重要性，并且指出科技创新和高水平对外开放是维持新发展格局的关键动力，认为“十四五”规划将为企业带来更多的发展机遇，有助于提升中国经济的活力[②]。安永的报告表示，“十四五”规划描绘了一个由内需驱动的高质量经济增长的蓝图，同时中国消费者呈现与世界其他国家不同的消费观念，这种具有差异性的消费需求为企业提供了机会去适应越来越追求品质的中国消费市场[③]。此外，牛津大学教授许慧文（Vivienne Shue）在英国国家学术院的讲话中指出，“十四五”规划

① 《习近平在2022年世界经济论坛视频会议的演讲（全文）》，http://www.gov.cn/xinwen/2022-01/17/content_5668944.htm。

② Liqing Zhang, Thomas Leung, Elton Huang, Xing Zhou, “Interpretations on the 14th Five-Year Plan and the Long-Range Objectives Through the Year 2035”, PWC, https://www.pwccn.com/en/research-and-insights/14th-five-year-plan-2035-goals-dec2020.pdf; Norman Sze, Xu Sitao, Lydia Chen, Zhao Yu, “New Stage, New Philosophy,New Pattern: Thoughts on the 5th Plenary Session of the 19th CPC Central Committee and Proposals for the 14th Five-Year Plan”, Deloitte, https://www2.deloitte.com/cn/en/pages/soe/articles/new-stage-new-philosophy-new-pattern.html.

③ Denis Cheng, Michael Luk, “How Will China’s Consumer-driven Economy Unfold in the 14th FYP”, EY, https://www.ey.com/en_cn/consumer-products-retail/how-will-china-consumer-driven-economy-unfold-in-the-14th-fyp.

呈现一幅颇具胆识的蓝图，其对国内市场高质量发展的关注，将有助于塑造双循环的宏观经济视野。在具体措施中，有四个方面尤其值得关注：一是培养尖端科技创新能力，突破供应链的卡脖子难关；二是更加高效的城市规划和发展；三是国内民生系统的优化以及为农村地区提供更多的社会公共物品；四是发展绿色科技和能源，减少对化石能源的依赖，推动经济和社会生活的可持续发展。虽然中国面临人口老龄化、劳动力受教育水平尚难支撑未来科技转型等困难，但中国的宏观规划和管理有能力解决这些问题，这个未来的蓝图也值得期待[①]。

三、研究特点

（一）英国智库的研究追求时效性和应用性，但缺乏准确性

英国智库关于中国的研究普遍具有较强的时效性。2021 年的许多文章都与该年度发生的事件有关联性，比如疫苗援助、中国共产党庆祝建党百年、“十四五”规划的实施、推动共同富裕的战略部署等，都反映在一些智库发布的分析报告中。这种即时讨论有助于反映英国对华认知的发展动向。此外，有的智库与政府机构有项目合作或合约，它们提供的报告是相关部门制定政策的参考信息，比如英国外交政策小组与外交、联邦及发展事务部有合作关系，向后者

① Vivienne Shue, “10-Minute Talks: China’s 14th Five Year Plan – the Bold and the Beautiful”, The British Academy, https://www.thebritishacademy.ac.uk/podcasts/10-minute-talks-china-14th-five-year-plan-bold-beautiful/.

提供研究报告。因此，智库的这类报告有着较强的应用性，目的是为决策服务，与学理性较强的研究不同。学理性研究以学术问题为导向，辅以细致的一手资料和田野调查，有更少的预设立场，但有时无法得出对现实有直接指导意义的结论；而智库报告则以政策规划为导向，虽然也具备一手资料和调查，但有时会存在预设立场，并且倾向于得出具有应用价值的结论。

鉴于其专业性和积累的声誉，大多数智库有着扎实的研究基础。但也有一些智库发布的内容带有主观臆断，缺乏深思熟虑、经得起深究的细节。一个明显的例子就是“债务陷阱”问题。正如上文所述，许多学者已经驳斥了“债务陷阱”这种说法的错误之处，但仍未能阻止这个话题在智库和媒体的文章中频繁出现。这类话术有一种传播特点，通常他们会提出一个有轰动性、至少是有吸引力的主题，辅以一些模棱两可的例子，向听众和读者兜售。要验证这类说法，通常需要在专业知识之外付出相当的工作量来辨析其准确性，因此在没有学界同行评议的情况下，这类观点很难被证伪；而对于普通的观察者来说，人们难以通过实际调查获得这类问题的真实信息。实际上，在轰动主题所引发的庞大关注下，内容的模棱两可反而更有助于其推广，确信中国在推行“债务陷阱”的人从这样的话术中得到认可，不确定的人也抱着莫须有的态度加以研读进行观望，于是这种话术获得了广泛的传播。

（二）英国当代中国研究的领域呈现多元化趋势

英国高校的中国研究机构正在试图打造一个跨专业、多学科的学术体系，政治经济与国际关系是其中的一部分，但并非全部。很多学者深入考察中国社会的现状，研究中国的城市和乡村文化及发展情况。比如墨菲关注农村留守人员状况、威斯敏斯特大学的哈瑞特·伊文斯（Harriet Evans）关注北京老城区文化遗产、杜伦大学的戈西亚·贾基莫夫（Gosia Jakimów）关注城市流动打工人员等。这类对中国国内发展状况的研究并非少数，实际上这些领域的研究成果构成了《中国季刊》的主体内容。

除了人文社科领域，当代中国研究的范围进一步拓展到环境治理、公共卫生治理、空间技术等新兴交叉学科的领域。代表人物包括环境治理网站“中外对话”的执行理事山姆·吉尔（Sam Geall）、格拉斯哥大学的简·达科特（Jane Duckett）和伦敦政治经济学院的迪米特里奥斯·斯特罗伊科斯（Dimitrios Stroikos）等。

尽管机构体系愈加全面，该机构内仍然有一个研究重点，这与机构学术带头人的研究方向相关。学术带头人具有较广泛的学术资源，也能争取到更多的研究项目，对于其所在机构的研究方向起到引领作用。正如上文所述，阿尔登作为中非关系和南南合作的专家，2021 年在期刊和智库上发表了很多中国与第三世界国家关系的文章，占该学院当年中国研究成果的大部分。

（三）英国政策研究界面临选择难题

通过总结政治经济与国际关系领域的中国研究成果，特别是一些智库的政策研究内容，可以发现当前英国政策研究界存在着以下特点：犹豫不决的立场，利己主义的模式，机会主义的心态。

虽然英国与美国同属盎格鲁—撒克逊文化，又同属北约联盟，而且还加入了位于亚太地区的澳英美同盟，但在对待中国的问题上，英国和美国的战略并非完全一致，英国仍然期望与中国在经贸、气候等领域进行合作。不过，现在英国政策研究界认为中国在意识形态、政治制度和治理模式上都对西方构成了挑战，同时由于新冠肺炎疫情、中美竞争等因素的推波助澜，英国在原本以合作为主的领域也附加越来越多的政治因素和价值观判断。所以现在英国政策研究界有一种犹豫不决的立场，既要应对中国的“挑战”，又不想与中国关系交恶。

在这样的立场下，英国政策研究界一边提出要捍卫自己的价值观、严格把控中国在英国战略领域的投资、减少对中国的经济依赖，一边探寻继续拓展经贸合作的空间、希望中国能在应对气候变化领域持续提供全球公共物品（降低碳排放等），这体现出一种典型的利己主义：只在对自己有利的领域合作，希望自己获利，但又不愿付出代价。

在一个犹豫不决的立场上采取利己主义的行为模式，这反映出一种机会主义的心态。政策研究者既不希望看到英国与中国的关系破裂，也不希望失去美国盟友的信任。在这样的选择难题中，最好的办法是从双方获利，并且能维系令自己获利的领域，直到环境发生变化再进行调整。因此，英国政策研究界的这种心态并非不可理解，但具体执行过程中的可操作性有多强，还有待后续观察。

2021 年，英国关于当代中国问题的研究成果颇丰，一方面得益于中国研究机构的发展与成熟，另一方面是由于国际形势与中国国内的政治经济气候为学界提供了丰富的研究素材。可以预见，2022 年英国当代中国研究可能会涉及俄乌冲突、中国共产党第二十次全国代表大会等国际国内议题，2021 年发表成果相对较为有限的一些研究机构，比如外交政策中心，可能会变得更加活跃。搜集和分析英国当代中国研究成果，可以让读者从研究机构、研究人员以及研究内容等多方面了解英国的研究动态，这不仅有利于我们同英国学界加深理解、拓展联系、增进互信，也有助于了解英国对中国的认知，从而在“知己知彼”的基础上开展活动，推进双边关系向合作共赢的方向发展。

（张壹铭：中国政法大学政治与公共管理学院）